“十一五”国家重点图书出版规划项目

·经／济／科／学／译／丛·

The Cambridge Economic History of Modern Europe

volume 1: 1700-1870

剑桥现代欧洲经济史：1700—1870

（第一卷）

斯蒂芬·布劳德伯利（Stephen Broadberry）
凯文·H·奥罗克（Kevin H. O’Rourke） 编著

何富彩 钟红英 译
王 珏 胡思捷 校

中国人民大学出版社
·北京·

《经济科学译丛》编辑委员会

《经济科学译丛》总序

中国是一个文明古国，有着几千年的辉煌历史。近百年来，中国由盛而衰，一度成为世界上最贫穷、落后的国家之一。1949 年中国共产党领导的革命，把中国从饥饿、贫困、被欺侮、被奴役的境地中解放出来。1978 年以来的改革开放，使中国真正走上了通向繁荣富强的道路。

中国改革开放的目标是建立一个有效的社会主义市场经济体制，加速发展经济，提高人民生活水平。但是，要完成这一历史使命绝非易事，我们不仅需要从自己的实践中总结教训，也要从别人的实践中获取经验，还要用理论来指导我们的改革。市场经济虽然对我们这个共和国来说是全新的，但市场经济的运行在发达国家已有几百年的历史，市场经济的理论亦在不断发展完善，并形成了一个现代经济学理论体系。虽然许多经济学名著出自西方学者之手，研究的是西方国家的经济问题，但他们归纳出来的许多经济学理论反映的是人类社会的普遍行为，这些理论是全人类的共同财富。要想迅速稳定地改革和发展我国的经济，我们必须学习和借鉴世界各国包括西方国家在内的先进经济学的理论与知识。

本着这一目的，我们组织翻译了这套经济学教科书系列。这套译丛的特点是：第一，全面系统。除了经济学、宏观经济学、微观经济学等基本原理之外，这套译丛还包括了产业组织理论、国际经济学、发展经济学、货币金融学、公共财政、劳动经济学、计量经济学等重要领域。第二，简明通俗。与经济学的经典名著不同，这套丛书都是国外大学通用的经济学教科书，大部分都已发行了几版或十几版。作者尽可能地用简明通俗的语言来阐述深奥的经济学原理，并附有案例与习题，对于初学者来说，更容易理解与掌握。

经济学是一门社会科学，许多基本原理的应用受各种不同的社会、政治或经济体制的影响，许多经济学理论是建立在一定的假设条件上的，假设条件不同，结论也就不一定成立。因此，正确理解掌握经济分析的方法而不是生搬硬套某些不同条件下产生的结论，才是我们学习当代经济学的正确方法。

本套译丛于 1995 年春由中国人民大学出版社发起筹备并成立了由许多经济学专家学者组织的编辑委员会。中国留美经济学会的许多学者参与了原著的推荐工作。中国人民大学出版社向所有原著的出版社购买了翻译版权。北京大学、中国人民大学、复旦大学以及中国社会科学院的许多专家教授参与了翻译工作。前任策划编辑梁晶女士为本套译丛的出版做出了重要贡献，在此表示衷心的感谢。在中国经济体制转轨的历史时期，我们把这套译丛献给读者，希望为中国经济的深入改革与发展做出贡献。

《经济科学译丛》编辑委员会

序　言

只给美国大学生开设各自州的经济史课，而不是开设作为整体的美国的经济史课，这是不可思议的。与此形成鲜明对照的是，大多数现有的欧洲经济史教科书都是关于特定国家的，这将使学生把整个欧洲的现象曲解为单纯某个国家范围内的现象，并单纯从国内寻找原因。本书将从泛欧洲的角度，按主题而不是按国家编写欧洲经济史。

本书将以剑桥出版社出版的具有开创意义的《剑桥英国经济史》（Floud and McCloskey，1981）为模板，编写现代欧洲的统一经济史。每一章均由该领域的两位或三位杰出专家所写，涵盖欧洲的三大区域（北欧、南欧以及中东欧）。该书遵循 Floud 和 McCloskey 建立的模式，分为两卷，分别介绍 1700—1870 年和 1870—2000 年两个时期。每一卷中的各章都是建立在现代经济史的主题——总增长与周期、部门分析和生活水平——的基础之上的。本书使用数量方法，使经济分析更加准确，但这种数量方法采用了本科生很容易理解的方式。

20 年前这本书是不可能以这种方式完成的。粗略翻看一下《剑桥欧洲经济史》的前几卷，即可明白泛欧洲经济史一直是个传统，在这几卷中许多伟大的学者的原则就是将整个欧洲作为一个整体来研究其经济发展。不过，令人震惊的是，《剑桥欧洲经济史》中关于工业革命后的几卷，趋向于由一系列国家的历史构成，无论国家和主题都精挑细选。与此同时，从 20 世纪 70 年代开始学者们经常用数量方法书写欧洲经济史，数量经济史往往不是单纯地出现在国别史中——这可能是不可避免的，因为经济史学家开始使用他们自己国家的全国性统计数据来量化长期的经济增长。此外，不列颠之外的计量经济史学家仍然较少。结果与北美同行相比，欧洲经济史学界比较小而且互相分割。

现在一切都变了！一个至关重要的转折点是 1991 年欧洲历史经济学学会（European Historical Economics Society）的成立，这个学会旨在将欧洲从事经济和历史研究的数量经济史学家集中起来。1997 年，该学会发行了《欧洲经济史评论》（*European Economic History Review*），它已经为整个大陆的经济史学家提供了一个共同论坛。另一个突破是，2003 年在伦敦的经济政策研究中心（欧洲最大的经济研究网络）建立了经济史倡议组织，与欧盟一起为鼓励泛欧洲研究提供资金，结果促进了欧洲经济史学界的发展，它可以真正地将自己描述为“欧洲的”。

我们召集撰稿人开了两个艰苦的会议（2006 年在兰德，2007 年在经济政策研究中心），并在会上讨论了大纲草稿。十分感激这两次会议的当地组织者，以及撰稿人在两次会议中的热情和毅力，也感谢撰稿人及时交稿。

这本书是欧盟资助的玛丽·居里研究培训网络（Marie Curie Research Training Network）“统一欧洲经验：泛欧洲发展的历史经验”的成果，合同号为 MRTN-CT-2004-512439。不用说，十分感激欧盟委员会的慷慨资助，没有这一资助，这个项目不可能起步。同时也感谢经济政策研究中心的全体人员，他们在申请该项目的拨款和管理中提供了专业协助。奥罗克在担任爱尔兰政府高级研究学者（a Government of Ireland Senior Research Fellow）期间完成了本书的大部分工作，他感谢爱尔兰人文及社会科学研究委员会的慷慨支持。

2007 年我们最尊敬和最喜欢的成员之一斯蒂芬（拉里）·爱泼斯坦突然逝世，年仅 46 岁。这对我们的培训网络是个灾难性的打击。拉里的去世是学界的巨大损失，我们非常怀念他，谨以此书献给他。

斯蒂芬·布劳德伯利
凯文·H·奥罗克

引　言

斯蒂芬·布劳德伯利（Stephen Broadberry）
凯文·H·奥罗克（Kevin H. O'Rourke）

这本《剑桥现代欧洲经济史》（第一卷）的主要议题是向现代经济增长的转变。库兹涅茨（1974）用以下六个特征来定义现代经济增长：（Ⅰ）人均产出和人口的高增长率；（Ⅱ）每单位投入所获产出的高增长率（也就是全要素生产率）；（Ⅲ）从农业向工业和服务业、从个人企业向大型非个人公司组织结构的高转型率；（Ⅳ）社会结构和意识形态的变化，包括城市化和世俗化；（Ⅴ）国际交流的开放或国际化；（Ⅵ）增长的有限传播（导致"发达"国家和"不发达"国家之间生活水平的分化）。向现代经济增长的转型于1700—1870年发生在欧洲，它始于英国，但极快地向西欧的其他地方扩散。

从整个历史来看，这一变化无疑是剧烈的，而且一定可以和其他划时代的变化相提并论，比如，从狩猎采集到定居农业的变化。然而，近几十年来，越来越有可能重建当时的经济发展路径，这使以下事实变得越来越明了：这些变化更为渐进，而且超越经济范畴，扩散范围比前几代人所想的更广，因此使人质疑"工业革命"一词的使用。虽然如此，但我们仍然保留这个词，这部分是因为它已经牢牢地嵌在了流行意识以及专业文献之中。不过，可能更重要的原因是，我们也应该牢记，尽管增长率比曾经认为的要慢，但这个时期的经济变化依然是革命性的。在这个意义上，经济转变已被证明是不可逆的，并成为一种理想的类型（de Vries，2001）。这类似于"法国大革命"一词的真实含义——它不仅仅是指攻占巴士底狱这个短时间内发生的史实。此外，随着现代化经济体将资源从农业中转移出来，工业在经济中开始发挥更重要的作用，"工业革命"一词依然正确（Crafts，1985a）。

欧洲在1700—1850年增长得有多快？这种增长在多大程度上脱离了过去？近年来，欧洲的经济史学家已经在量化经济增长过程上取得了巨大的进步，表0.1列出了欧洲各国的人均GDP的年增长率和相对增长值。系统监测以单个国家为基础得到的人均收入相对增长值是比较新的研究手段，有助于为检验特定国家的增长率提供一致性标准。

从表0.1中可以明显得到的第一个结论是，1820—1870年这个时期欧洲各国的人均GDP的年增长率比现代化的早期阶段（1500—1700年）要高得多。事实上，已有的数据表明，在现代化的早期阶段，与西北欧尤其是英国和低地国家的收入缓慢上涨情况相反，南欧和东欧地区的生活水平正在下降。这部分反映了开辟经由好望角通往东方的新贸易路线以及发现美洲大陆之后著名的欧洲内部的财富逆转。人均收入领先的地区从地中海转移到西北欧大西洋沿岸，这种转变最近被称为“小分流”（Little Divergence），以区别于1800年之后欧亚之间生活水平的“大分流”（Pomeranz，2000；Allen，2001；Broadberry，2007）。

表0.1　　欧洲各国的人均GDP，1500—1870：年增长率和相对增长值

A. 人均GDP的年增长率（%）

	1500—1700	1700—1750	1750—1820	1820—1870
英国	0.12	0.35	0.20	1.25
荷兰	0.24	0.00	−0.02	0.83
比利时	0.09	0.19	0.02	1.44
法国	n. a.	n. a.	n. a.	0.85
意大利	−0.08	0.14	−0.22	0.61
西班牙	−0.02	−0.10	0.10	0.27
瑞典	0.02	0.03	0.06	0.65
波兰	−0.13	−0.24	0.21	0.59
俄国	n. a.	n. a.	n. a.	0.64
土耳其	n. a.	0.16	0.07	0.52

B. 人均GDP的相对增长值（1820年英国=100）

	c. 1500	c. 1700	c. 1750	1820	1870
英国	57	73	87	100	187
荷兰	67	109	109	107	162
比利时	58	69	76	77	158
法国	n. a.	n. a.	n. a.	72	110
意大利	83	71	76	65	88
西班牙	63	61	58	62	71
瑞典	64	66	67	70	97
波兰	50～54	38～42	34～37	41	55
俄国	n. a.	n. a.	n. a.	40	55
土耳其	n. a.	35	38	40	52

资料来源：van Zanden（2001）、Maddison（2001）、Pamuk（2006）、Alvarez-Nogal 和 Prados de la Escosura（2007）。

从表0.1中可以得出的第二个明显的结论是，向现代经济增长的转变是个漫长的过程。即使是在处于领先地位的国家英国，19世纪前人均收入的年增长率也依然小于0.5%。只有在1820年之后，我们才看到每年有高于1%的人均GDP增长率，而且仅仅是在极少数国家。从表0.1中可以得出的第三个结论是，尽管现代经济增长起源于英国，但其扩散到欧洲的其余国家相对容易，而且扩散到新大陆的欧洲移民者殖民地更是如此。表 0.1 表明 1820 年之后所有欧洲国家的人均收入均有所增加，这导致了欧亚之间生活水平的“大分流”。

本卷的结构安排要集中反映 1700—1870 年欧洲向现代经济增长转变这个中心内容。第一部分专注于总的发展，包括第 5 章所介绍的较短的商业周期波动，以及第 1 章所介绍的较长期的经济增长。独立的有关人口的第 2 章以及有关经济增长的第 1 章，反映了库兹涅茨对现代经济增长和前工业（pre-industrial）增长的区分。正如马尔萨斯（1798）那个有名的论断所表明的，前工业时期生活水平的上升通常是短暂的，因为新增的人口吞噬了实际工资短期增长的部分。相比之下，在欧洲人口结构向低人口增长率和人均收入持续增长的时代转型之前，工业革命时期显著的特征是人口快速增长的同时人均收入增加。关于贸易与帝国的第 4 章，反映了库兹涅茨对全球化的强调，并论述了关于西方通过剥削外围国家致富的长期争论。经过很长一段时间，如今经济史学家们已经确定，欧洲和更广阔的世界之间的相互作用的规模并未大到足以独立地解释西方的崛起（O'Brien，1982）。制度变化是对“欧洲奇迹”（European Miracle）的另一种解释。欧洲建立了一套深深嵌入社会体制的激励制度，该制度使其实现了现代经济增长。这是第 3 章关于国家与私有制度的内容。

第二部分更详细地论述了部门变革，包括第 6 章所介绍的农业、第 7 章所介绍的工业，以及第 8 章所介绍的服务业。这三章专注于库兹涅茨强调的产出、生产率增长以及结构和组织的变化这些问题。第三部分考虑生活水平变化的结果。这部分包括关于实际工资和生活水平的其他指标的第 9 章，以及关于城市化的第 10 章。这是库兹涅茨所强调的结构变化之一，它显然也对生活水平有重大影响。最后，通过第 11 章来论述全球化和生活水平分流的问题。

撰　稿　者

乔治·奥特尔（George Alter），密歇根大学历史学系

丹·博加特（Dan Bogart），加州大学欧文分校经济系

斯蒂芬·布劳德伯利（Stephen Broadberry），华威大学经济系

格雷戈里·克拉克（Gregory Clark），加州大学戴维斯分校经济系

李·克雷格（Lee Craig），北卡罗来纳州立大学经济系

纪尧姆·多丹（Guillaume Daudin），里尔第一大学（Universite Lille-I）、法国经济研究所（OFCE），巴黎政治科学院（Sciences Po）

特蕾西·丹尼森（Tracy Dennison），加州理工学院人文及社会科学部

毛里齐奥·德雷利希曼（Mauricio Drelichman），英属哥伦比亚大学（University of British Columbia）经济系、加拿大高级研究所（CIFAR）

雷纳·弗雷姆德林（Rainer Fremdling），格罗宁根大学（University of Groningen）经济系

康塞普西翁·加西亚-伊格莱希亚斯（Concepción Garcia-Iglesias），赫尔辛基大学社会科学历史系

奥斯卡·格尔德布洛姆（Oscar Gelderblom），乌得勒支大学（Utrecht University）历史系

瑞加娜·格拉夫（Regina Grafe），西北大学历史系

比什纳普利亚·古普塔（Bishnupriya Gupta）华威大学经济系

马德斌（Debin Ma），伦敦经济学院经济史系

保罗·马拉尼玛（Paolo Malanima），那不勒斯大学地中海社会研究所（Institute of Mediterranean Societies，IISM-CNR，Naples）

乔尔·莫克思（Joel Mokyr），西北大学经济与历史系，特拉维夫大学埃坦·伯格拉斯经济学院（Eitan Berglas School of Economics，Tel Aviv University）

拉里·尼尔（Larry Neal），伊利诺伊大学厄本那香槟分校经济系

凯文·H·奥罗克（Kevin H. O'Rourke），都柏林三一学院（Trinity College Dublin）经济系

塞武凯特·帕穆克（Şevket Pamuk），博阿齐奇大学现代土耳其阿塔蒂尔克研究所（Ataturk Institute for Modern Turkish History，Bogazici），伦敦经济学院欧洲研究所

莱安德罗·普拉多·德拉·埃斯科苏拉（Leandro Prados de la Escosura），马德里卡洛斯三世大学经济史与制度系和菲格罗拉研究所（Department of Economic History and Institutions and Instituto Figuerola，Universidad Carlos III de Madrid）

琼-劳伦特·罗森塔尔（Jean-Laurent Rosenthal），加州理工学院人文及社会科学部

詹姆斯·辛普森（James Simpson），马德里卡洛斯三世大学经济史与制度系

彼得·索拉尔（Peter Solar），布鲁塞尔自由大学维萨里学院（Vesalius College，Vrije Universiteit Brussel）和圣路易大学（Facultes Universitaires Saint-Louis）

理查德·W·昂格尔（Richard W. Unger），英属哥伦比亚大学历史系

汉斯-约阿希姆·沃斯（Hans-Joachim Voth），巴塞罗那庞培法布拉大学（Universitat Pompeu Fabra，Barcelona）经济系

简-卢坦恩·范·赞登（Jan-Luiten van Zanden），乌得勒支大学历史系

目　录

第一部分　总增长和周期

第 1 章　理解 1700—1870 年欧洲的经济增长：理论和证据 …… 3
理论方法 …… 3
来自经济史的一些观察 …… 6
马尔萨斯的消失 …… 8
好的制度与坏的制度 …… 15
人力资本和文化 …… 20
技术 …… 27
结论：从误解走向进步 …… 30

第 2 章　人口转型与人力资本 …… 33
工业革命前的人口机制 …… 33
欧洲的生育抑制 …… 36
东欧和地中海欧洲地区的马尔萨斯平衡 …… 39
马尔萨斯调整机制的效率 …… 40
马尔萨斯机制的失衡：1750—1870 年 …… 40
是什么因素导致了死亡率的下降? …… 43
医学知识 …… 44
公共卫生措施 …… 45
流行病控制 …… 45
交通改善 …… 46
婚姻 …… 46
移民 …… 48
人口转型 …… 48
收入与生育率 …… 51
教育与生育率 …… 53
结论 …… 56

第3章 国家与私有制度 …… 58
政治制度 …… 60
财政制度 …… 63
商法 …… 68
国家与基础设施部门 …… 72
公路政策 …… 73
航道政策 …… 75
铁路政策 …… 77
结论 …… 79

第4章 贸易与帝国 …… 81
导论：欧洲重商主义的兴起与衰落 …… 81
定量化趋势（1700—1870年） …… 85
贸易、帝国与经济增长 …… 93
机制 …… 93
帝国与福利 …… 96
贸易与工业革命 …… 99

第5章 经济周期 …… 103
1816年之前的经济周期 …… 104
1816—1870年的经济周期 …… 113

第二部分 部门分析

第6章 农业 …… 123
农业和长期增长 …… 123
技术变化和生产率及人口的增长 …… 126
城市化、市场和农场专业化 …… 129
制度 …… 131
结论 …… 134

第7章 工业 …… 135
关键主题 …… 135
欧洲的工业结构 …… 138
煤炭和蒸汽 …… 142
纺织业 …… 144
食品、饮料和烟草业 …… 147
钢铁业 …… 148
瑞典和俄国：以木炭为基础的钢铁工业 …… 150
英国：第一个以煤为基础的钢铁工业 …… 150
欧洲大陆：部分采用新技术 …… 151
欧洲大陆：传统部门的适应 …… 152

结论 …… 152

第 8 章 服务业 …… 154
金融业 …… 155
船运业 …… 160
销售业 …… 167
结论 …… 172

第三部分 生活水平

第 9 章 生活水平 …… 177
经济增长 …… 178
实际工资 …… 180
重温悲观的情况 …… 183
人类发展指数 …… 187
库兹涅茨曲线? …… 188
结论 …… 189

第 10 章 城市化 …… 190
城市化的地理分布 …… 191
城市化的年表 …… 197
城市转型 …… 203
结论 …… 208
附录 …… 209

第 11 章 亚洲镜像中的欧洲:大分流 …… 217
欧亚大陆的生活水平 …… 218
理解大分流:市场与制度 …… 227
殖民统治与大分流 …… 232
结论 …… 234

参考文献 …… 235

图表目录

图 1.1　马尔萨斯模型 …… 8
图 2.1　1540 年至 2000 年英国的生育情况 …… 34
图 2.2　马尔萨斯机制 …… 35
表 2.1　西欧 1790 年之前已婚妇女人均每年的生育数量 …… 36
表 2.2　1790 年之前以及 1870 年的总生育率 …… 37
表 2.3　工业化前各个社会的总生育率 …… 38
图 2.3　英格兰家庭财富与存活子女的数量之间的关系：1585—1670 年 …… 39
表 2.4　样本国家的人口增长率与自然增长率：1750—1900 年 …… 41
图 2.4　人口自然增长率（1850—1900 年）与 1850 年人均 GDP 的关系图 …… 42
图 2.5　瑞典的死亡率与人口情况图 …… 43
图 2.6　选定日期下法国、俄国与瑞典的出生率与死亡率 …… 44
表 2.5　欧洲国家的结婚比例指数（I_m）：1850—1900 年 …… 47
图 2.7　欧洲各区域生育率下降 10%或 10%以上的最早日期 …… 49
图 2.8　1870 年与 1930 年的已婚生育率指数 …… 52
表 2.6　1870—1930 年每 1 000 个 5～14 岁的儿童中小学生的人数 …… 54
图 2.9　教育供求变化所造成的影响 …… 55
图 2.10　1870 年与 1930 年已婚夫妇生育率与 1870 年学校入学率情况图 …… 56
表 3.1　1765 年前后，以英镑计算的欧洲国家的年度公共收入，以及 1770 年直接税占全部财政收入比重的估计值 …… 64
图 3.1　1740—1790 年按照人均日工资水平（白银数量）计算的不同欧洲国家的税负水平 …… 65
表 3.2　欧洲的商法改革 …… 70
表 3.3　1700—1840 年的公路政策 …… 74
表 3.4　1700—1870 年的航道政策 …… 76
表 3.5　1825—1870 年欧洲的铁路政策 …… 78
图 4.1　每十年驶向亚洲的船只数量 …… 82
表 4.1　欧洲贸易（1790 年） …… 86
表 4.2　1790 年的欧洲商船 …… 87
表 4.3　1820—1870 年欧洲的实际贸易 …… 87

表 4.4　转口贸易和特殊贸易 …… 87
表 4.5　出口与进口之和占 GDP 的比例 …… 88
图 4.2　香料价格波动 …… 90
图 4.3　1820—2000 年英美小麦贸易 …… 90
表 4.6　1513—1780 年欧洲海外进口的构成 …… 91
图 4.4　1714—1882 年西班牙对英国的贸易条件 …… 99
图 4.5　工业革命时期的需求与供给 …… 101
表 5.1　1700—1750 年英国经济的下滑期 …… 110
表 5.2　1750—1816 年欧洲七国的经济下滑期 …… 110
表 5.3　1750—1816 年全欧洲的经济恢复期 …… 112
表 5.4　1914 年之前欧洲中央银行的概况 …… 117
表 5.5　1816—1870 年欧洲国家的经济衰退期 …… 119
表 5.6　1816—1870 年全欧洲的经济衰退期 …… 120
表 6.1　欧洲农业劳动力所占的比例 …… 124
表 6.2　欧洲农业的劳动生产率（以英格兰 1800 年的劳动生产率为 100 衡量） …… 125
表 6.3　1890 年欧洲农业的劳动生产率（英国＝100） …… 125
表 7.1　欧洲的工业（1870 年）：整体分布 …… 139
表 7.2　欧洲的工业产出（1870 年）：主要分支和国家 …… 140
表 7.3　人均工业化水平（1750—1860 年）（英国 1860 年＝100） …… 141
表 7.4　1860 年的煤炭产出量 …… 142
表 7.5　英国的劳动生产率的增长以及蒸汽技术的贡献 …… 144
表 7.6　欧洲各国或地区的铁的生产量占欧洲总产量的比重 …… 149
图 7.1　初级熟铁业 …… 149
图 7.2　使用焦炭作为燃料生产出的生铁所占的份额 …… 151
图 8.1　18 世纪欧洲商人的交易网 …… 157
图 8.2　政府公债利率（1789—1870 年） …… 160
表 8.1　欧洲商船的吨位（1675—1870 年） …… 163
表 8.2　欧洲商船的载重量—人员配比 …… 164
图 8.3a　1840 年欧洲铁路图 …… 166
图 8.3b　1850 年欧洲铁路图 …… 166
图 8.3c　1880 年欧洲铁路图 …… 166
表 8.3　19 世纪 70 年代服务业与工业的对比 …… 173
表 9.1　欧洲国家的人均 GDP（1700—1913 年）（英国 1820 年＝100） …… 179
表 9.2　英国的经济增长及实际工资的相关估计（1780—1870 年） …… 181
图 9.1　欧洲非熟练建筑工人的实际工资（1700—1870 年） …… 182
表 9.3　欧洲各国的预期寿命（1820 年和 1870 年） …… 184
表 9.4　欧洲各国的识字率（1820 年和 1870 年） …… 186
表 9.5　HDI（1820 年和 1870 年） …… 187
表 10.1　1800 年的城市化率（具有 10 000 位居民及以上的城市） …… 192

图 10.1　1800 年欧洲的城市化水平（%） …… 193
图 10.2　1750 年的城市化水平（欧洲平均水平＝1） …… 194
图 10.3　1800 年英国（威尔士）和意大利的城市的规模分布（拥有 5 000 位及以上居民的城市） …… 197
图 10.4　欧洲的城市化（1300—1870 年） …… 198
表 10.2　1700 年至 1870 年欧洲的城市化（人口超过 10 000 和人口超过 5 000 的城市以及相关指数） …… 198
图 10.5　1870 年欧洲的城市化水平（%） …… 199
表 10.3　1700 年至 1870 年欧洲城市的数量及其人口（居民人数超过 10 000 的城市的数量及其指数） …… 200
表 10.4　欧洲居民数在 10 000 以上的中心地区的数量以及 147 个样本城市的城市化率 …… 200
表 10.5　1700 年至 1870 年按地区衡量的欧洲城市化率（居民数在 10 000 以上的城市） …… 201
表 10.6　1700 年至 1870 年欧洲各地区的城市人口所占的比例（居民数在 10 000 以上的城市） …… 201
图 10.6　城市转型 …… 204
表 10.7　1800—1980 年欧洲大陆的城市化率以及世界的城市化率（居民人数在 5 000 以上的城市） …… 207
表 10.8　1300 年至 1870 年欧洲城市化率的不均等程度（居民人数在 5 000 以上的城市） …… 208
表 10.9　欧洲每个国家或地区的人口以及每平方公里的人口分布情况 …… 209
表 10.10　对 1700—1850 年（或 1870 年）欧洲的城市化水平的三个估计结果（居民人数超过 5 000 的城市以及居民人数超过 10 000 的城市） …… 210
图 10.7　关于 1300—1870 年城市化率的三个观点（居民人数超过 10 000） …… 211
表 10.11　城市数量（人口超过 10 000） …… 212
表 10.12　城市居民数量（人口超过 10 000） …… 212
表 10.13　城市化率（人口超过 10 000） …… 213
表 10.14　城市数量（人口超过 5 000） …… 214
表 10.15　城市居民数量（人口超过 5 000） …… 215
表 10.16　城市化率（人口超过 5 000） …… 215
表 11.1　1595 年至 1874 年间印度的白银工资和粮食工资 …… 219
表 11.2　1550 年至 1849 年印度与英国非熟练工人日工资水平的比较 …… 220
表 11.3　1550 年至 1849 年英国与中国非熟练工人日工资水平的比较 …… 221
表 11.4　1750 年的消费篮子成本比较 …… 222
图 11.1　欧洲与中国的实际工资 …… 223
图 11.2　欧洲与亚洲的实际工资 …… 224
表 11.5　小麦价格和稻米价格的变异系数 …… 227
表 11.6　地区间贸易的保险费率 …… 230

第一部分　总增长和周期

第1章 理解1700—1870年欧洲的经济增长：理论和证据*

乔尔·莫克思（Joel Mokyr）
汉斯-约阿希姆·沃斯（Hans-Joachim Voth）

今天发达国家普通居民的收入水平让人类大部分历史时期的富人的财富相形见绌。尽管仍然保留着些微的怀疑，但是凯恩斯还是认为，1930年人类社会（至少就欧洲和北美而言）的经济问题已经解决了（凯恩斯，1930）。人们不再饱受饥饿之苦。干净的衣服、洁净的住所以及供暖从奢侈品变成了生活必需品。1870年，最终将使人们变得更为富裕的所有层面的发展在如火如荼地进行。这一章对发展经济学家近来关于人类如何脱离Thomas Hobbes所说的"肮脏、兽性以及短缺"的生活境况方面的研究进行了总结，并且把这些解释与现有的历史证据和经济史学家们近来的发现进行了对比。有四个方面尤其值得关注——人口统计学、制度、人力资本以及技术。最后本章对未来的研究提出了建议。

理论方法

在20世纪80年代晚期和20世纪90年代早期，宏观经济学家们开始把他们的注意力从商业周期转向长期经济增长的决定因素。有关内生增长的文献致力于研究为什么有些国家的经济增长得比其他国家更快。这些内生增长模型着力解释第二次世界大战后的发展。经济学家们回溯到了库兹涅茨关于当时经济增长率的经典观点。这一观点认为，从当时往后进行推断的话，在现代化的早期阶段以及更早的历史时期内收入水平都相当低。由此看来，在现代化的经济增长出现之前存在一个很长时期的经济停滞阶段。但是，世界经济从缓慢增长或是零增长状态转向快速而且持续的增长状态的源泉到底是什么呢？

20世纪90年代以后，学者们开始寻求一种既包含缓慢增长又包含向快速

* 刘兴坤校译了部分章节。

提高人均收入转型这两方面内容的一般性理论——一致性经济增长模型。此后，他们在这一领域取得了累累硕果。人口统计学、制度的影响、人力资本和文化以及技术的作用等方面的论点层出不穷。我们首先对理论文献中所包含的十分突出的贡献进行总结。在本章的正文部分，我们针对学者的理论预测与经济史学家们揭示的主要事实进行对比。我们的结论将就如何获得未来研究上的进步提出建议。

早期的一致性增长模型，例如 Klemer（1993）的模型，刻画了经济从长期停滞到逐渐加速增长的过程。与很多内生增长文献中的假设一样，更多的人口意味着更快的技术变革，因为单个人的聪明才智或多或少是固定的。由于新思想是非竞争性的，所以新思想的出现可以促使经济增长加速。Klemer 从跨时期以及横截面的简单增长模型中得出了一些基本预测。从公元前 100 万年开始，人口增长率可以通过当前的人口规模进行预测。而且，地理面积越大的经济单位其人口越多且人口密度也越大。当人口规模扩大和技术提高得以同步发生时，在 Klemer 模型中不会存在稳态。为了避免所有的变量出现激烈变化，人口转型是必要的，结果是生育率与临界水平之上的更高收入水平出现反向变化。

相比之下，在内生增长模型中，技术“只是出现了”，关于采用新技术的决策并不明确。人口规模本身并不影响技术或生产率变化。在利用内生增长模型解释经济转向自我持续增长时，Hansen 和 Prescott（2002）假设技术在使用土地（报酬递减）和不使用土地的生产中都是内生给定并且固定不变的，用模型描述了经济“从马尔萨斯到索洛”的转型。最初该模型只是利用了马尔萨斯技术。在这一模型中，经济中的每一代人存活 35 年，“马尔萨斯部门”（例如农业，这一行业中的劳动是边际收入递减的）的生产率按照 3.2%的比率得以提高，而“索洛部门”（产出的所有要素都是可再生的）的生产率则以 52%的比率增长。最终，当从未用过的技术的生产率指数级提高时，索洛技术变得具有竞争力并且被采纳。在这一模式之下，工业革命是不可避免的，同时，除了在校准中使用到的具有差异化的产出增长率之外，它并不依赖任何其他的方面。

这种包含人口规模的第二阶段的模型，同样认为技术变化是内生的。此处的关注点在于什么条件下新技术可以被吸收和采纳。早期的模型遵循 Murphy、Shleifer 和 Vishny（1989）关于需求效应以及经济规模的传统，对“大推动”什么时候有可能发生进行了解释。学者们认同 Rosenstein-Rodan 的观点：在“大推动”发生时很多部门会同时采用先进技术。为了支付吸收现代技术所必需的固定成本，需求必须足够大。只有出现整体上的产业工业化，才会出现这样的情形。只有总产出增长，这种情形出现的可能性才会提高。这些模型暗示，当且仅当每个人都更早地对具有固定成本的技术进行投资，利润高到足以抵消其开支时，工业化才有可能在其实际发生之前就具有可行性。技术知识本身的增加并不一定会转化成更多的产出。因此，如果不有效协调，那就很可能破坏其向现代技术的转型。

高固定成本以及不可分性同样都对技术采用决策的核心内容——风险分散化——起到了关键作用。Acemoglu 和 Zilibotti（1997）给出了一个产出要求与家庭投资之间存在张力的模型。使用新技术的生产性项目需要很高的启动成本。同时，家庭希望其投资多样化从而最小化其投资风险。由于这方面的原因，对于新的生产性技术的投资在其初始阶段显得很低，如此一来，产出在其初始阶段也很低。而当家庭变得更加富裕之后，这一状况将会发生改变，相对于新技术投资所需要的资本，储蓄已经变得足够多，可以“避免把所有的鸡蛋放在同一个篮子里了”。工业化一旦起步就会开辟出让自身得以持续的途径。许多类似“幸运大抽奖”的事件可以使它启动。这类似于在第一轮的幸运大抽奖中运气的好坏最终影响了两个具有同质性的经济体的工业化进程。Acemoglu 和 Zilibotti 的模型同样具备这样的特征：家庭并不会考虑它们的投资决策对总体劳动生产率的影响。这就意味着即使存在可行性，工业化也可能不会发生。这一模型包含着一种随机成分——工业化部分是运气的结果。言下之意就是，并不是实际产业转型的每一个方面都是有意义的——第一个出现这种转型的国家，可能仅仅是因为幸运。[①]

很多统一增长模型把人力资本积累与人口增长所带来的新技术和观念的产生联系在一起。与这些模型相关的论文认为，在向现代经济增长的转型过程中伴随着人力资本重要地位的凸显（Becker and Barro，1988；Lucas，2002；Becker，Murphy and Tamura，1990）。Galor 和 Weil（2000）构建了人力资本与技术变化之间的纽带，并且把这一纽带作为向现代经济增长转变的基石。他们认为逃离经济停滞这一过程包括两个步骤——首先是从马尔萨斯阶段向后马尔萨斯阶段的转型，然后才是转向现代经济增长阶段。Galor 和 Weil 关键的假设在于，当技术变化加速的时候人力资本将更有价值：它允许人们可以应对工作岗位的快速变化。在长期的马尔萨斯阶段，人口越多出现的想法将会越多，这就使得技术变化加速。人口增长的反应相对于收入增长存在滞后，从而就使得人均收入出现了增长，即使这一增长非常缓慢。最终，父母亲将对他们后代的人力资本进行更多的投资。这一行为的结果加速了知识的增长。更高的收入使得父母亲更容易拥有更多的小孩。同时，人力资本上升给父母亲在提高后代的质量以及减少后代数量上提供了激励。在现代经济增长的初始阶段，收入效应起到了决定性作用，从而导致了出生数量的上升；而在稍后的时期，由于替代效应变得更为重要，从而生育率出现了下降。

Cervellati 和 Sunde（2005）与 de la Croix（2008）都认为随着生产率的上升预期寿命会迅速延长，从而使得这一研究格局出现了变化。投资回收期的延长反过来也鼓励了人们增加对人力资本的投资。即使技术变革只是略微有点技能偏向，它也会启动技术更好、预期寿命更长以及人力资本投资更高的自我强化周期。Boucekkine、de la Croix 和 Peeters（2007）证明了，人口密度上升导致学校教育费用下降，这有利于提高识字率。Jones（2001）则把“人口—思想”这一机制与保留一部分产出给发明家的产权体系结合起来。基于他所做的校准，Jones 认为，导致 19 世纪之后经济起飞的最为重要的因素是更为有效执

① 源自 Crafts（1977）的独创贡献，这一直都是经济史学家们争论较多的主题。

行的知识产权，因为它是创造新思想的必要激励。

来自经济史的一些观察

在很多一致性增长模型中人口—思想的联系甚为关键。这一点与历史证据是否一致呢？正如 Crafts（1995）已经指出的，对于欧洲以及全世界的横截面增长数据来说，这仅仅意味着这一点并没有被事实所证实，即更大的国家并没有增长得更快。[①] 现代证据进一步证实：即国家规模与人均 GDP 要么负相关，要么根本就没什么关系。负相关看起来是显而易见的，法律规则是与经济增长存在可靠关系的因素之一，法律的约束力会随着国家规模的扩大而递减（Hansson and Olsson，2006）。即使我们可以使用相关的概念，比如市场规模来替代"人口规模"，但因为市场规模可以对新产品的市场需求产生影响，所以来自英国和法国的相反的增长记录也很难与强调规模的内生增长模型相一致。[②] 更进一步来说，在工业革命前夕的 1750 年，英国事实上已经经历了近半个世纪的人口增长的停滞，这使模型更加不能令人信服。人们同样可以指出，如果人口规模是关键所在的话，那么中国早期现代化的历史必然让人困惑不解。中国的人口从 1650 年的 1.3 亿增加到了 1850 年的 4.2 亿，然而工业革命并没有出现。Lin（1995）提出了一个有趣的观点。林认为人口规模和技术变化之间的联系依赖于创新的来源。在一个新技术从整体上基于"干中学"的世界，假设技术进步可以在更大的组织中得以有效传播，那么更大的人口规模就意味着更多的创新。一旦技术进步开始更多地依赖于试验和理论，那么这一规模上具有的优势就消失了。林着重强调了中国在宋代（960—1279 年）的成功，这一成功反衬出了 17 世纪以及之后技术的相对停滞，从正反两个方面体现了创新来源的变化。

即使数据中体现出"规模在起作用"，其起作用的有关途径也并不明确。更大的人口数量（并没有出现人均收入的减少）也许伴随着不同类型的正的外部性。正如内生增长模型所认为的，即使不考虑人口规模对于新技术的形成和采用所起的作用，仅就更大的人口规模本身而言，其也可以促进劳动分工，从而刺激经济增长。Kelly（1997）提出了一个"斯密式增长"模型，交通设施的改善促进了贸易整合，从而导致了增长的加速。他利用这一模型分析了宋代的

---

① 实际上，在英国经济脱颖而出之前这是引人注目的观点，欧洲最成功的经济一般都属于城市国家（Hicks，1969，p. 42）。这些城市国家具有较大的人口密度但是相对少的人口，因而在确立其商业和金融的有效制度方面存在优势。但是市场规模并不是什么大的问题，这部分是由于确立起这些制度的固定成本并不那么高，同时也因为它们一般是倾向于开放的经济体。规模经济的主要渠道并不是来自经济方面，而是来自军事方面，而军事力量依赖于总体收入和人口数量。

② 源自 Klemer 模型的精神实质的一些模型，比如 Jones（2001）的模型，尝试通过假设商品生产的回报提高来解决这一问题，并且允许新观念的数量作为现有观念存量的一个函数。

中国。类似地，从欧洲范围来说，更大的人口密度可以不断拓展正外部性的范围，这一拓展部分是通过公路和运河的改善实现的，部分是通过长距离贸易实现的（Bogart，2005a，2005b；Daudin，2007）。从这个意义上来说，中等规模的国家比较容易取得商业上的成功，但是17—18世纪的荷兰共和国，人口密集，市场的国际化整合程度也很高。

传统的“大推动”理论与基于内生增长的人口模型一样遭遇到了同样的问题。1700年之后欧洲的历史并未表明经济体的绝对规模是一个关于工业化时间表的好的预测指标。大多数工业化部门的规模通常很小——即使规模最大的纺织厂也仅仅由单个人进行投资，很难形成大规模的风险集中。在19世纪晚期之前，制造业中的固定成本是有限的。而且，在工业革命过程中，英国当时的商业结构出现了多样化的趋势。① 当1870年以后较高固定成本的生产技术出现时，技术采用决策也许可以利用“大推动”理论的框架进行解释。然而，就那一时间点来说，国际贸易已经发展到足够打破国内经济规模与技术采用的可能性之间存在的联结的地步了。如果说在1870年之前存在巨大的固定成本的话，那么它们也只是存在于基础设施行业之中而不是制造业之中。在英国，这些基础设施行业中的投资——运河、收费公路以及港口——似乎并没有因资本稀缺而陷入困境。这还没有考虑18世纪的大多数时期英国金融体系的很多缺点，这些缺点包括榨取私人信贷的法令和高利贷法规，以及王室颁布的严禁举债措施（Temin and Voth，2008）。从整体上而言，基础设施项目的融资方面显然并未遇到太多的困难，而这主要得益于当地的显要人物的力量（Michie，2000）。

最后，强调农业部门（传统部门）与工业部门（现代部门）的生产率之间存在增长差异的统一增长模型，例如Hansen和Prescott（2002）的模型同样面临着大量实证上的难题。一旦经济到了整体的增长率开始提高的那一时间点，使用土地的部门以及工业部门都会变得更有生产性——基于一些测量方法，这两个部门都具有比较相似的增长率（Crafts，1985a）。当然，Hansen和Prescott模型未能解释哪一个国家最早开始工业化以及为什么是这一个国家最早开始其工业化，因为该模型把整个世界本身作为了一个观察单元。

这些经济史中的证据并不意味着一致性增长模型没有优点。这些证据实际上解释了我们为什么相信理论经济学家、应用经济学家以及经济史学家们的研究应该更加深入——特别是应该更为深入地挖掘生育率、人力资本、制度以及技术之间的交互影响。这也正是接下来的部分我们试图探讨的。

① Pearson和Richardson（2001）证明了在工业革命时期典型的企业家都是分工程度很高的。与把企业家描绘成全部身心扑在商业上的单一的性格严肃的所有人—经理人角色不一样，他们证明了早期企业家参与较为分散的冒险事业的程度很高。例如，在曼彻斯特、利兹和利物浦的棉花主和其他的纺织业企业家同样可以是保险公司、运河和公路公司、煤气公司以及其他行业的公司的老板。

马尔萨斯的消失

在现代化的早期阶段，欧洲大部分地区的人口都出现了增长，有些地区的人口水平甚至超越了黑死病之前的人口水平。可以确信，18 世纪晚期的欧洲很多国家的人口增长都加速了。但是加速的时间表有很大不同，英国和爱尔兰比较领先，法国则没有出现巨大的人口数量上的跳跃。在 1500 年至 1870 年期间，人口因素对经济的影响发生了变化。它刚开始是作为欧洲大部分地区人均收入的一个关键决定因素的，但是由于 1800 年之后的技术进步的加速，它的作用越来越小。增长理论家们经常指出，1750 年之前的阶段属于马尔萨斯时代。我们首先描述马尔萨斯模型以及 1800 年之后人口与经济相互作用方面的主要变化，其次对历史证据进行评论，最后对我们所知的人口压力怎样转变为一个并不重要的经济变量这一问题进行总结。

马尔萨斯模型依赖以下两个主要假设。第一个假设是，人口增长会对人均收入的增加做出正向的反应。同样，如果工资或人均收入开始下降，那么生育率将下降（“预防性抑制”）并且死亡率将上升（“积极性抑制”），如图 1.1 所示，这就意味着生育率曲线 BB 向上倾斜并且死亡率曲线 DD 向下倾斜。第二个假设是，由于劳动报酬递减，人均收入与人口规模负相关，所以我们在图 1.1 中用向下倾斜的 MP_L 代表劳动的边际产出，在其他条件不变的情况下，这一曲线的位置反映出经济中的技术水平。一个被广泛地用做解释收入与人口之间的相互替代关系的例子是黑死病。由于黑死病的爆发，欧洲人口比之前下降了 1/3～1/2，任何地方的工资都出现激增。14 世纪英国通常的生活水平达到了 19 世纪之前的顶点。

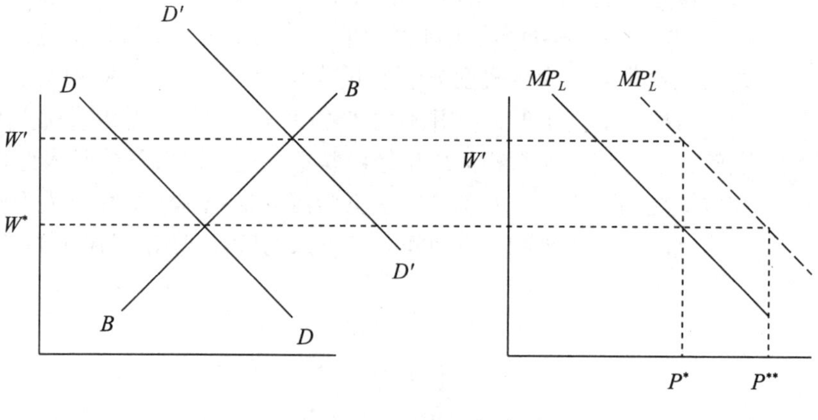

图 1.1　马尔萨斯模型

而且，马尔萨斯模型这两个潜在的假设意味着，收入的任何上升不可避免地会被人口增长完全稀释掉。在图 1.1 中，生育率曲线与死亡率曲线的交点为

工资 W^*。在这一工资水平上，对应的右边的劳动边际产出曲线意味着经济中的人口规模为 P^*。如果暂时性的技术冲击使得 MP_L 向右移动（意味着劳动边际产出的上升）到 $MP_L{}'$，那么这将使得工资水平上升到 W'，死亡率下降，出生率上升。最终，劳动边际报酬递减又将使工资下降到其初始水平（人口规模为 P^*）。正如 H. G. Wells 所指出的，人类“通过毫无感知地复制自身而浪费了科学的馈赠”（Wells，2005）。[①] 而 Clark（2007a）则走得更远，他甚至认为，1800 年英国的人均生活水平并不会比 1 000 年前生活在非洲平原的祖先们高多少。

更高的死亡率（死亡率曲线从 DD 往右移动到 $D'D'$）意味着更高的人均生活水平。例如，不卫生的生活条件以及微生态环境的恶化将会使得存活子女的数量出现下降，从而增加人们的收入。更低的生育率也具有同样的效果。福利水平并不一定需要足够高，但是收入水平却必须达到使得人们自身可以存活下去的水平。在现代化早期阶段的欧洲，人口压力也曾经有所缓解，因为女性中有很大一部分从未生育过，而且还有一部分女性推迟结婚时间，从而也就进一步降低了生育率。这属于欧洲生育率中独特的模式，并且也仅仅出现在从圣彼得堡到的利亚斯特以西的地区（Hajnal，1965）。在世界其他地区，也曾出现过以杀婴这样的方法来削减人口的现象，但是其效果却相对较差。

马尔萨斯模型有两个版本。马尔萨斯模型较强的版本是建立在经典的“工资铁律”的基础上的。这一模型认为，即使不出现生育率和死亡率的变化，同样会存在实际收入的停滞。假如不存在技术革新以及供给冲击，人口规模仍然会处于停滞状态。马尔萨斯模型较弱的版本则强调人口均衡化机制本身，并不强调这一机制所产生的结果，该版本确认了马尔萨斯关于积极性抑制和预防性抑制对人口增长的影响。这一较弱的版本意味着，只要这些效应足够大，并且不存在进一步扰动人口机制的外在因素，那么在极端情形下，经济就会回归到存活工资水平上。

显而易见，马尔萨斯模型较强的版本——在存活工资水平上的长期停滞——很难获得什么实证证据的支持。像人口规模这样的存量总是缓慢发生变化的。死亡率的变化（也许是源于城市化）可以导致新均衡的出现，但是我们是否能观察到这一新均衡却又依赖于短期变化幅度的大小及其持续时间的长短。就英国来说，Clark（2005a）利用其编制的实际工资序列数据取代了传统的 Phelps-Brown 和 Hopkins 编制的工资序列数据。这两种数据都是基于广泛的商品种类以及丰富的名义工资数据而编制的。Clark 以及 Phelps-Brown 的工资序列数据都表明，在 1495 年至 1575 年间，都铎王朝时期的英国工资出现了

① Galor 和 Weil（2005）假设生育率对收入的反应存在滞后。结果是，某一阶段的技术革新的加速可以提高下一阶段的收入水平，并且一系列的正向冲击能够导致收入的可持续上升（可持续增长的出现）。然而，尽管它从技术上解决了可持续增长是如何出现的这一问题，但它却很难解释为什么在过去数百年中生育率的表现实际上却在不断侵蚀实际工资的增加（译者注：原文为“没有削弱实际工资的增加”，疑有误。实际上 Galor 和 Weil（2005）通过一个两阶段的动态模型从技术上阐述了可持续增长是如何出现的，但是，这一模型却并没能解释为什么在此之前，实际工资的增加并未导致实际收入的可持续上升）。

奇怪的急剧下降。这一下降之所以令人诧异，是因为它刚开始是伴随着稳定的人口规模出现的，此后的人口规模却出现了上升，并且预期寿命也更长。近来Allen（2001）和其他人的研究表明，从长期来看，欧洲工资遵循着不同的转折形式。西北欧地区出现了明显的工资上升，与此同时，其人口规模也通常会扩大。而这与通常所认为的北欧以及南欧都束缚于马尔萨斯力量这一观点相冲突。[①] 而且，有关马尔萨斯过程所产生的后果的争论，实际上还混合了实际人均GDP或实际工资问题。

这是因为参与率以及工作时间发生了变化，从而导致人均收入以及每一个家庭的收入发生了很大改变，甚至固定工资水平也或多或少地改变了。实际上，假设在其他情况不变的前提下，劳动参与率的上升能够导致人均工资水平以及人均收入水平向相反的方向移动。著名的“原始工业化”现象，即1650年之后农村中兴起的农舍产业确实就是如此。同样存在合理的证据使得我们可以相信，在工业革命之前劳动投入处在上升时期（De Vries，1994，2008；Voth，1998，2001a，2001b）。

即使对这一模型最弱的形式所进行的预测——对平衡机制的强调——也不能要求过高。我们观察到，诸如出生人数以及死亡人数这些流量，经常与食品价格和实际工资联系在一起。在短期，1750年之前的人口移动看起来对马尔萨斯效应提供了有限的支持。[②] 死亡率和结婚率甚至在短期内都是可变的。诸如饥荒、战争以及流行病等高频事件的长期效应比设想的要小：人口的急剧下降同样伴随着更高的工资水平。在有些年份，并不常见的高出生率与低死亡率可以抵消人口数量内在的减少（Watkins and Menken，1985；Watkins and van de Walle，1985）。Lee针对Wrigley-Schofield的数据所进行的独创性工作证明了结婚率与工资的关系（很弱，并且包含让人很难确信的滞后），但是预期寿命与工资不相关。

在对马尔萨斯模型的弱版本以及强版本进行检验的时候，内生性问题是主要的挑战所在。工资影响着人口规模，反之亦然（Lee and Anderson，2002）。一个可能的解决办法是利用潜在的进步识别外生变化来源。Kelly（2005）近来的研究表明天气是工资的一个有用的工具变量——由天气变化而导致的实际工资改变部分并不是源于工资对于人口数量的反馈结果。按照这一方法进行估计的话，有强烈的证据表明，就1650年之前的英国而言，马尔萨斯约束确实存在，对于工资变化，婚姻率具有强的反应（正的），同时，死亡率也具有强的反应（负的）。Kelly的发现表明，相比对死亡率的影响，暂时的实际工资波动对结婚率具有更大的影响。这就意味着，从短期来说，预防性抑制所起的作用比积极性抑制更大，但是两个方面都很显著。

---

① 实际工资也许并不能反映福利上的变化，因为在某些城镇出现的工资上升是由更高的死亡率所导致的。我们也同样不能确定，随着时间的推移，某一类型的工作将获得多少报酬，也许之所以出现更高的现金收入，是因为它是作为小麦收入的下降的补偿而出现的。

② 比如，参见Galor（2005，pp.183-184），一些图表说明了在工业化之前，英国人口与实际工资向相反方向移动，原始出生率与原始死亡率负相关。

向量自回归提供了另一个可选的方法。Nicolini（2007）与 Crafts 和 Mills（2009）使用其对英国的生育率、死亡率以及实际工资之间的动态反馈进行了分析。通过这一途径，他们检验了预防性抑制与积极性抑制的强度。两篇论文都发现，相比其后的年代，17 世纪中期之前，有更强有力的证据表明，人们偏好马尔萨斯式抑制并且达成平衡。生育率这一途径相对于死亡率这一途径来说更有效。Nicolini（2007）的结论认为“也许马尔萨斯之前的世界并不那么马尔萨斯”。这是个反效应的例子，但是如果使用的统计程序不够完善，或者对数据中包含的方差识别不足，或者缺少真实可信的因果关系，那么结果并不会总是那么清晰。总之，Kelly 的工具变量方法（Ⅳ-procedure）在确定因果关系和交互作用的强度上更有效。

学者们在分析短期反应方面已经取得了一些进展。然而，人口因素对于欧洲现代化早期阶段的人均收入分化所起到的确切作用仍然很不清晰。相比欧洲其他地区，黄金时期的荷兰拥有异常高的工资水平，同时其人口却处于停滞阶段。除了较高的城市化水平之外，我们并不清楚生育行为或死亡率曲线（假如有的话）的哪一个特殊性质可以解释这一点。尽管马尔萨斯机制在短期运行良好，但是荷兰的例子却表明，很多有趣的转变也许是由其他因素所造成的。自中世纪晚期以来，整个欧洲地区以及城镇的收入水平超过了传统定义中维持生计的水平，但是人口规模并没有随之扩大。一些一致性增长模型（Galor，2005；Jones，2001）对工业革命之前的人均收入的上升进行了测算（适中的）。这就从整体上证实了：在 1800 年之前，在欧洲的部分地区人们的生活水平确实上升了，尽管这一上升很缓慢。其理由——人口规模相对于技术进步存在滞后的反应——并不具有整体上的说服力：就大多数现代化之前的人口规模来说，女性的总生育率（Total Fertility Rate，TFR）大幅低于她们生理上的最大值(尤其是欧洲的)。每一次饥荒之后，生育率会出现急剧的反弹。这一点表明，其同样可以对生活水平的上升做出反应。那么一个重要的问题就是，欧洲人为什么要抑制他们的生育率，以及他们为什么以如此奇怪的方式进行抑制，这些方式包括一些女性延迟结婚以及一些人选择独身。又是什么样的社会制度巩固了这一“欧洲婚姻模式”？一个有趣的假设把对生育率进行约束与黑死病之后较高的劳动力价格联系了起来（van Zanden and de Moor，2010），认为抑制生育率使得女性工人更有价值。她们尽可能长地留在工作岗位上并且推迟成为母亲的时间具有经济上的好处。但是为什么这一机制在荷兰起了作用，而在意大利、中国或者印度却并未发挥作用呢？这一问题切中要害，因为所有这些地区都爆发了瘟疫。把高工资的持续特性与欧洲的地区性特征联系在一起的方法涉及城市和死亡时间表之间存在的交互影响。欧洲城市的死亡率远比乡村高得多，是名副其实的死亡陷阱。相反，中国和日本的城市和乡村具有大致相等的死亡率（Woods，2003）。诸如远东地区移除城市的排泄物的正规途径是把它们作为乡村的肥料等不同的文化实践也许起到了关键作用。在一般的情形下（由于拥挤以及糟糕的卫生设施），人们居住在欧洲城市不仅不健康，而且很容易感染传染性的瘟疫以及遭受诸如围攻以及掠夺等军事灾难。因此，由于混合作用，图1.1中包含了乡村人口和城市人口的*DD*曲线超过*W-D*的部分有可能会向上倾斜。那么就可以存在多重均衡：社会可以从一个人口规模巨大、工资水平低、城市规模小以及总体死亡率低的状态转变到一个工资水平更高、城市规模更大、死亡率更高以及人口规模更小的状态。诸如黑死病之类主要的冲击可以推动经济从一个均衡到达另一个均衡。①

除了过高的死亡率之外，城市有理由起到更大的作用。它们是开展大规模国际贸易的地方，还是实行私域的制度（private-order institutions）的地方，其中私域的制度支持了商品、资本和劳动市场的正常运行。它们也是创造性活动的中心。城市生活为发展具有重大经济影响的新技术提供了更大的可能性：技术本身可以借助城市化的发展得以改进（Clark and Hamilton，2006；Voigtländer and Voth，2006）。如此一来，城市增长伴随着技术曲线的缓慢、渐进的向外移动，二者共同使人口数量增加时还能保持更高的工资水平。也就是说，不管人口数量在哪个水平，当城市部门变得更大的时候，收入都将更高，这样的观点还不能完全解释荷兰的"异常"。城市化不是仅仅简单地作为一个生产率方面的指数，也可以成为一个推动人均产出提高的动力。如此看来，马尔萨斯式的力量仍然在短期起到了主导作用，但是，关键的有待解释的事物不再遵循它所衍生出的基本信条了。

在某些时刻，通过一种重要的途径，大部分欧洲国家出现了加速的人口增长。通常来说，生育率的上升以及死亡率的下降标志着上一模式的结束。最终，生育率尾随着死亡率下降的趋势完成了"人口转型"。② 最近Wrigley-Schofield对英国人口数据进行了修正（Wrigley et al.，1997），这一修正表明上升的生育率是快速的人口增长的主要原因；死亡率也扮演着重要角色，但是它只能解释大约三分之一的这种增长。③ 大约到了1750年，旧的人口模式土崩瓦解。Patrick Galloway（1988）的研究证明，在18世纪中期，英国的短期经济活力不再受到价格变化的影响。

1800年后，尽管欧洲的人口爆炸有时候是源自高生育率，不过到最后，死亡率的下降变得更为重要。在很多例子中，几十年来生育率的下降趋势都存在滞后（Lee，2003；Coale and Watkins，1986）。绝大多数生育率的下降都集中在数十年间，其始于1870年，在1890年之后开始加速。诸如英国、德国、瑞典、荷兰、芬兰和比利时这样一些国家，在生育率下降之前，生育率都出现了持续并且有时显著的上升。例如，在1850年至1880年间，荷兰每一名妇女平均生育的孩子从4.5个增加到了5.5个。到1900年，这一数字则恢复到了最初的水平。在大多数欧洲国家，生育率第一次大幅的下降出现在19世纪80年代

① 正如Voigtländer和Voth（2008）所创立的模型所表明的。

② Chesnais（1992）做了一个非常好的总结。这一概念可以回溯到Warren Thompson在20世纪20年代所做的工作。

③ Wrigley（1983）证明，如果死亡率不下降的话，18世纪的人口将以1.25%的速率加速增长；如果没有出现生育率的变化，那么人口增长将提高0.5个百分点。这就意味着70%的人口加速是由生育率的变化来推动的。Wrigley等（1997）在一定程度上证明了这些结论，他们发现生育率的变化将导致死亡率更为迅速地下降，但是相对的排序似乎并不会发生显著的变化。

之后，而这时候离工业革命引领这一块大陆已经过去很长时间了。有些国家在其生育率开始下降之前，婴儿死亡率会出现大幅下降（瑞典、比利时和丹麦）；对于其他一些国家来说，这两个指标呈现出一致下降的现象（法国、德国和荷兰）（Chesnais，1992）。

为生育率的下降寻找经济上的理由一直以来都不容易，同时当前学者们并没有在什么是主要的贡献因素这一问题上达成共识（Alter，1992）。欧洲地区范围内以及时间范围内的差异给人们带来了解释上的挑战。普林斯顿欧洲生育项目（EFP）是生育率转型方面的最大型的比较研究计划，这一项目认为在社会经济因素与生育率之间并不存在明确的联系。相反，伦理、宗教、语言以及文化因素看起来占据主导地位（Coale and Watkins，1986）。Woods（2000）从对英国的研究中得出了类似的结论，他把维多利亚时期生育率的下降归因于正在发生变化的意识形态（这主要是指“从 19 世纪 60 年代开始的限制家庭规模的欲望或是意愿”）。他更尖锐地指出：“对于维多利亚时期的人们来说，真正的问题在于‘我们应该拥有多少孩子’。”生育率变化的前沿解释被称为“扩散模型”，这里的“扩散”是指有关避孕技术的知识是通过语言这一途径得以传播的。学者们接受了 EFP 的研究结果的主要原因在于，从转型时间来看，其传播的途径与 EFP 一样，都是通过语言。[①]

放弃大范围加总并且只局限于地区性数据的研究得出了不一样的结论。例如，在巴伐利亚，妇女的时间的机会成本、宗教和政治背景看起来扮演了重要角色（Brown and Guinnane，2002）。更进一步来说，基于 EFP 结论的统计结果与之前所假设的相比，并不稳健。[②] 在 1914 年之前的几十年，欧洲范围内生殖率的同时下降，使得生育率的下降很难归因于经济因素本身。外生的非经济因素有可能在欧洲生育率的大幅下降方面起到决定性作用。这并不意味着所有增长模型都面临挑战。然而，对于一致性增长模型中更为“野心勃勃”的结构模型来说，经济因素难以对生育率的结果进行解释算得上是提出了挑战。

在很多长期增长模型中，生育率的转型扮演了关键角色，生育率下降的时间点同时也是很多致力于解释向自我持续增长的转型的理论经济学家们研究的中心所在。生育率下降通常被看做对经济刺激发生改变的一种反应。Becker 和巴罗（1988）以及 Lucas（2002）的前沿性解释强调了在技术变迁更快以及人力资本具有更高回报的社会中，父母亲所面临的孩子在数量与质量之间的权衡。这一标准论点体现在：（1）通常，技术变迁导致技能可获得的回报激增；（2）父母亲限制生育，是对孩子的数量与质量之间的权衡关系出现变化后所做出的一种反应。这里面问题众多。按照通常的方法进行测算，在 1870 年之前，

① 正如 Cleland 和 Wilson（1987）认为的，“由于欧洲人口转型的同时性和速度，我们很难找到可以对这一现象提供合理解释的任何一方面的经济因素”。

② 现在正在开展更多的关于德国生育率的研究计划（如 Sheilagh Ogilvie、Timothy Guinnane 和 Richard Smith，以及 Markus Küpker 和 Janine Maergraith 关于经济、性别以及社会资本在人口转型中的作用的研究，可以参考 www. hpss. geog. cam. ac. uk/research/projects/germandemography/2005），这些研究利用了这个国家所提供的特别丰富的数据。

人力资本的回报也许并没有出现显著的增加。把人口动态和技术进步相联系的模型，比如 Galor 和 Weil（2000）的研究，通常会遇到英国工业革命的时间点的问题。因为在任何重大的技术对可识别的人均产出发生影响之前（例如英国在 18 世纪中期）人口增长就已经加速了。而且，由于正规教育对于雇佣工人也许只会产生很小的经济上的利益，所以任何基于孩子数量和质量的父母亲的生育率选择模型都会遇到不少的困难，它顶多能够解释少数群体的行为。

关于父母在孩子数量与质量之间进行权衡没有确切的事实依据。看起来比较可信的是在 19 世纪后半期选择孩子数量的净成本上升了。另一个可行的解释强调政府通过义务教育法和对童工的管制等进行干预的重要性。Doepke（2004）认为后一个解释是关键所在，并且进一步认为其他的政府政策（诸如教育补贴）起不到类似的作用。如果政府干预的重要性确实存在，那么对采用童工法令或者进行教育改革背后的经济因素和其他因素进行分析则变得至关重要（Doepke and Zilibotti，2005）。Galor 和 Weil（2006）强调了引入义务教育的《巴尔弗法令》。在他们看来，改革的支持者是需要更多熟练劳动力的资本所有者这一观点，是值得商榷的。[①]

然而我们无法确切地知道政府干预在使得儿童从工厂转入教室方面所起的作用是否至关重要。对美国来说，由州颁布的学校法案对于童工只产生了很小的影响（Moehling，1999）。同时，数据上的问题使得任何针对这一效应的估计都存在偏误并且估计结果趋近于零。在英国，Nardinelli（1980）和 Kirby（1999）认为，技术变化使得雇用童工变得用处不大与童工法令的颁布发生在同一时间。因此，显而易见，理论经济学家和经济史学家们的看法出现了冲突：对于理论经济学家们来说，其要么强调迅速的技术运用变化，要么强调有效的政府干预；而经济史学家们大多不同意前一种观点，并且他们发现支持后一种观点的证据有限。

一些数据方面的困难将很难克服。我们对是什么决定了整个欧洲的生育率、教育投资、结婚年龄以及城市工业化进程中的样貌等问题的答案所知甚少。由于没有微观水平上的世代生育率的研究，我们无法清楚地识别学校法律和其他类似情况造成的非连续的效应。Wrigley 和 Schofield 的著作《英格兰人口史》重构了基于乡村教区的家庭数据，数据的结束年份是 1837 年。由于人口流动性的提高，相比更早的时期，欧洲每一个地方 19 世纪的家庭数据都更难进行重构。未来的研究应该着力于改善我们对生育行为以及养育孩子的相关成本的分析。对工人阶层的生育选择行为进行更细致的人口学分析——有关学校出勤率的信息，学徒经济学以及在义务教育法引入之前和之后的类似情形——对于深化我们对于人口转型的理解具有十分重要的意义。

---

① 可以通过供给冲击来解释为什么技能工资并没有出现上升（我们在下文对其进行更为详细的描述）。

好的制度与坏的制度

当代大部分关于增长的争论其核心都是制度与人力资本的相对重要性问题（Acemoglu and Johnson，2005；Rodik，Subramanian，and Trebbi，2004；Glaeser et al.，2004）。从20世纪晚期各国的横截面数据来看，行政约束倾向于与更高的人均产出呈现出正相关关系。因为存在反方向因果关系（更高的人均产出提高了制度的质量）的可能，所以针对现代数据所开展的工作的重点就在于寻求一个可以影响制度而不是影响经济结果，因而能够用做分析制度的工具的外生变量。这一方面所取得的一个重大成功就是历史上的殖民者死亡率数据。在他们的一系列的开创性论文中，Acemoglu、Johnson和Robinson证明了在那些欧洲殖民者存活率更高的国家里通常会建立更为合理的制度（比如Acemoglu，Johnson and Robinson，2001）。并且这些国家在今天相对更为富裕，这使制度与经济效率之间存在的因果关系比较令人信服。

那么，制度方面的解释在多大程度上有助于我们理解1870年之前的欧洲增长呢？制度变迁在经济向自身可持续增长的转型方面扮演什么样的角色？在历史背景下，任何对制度的分析都需要超越国家的作用以及行政约束这样一些视角。我们对于1500年到1870年之间制度在欧洲究竟是如何起作用的这一点知道得并不多，因而很难对制度对经济增长总体上的贡献做出判断。尤其应该指出的是，我们需要更多地了解立法过程、“国家机构”（state building）扮演的角色以及非正式制度安排的重要性。

也许制度化传统中仅有的一个广为人知的观点是由North和Weingast（1989）提出来的。他们认为，1688年至1689年英国的光荣革命以及《权利法案》的作用并不只是使得政府财政建立在更为坚固的基础之上。由于议会的作用得以加强以及普通法法庭具有更为巨大的影响力，英国君主的权力被削弱了。但是至关重要的一点在于，之所以出现上述情形是因为可靠的承诺。专横地破坏合同以及剥夺财产的情形不复存在。[①] North和Weingast认为，一旦确立起财产权以及行政约束，那么其风险溢价就下降了。资本积累加速，而且对于新想法进行投资变得更为有利可图。最终，英国的经济增长率就开始飙升了。[②]

类似地，绝大部分关于早期经济增长阶段的制度化解释的核心都在于曾经残暴的专制统治消失了。DeLong和Shleifer（1993）回溯到了孟德斯鸠的著名论断，在共和国家，因为更少遭遇到来自当权者的任意干扰，经济增长将更具

① 以前是通过法律体系，也就是专横暴虐的法庭以及残忍的暴力来实现这一点的（比如对伦敦塔的袭击，此时铁匠们视为珍宝的铁器已经被没收了）。

② North和Weingast十分谨慎，他们并没有直接将1688年所发生的事件与七年之后出现的工业革命联系起来，而其他人则没有这么谨慎（例如Dam，2005，第84页）。

活力。[1]

他们从三个方面论证了专制主义制度是有害的——野心勃勃且强有力的国君通常发动更多的战争、征税的范围更广，以及对于财产权利的尊重更少。独裁政体也通常碰巧出现在远离通往美洲和亚洲的新贸易航线的地方。值得注意的是，和狭义制度解释直接相连的只有一条渠道，而 Delong 和 Shleifer 没有能够证明它是有效的。

Acemoglu、Cantoni、Johnson 和 Robinson（2005）最近的研究认为，Delong 和 Shleifer 所说的两条渠道以一种特别的形式相互交织，从而强化了制度。对于那些有条件从事大西洋贸易的国家而言，它们经历了社会中中产阶级的力量逐渐增强这一阶段。由此看来，按照他们的估计，在英国和荷兰共和国，“行政约束”增强了。Acemoglu 等论证了制度质量的提高对于经济增长至关重要——地理条件优越、适于开展大西洋贸易的地方，其城市化水平出现了迅猛的上升。

对于工业革命及其结果的制度化解释强调了政治经济学的作用。Acemoglu、Johnson 和 Robinson（2005）以 1800 年之后的英国为例，认为政治力量产生了很大的作用，因为它使得对收入的再分配成为可能。他们对法律上的权力和事实上的权力进行了区分，法律上的权力是指制定正式的法律和法令的权力，事实上的权力是指如果发现政策不符合自己的利益，则具备推翻体制的有形的权力。然而，截至 1720 年，英国议会已经具有了大量法律上的权力，从而使自身上升到了制度的源头这一地位。然而它仍然需要顾及财富不断增长的中产阶级的事实上的权力，以及到 1832 年和 1867 年改革时才恢复了公民权的人。Acemoglu 等（2006）认为法国大革命可以作为一个针对邻近国家政治体制的外生冲击。普鲁士和奥地利因受到被拿破仑所统领的军队打败的刺激，开始了其重大改革。在其他被法国征服的地区，陈旧的政治和社会体制则完全被推翻了。结合 1850 年之后技术变迁的上升势头，作者们认为，法国周边那些进行了制度改进的国家的经济在 19 世纪早期以一种重要的方式加速增长。

在有关现代增长的文献中，制度对于增长所具有的影响获得了很大的认同（Rodrik，et al.，2004；North，2005）。然而，主要从制度方面解释欧洲历史上的增长却面临着巨大的挑战。首先，很少有学者会在制度是什么以及这一概念如何被用来解释历史这些问题上达成一致意见。North 把制度定义为“一系列用来约束从最大化财富或是效用原则出发的个人行为的规则、程序以及道德和伦理上的行为规范”（North，1981）。Greif（2006）则在制度中加入了创造历史化规则的模式。在其模型中，观念和意识形态被作为决定效能的“深层”参数，而社会则通过效能确立起使交换和投资成为可能的规则。然而，很少有比较好的理论能够详细解释制度是如何发生变迁的以及为什么有些经济体相比其他的一些经济体有更好的结局。诸如（可感知的）被没收的风险、政府部门

---

① “在这些（共和）国家，由于财产上具有更大的确定性，商人们可以从事任何商业活动……因为商人们确信他们将拥有自身获取的经济收益（不会被强夺），他们为了挣得更多，将大胆地展示自己的财富。”

的效率，以及针对执法者的约束等都属于现有文献中关于制度的标准度量方法，这些都能够很容易地反映出政府的选择，并且可能会迅速地发生变化。任何模型，如果暗示了制度会对资本积累或者技术进步起作用，那么都会有问题。Glaeser 等（2004）证明了仅仅在一次选举后，制度的三个度量标准就都会发生改变。对产权进行保护有可能只是源于统治者没有多大价值的怪念头。在不同的时期，这些易变的度量标准在政治体制的结构化参数中很难被识别出来。其他诸如司法独立、比例代表制以及违宪审查等常见的变量，由于其变化较小，因此正如 North 曾经指出过的，它们更适合用做针对政府方面的结构化约束的代理变量。然而，从现代数据来看，这些变量的效应很小而且不显著。我们需要找到在一个国家的政治格局中发挥重要作用而且不会迅速变化的“深层”参数，这个参数不仅仅是当前经济状况和政治情形的反映。

对于公元 1500 年至 1800 年这一时间段来说，Acemoglu 等人所编辑的书中用“行政约束”这一变量成功地预测了城市化水平。DeLong 和 Shleifer 的“赦免指示器”（absolution indicator）也是这样。然而，对于现代化的早期阶段，这两个概念都包含着很大的疑问。由于数据来源方面存在不少问题，而且 1800 年之前处理欧洲很多国家基于复杂制度安排的变量十分具有挑战性。按照 Acemoglu 等的处理方法，16 世纪统治西班牙的哈布斯堡王室是完完全全的专制主义者，但是，其在从卡斯提尔议会获取税收或其他特许权上经常遭遇失败。在其统治的其他王国，例如阿拉贡，自中世纪以来一直保护它们的“自由”和集会有效地削弱了君主的权力。比如说，即使是对于专制主义象征的太阳王法王路易十四来说（Acemoglu 等把其视为“对于执法者完全不存在约束”，用代码“1”表示），这样的变量处理仍然存在很大的问题。大多数历史学家都反对把他的统治刻意看做成功实施的并且影响深远的专制主义。Georges Pagés 和 Roland Mousnier（1970）等激起了一代人新的共识，这种共识强调了法国国王在多大程度上是通过社会妥协和一致来实现专制统治，并维持传统社会的稳定以及保留传统精英对社会的影响的。如此看来，应该要质疑，现有的变量分类体系是否抓住了 1800 年以前制度和执法者约束导致经济增长的直接因果关系。[①]

比如威尼斯、神圣罗马帝国以及波兰这样广泛存在审查和平衡的国家也对统治者的行为自由施加了约束。然而，它们却并没有成为经济迸发活力的“温床”。这也许是因为，在明确定义和固定边界的现代统一国家出现之前，对君王的束缚对于经济并不具有确凿的好或坏的影响。S. R. Epstein（2000）晚年的时候强调了一个可以抑制地区性寻租行为以及解决协调失灵问题的强有力的国家所具有的优势。绝大多数“对执法者的约束”具有寻租集团为确保自身利益而保持固定份额这一形式。不足为奇的是，大部分欧洲早期现代化历史读起来就好像是关于土豪、对教廷进行游说的商人阶层以及在产出分配方面不断叫嚣的行会这些利益集团的冗长的故事。一个特别令人吃惊的例子来自 Rosental（1992）提出的关于法国农业中出现的无效率行为。那些对法国、西班牙、俄

① 试比较 Beik（2005）针对这一折中主义观点所做的批评。

罗斯和其他任何地方的统治者的中央集权行为提出反对意见的利益集团中，没有任何一个集团关注经济增长。当其获胜的时候，其并没有促成明智的长期政策的实施，通常只是用当地垄断者征收的苛捐杂税取代统治者的专横税收。[①]

在现代化的早期阶段，那些拥有良好制度的国家的实力通常很弱小。国际政治弱肉强食的本质破坏了好政府的生存能力。威尼斯在康布雷联盟（1516）中拥有的实力很弱，造成了威尼斯由盛转衰这一后果。在今天，对于执法者的约束与发生军事冲突的更小的可能性紧密联系在一起，看起来民主国家之间更不可能发生战争（并且在与非民主国家之间的战争中，民主国家的胜算更大）。而在现代化的早期阶段，这种相关性可能刚好与今天相反。那些对于执法者的约束具有较高效率的政治实体很快就将成为外部势力的受害者，而外部势力的当权者的政治运行通常并未受到国内反对者们的牵制。因此，在欧洲的早期现代化阶段，诸如西班牙的腓力二世、瑞典的古斯塔夫·阿道夫和法国的路易十四等人进行统治的这些规模比较大而且军事力量强大的国家，对那些位于意大利、德国以及低地国家中的更为富裕但是规模较小的城市国家造成了很大的威胁。经济上成功但是比较小的国家不断地遭到超级军事势力的破坏，或者难以承担维持一支军队所需要的与其税基不成比例的成本。[②] 只有英国和尼德兰北部这两个地区逃脱了这一噩运，它们有这样的好运气是因为它们所具有的非比寻常的地理优势，使得它们可以击退外来侵略。这些经济体甚至还必须忍受高税收这一重负，同时还要承受重商主义时代的观念，认为国家之间的经济博弈是零和博弈，而且对外贸易必须为政治和王朝的利益服务。

一个基本交易规则由此得以创立：一个强有力的中央政府可以更有效地使自身的经济避免来自外部侵略的威胁，与此同时，只需要最少的内在检查与平衡。波兰走入了另一个极端，波兰认为对执法者的严格约束无益于经济发展——至少这些约束导致国家在一系列让人筋疲力尽的军事失败后消亡。弱政府与强政府其实都不是问题所在，一个社会最重要的制度特征也许就在于它应该具有制度上的灵活性，也就是说以最小的痛苦与摩擦为代价来适应外在环境的变化。

我们依次总结欧洲 1750 年转型之前的两个关于重要制度的史实。第一，我们观察到在 1750 年之后，整个西欧社会兴起了反对与重商主义这一古老的社会体制联系在一起的寻租制度这一潮流（Mokyr，2006）。出现这一社会进步的根源在于经济精英们对政治的影响和更为自由化的意识形态的影响。第二，变革通常由武力引起（例如美国与法国）。英国是最为重要的例外，由于英国存在根本性的制度（比如议会），因而它可以适应外在环境以及观念的变化，而且其系统化改革不需要天崩地裂的革命（Mokyr and Nye，2007）。然而，即使这

① 威尼斯的例子是富有启发性的。就它的制度设置而言，很难想象这一政治实体与现代观念具有十分相近的架构。财产权利获得了很好的保护。社会的中上阶层控制了政治以及法庭。总督是通过选举产生的，尽管职位的取得在理论上属于终身制，但是事实上还是依据其在任时期的表现。并且早在 15 世纪，专利体系就已经在良好地运行了。然而，除了其早期阶段的富裕以及雄厚的海上实力之外，威尼斯最后还是因为军事上的以及经济上的原因而衰落了。

② 从现代时期的数据来看，一方面，在军事冲突与政治不稳定之间存在稳健的负相关关系，另一方面，军事冲突与经济增长之间也存在稳健的负相关关系（Alesina et al.，1996）。

样学者们对英国的例子也依然争论颇多，很多学者认为如果没有血流成河的国内战争，那么英国在光荣革命之后就不会达成和解协议。

针对1500年至1870年欧洲的制度所进行的研究大多聚焦于国家以及正式的制度方面，而对于正式和非正式的非政府制度关注不多（但是可参见Mokyr，2008）。让人吃惊的是，对中世纪时期所进行的研究工作已经突出了这些制度安排（Greif，2006）。正如制度经济学文献从其根本性的理论基准进行论述一样，如果对产权的尊重和合法的追索权对于经济发展来说至关重要的话，那么我们就需要去构造可以更为严谨地反映出这一维度的相关变量。① 一个更为广泛的以及更具有历史性意义的指标集应该能够衡量那些对执政者或地方势力集团的行为进行有效约束的法律或者基于习俗的措施——没有法律上的追索权，权力将很难得到正确运用。而且，可以通过一系列机制（除了第三方执行这一标准之外）克服由机会主义行为导致的帕累托均衡（pareto-dominated equilibria）这一问题。在这些机制中，精挑细选出来的集团成员们可以通过各种"昂贵的信号"（costly signals）（Greif，2006）确立起信任机制并且相互合作。甚至在今天，诸多制度经济学文献也已经证明这一类安排仍然具有相当强的解释力（Ellickson，1991；Posner，2000）。我们需要针对Greif并未涉及的时期，对这样一些安排所起的作用以及它们相对于议会等正式制度的重要性进行考察。

18世纪的英国是一个恰当的例子。在Mokyr（2008）最近的一篇文章中，他认为非正式的安排和文化变迁对公共制度和市场运行机制具有类似的影响，它们都有利于促进市场的有效运行。在规模更大的人口集团中出现稳态，有利于社会信任信号的发送。中产阶级接受了绅士行为这一社会价值观；由于人们普遍认为绅士并不贪婪，他们可以在只具有一个回合的囚徒困境博弈中实现合作（Clark，2000）。而且，18世纪的英国在正式以及非正式的社会网络方面都得到了明显发展，互助会、共济会以及饮食俱乐部的成员，到1800年估计达到了60万人。这种增长效应通过使不合作行为的记录得到广泛传播而使信誉机制更具效率。这也许就缓解了18世纪英国由私人提供包括地方治理、经常费用项目（overhead projects）、教育以及医疗等方面的公共物品时的搭便车行为。也可以认为这样一些非正式制度不仅维护了市场运行，而且有助于英国获取技术上的领先地位，因为这些非正式的制度使得学徒体制更具效率（Humphries，2003）。学徒合约特别容易受到机会主义行为的破坏，而执行这一合约的行会体制在英国各地都较弱——然而，这一合约在英国却运行良好。结果，英国具备了大量拥有熟练技能的手工业者和机械师，这些人在工业革命中所起的作用至关重要。

就像Acemoglu和Robinson着重指出的，英国1830年之后出现的贵族与富裕的市民阶层之间的权利分享安排巩固了制度平稳化功能的诸多方面。工人也许不具有法律上的权力，但是他们潜在的反抗能力赋予了他们事实上的权

① Acemoglu和Johnson（2005）认为对财产权施加保护的制度是至关重要的，而"通过契约进行约束的制度"仅仅会对最终出现的金融中介的类型产生影响。

力。基于“现实政治”的分析忽视了启蒙思想意识对政治制度所产生的不断增大的影响；对事实权力的分析仍然不完整。尽管英国军队有效地镇压了18世纪90年代的大众骚乱以及路德派暴动，但是，宪章运动绝大部分情形下都属于非暴力运动，它基本不会引发军事镇压的危险。如此一来，法律上的权力与事实上的权力的一致性就很高。也许这就是英国的政治模式能获得成功的关键所在。然而，令人吃惊的是，那些握有政治权力的人在把收入再分配给自己的时候确实利用了政治权力（最明目张胆的例子就是恢复1815年的《谷物法》），不过在19世纪，随着时间的推移，他们的这一倾向越来越弱，到了1860年，英国的权力寻租达到了其历史上的最低点。

人力资本和文化

在很多长期经济增长模型中，向自身可持续增长的转型几乎是教育的投资回报的上升以及技能的快速积累的同义反复。Becker、Murphy 和 Tamura（1990）构建了经济中没有固定要素的生产模型。人力资本的改善直接转化成更高的产出。这一模型假设人力资本由父母亲的时间投资来决定。父母亲的效用的最大化受自身的消费、孩子的数量以及质量所驱动。一旦父母亲开始在他们后代的教育上进行大量投资，经济增长率就会上升。当收入达到足够高的阶段时，生育率出现下降，这仍然将导致更多的针对孩子质量的投资。在这一模型中，人力资本与增长几乎是同一的。Lucas（2002）通过引入一个具有递减收益的土地利用部门以及一个具有线性的人力资本的现代部门对 Becker 等的方法进行了拓展。很多统一增长模型遵循同样的思路，通过加入技术变化率的相互作用进行拓展。

工业革命期间英国的发展看起来与这些预测具有很大的不同。大部分相关的统计资料仍然是基于个人是否能够签署自己姓名（这被论证为较低水平的识字率）（Schofield，1973）。工业革命期间英国的识字率相对较低并且很大程度上停滞不前。如果我们考虑到工业革命之前的英国相对来说较为富裕这一事实，那么这一点就显得特别有说服力，因为随着收入的上升会出现对于识字技能的内在需求（Mitch，1999）。而在工业革命期间，英国人对年轻一代进行教育投资的能力和意愿并没有出现明显的提升。在19世纪70年代之前，学校入学率的提高幅度也并不大（Flora，Kraus and Pfenning，1983）。

源于 Lucas 传统的模型通常预测，在经济转向自身可持续增长的过程中对于人力资本的需求将上升。同时技术变迁存在严重的技能倾向。这是历史性的问题。由于仅仅是针对一些包含技能的行业进行估计，而它们并不具有代表性，所以我们关于随时间而变化的技术溢价的行为的了解并不全面。而且，针对技术和溢价只是进行了简约形式的测算，其自身出现的变化可能反映出任意的供给和（或）需求因素变化方面的混合效应。我们缺少关于18世纪或19世纪的教育回报出现上升的有力证据。Williamson（1985）认为英国在1750年至1850年间的技术溢价出现了巨大的上升，不过此后开始下降。经济史学家们一致认为，不能接受Williamson的论证。正如Feinstein（1988）所充分论证的，没有明确的证据可以表明技术溢价在整个时间范围内出现了变化。[①]

工业革命期间甚至此后的时期，制造业方面的重大发展依赖人力资本的上升这一点并不确定。也许管理方面的工作显得更为重要。Boot（1999）从他观察到的受教育程度较高的工人的薪酬水平的上升这一证据出发，认为在经济的一些（较少的）部门中，正规教育也许算得上成功。然而，技术变迁本身也许并不是技能偏向的。正如大肆破坏机器的路德暴动所强调的，也许与第一次工业革命相伴随的是技能退化这一趋势。[②] 这给那些占据主导地位的长期经济增长模型带来了重大的挑战。在纺织业中，走锭纺纱机、多轴纺纱机以及阿克奈特纺纱机的应用使得工厂用资本和不熟练劳动力的混合体取代了熟练工人。对那些更为传统的部门而言，这一证据则更为混杂。Clark（2007a）探讨了1700年至1850年英国工匠对工人的工资比率。他的证据表明，工资溢价从65%下降到了50%。当然，建筑业经历了有限的技术变革。如果这一部门体现出来的证据不代表经济中更为广泛的趋势，那么，我们还需要就1850年之前的一个半世纪中较为温和的技能退化这一现象进行总结。也许聚焦于工业社会中人力资本分布的变化比探讨人力资本的平均水平更有效。19世纪的技术变迁，使得社会出现了对于高技能的机械师以及工程师的巨大需求，而这些人处在人力资本分布的上尾部分，因此对这些人的需求的增加有可能同时减少了对于手工业者的需求。使用传统方法测算出的技能溢价并未上升，可能掩盖了劳工大军中不断恶化的两极分化问题，这个问题是由于工业化使得管理以及高级机械技能的回报不断上升，而基础技能（诸如铸铁、木工手艺和编织）的回报不断下降而形成的。

同样，对于下面几个问题我们暂时给不出确切的答案。从19世纪中期开始的人力资本形成上的加速是否是其对于要素价格变化以及其他经济激励的内生反应？它是否只是更高的实际收入的结果（孩子接受教育成为一个正常的消费品）？或者它仅仅是教育供给出现“外生”变化的结果（例如以下事件的长期滞后影响：启蒙运动、19世纪的民族国家主义和国家的形成，以及加强针对较低社会阶层的社会控制）？[③]

如果我们仅仅以正规教育水平来识别人力资本的话，那么很少有证据可以支持一致性增长模型，同样也没有什么证据可以表明人力资本突破了工业化之前的水平，在1750年后的英国出现了突变。如此一来，主要的结论似乎只能

① 也可以参见van Zanden（2009）。

② 作为亚当·斯密的同代人，Adam Ferguson在1767年着重指出，“很多机械手艺并不需要什么突出的能力……无知是工业以及迷信之母……相应地，制造业在那些最缺乏深思熟虑的地方出现了最繁荣的景象”。如想了解最近的强调去技能化的作用的模型，则请参见O'Rourke，Rahman and Taylor（2008）。

③ 后一个效应可看成Acemoglu和Robinson（2000）论文的核心所在，他们认为公民权的扩张实际上是人们对潜在的革命威胁做出的反应。类似的观点也可用于分析义务教育的引入。

是，尽管对于1850年之后的时期人力资本方法看起来具有很大的吸引力，但很少有基于人力资本方法的增长模型对逃离低增长的初始状态有足够的解释力。对从技能替代向技能利用的技术转型进行内生化处理的模型才刚刚开始出现（O' Rourke，Rahman and Taylor，2008）。当我们拓展我们的关注点时，我们的结论通常会发生或多或少的改变。当从英国的特殊例子扩展到1500年至1870年这一更长时期的整个欧洲时，人力资本的定义囊括了更为广泛的内容，包括了更多因素，例如计算能力、规则和学徒制这样的非正规化教育，并且理论和历史的契合度也上升了。

毫无疑问，某些形式的人力资本（诸如识字率和计算能力）在工业革命之前的很长时期里上升了。这部分可归因于宗教改革运动，部分可归因于缓慢上升的收入水平，并且似乎还有一部分可归因于在一个商业和金融业迅速发展的年代里，服务部门对于识字技能的需求的增加。在一个一致以及可比的框架中，对于识字率的测算不是件容易的事，特别是1800年之前的数据的可得性问题使得这一测算变得非常困难。最近的一篇关于识字率的研究论文关注了1800年前后个人正确签署自己姓名的能力，这一比率在英国男性中是60%，英国女性的这一比率则是40%。比利时的这一比率与此基本相当，稍高于法国，但是不如荷兰和德国（Reis，2005，p. 202）。Baten和van Zanden（2008）探讨了欧洲现代化早期的图书生产。他们发现了在发明活版印刷之后真正的人均产量上的扩张，产量增长了10～100倍。荷兰和英国遥遥领先于其他国家——最富裕的地区的人们购买了最大数量的图书。①

另一种对于人力资本的测算是算术能力。了解数字的意义并且准确记忆以及进行最简单的换算是很多商业交往中一个关键的技能。对于历史数据的测算结果可以通过一条捷径来获得。正如Mokyr（1985）提议的，我们可以使用“年龄堆积”（age-heaping）作为算术能力的度量指标。很多历史资料显示，年龄只有在达到五的倍数时才会被记载下来，然而年龄的真实分布应该是平滑的。A'Hearn、Baten和Crayen（2009）针对过去的2000年编撰了一个覆盖面甚广的数据库。他们发现有证据表明从16世纪开始，欧洲的算术能力存在上升的趋势。尽管经济上出现了彻底的变化，但是英国在1 800年之后其民众的读写能力却出现了停滞。我们可以从欧洲之外获取更多有关算术能力的数据，如果可以更为严谨地证明收入提高是具有更强的算术能力的结果，那么Becker和Lucas的传统预测就更有说服力。

如果想更上一层楼，那么历史学家和经济学家就需要拓展他们关于技能的概念。一般而言，他们并不必然是从学校教育或是类似的正规教育中获得这些概念的。相反，这些概念主要是通过私有化的合约进行传播的。学徒制是技能培训的主要方式。受训人员受到导师的“契约约束”。这一合约包括学徒承诺在其受训期间参与工作、导师有进行教育的义务以及父母有时还需要支付培训费用（Humphries，2003）。一小部分高技能的熟练工人掌控着新技术的配置、

① 作者们认为人力资本积累指数是预测随后出现的经济增长的一个较好的指标（Baten and van Zanden，2008）。

运行以及维护。这些人包括时钟以及工具制造者、木材工人、玩具制造者、玻璃切割者以及类似的专业人士。他们能够正确利用尺寸规格和材料精确生产部件；他们能够看懂设计图纸以及计算周转率，也理解机械装置的使用年限、耐性、摩擦程度以及相互依赖性。这些不出名但是能干的工人们是投资人和工程师的必要补充，他们的数量在劳动力中占5%～10%。他们使得模具和设计变成具有可行性的机械，他们还操作和修补这些机械，导致经济中出现了小的但是累计效应不容忽视的微观激励。如果没有这些人，英国也许不会成为“世界工厂”。

熟练工匠中的精英们带到工厂的大多数技能源自一个世纪以来传统手艺在专门技巧上的积累。如果新技术出现了，而且熟练工匠的技能与所采用的生产率更高的新技术之间有着很强的互补性，从而使这些工匠的人力资本更值钱了，那么我们就应该能够发现这一部分工人的工资的变化。兰开夏郡采用纺纱和织布机械增加了对技能熟练的手工业者的需求，这应该能够补偿手工织布工人工资的降低。虽然证据并不完整，但有迹象表明18世纪英国的雇主们曾哄抢玻璃切割机、磨坊水车轮或者细线纺织机器（Mosson and Robinson，1960）。仅从概念上来说，以人力资本为基础的模型如果要从概念上对工业革命进行比较好的检验，那就应该重点关注这一部分的上层劳动者与其他劳动者的收入比率的变化，以及由这一收入差别所引起的劳动供给的变化。

然而，我们也许还需要把相关的人力资本的定义进行更为深入的拓展。由于工厂体系的兴起，这一体系内在地要求工人必须具有一般技能——纪律、守时、尊重别人，以及识字能力和算术能力，但这一技能并不必然通过正规教育来获取，近来劳动经济学方面的工作也强调了非认知技能的重要性（Heckman and Rubinstein，2001）。工人使用的设备以及原材料归资本家所有并且耗资巨大。工厂主需要向工人灌输关于诚信以及节制的文化观念，以及工人之间开展互助和进行合作的意愿。尽管类似的规则同样出现在导师与学徒之间，但是由于工厂中存在昂贵的设备，因而这一规则得以强化。① 除此之外，更为复杂的技术以及更为精细的分工使工人之间建立起互相依赖的关系，而这一相互协作在工人们不情愿以及不具有合作观念的前提下很难得到巩固和加强。工厂中有纪律性的工作相比其他工作包含更高的工资溢价，并且更多地具有自我雇佣形式，工厂的盈利能力也更依赖于劳动强度（Pollard，1965；Clark，1994）。同时，纺织业中工作经验丰富的工人的收入，高于那些习惯于从事工厂工作的工人。如果在诸如制砖工人这样一些非熟练工人都可以获得更高报酬的较早时期，熟练工人就针对他们的人力资本进行有效投资，那么到这些人三十五岁的时候，他们可以获得相当于制砖工人2.3倍的工资，这一工资也高于煤矿开采

① 这一洞见很难算得上是具有新意的。马克思在他的名作中以实业家的口吻告诉经济学家西尼尔：“如果劳动者放下他的铁铲，他将会使得在当时价值18便士的这一资产变得毫无用处。一旦我们劳动人民中的一员离开工厂，他又将会使得耗资10万英镑的资本变得毫无用处。”（Marx，1967，I，pp. 405-406）

工人的工资（Boot，1995）。①

出于类似的理由，监管工作是一项重要的任务。如果"纪律资本"相比按通常方法进行测度的教育对第一次工业革命起到了更大的作用，那么经济史学家们就应该编撰更为广泛的工资测度指数，使得它可以准确地捕捉到工业化时代将需求成功内在化的工人的所得。而且如果有纪律性的工人所获得的回报尤其巨大，那么我们也应该能发现那些确保 19 世纪的工厂平稳运行的杰出领班以及等级制度中的其他成员具有较高的并且上升的工资溢价。这一观点最明显的可以检验的含义就是早期的工厂主偏好雇用那些性格相对更为柔顺的工人，即使这些人的技能较低——也就是说，可以是女人或儿童。在棉纺织业发展的早期阶段，确实是这种情形。类似地，对于人力资本方法的有效检验应该集中在 Boot（1995）和 Leunig（2001）已经检验过的纺织技工这样的高技能工人上，并且要问，相比传统部门中的学徒制，他们是否从他们的技能投资（通过接受经年累月的报酬微薄的在职培训）上获取了更高的回报？

这些观测表明，相比正规的学校教育以及传统的阅读和写作能力，非认知技能以及非正规教育对欧洲向自身可持续增长的转型有更强的解释力。在这一意义上，教育与人力资本的区别是一方面，文化变得越来越武断则是另一方面。自 Max Weber 阐述资本主义精神之后，文化就成了一种"普通嫌疑犯"（usual suspects），它可以决定财富以及生产率，并且当代学者也认同这一点（比如，Jones，2006，pp. 126-132；Temin，1997）。越来越多的证据表明其作用可以使用当今的数据加以论证。这也意味着经济史学家们可以通过历史证据再论证这一命题。Guiso、Sapienza 和 Zingales（2006）证明了文化对经济的影响是外生的。文化同时具有很强的持续性（也可参见 Tabellini，2006）。此处尤其重要的是文化是按照价值观和个体的信仰进行定义的。尽管想尽可能地努力控制住内生性问题，但这些研究证明，当人们可以相互信任对方，相信通过努力工作可以取得更大成就，并且相信体现国家权力的正规化制度从总体上不会构成威胁的时候，经济上的进步也将随之发生。当然，我们从历史记录中没找到这样的类似民意测验的数据，并且寻找这样的数据也将会非常困难。但是现代化早期阶段的欧洲社会中的私人秩序制度具有惊人的作用。这些制度一般包括使得人们履行诺言以及以受人尊敬的方式行事的文化观念，在这样的前提下，因为机会主义行为在社会群体中不是占优策略，所以这就确保了社会成员间的重复交往。信誉就成为需要认真进行管理的社会资产。在这一解释中，商业社会中的中产阶级接受更具有协作精神的行为模式，从而导致了帕累托改进。针对这一均衡的论证其核心也许可以很恰当地理解为究竟什么样的中产阶级行为可以被认为符合"绅士化行为法则"。因为这些法则标志着个人对金钱不怎么感兴趣，因此他们将更多地顾及个人声誉而不是个人收益，这样一来就降低了遭受欺骗的风险（Mokyr，2008）。相比来自法律和合约的第三方的执行，也许这样的社会规范更

① 煤矿工人可以算做一个较好的比较标准，因为纺织业中技工的工资同样也会反映出工作条件艰苦性上存在的差别——煤矿开采中的工作条件比这更为恶劣，如此一来，纺织业中的工资差别可以解释技能积累上的差别。

有利于维护欧洲的市场体系，尤其是信贷与劳动市场。

但是，这样的中产阶级价值观源自何处呢？Doepke 和 Zilibotti（2008）在其原创性论文中强调了贵族与中产阶级之间在行为上存在的差别。Doepke 和 Zilibotti 提出了一个通过内生化、遗传性偏好形成的阶级构成模型。他们认为英国工业化社会进程中出现的市民阶层精英的兴起可以看做一个奇迹。在经济转型开始之前，贵族阶级就累积了很多有利因素——可用资金、政治关系和受教育的途径。然而，1750 年后，在制造业中富裕起来的传统政治精英却并不多见。Doepke 和 Zilibotti 认为这是因为社会中的其他集团——中产阶级——已经积累起存量更为巨大的“忍耐资本”。大多数文化实践以及行为规范使得他们具备延迟享受的能力。技工们需要获得这一技巧，因为他们在成为工匠之前需要花很长的时间接受必需的培训。老贵族们通常只教会他们的孩子如何去享受。如此一来，这些孩子们接受到的是与努力工作以及进行投资正好相反的文化。通过好几个世纪的积蓄以及对孩子们的教育，中产阶级积累了金融资本，同时也形成了可贵的文化特质。当工业革命中的新技术采用使得忍耐获得了更大的回报时，更有利地利用这一机会的人并不是政治精英，而是那些拥有较强忍耐力的人。Doepke 和 Zilibotti 认为正是这一类型的文化在随后的资本主义工业化发展中起到了主要作用。按照他们的解释，有效信贷市场的缺失对于中产阶级的兴起至关重要——只有金融市场支离破碎时，忍耐的收益才会在不同的社会群体间体现出差异。

忍耐资本这一概念有巨大的前途。正如亚当·斯密在讨论英国时所说的，最初开始工业化的是那些“店主式国家”，这绝非偶然。因为在这样的社会环境里，中产阶级的价值观及其活动得以昌盛起来并且相对更重要。如果中产阶级价值观在工业革命之前的欧洲就已经兴起，那么相伴而生的会是社会较低阶层的劳动力的工作强度的提高和工作时间的延长，以及脱离自给自足后越来越市场化的倾向。De Vries（1994）把这一变化称为“工业革命”。在 18 世纪前后，为了增加经济中的劳动投入，天主教教义甚至取消了宗教节日（de Vries，2008）。Clark（1987）发现，在欧洲绝大多数经济较为发达的地区，人们的劳动强度远远高于其他地区。Voth（1998，2001a）认为，在 1750 年的英国，一年中的工作时间已经足够长了，由于减少了节庆、宗教节日且打破了星期一不工作（“圣礼拜一”）的惯例等，工作时间大大延长了。诸如此类的变化与 Doepke 和 Zilibotti（2008）提出的模型具有一致性，在这一模型中，相对其他人而言，那些对“休闲技能”进行约束的人最终成了主流社会阶层。

近来，学者们对利用达尔文自然选择模型解释文化变迁表现出越来越浓厚的兴趣。Galor 和 Moav（2002）提出了一个模型，在工业革命之前的时期，出现变化的关键状态变量并不是人口规模，而是“人口质量”（基因或是行为方面的质量）。那些具有更为合理的人口特征（教育、正确的基因以及追求经济利益的态度）的家庭生育更多的存活子女并且逐渐地但是不可避免地改变了人口组成。如此一来，在工业革命之前，人口质量出现了上升。近来，Galor-Moav 理论框架得到了一些质量较好的实证研究的支持。Clark 和 Hamilton

（2006）发现，在英国现代化的早期阶段，富人以及受过教育的人养育了更多的存活子女。Clark 和 Hamilton 的这一更富的人有更多存活子女的结论，而不是一些关于人口质量的不可测量以及不可定义的指标，很简单明了地表明那些已经学会如何进行储蓄（以及投资）以及那些把这些价值观灌输给他们的子女的人在人口中所占的比例提高了。假定在现代化的早期阶段欧洲的生活水平远远超过了维持生存的水平，那么将会有更多的孩子存活下来。对生育行为的约束主要源自社会性的以及文化方面的因素（通过结婚率起作用）。人口组成的这一变化同样影响了英国自中世纪之后的利息率的下降（Clark，1988），利息率从 13 世纪的 10%～11%下降到 18 世纪的 4%。人口组成效应是通过那些更具耐性的人口的相对数量的增加进而导致储蓄的逐渐增加来发生作用的，这也可以解释储蓄的上升是因为“卡尔文教义”。人口组成结构的变化也许可以帮助我们更有效地理解进化的人口统计学行为。正如历史学家和经济学家所发现的，在不同的人口群体之间，生育率和初次结婚年龄通常并不一样。①

在 18 世纪之前，就那些脱离马尔萨斯陷阱的国家来说，我们仍然没有确凿的证据表明自然选择在一些可以进行定义的维度上提高了这些国家的人口质量水平。解决由反应导致新的激励这一“内生化质量”变化问题存在艰难的挑战。假定人们只是在他们快二十岁或是二十岁多一点时才开始生育，那么依赖自然选择的过程都要求一个较长的时间间隔——或者完全不同的生育率。② 我们对生育行为的相对差异（例如，正如针对不同的结婚年龄的研究所表明的）的了解远远不够，而且我们对欧洲在现代化早期阶段在经济上取得的成功也所知不多。人口组成变化也许扮演了一个重要角色，但是就目前而言，这一点也很难说。“欧洲普遍盛行‘富者适存’，而远东地区则没有出现这一现象”（Clark，2007a）这一自命不凡的论断建立在并不坚实的基础之上。Clark 和 Hamilton 整理了关于长时期的生育率和存活率的差异的数据，我们需要沿着他们的方法在全球不同地区寻找更多的证据。

诸如 Boyd 和 Richerson（1985，2005）这样的文化演化研究领域的学者指出，事实上文化变迁仅有一小部分归因于自然选择的人口组成效应。与自然选择的论点不同，他们指出学习和模仿是文化变迁的来源。无论是通过基因还是教育，人们通常都只从他们的父母亲那里接受一部分文化，由于他们在整个人生过程中将受到来自其他方面的影响，他们也许会体现出不同于他们父母亲的特点。诸如此类的“偏差”也许具有不同的形式，但是也许此处最令人感兴趣的就是他们所说的“模式化偏差”（个体通过观察那些具有他们认为合意的特点——诸如社会地位和财富等——的人，把这些人作为他们的行为榜样）。在诸如英国这样存在高度的社会分层但具有流动性的社会中，人们有很强的激励

① 除了 Clark 和 Hamilton（2006）的研究之外，人们也需要关注 Herlihy（1997，pp. 56-57）的研究以及 Galor 和 Moav（2002）的工作。

② 如果我们可以获得自 16 世纪开始的最早期的数据，那么，就这一时期而言，生育率上的选择效应仅仅在 5～6 代人之间产生了作用——在最为适中的生育率优势假设条件下，选择效应起作用的阶段并不算长。近来有关基因的研究结果仍然认为“人口基因演变上的不同可以解释文化特征上的不同，这一文化特征持续了很长时间，并且是为了适应不同压力而由社会做出的选择的结果”（*New York Times*，March 7 and 12，2006）。

去模仿那些被看做上级的人物的行为。这将使得那些最有成就的工人以及工匠们通过模仿中产阶级的行为，努力去模仿中产阶级。如此一来，中产阶级规模的扩大将远远快于生育率差异化观点所预计的。

技术

由于所有其他资源的生产率增长都是报酬递减的，所以技术变迁成了现代经济增长的支柱。资本的积累、资源配置的改善、得自贸易的收益、更好的制度以及规模经济都将导致产出增加，但是它们最终将屈服于报酬递减。如果我们不能理解工业革命期间以及其他时期科学与技术之间的联系，那么就谈不上对现代增长的历史具有清晰的印象。史学家中存在少数派观点与多数派观点的分歧，少数派观点坚持认为科学以及科学化的文化是工业革命的关键因素（Musson and Robinson，1969；Rostow，1975；Jacob，1997；Lipsey，Carlaw and Bekar，2005），而多数派观点则倾向于把科学的作用仅仅看成附加因素以及边缘化因素（Landes，1969；Mathias，1979；Hall，1974；Gillispie，1980）。我们可以很容易地列举一些关于科学和数学对于工业革命中的一些发明创造具有重要性的例子。然而，同样可信的是，制造业中许多最为显著的突破所依靠的科学知识同阿基里德时代并没有很大的不同，特别是在纺织业的机械化过程中。在诸如蒸汽发动机、制陶以及动物饲养等其他领域的进步中，技术上的进步主要源于反复试错，而不是由于对潜在的物理和生物过程有深刻的了解。

那些认为科学在工业革命中起到中枢作用的人与其反对者之间的争论，跟关于一个杯子是半满还是半空的争论一样没有多大意义。这一个杯子起初完全是空的，而在1750年之后的一个半世纪里逐渐满起来了。科学家和科学（并不一样）在新生产技术的发展方面取得了一些非凡的成就，比如氯漂白技术、苏打制作过程以及像Franklin、Priestley、Davy和Rumford这样的自然哲学家们的发明。虽然即使没有这么多科学上的进步，典型的工业革命也很有可能会发生（除了一些例外情况），但是我们很难就此断定，即使发明家和技术人员能够利用的有用知识没有持续增加，工业革命也能转变成一个跨越全欧洲的持续的增长过程。当然，我们也不可能对这一协同究竟是什么时候开始出现的给出一个确切的日期。在有些领域，可以辨别出这一协同发生在18世纪中期。但是1820年之后，在技术上较为关键的“新”领域，科学知识对新技术的发展变得越发重要。这一时代的两个最为重大的进步是电报机的发明和对脂肪酸的化学特性（可以用于制造肥皂和蜡烛）有了更多的了解，这些都发生在典型工业革命时期的最后阶段。反复试错、全凭运气以及全靠直觉从未从科学发现的场景中完全消失，但是有关技术是如何以及为什么会起作用的知识的增长，可以帮助人们更容易、更快速地对一项新技术进行改进和调试，或是把它同时用于别的方面，以及进行变化和组合上的设计。如果没有知识的增长，那么这些是很难出现的。在化工、钢铁、电力、食物处理、动力工程、农业以及造船这些行业中，受过正规教育的人尝试去理解他们观察到的自然现象和其包含的规律，还有些人则把这些洞见运用到了较好的用途上，这两者之间的联结在1750年之后变得更为牢固和更加紧密，并且持续了下去（Mokyr，2002）。

基本的制度使得这一协调的不断发展成为可能，这一点也被详细地揭示了出来。尽管知识产权具有某种重要性，但是其不可能对这一过程进行充分的解释。迄今为止仅有一篇有关增长的论文（Jones，2001）建立了随时间变化的制度参数模型。在Jones的模型中，不管工业革命是否“不可避免”，这些参数都起到了关键作用。[①] Jones设定了参数π_t，它是分配给观念生产部门中雇员的消费数量在总消费中所占的比例，这一参数的计算与数据相匹配。从更为宽泛的角度来看，模型正确地捕捉到了资源密集型研究工作的兴起和发展。这一序列频繁地展示了历史古怪的一面（Jones，2001，p.24），这一参数的数值在16世纪至18世纪之间从0.44下降到0，在18世纪出现了急剧的上升，在19世纪又下降了一半，此后增长了12倍，跃升到20世纪的5%。Jones的模型没有考虑到在早期历史中推动观念部门前行的复杂动机，当时很多自然哲学家以及发明家们对信号发射法和财务收益同样感兴趣，这与现代开放源代码的技术很相似（Lerner and Tirole，2004）。针对这一年代的技术增长进行解释的模型必须意识到在观念部门中存在两个相互分割的部分，而这两部分存在不同的设定产权的办法。尽管“规范性知识”（prescriptive knowledge）也就是技术本身可以被授予专利，至少可以作为某种形式的产权进行设定，但是“陈述性知识”（propositional knowledge）却不是这样，授予知识发现者的优先声望并不包含排他性的权利。如果不能明确地认识到这两种知识之间的相互反馈机制，那么我们就仍然很难理解工业革命期间及其之后的技术增长（Mokyr，2002；也可参见Dasgupta and David，1994）。19世纪50年代之前的科学家们很少会对自己的发现所带来的实际收益感兴趣，他们在意的是声望而不是利润。像“自然哲学家们”一样，他们拒绝从他们的发现当中讨生活，并且对任何这样做的人都表示无法理解（Bowler and Morus，2005）。

同样值得注意的是，从近来对发明者从其发明中获得的价值进行的估计来看，当代美国的证据表明，发明者本人只获取了他或她的发明价值的2.2%左右的收益（Nordhaus，2004）。就工业革命时期来看，这一数字不可能比这更高。专利制度体系是核心，但是学术界对于它在工业革命期间技术进步过程中的实际效果仍然存在很多的争论。专利制度的作用在于赋予发明者垄断势力，然而，侵权和这一制度其他方面的失效意味着先发优势、守旧政府、私有部门的奖励与发明者所获取的租金同样重要。[②] 英国的专利制度体系离用户友好型

---

① Jones模型中的参数π被定义为那些归属于“观念部门”中的人们的收入在总体收入中所占的比例，模型的均衡结果等同于受雇于经济中的观念生产部门的劳动力在总体劳动力数量中所占的比例。

② 关于英国专利体系运行的文献汗牛充栋，可参见Dutton（1984）、MacLeod（1988）以及MacLeod和Nuvolari（2007）关于这些研究的导论。

还差得远：专利的提交花费昂贵，通常很难有效保护专利拥有人不被侵权(Khan and Sokoloff，1998；Dutton，1984)。由于其无法有效地保护绝大多数发明者的权利，并且维护起来具有较高的成本，所以专利法饱受诟病（Macleod and Nuvolari，2007)。即使那些最成功的发明者，也大多没有被授予专利(Moser，2005)。与美国不同，英国的专利制度体系很难在提高潜在的发明者的积极性方面发挥作用，似乎并没有对1850年之前英国在技术上的领先地位产生影响。Charles Babbage直言不讳地谴责专利法是"欺诈性彩票"，"天才一无所得，而无赖则赢得盆满钵满"（1830，p. 333、321)。诸如议会授予发明者的激励性奖励等，也许至少在激发新思想和保护专利方面，达到了和专利制度体系类似的效果（Brunt，Lerner and Nicholas，2008)。专利制度最好的一面在于它提供了一种事前的信念，也就是说成功的发明可以使一些幸运的人得到较好的回报，并由此提供一种积极的激励。

相反，一个更为深刻以及更具包容性的社会现象此时也在上演，即，那些制造东西的人（企业家和工程师）与了解事物本质的人（自然哲学家）之间加强了信息沟通与合作。这一相互作用不仅意味着什么样的有用知识应该提供给那些一旦得到这些知识后就知道如何应用的人，而且也意味着科学的进程日益偏向于经济发展的实际需要。连接专家与制造者之间的桥梁包含多种形式（从书面的技术手册到提交给学术团体及科学界的论文)，这使他们能够相遇并且交流思想。在18世纪行将结束的年代里，当企业主和农民们寻求更好的漂白方法、更具效率的动力引擎以及更好的培育技术时，科学家们扮演顾问这一角色的现象就变得很常见了。

到了1815年，对这种协同的需求变成了一种共识，欧洲经济相互竞争，更鼓励了这种行为。英国1754年成立的艺术学会、1799年成立的英国皇家学会，以及力学研究所（最初是由George Birkbeck在1814年建立的）都是很好的例子，展现了当一国的人民信赖自身的首创精神时，个人也可以自发地完成这一任务。还有大量的非正式机构（现存的最为著名的是伯明翰月球协会）把一流的科学家和一些著名的企业家及工程师聚集在一起。稍微不那么有名但是同样具有重大意义的是成立于1717年的斯皮塔菲尔德数学学会以及伦敦章咖啡馆(london chapter coffee house)，在18世纪80年代，这是皇家学会成员最喜爱的地方，在那里，学识渊博的人们详尽地讨论蒸汽和化学方面的世俗化的论题(Levere and Turner，2002)。在法国、德国以及低地国家，政府在这方面扮演了更为积极的角色（可以参见Lenoir，1998)。并不是所有诸如此类的努力都导致了不证自明的成功：巴黎综合理工大学的工程师的研究太抽象、太形式主义，无法产生直接的结果。而在德国，从整体上而言，其大学体系比政府期待的相对要保守和缺乏实践一些。然而，人们不断创立起新颖的以及更为有效的制度，旧式的体系最终发生了根本性的变革。[①] 此后，在1815年之后的时代

① 在德国，大学与技术学院或工学院之间的竞争愈加激烈，第一所技术学院或工学院于1825年设立在卡尔斯鲁厄。而在法国，建立了许多全新的高等专业学校来提供更具应用性的教育，比如工艺学院。

里，作为1660年皇家学会成立的理念基石的培根式观点取得了最终的胜利。为了赢得这一胜利，欧洲在设立促进有用知识的积累和传播的制度化机制方面经历了巨大的变革，然而这些制度却是建立在文艺复兴观念的脚手架（North如此称呼）之上的，在文艺复兴的年代里，人们确信通过实质性的进步以及具体的程序可以实现知识的积累与传播这一目标。

对“新观点”的产生进行模型化处理是增长模型的一个关键挑战，而且内生增长模型不得不对历史所包含的丰富性进行简单的处理。结果是这方面的文献对发明过程包含的高风险不能进行有效的处理，在进行发明的过程中，对“生产点子”的部门的投资更像是购买彩票，而不是职业选择。[①] 当一些模型明确地提及“生产的点子的数量”时，这一概念当然很成问题，这不仅是因为这些点子违背了明显的算术规则，而且还因为很多被提出来的新点子有的无疾而终，有的本身就是错误的或纯粹是出于幻想。此外，很多新技术与其说是源自某种类型的认知上的灵感，不如说是熟练工人的经验以及干中学过程中的较小但不断累积的改良的结果。虽然在工业革命期间，诸如此类的手工艺上的进步并不全部都属于技术上的变革，但是史学家们恰当地强调了它们所具有的重要性（Berg，2007）。

结论：从误解走向进步

对经济向自我持续增长的转型感兴趣的理论家们和经济史学家们分属不同流派，他们在一些有共同主题的研究中表现出了较大的分歧。而这实际上已经阻碍了对“从马尔萨斯到索洛”的转换是如何出现的这一问题的理解，我们建议未来的研究应该更多地去协调不同派别的分歧，在交流与互动中增加我们的智力财富。

理论家们通常利用长期增长模型探讨经典的、最早出现的英国工业革命。这就迫使他们无视或贬低经济史中通过“已经很不容易”（原文为德文）的努力才获取的事实。例如，根据Jones（2001）的模型，在转型过程中工作时间必须缩短，尽管事实上它也有可能延长。Lucas和Becker的传统模型强调了对人力资本的需求和回报的增加，然而我们却很少发现这一方面的证据。Acemoglu、Johnson和Robinson强调了在欧洲现代化早期阶段对执政者进行约束的重要性，可是一旦考虑施加约束的主体对增长究竟起到了什么作用，这个结论就不够清晰了。尽管我们可以列出足够长的文献，但是本章的主要目的在于略举一二。

---

① 实际上，这一方面的技术进步可以通过行为经济学以及决策理论来获得更好的解释，因为对观念的生产所进行的模型化处理通常会系统地高估观念生产部门中的人们随后所获得的机遇。亚当·斯密很早就理解了这一点：“他们对于自身美好前景的不合理的设想……仍然是更为常见的（相比人们高估其自身的能力这一点）……每个人或多或少地高估了获取更多收入的机遇，而其对损失的预期则被低估了”（Smith，1976［1776］，p.120）。

经济史学家们可以迅速地指出上述研究中包含的最为明显的矛盾，他们指出："绝大多数增长模型中的工业革命与18世纪英国工业革命这一经济事件很少存在相似之处。"（Voth，2003）当然，讨论也不可就此止步。多数一致化增长模型的逻辑使得它们自身很难充当典型英国工业革命的解释工具，但是增长理论的研究者们还是越来越倾向于据此进行解释（Galor，2005；Hansen and Prescott，2002；Lucas，2002）。如果将工业化革命的早期阶段作为整体进行研究的话，那么一致性增长模型将会作出更大的贡献。换一个角度看，批评者认为，经济史学家们的论题过于狭窄。如果我们把研究期延长到人口统计发生变化的时期，考察更长的时间范围内人力资本的积累，拓宽技能的范围（不再局限于传统的读写能力），那么很多显而易见的自相矛盾之处将会消失。在1500年至1800年期间，马尔萨斯机制缓慢地解体了，而且许多人力资本方面的变化可能出现在宗教改革之后。同样，如果经济史学家们与理论家们更为关注诸如忍耐性、谨慎以及纪律性这样的非认知技能和文化特征，那么他们可能更容易建立起与经济史实存在广泛一致性的模型。就这一点来说，一致性增长模型具有很强的解释力——特别是那些强调向经济转型存在两个阶段的理论（诸如Galor and Moav，2002），第一阶段是马尔萨斯约束逐渐减弱，第二阶段则是人力资本变得越发重要。

时期问题并不是导致出现误解的唯一重要的方面。正如德国哲学家Rickert和Windelband着重指出的，历史学是"表意性的"——致力于对独特性进行解释，而理论家们则必然属于"定律性的"——探求统一的规则性。例如，Hansen和Prescott（2002）在对英国工业革命展开讨论时，他们的模型实际上意指可以对整个欧洲（或者说，事实上是世界的）范围内的工业革命进行说明的统一的方法，而经济史学家们则通常关注每一个体所具有的实证上的准确性。同样的问题也存在于那些从横截面的角度检验历史逻辑的倾向的模型，经济史学家们一般也不会反对用模型的解释力对我们时代的经济发展进行预测，这个模型解释了"为什么是英国首先开始工业革命"而不是法国或中国这一关键问题（Crafts，1995；Broadberry，2007）。Klemer（1993）以及Galor和Weil（2002）的模型就是把世界作为一个整体进行考察的。不过，经济史学家们还是对内生增长模型提出了批评，因为这一模型对国家之间的收入差异不具有令人信服的解释力。这明显是用尖的猕猴桃去捕猎犀牛。

然而，出于同样的原因，理论家们也没怎么关注增长的时间点上横截面数据的差异。[①] 例如，Hall和Jones（1999）利用数据证明了富裕国家与贫穷国家在人均产出上表现出的巨大差异。他们认为，不管物质资本还是人力资本都很难解释这些差异，全要素生产率或"社会化资本"却具有可靠的解释力。只有假设经济已经达到了稳态，或是经济将以较快的速度收敛，相关增长模型才有意义。大多数利用Summers-Heston数据集的有关增长的研究文献都包含了上

① 近来Voigtländer和Voth（2006，2008）的工作则指出了例外的情形，他们的模型部分地解释了欧洲与中国之间的"第一次大分流"。

述假设。然而，当我们对更为宽泛的经济史实进行探讨的时候，一个尤其突出的发现就是，对脱离马尔萨斯陷阱来说，纯粹的时间尺度很重要。甚至就过去200年里经济从“起飞”阶段向自我持续增长阶段（包括一些令人感到难过的逆转，比如阿根廷发生的情况）的转变来说，不同国家发生的时间也并不相同。这些时间上的差异被证明是较难解释的。经济增长启动上的延迟会导致随时间变化的生产率差异呈现出倒“U”形。放松经济处于稳态的假设，并且着重考虑是什么因素引起经济转入快速的、可持续的增长阶段，有助于解决现在有关增长的文献中的一些关键难题（Nagi，2004）。如果在增长初期出现延迟，那么效率损失上相对较小的差异将导致人均产出上的巨大差异。如此一来，我们实际上需要动态化的理论模型来解释诸如时间、滞后，以及初始的历史变化与增长启动之间的长期的历史性延迟，这些现象背后是什么。这也就意味着，尽管理论家们可以继续从发散增长路径上的横截面证据中获取灵感，但是经济史却可以提供更为宽广的视角。希望认识一般规则的学者和希望对历史证据和数据进行严谨的研究的学者之间的更为紧密的协作将会产生很高的回报。只有了解了究竟是什么样的效率损失以及滞后影响导致了在过去两个世纪所观察到的“起飞的”时间模式，我们才可以宣称我们对经济增长的理解是完整的，正如一致性增长模型所认为的那样。

第 2 章　人口转型与人力资本

乔治·奥特尔（George Alter）
格雷戈里·克拉克（Gregory Clark）

1700 年的欧洲具有四个典型特征：高生育率、适度的入学率、人力资本表现为体力、低水平的经济增长。1870 年，欧洲大部分国家开始步入现代经济增长阶段。生育率降低到现代水平，人们的受教育程度上升，而且人力资本变成一个十分重要的收入来源。这表明在现代经济增长、生育率的下降以及人力资本的上升之间肯定存在某种联系。然而，对这一联系的本质存在诸多争论。究竟是什么因素触发了向收入高、子女少这一现代人口机制的转变？这是否是与工业革命具有同样重大意义的独立的革新？又或者它只不过是对工业革命的滞后的回应？

在现代收入出现上涨这一过程中，工业革命与人口转型是两股巨大的推动力量。迄今为止，它们一直相互独立，在欧洲，工业革命领先人口转型一百多年。直觉告诉我们这两者之间具有潜在的联系。让人感到棘手的是这一联系同时必须能解释工业革命之前、转型阶段以及现代化时期各国间的生育率差异。

工业革命前的人口机制

在 1700 年，所有的欧洲国家都具有高生育率，但是由于死亡率也较高，所以人口增长速度较为适中。在 1700 年至 1750 年之间，欧洲人口的平均增长速度是 3.1%，增速在荷兰的 0.3%与俄罗斯的 8.9%之间（Livi Bacci，2000）。图 2.1 给出了通过两种测算方法得出的 1540 年至 2000 年英国的生育率。第一个是粗繁殖率（Gross Reproduction Rate，GRR），按照每一个年代对处在整个生育期的每一位妇女生育儿女的平均数量进行计算。这样一来，在其整个生育周期，妇女差不多可以生育 5 个子女，从 16 世纪 50 年代一直到 19 世纪 90 年代都是按照这一方法进行测算的。由于在英国女性独身者的比例大概是 10%到 15%，所以已婚妇女生育子女的数量接近于 6 个。

19 世纪 70 年代英国人口才开始出现向现代生育率水平的转型，大多数欧洲国家的情况与此类似，不过此后的时期生育率水平的下降更为迅速。到了 2000 年，英国妇女平均生育的子女的数量少于两个。从时间上来看，英国的经历与整个西欧国家的情形较为相似。

第二种测算方法是净繁殖率（Net Reproduction Rate，NRR），即在每一年代能够活到生育年龄的女婴的数量。如果 NRR 等于 1，那么这表明每一个女性都在其生命周期中“复制”出了一个自己。在工业革命前与现代化时期之间，NRR 的下降幅度相对较小。

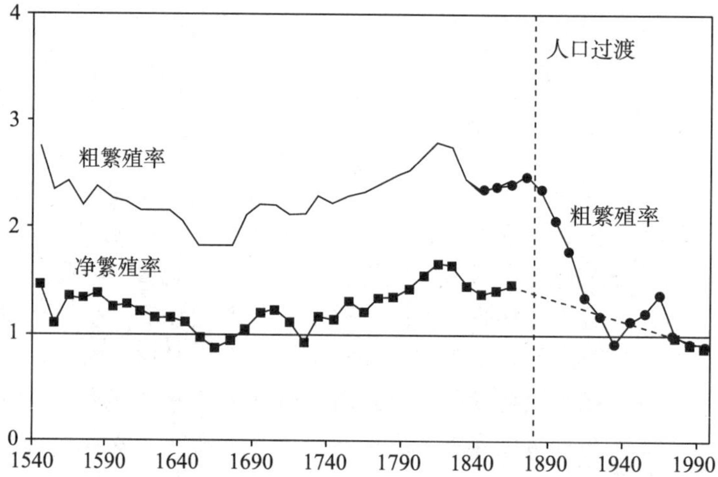

图 2.1　1540 年至 2000 年英国的生育情况

我们认为，在工业革命之前，使得人口增长速度与资源保持一致的机制其实就是马尔萨斯陷阱。当然，这依赖于三个方面的假设：

（1）出生率假设。出生率是按照每年平均每千人中新生儿的数量进行计算的，我们假设出生率保持固定或者随着实际收入的上升而上升。在给定的收入水平上，生育方面社会传统的不同会导致出生率水平的差异。

（2）死亡率假设。死亡率是按照每年平均每千人中死亡人口的数量计算的，它随着物质生活水平的上升而下降。气候以及生活方式的不同会导致不同社会的死亡率存在差别。

（3）人口增加导致物质生活水平下降。

图 2.2 显示了这些假设。在图形的上半部分，纵轴代表出生率和死亡率，横轴代表人均收入。前两个马尔萨斯假设意味着在出生率与死亡率相等时，只存在唯一的实际收入水平，记作 y^*。这就构成了一个稳定的均衡。如此一来，y^* 可以看做这一社会的“生存收入”：在这一收入水平上，人们刚好勉强维持生计，这也就意味着仅仅能进行自我繁衍。生存收入的决定独立于生产技术。它仅仅取决于那些能决定出生率和死亡率的因素。这些因素单独决定生存收入水平。

马尔萨斯机制的第一个潜在的含义是：在工业革命之前的时期，高生育率导致了高死亡率、短的预期寿命以及低收入。在给定的收入水平上，只有降低出生率，社会才能够提高收入水平以及延长预期寿命。第二个含义是：社会中的高收入集团具有更高的净生育率，这与现代社会不同。因此在人口转型的过程中，富人的生育行为的改变大于穷人的生育行为的改变。

图 2.2 中下半部分阐明了第三个假设。图形的纵轴表示人口的数量，即 N，横轴表示人均收入。根据假设，当人口增加时，用消费衡量的人均收入将下降。图 2.2 同样表明了在工业革命之前的经济中，出生率、死亡率、人口规模以及实际收入在长期内如何达到均衡状态。假设我们从任意一个初始化人口规模（在图中表示为 N_0，低于均衡时的 N^*）开始。在初始状态，收入水平为 y_0，高于生存收入。在这一收入水平上，出生率超过了死亡率，所以在收入下降到 y^* 和人口等于 N^* 之前，人口数量一直在增长。

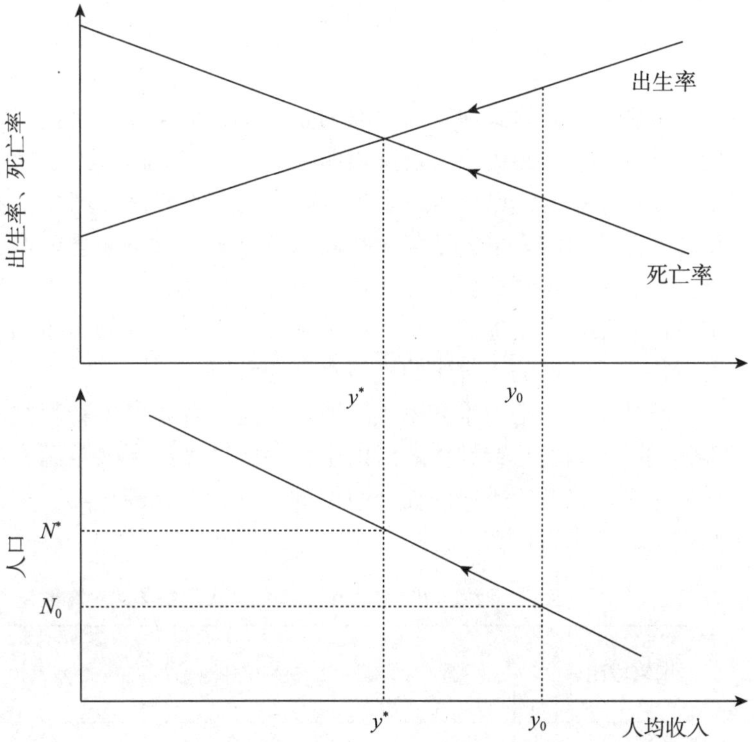

图 2.2　马尔萨斯机制

自马尔萨斯的《人口原理》第二版发行之后，人们认为 18 世纪的西北欧相对较为富裕。它具有独特的前工业革命时期生育率上的约束体系，而且其经济增长消除了一些马尔萨斯约束的影响。从历史记录来看，西北欧最早的生育率显著低于生理可能性。例如，在 17 世纪 50 年代的英国，生育率处在工业革命前的最低水平，出生率则是每千人中新生儿的数量为 27 个，比生理上的最高水平的一半还低。平均每个妇女生育的孩子的数量是 3.6 个（Wrigley et al.，1997）。

西北欧的生育率约束源自女性的晚婚，以及独身女性占据较大比例这一前工业革命时期独特的社会模式，这也被称做欧洲婚姻模式（Hajnal，1965）。马尔萨斯本人认为西北欧的社会繁荣是建立在通过婚姻选择对人口增长进行预防性抑制的基础之上的。也可以认为西北欧的生育率约束反映了更具利己主义的理性化社会倾向，人们意识到了生育的成本，从而采取措施对其进行限制。因此，欧洲对现代婚姻模式和家庭结构的采用早在数百年前就预示了工业革命的到来。

然而，新近的研究认为，在1800年之前，也许绝大多数社会都与西北欧一样对生育率进行了抑制，尽管借助的机制存在差异。具有高生育率的东欧，而不是西北欧，更应该被看做工业革命前社会范式上的例外。这一研究同时也认为西北欧的生育率抑制与理性的个人计算之间的联系并不大，而与社会习俗的联系更大。

欧洲的生育抑制

欧洲的婚姻模式使得西北欧的生育率远低于生理上的可能性，这是令人感到古怪的机制，因为没有迹象表明在1800年之前，其中的大多数国家有意识地采取了避孕措施。已婚人口中生育率水平一直较高。例如，表2.1比较了1790年之前西北欧的许多国家与哈特教派的已婚妇女的生育率水平。哈特教派是源自德国的公共再洗礼教派，现在的教徒主要居住在加拿大，这一教派的教徒通常身体健康，但是他们通常较早结婚而且在已婚期间并不抑制生育。因此他们可以作为无节制的生育率的可能水平的参照。

哈特教徒的婚内生育率比较低，但是，各国的哈特教徒的婚内生育率也并不相同。各国的哈特教徒的婚内生育率的差别绝大多数源自健康水平和营养状况的差别，以及所遵守的社会惯例的不同，例如断奶期，并没有迹象显示个人制定了生育率目标。

表2.1　　西欧1790年之前已婚妇女人均每年的生育数量

国家或团体	20～24岁	25～29岁	30～34岁	35～39岁	40～44岁	总生育数（20～44岁）
哈特教派	0.55	0.50	0.45	0.41	0.22	10.6
比利时	0.48	0.45	0.38	0.32	0.20	9.1
法国	0.48	0.45	0.40	0.32	0.16	9.1
德国	0.45	0.43	0.37	0.30	0.16	8.6
意大利	0.43	0.41	0.38	0.31	0.16	8.5
瑞士	0.45	0.38	0.34	0.22	0.16	7.8
斯堪的纳维亚国家	0.43	0.39	0.32	0.26	0.14	7.7
英格兰	0.43	0.39	0.32	0.24	0.15	7.6

资料来源：Clark（2007a，p.73，table 4.1）、Livi Bacci（2000，p.110，table 5.3）。

有一部分证据表明，人们并未采取有意识的避孕措施，这些证据是，在那些有意识地对生育进行控制的地方，生育率并没有表现出什么模式或规律。如果对生育进行了这样的控制，那么年龄更大的已婚妇女会更有可能达到她们的生育目标，避免继续生育。假设如此的话，那么剔除含混不清的因素后，欧洲年龄更大的妇女的婚内生育率应该比哈特教徒下降得更快。但表 2.1 表明，与哈特教派教徒相比，欧洲早期的相对生育率实际上与年龄无关。

类似地，如果制定了生育孩子的数量的目标，那么我们应该可以观察到，在一个给定的年龄，那些有较多孩子的妇女在那一年龄上将会具有更低的生育率水平。或者说，在这一目标下，儿童夭折的数量的上升将使以后年份中孩子出生的机会增加，因为现在家庭中孩子的数量已经低于预期目标了。在 1800 年之前，除了法国以外，这一目标模式并没有出现在欧洲的已婚夫妇中。

然而，虽然明显缺乏避孕措施，但是欧洲的婚姻模式使得欧洲人口中新生儿的数量保持在较低水平，仅有 30～40 个每千人。这一婚姻模式具有四个方面的特征：

（1）女性初次结婚的年龄较晚，通常介于 24 岁至 26 岁之间。

（2）婚内生育率较高。

（3）许多女性从未结婚，这一比例为 10%～25%。

（4）私生儿占比较低，通常占全部新生儿数量的 3%～4%。

这一婚姻模式使可能出生的孩子的数量减少了一半多。在女性结婚之前，其生育期平均已经过去了三分之一。那些从未结婚的女性又使得可能出生的新生儿数量减少了 10%～25%。通过这一婚姻模式，生育率减少了 1/3～1/2。

表 2.2 显示出西北欧的婚姻模式使得其总生育率远低于生理可能性。非常有趣的是，正如表 2.2 最后一列呈现出的，除了法国之外，在 1870 年，总生育率并没出现较大的变化，而此时离工业革命如火如荼地展开已经过了很长一段时间。

表 2.2　　1790 年之前以及 1870 年的总生育率

国家或团体	首次结婚的平均年龄（岁）	已婚妇女的平均生育数量（个）	总生育率（‰）	1870 年的总生育率（‰）
比利时	24.9	6.8	6.2	—
法国	25.3	6.5	5.8	2.8
德国	26.6	5.6	5.1	5.3
英格兰	25.2	5.4	4.9	4.9
荷兰	26.5	5.4	4.9	5.2
斯堪的纳维亚国家	26.1	5.1	4.5	4.6

资料来源：Clark（2007a，p. 76，table 4.2）、Livi Bacci（2000，p. 136）。

但是，生育抑制并不是像曾经所认为的那样只存在于西北欧。采集社会（forager society）具有同样强有力的生育抑制，但是其机制在于较长的生育间隔。近来也有研究指出，18世纪的中国和日本对于生育率具有同样强有力的抑制，尽管其早婚状况更普遍且基本上女性都会结婚。更长的生育间隔等降低了东亚的生育率水平（Lee and Campell，1997；Skinner，1997；Smith et al.，1977）。

正如Hajnal的著名的观察结果，欧洲婚姻模式仅出现在从圣彼得堡到的利亚斯特以西的部分欧洲地区。在其以东的部分，在1800年之前，早婚并且结婚比较普遍，在已婚夫妇中也不存在生育抑制行为，所以生育率较高——接近生理上的最大可能值。表2.3显示在工业革命之前，是东欧而不是西欧具有不同寻常的生育率。

表2.3　工业化前各个社会的总生育率

国家或团体	首次结婚的平均年龄（岁）	从未结婚的妇女所占的比例（%）	总生育率（‰）
西北欧	26	12	5.0
俄国	16	1	7.3
中国	19	1	5.0
日本	19	1	5.2
游牧社会	17	1	4.6

资料来源：Clark（2007a，pp. 71-90）、Mironov和Eklof（2000，p. 57，67，73）。

1870年后生育率的下降存在两种可能的推动力：第一种是工业革命之后出现的收入增加；第二种则是由于父母亲更注重孩子的质量而不是数量，因而对孩子的人力资本投资出现了普遍上升。但是，1800年之前的证据表明，那些收入最高并且在孩子的人力资本方面投资最多的家庭同时也拥有最多的存活子女。

这方面我们获得的最为明确的证据来自工业革命之前的英国。男性的遗嘱揭示出在他们行将去世的时候他们的存活子女的数量以及他们的财产状况。

图2.3说明了1585—1670年八个层次的遗嘱中，每个男性平均拥有的存活子女数量。在财产数量与存活子女数量之间存在强烈的相关性。其遗嘱中财产少于25英镑的男性的平均存活的子女数量少于两个。一些其遗嘱中有1 000英镑或是更多财产的男性其平均存活的子女数量则超过了4个。由于有钱人同时也具有较高的文化水平，所以净生育率同样与识字率正相关。那些希望对子女进行更多人力资本投资的家长们同时也拥有更多的子女。有趣的是，证据表明这一作用主要是通过富人更高的已婚生育率来实现的（Clark and Hamilton，2006，p. 730）。

来自19世纪中期的瑞典农村以及18世纪的法国的证据展现出一个类似的模式，即更富裕的人的更替生育率（Replacement Fertility）更高。Dérouet（1980）的研究表明，在法国，危机对穷人的人口变化造成的影响大于其对富人造成的影响。穷人的死亡率的上升以及生育率的下降，扩大了穷人与富人之间在更替生育率方面的差距。然而，Mironov给出的俄国19世纪40年代以及

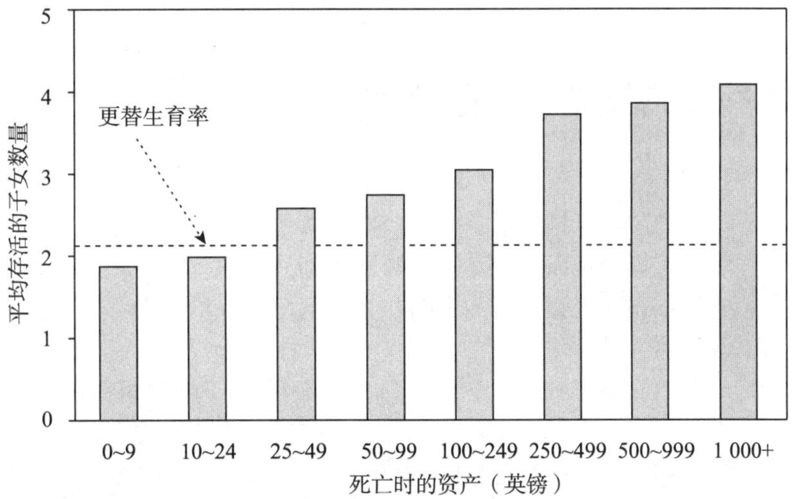

图 2.3　英格兰家庭财富与存活子女的数量之间的关系：1585—1670 年

资料来源：Clark（2007a，p. 116，fig. 6. 2）。

50 年代的数据却指出，不同的社会阶层——从土地主到农民——在净生育率方面的差距较小，死亡率也类似（Mironov and Eklof，2000）。

这意味着，至少就那些由欧洲婚姻模式主导的地区而言，净生育率、收入以及教育水平之间存在正相关关系，1870 年之后才在一定程度上变为负相关关系。

东欧和地中海欧洲地区的马尔萨斯平衡

东欧和南欧的人口变化机制显著不同于西北欧。在西北欧，人们都希望婚后组成经济独立的家庭（Laslett，1977）。与此相反，东欧和地中海地区的家庭通常人口众多并且更为复杂（Laslett and Wall，1974；Wall et al.，1982）。一直以来，人们都认为这些地区之所以具有更高的生育率是源于家庭结构方面存在的上述差异。复杂的家庭结构通常与偏好大型家庭的土地占有制度联系在一起。俄国的贵族们为了在他们的土地上获取更多的劳动力，鼓励他们的农奴早婚（Hoch，1982；Czap，1978），并因此而备受谴责。即使在农奴获得解放之后，土地分配也通常有利于人口众多的大家庭（Mironov and Eklof，2000）。类似地，意大利中部地区的佃农制度也对大家庭较为有利。因为土地所有者更喜欢家中有更多成年劳动力的佃农（Doveri，2000）。

早婚提高了东欧和地中海地区的生育率。但是因为死亡率也更高，所以预期寿命缩短了（Berelowitch et al.，1997）。相比邻近的犹太人和哈萨克族家庭，俄罗斯种族群体的婴儿死亡率更高（Ransel，2000）。研究者们把这一现象归因于更早的断奶期、糟糕的卫生条件以及婴儿要多经历磨难成年后才会更强壮这一观念（Ransel，2000；Mironov and Eklof，2000）。

马尔萨斯调整机制的效率

马尔萨斯描述了一个人口规模按照资源进行调整的世界，这种调整是通过限制人口增长以及使实际工资回复到生存收入的标准来实现的。这些调整机制究竟存在什么强有力的影响？工业革命前的欧洲是否是一个可以实现自我均衡（稳态）的体系？

Ronald Lee 把欧洲的人口机制归纳为“内在弱稳态”。不过，他也恰当地指出：“然而，必须认识到，只要密度制约还有迹可寻（不管这一痕迹是多么不明显），那它就可以通过自身具有的系统持久性主导人口的动态发展，即使不能在短期内，它也将在长期内主导人口的动态发展（Lee，1987，p. 452)。

更强有力的稳态机制是人口增加时实际工资的下降。如果把欧洲看做一个整体，那么实际工资相对于人口规模的弹性大约为 1.6。这意味着如果人口数量增加 10%，那么实际工资将下降 16%。因此，这被称为马尔萨斯陷阱。

人口规模会对实际工资的变化做出响应，但是，不管是积极性抑制或是预防性抑制实际上都相当微弱。Lee 与其他人（Bengtsson and Reher，1998；Galloway，1988；Lee，1981）发现，对于来自实际收入方面的冲击，短期死亡率以及生育率会做出强烈的响应。由歉收所导致的食物价格的上涨提高了死亡率并且降低了出生率。然而，在五年之后，这些变化的净效应却较为适中。Lee 和 Anderson（2002）的估计结果表明，对于诸如大规模的传染病等因素对人口规模造成的冲击，英国直到将近 107 年之后，才仅仅能抵消这些冲击造成的一半影响。这些缓慢调整需要一个多世纪才会使得工资接近于生存所必需的收入水平，但是它并不足以防止这期间工资出现显著的变化。12 世纪到 19 世纪欧洲人口规模以及实际工资出现的大幅度升降主要是由外部冲击导致的，比如 1240—1720 年起源于亚洲的瘟疫也传到了欧洲。

如同欧洲在 1800 年之前所经历过的，假如平均死亡率水平出现了持续的下降，那么这也将同样表明马尔萨斯式的对生育率的积极性抑制并不能控制住人口增长。最终的结果是欧洲进入了一个人口增长空前迅速的时期。

马尔萨斯机制的失衡：1750—1870 年

正如有人注意到的，马尔萨斯出版他那本关于工业革命前的人口机制的著作的时候，这一机制已经结束了。1720 年以后，人们先是打败了鼠疫，其后则是通过接种疫苗打败了天花，这二者都导致了死亡率的下降。1800 年以后，仍然存在诸如霍乱这样的流行疾病，甚至在 1871 年欧洲还再一次爆发了天花，但是此时没有任何一种流行病能强大到把死亡率提升到早期的水平。结果是整个欧洲范围内人口数量迅速增加。

如表 2.4 所示，欧洲的任何一个地区都出现了人口增长。除了法国和爱尔兰之外，年均增长率均为 0.4%～1.3%。1800 年至 1900 年间，欧洲人口增加了一倍。相比之下，1500 年至 1600 年间欧洲人口增加了 32%，1600 年至 1700 年间欧洲人口增加了 13%，1700 年至 1800 年间欧洲人口增加了 56%（Livi Bacci，2000）。

但是人口增长并没有像在 1200 年至 1315 年间、1500 年至 1650 年间以及 1700 年至 1800 年间一样导致生活水平的下降。1800 年后，食物供给增加的速度超过了人口增长的速度。甚至在 19 世纪晚期廉价谷物从北美大量涌入之前，农业革命已经与人口增长并驾齐驱了。

表 2.4　　样本国家的人口增长率与自然增长率：1750—1900 年

国家	人口增长率（以每年每千人增长人数计）			自然增长率（人/千人）
	1750—1800	1800—1850	1850—1900	1850—1900
英格兰	7.9	13.2	12.1	12.8
挪威	6.4	9.4	9.3	13.9
芬兰		8.9	9.4	10.1
俄国	8.9	8.6	12.1	
丹麦		8.6	10.5	12.2
罗马尼亚		8.1	9.3	
瑞典	5.6	7.9	7.8	11.5
欧洲	5.8	7.8	7.6	
荷兰	2.0	7.8	10.0	13.0
比利时		7.6	8.5	9.0
希腊		7.4	11.1	7.5
德国	7.3	7.4	9.3	11.3
西班牙	4.2	6.7	4.6	6.0
塞尔维亚		6.6	13.8	
瑞士		6.3	6.5	7.2
奥匈帝国		6.1	7.4	8.1
意大利	2.9	6.0	6.3	8.9
爱尔兰	10.1	4.4	−7.7	6.9
法国	3.5	4.3	2.2	2.0
保加利亚		4.1	6.5	
葡萄牙		4.1	7.1	9.6

资料来源：Livi Bacci（2000，table 1.1）、Sundbärg（1968，table 11）、Rothenbacher（2002，CD-ROM table 8）。

当然这并不意味着导致人口灾难的危机消失了，例如1846年就出现了“土豆饥荒”，但是，当收入上升时，农业收成与死亡率之间曾经存在的相关性消失了。

令人感到奇怪的是，人口增长普遍出现在西北欧、东欧以及地中海地区具有各种各样的人口结构以及经济体制的国家中。如图2.4呈现出的，人口增长最多也只与经济发展之间存在较弱的相关关系。1850年的人均GDP与1850年至1900年间人口的自然增长率（出生率减去死亡率）之间存在最为微弱的相关关系。英国作为工业革命的领头羊其增长最快。但是，另一个较早实行工业化的国家比利时，其人口增长却比斯堪的纳维亚的农村以及东欧都慢。而具有中等人均GDP水平的法国，其人口增长则慢得多。

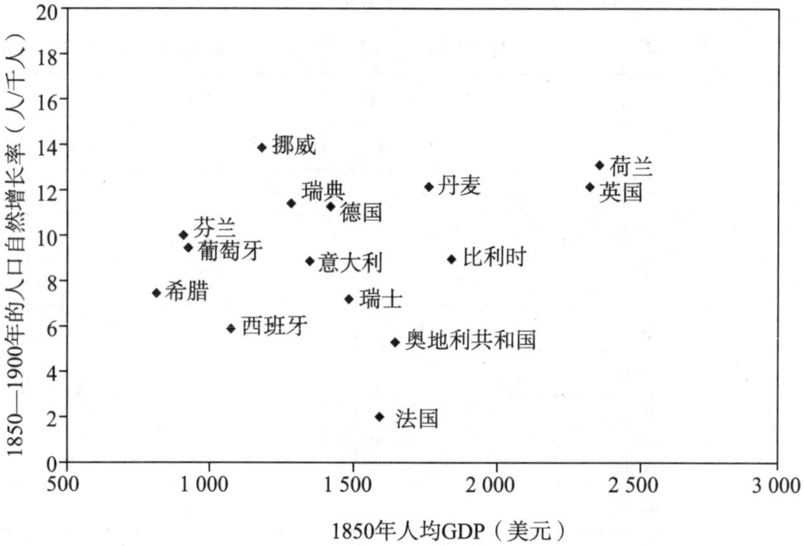

图2.4 人口自然增长率（1850—1900年）与1850年人均GDP的关系图

资料来源：GDP数据来自Maddison（2003a）；RNI数据来自Rothenbacher（2002）。

在西北欧，19世纪的人口增长遵循一条被称为“人口转型”的典型的轨迹，在图2.5中，本研究以瑞典为例子对这一点进行了说明。

18世纪中叶总死亡率（每千人中的死亡人数）开始下降。然而，总出生率（每千人中的新生儿人数）在19世纪70年代之前几乎没有出现什么变化。当出生率与死亡率之间的差距扩大时，瑞典的人口增长加速了。到了20世纪末期，由于出生率的下降使得出生率与死亡率之间的差距不断缩小，因此其人口增长也就停止了。

19世纪瑞典以及西北欧的大多数地区人口出现增长的主要原因是死亡率的下降。

在俄国以及大多数东欧地区，人口增长必须以不同的方式进行解释。在东欧，死亡率尤其是婴儿的死亡率特别高。据Blum和Troitskaja（1996）估计，中世纪莫斯科地区出生的人口其预期寿命大约为24岁，而西欧则是40岁上下。东欧的出生率同样远高于西欧。在俄国，早婚导致了较高的总出生率，平均每

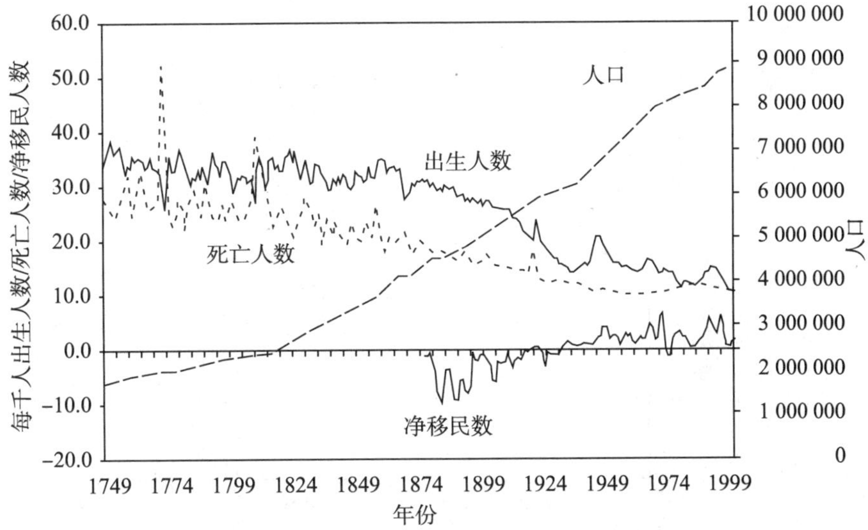

图 2.5　瑞典的死亡率与人口情况图

资料来源：瑞典统计局。

千人中大约有 50 个新生儿（Mironov and Eklof，2000）。

法国的例子则尤为特殊。在 18 世纪晚期，法国盛行对生育进行控制，导致了其早期出生率的下降。由于生育率的下降与死亡率的下降相伴随，法国的人口增长很慢。尽管在 1800 年至 1900 年间，欧洲人口数量增长了一倍多，但法国人口只增加了 41%，从 2 900 万人增加到 4 100 万人。而在同一时期，英国与威尔士的人口从少于 900 万人增加到 3 000 多万人，德国则从 2 500 万人增加到5 600万人。

图 2.6 对这三种不同的人口模式进行了说明，我们估计了瑞典、俄国以及法国在 1800 年、1850 年以及 1900 年前后的出生率和死亡率。我们可以发现，到了 1800 年，瑞典的死亡率已经出现了下降，但是其出生率到 19 世纪 70 年代才出现下降。我们对俄国的出生率和死亡率的估计都远高于对瑞典或法国的估计，但是到了 1900 年，有迹象表明，俄国的出生率和死亡率都出现了下降。

是什么因素导致了死亡率的下降?

在其一篇具有影响力的论文以及随后的著作中，Thomas McKeown 指出了收入上升导致营养条件改善是 1800 年至 1870 年间死亡率出现下降的关键原因（McKeowm，1976；McKeown and Record，1962）。随后的研究不断对这一结论提出挑战。与他强调的营养条件的改善（收入上升所产生的直接影响）不同，当前的至理名言认为经济发展与死亡率之间的非直接关系是最重要的：知识上的进步、更有效的政府以及商品和信息市场的一体化进程。

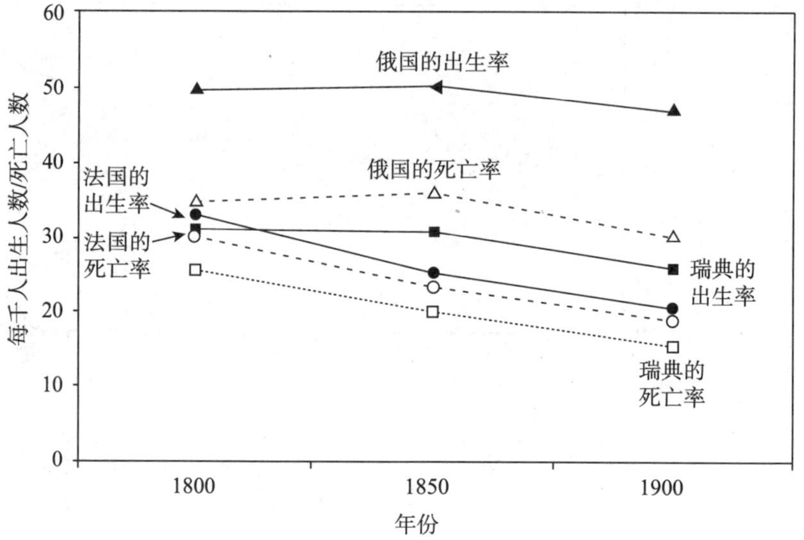

图 2.6 选定日期下法国、俄国与瑞典的出生率与死亡率

资料来源：Livi Bacci（2000，table 6.3）、STATISTICS Sweden、Mironov 和 Eklof（2000，pp. 80-94）。

Thomas McKeown 的营养论主要是基于他不信任其他有关死亡率下降的解释，而且他没怎么提出过营养或是生活水平与更低的死亡率之间存在联系这一方面的直接证据。尤其应该指出的一点是，他认为那些通过空气进行传播的疾病特别是肺结核病减少了，除了通过摄取更好的营养提高身体抵抗力之外，这不能归结为其他的原因。Livi Bacci 不赞同只有严重营养不良才导致死亡率上升的观点（Livi Bacci，1991，2000）。由于这一结论在大饥荒以外的情况下并不常见，所以他认为饮食的改善对长期死亡率的变化趋势并不存在什么影响。

医学知识

大多数有关死亡率下降的解释低估了医学的关键作用。人们设想在医生接受微生物理论之前，他们通常都不能有效地治疗以及预防疾病。James Riley 反驳说，即使是 18 世纪那些错误的医疗观念（关注环境因素，即“过滤理论”）也使人们找到了一些最终战胜疾病的治疗措施（Riley，1986a，2001）。因为对“臭气”的恐惧不断与死亡以及腐烂的物体联系在一起，所以欧洲人排干沼泽、清理垃圾，并且远离坟墓、屠宰场以及废弃物。Riley 赞扬这一行动尤其有助于抵抗疟疾。

天花疫苗扫除了另一种主要的流行疾病。在 18 世纪，天花大约每七年就在农村地区重新爆发一次，并且是城市常见的疾病。自 1800 年后，疫苗接种行动极大地降低了这一疾病的发生率。

在有些地方，儿童护理方面的新观念同样产生了作用。巴伐利亚的婴儿死亡率因断奶早而尤其高。很年幼的婴儿不能消化人奶以外的食物，而从母乳中吸收营养有助于防止疾病。在有些地方，按照传统母亲们会拒绝给孩子喂初乳（初乳是在分娩之后的前几天产生的，特别富有营养并且包含大量的抗体）。到了18世纪，医学观念倾向于支持母乳喂养。18世纪中叶，瑞典开始发放助产士执照并且训练她们去提高母乳喂养水平，而在1800年后，婴儿的死亡率下降了（Brändström，1997）。Ólöf Garðarsdóttir 描述了一个年轻的医生通过教育母亲们如何护理脐带残端使维斯特曼奈尔岛上的婴儿死亡率降低了一半的案例（Garðarsdóttir，2002）。

公共卫生措施

早期的公共卫生运动很大程度上同样可以归因于疾病的环境性理论。甚至在人们接受微生物学之前，这些理论就已经激发了人们对清洁的水资源、封闭式的下水道以及更好的通风设备的热情。像英国的 Chardwick 这样的提倡者们，促进了废弃物清除、供水和下水道体系，以及不断增加的城市贫民窟中的照明和空气等方面的改善。虽然环境主义者总是不愿接受微生物学，但是他们确实促成了某些大型的基础设施项目，从而最终使“城市的惩罚”得以终结。

Simon Szreter 认为，公共卫生措施远比 McKeown 所估计的有效。Szreter（1988）对 McKeown 的证据进行了重新解释，他证明了在死亡率趋势中，通过水进行传播的疾病扮演了远比 McKeown 所认识到的更为重要的角色。死亡率的大幅降低出现在19世纪的第三个25年，此时微生物理论已经蕴含在城市基础设施中了。例如，汉堡一直反对基于微生物学的相关卫生措施，结果在1892年它遭遇了一场具有破坏性的霍乱流行病，而与其相邻的城市阿尔托那却由于拥有更有效的水过滤体系，受疾病的影响较小（Evans，2005）。

这些卫生措施中有很多都是最初在西欧成功运行之后才流传到东欧的。Mirinov 描述了俄罗斯的医疗服务的发展以及致力于降低婴儿死亡率的相关组织的规模的扩大（Mironov and Eklof，2002）。

流行病控制

从13世纪至18世纪，欧洲主要的人口增长与下降周期深受几种传染病的影响，尤其是黑死病的影响。鼠疫通常在疫情爆发的间歇从欧洲消失，但是又通过与亚洲之间的贸易渠道再一次传入欧洲，而亚洲的瘟疫则只在动物种群中流行。

对于鼠疫的消失有多种解释，包括病毒突变、鼠种之间的竞争以及新的建筑材料。近来，有些研究着重指出了政府在干预以及沟通方面的效率的提升（Bourdelais，2006；Livi Bacci，2000）。到了1720年，当鼠疫最后一次在马赛爆发时，法国政府设置了更为有效的防疫封锁线，而且航运隔离措施得到了严格的执行。

交通改善

在工业革命之前的欧洲，传染病的流行通常与其他事件交织在一起，比如战争和饥荒。在贫困交加中，难民们也感染了传染病。例如，拿破仑在滑铁卢被打败之后，斑疹伤寒传染病也随之出现。交通条件的改善创造了更为广阔的粮食市场，减小了当地谷物歉收所导致的不利影响，从而也就有助于减少难民的流动。

婚姻

19世纪欧洲婚姻的历史在很多方面都像一个关于一只不会咆哮的狗的故事。尽管经济状况和死亡率出现了巨大变化，但是工业革命之前的婚姻模式仍然得以维持。晚婚以及独身这些“预防性抑制”并没有消除出生率与死亡率之间存在的差距。大量的新一代产业工人也并没有像当时的人们所害怕的那样，摆脱父母的控制而早早结婚。西欧和东欧在婚姻模式上的差异仍然存在。

在表2.5中，“欧洲生育项目”提供的结婚比例指数（I_m）表明了婚姻对生育率产生的影响（Coale and Watkins，1986）。表2.5中1900年的估计值按照降序排列。结果再现了Hajnal对东欧和西欧的概括。I_m的最高值出现在东欧，其最低值出现在西北欧。地中海国家的相应数值则处在这两者之间。在表2.5中，不符合此规律的两个国家是法国和爱尔兰。我们在表2.4中指出过，这些国家同样具有不正常的低人口增长率。但是在此处我们发现，它们以不同的途径体现出这一差别。法国的指数位于西班牙与意大利之间，与西北欧的任一国家相比，法国的女性结婚比例都较高。而在1900年，爱尔兰的女性结婚比例在欧洲国家中最低。由于法国较早开始对生育进行控制，所以其婚内生育率较低，这最终导致了法国人口增长缓慢。在爱尔兰，婚内生育率维持在较高水平，但是这个国家的人结婚时间尤其晚，而且终生未婚的情况较为常见。

东欧人的结婚时间远比西欧人早，但是东欧人逐渐出现了晚婚的迹象。那些人们结婚较早的地区其人均土地数量相对较多，而工业化地区的人口其结婚年龄更大（Berelowitch et al.，1997）。

表 2.5　　欧洲国家的结婚比例指数（I_m）：1850—1900 年

	1850	1860	1870	1880	1890	1900
塞尔维亚						0.804
罗马尼亚						0.735
俄国欧属部分			0.609			0.684
匈牙利				0.688	0.712	0.676
希腊						0.637
波兰						0.634
西班牙					0.591	0.573
法国	0.533	0.539	0.572	0.550	0.555	0.557
意大利		0.551	0.558	0.553	0.530	0.527
德国			0.462	0.498	0.493	0.505
芬兰				0.496	0.490	0.487
丹麦	0.440	0.474	0.455	0.462	0.475	0.480
英格兰及威尔士	0.482	0.499	0.504	0.496	0.471	0.468
葡萄牙		0.441	0.459	0.462	0.466	
比利时				0.427	0.425	0.464
卢森堡						0.461
奥地利					0.458	0.457
荷兰		0.407	0.440	0.468	0.449	0.454
瑞士		0.375	0.411	0.444	0.428	0.438
挪威				0.410	0.424	0.425
瑞典				0.419	0.422	
苏格兰		0.399	0.399	0.400	0.380	0.384
冰岛	0.357	0.385	0.357	0.294	0.332	0.383
爱尔兰			0.399	0.364	0.330	0.316

资料来源：Coale 和 Watkins（1986）。

移民

假如农业生产率没有上升，并且不通过向新大陆移民来减轻人口压力的话，那么19世纪欧洲快速的人口增长也许将导致一种悲惨的马尔萨斯式的情景的出现。在1815年，欧洲人口总数为2.23亿。而到了1913年，4 000万欧洲人已经移民到新大陆了。向美洲移民的过程大致可分为两个阶段：在1880年之前，大多数移民人口来自西北欧，尤其是来自英国和德国的人数较多；而1880年之后，来自斯堪的纳维亚半岛、意大利以及东欧的"新移民"增加了，并且其人数很快就超过了"老移民"（Poussou，1997）。到1900年，每年有一百多万人移往美国，美国是绝大多数欧洲人向往的目的地。当横跨大西洋旅行的交通成本下降时，移民中更多的人是去新大陆寻找工作，而不是定居（Moch，1992）。几乎一半多的移民从美国返回到了欧洲，但是同样有一些群体，特别是爱尔兰人和东欧的犹太民族，他们几乎全部都留在了美国（Willcox，1929，pp. 206-207）。

从欧洲内部来看，当收入增加时，大量的人口从乡村涌入城市。从1815年到1913年，城市人口从1.97亿增加到3.19亿。但是农村人口本身也从1815年的0.26亿增加到了1913年的1.62亿左右（Bairoch，1997）。

移民现象在19世纪的欧洲并不是新出现的现象。一直到19世纪晚期，由于在大多数城市地区死亡率超过了出生率，所以现代化早期的城市依赖移民提供新增劳动力。有很多迁移是涌入邻近城镇的短途迁徙，这一模式在19世纪之后仍然存在。然而，随着人口增长与工业革命的同步进行，移民的数量出现了巨大的上升（Poussou，1997）。

人口转型

19世纪70年代，大多数西欧地区的出生率开始下降，从而使得出生率和死亡率之间的差距不断缩小。南欧和东欧地区追随西欧，在数十年后也进入了这一变动模式，尽管一直到1945年，南欧和东欧有些地区的生育率仍然保持在较高水平。直到20世纪出生率与死亡率的差距才明显缩小。但是，有些地区在1870年就出现了家庭规模变小的趋势。在18世纪早期，一些精英团体在对出生人数进行控制方面已经取得了一致意见，法国的拐点出现在18世纪80年代，这也导致了它在19世纪呈现出较为特殊的低人口增长率。

"欧洲生育率项目"通过人口普查以及至关重要的登记资料按省别对欧洲的生育率进行了估计（Coale and Watkins，1986）（见图2.7）。在图2.7中，按照谁最先出现生育率指数下降10%或10%以上这一原则，对各省进行着色。非常明显的是，法国较早出现生育率下降这一现象。除了其西北地区，法国几乎所有地区的出生率在1830年之前就都开始下降了。相比之下，英国和比利时这两个欧洲工业化程度较高的国家其生育率开始下降的时间比法国晚了55年。实际上，匈牙利的部分地区的生育率出现变化的时间早于一些西部的工业省份。到了1900年，西欧和中欧的大部分地区都出现了出生率下降的趋势，仅有西班牙以及意大利的一些地区的生育率在1930年之后才发生变化。

图2.7中各地区的数据并没有体现生育率下降的全部内容。在地区内部，正如Brown和Guinnane（2007）近来着重指出的，城市生育率的下降通常早于农村地区。这样看来，巴伐利亚地区城市的出生率的下降应该早于其农村地区，但是，这并不能帮助解释为什么法国农村地区出生率的下降远早于比利时的城市地区。

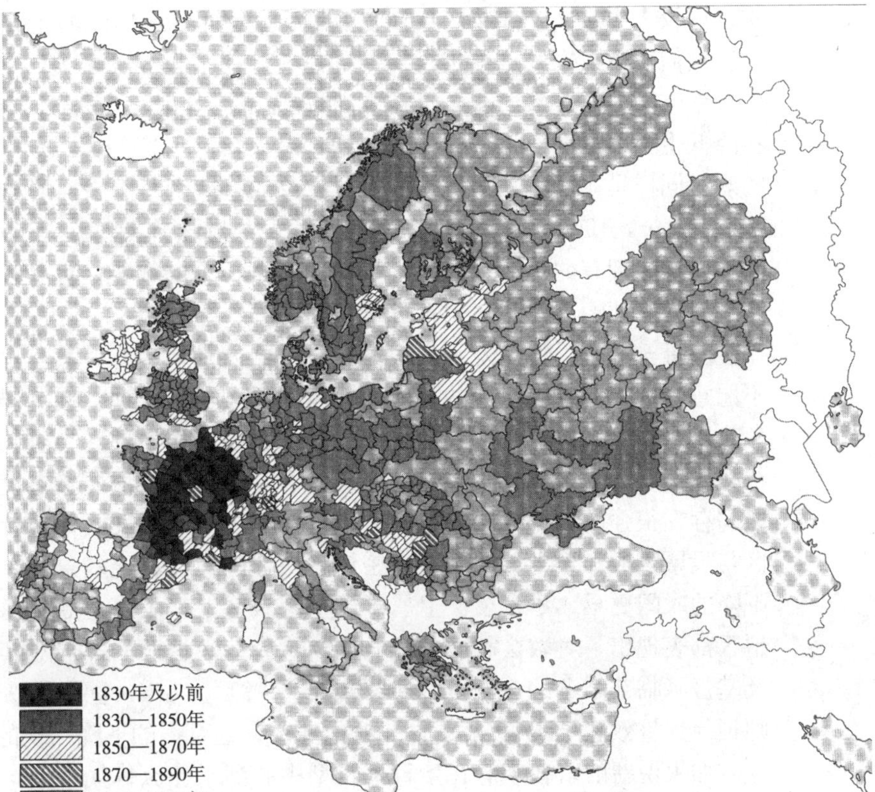

图2.7　欧洲各区域生育率下降10%或10%以上的最早日期

资料来源：Coale和Watkins（1986）。

“欧洲生育率项目”的一些研究人员注意到了生育率转型过程中所具有的特殊地理特征。例如，在西班牙，讲西班牙语的不同方言的地区与讲不同语言（比如巴斯克或加泰罗尼亚语）的地区之间的生育率差别就以语言边境为界

(Leasure，1963)。在法国，说布列塔尼语的省份的生育率下降出现得相对较晚。如果把比利时分成说佛兰德语以及法语的地区，则能更清晰地看到语言的分界线在生育率差别上具有的重要性。Lesthaeghe（1977）研究了70对具有同等经济条件的、位置相邻的说佛兰德语的村庄和说瓦隆语的村庄。在这70对村庄中有62个说瓦隆语的村庄其生育率首先出现下降，而且说瓦隆语的村庄其生育率下降平均早了20年（Lesthaeghe，1977）。如果有来自说瓦隆语的村庄的邻居住在附近，那么勒芬城中说佛兰德语的夫妇更倾向于拥有规模较小的家庭（Van Bavel，2004）。

这表明控制家庭规模的观念是通过文化进行传播的。语言上的分界线之所以起到了作用，是因为它们阻碍了观念和信息的传播。然而，我们仍然不清楚人们传播了什么样的观念。“欧洲生育率项目”中的一些研究人员的重要发现削弱了以下观点的可靠性，即，有关控制出生人数的观念的扩散是有关科学、推理以及人类动力等方面的新观念的传播，而不是具体的生育控制技术的传播。人们考虑对家庭规模进行控制的意愿才是最重要的因素。有证据表明，在生育率转型时期，最常见的生育抑制方法是体外射精（性交中断），这一方法在降低生育率方面通常也可行。但是，对人口繁衍这一“自然”过程进行干预的观念同样是“令人费解的”（不可想象的）或者是“在自觉选择的能力之外的”(Ariès，1960；Coale，1973)。这一看法意味着大约在1800年，绝大多数欧洲人实际拥有的子女数量超过了他们希望拥有的数量，但是出于宗教原因或文化原因，他们不愿意对生育进行控制。

基督教教义，特别是天主教教义，强烈鼓励多生育，甚至马尔萨斯本人都不愿意考虑控制婚内生育的可能性。启蒙运动中关于理性和人类在自然中的角色，以及反对宗教权威的观念，使婚内生育控制从伦理和社会角度来看都可以被接受了。为了证明这个观点，Lesthaeghe说明了世俗主义态度与生育率下降之间存在很强的相关性。在比利时，投票赞成自由主义团体或社会化团体的地区与投票赞成和天主教关系甚为密切的团体的地区相比较，前者的生育率开始下降的时间更早，尽管名义上属于天主教教区，但生育率更早出现下降的这些地区都表现出了对教会教义的独立性，这些地区的人们都反对禁止在大斋节以及基督降临节结婚的规定（Lesthaeghe，1991）。在19世纪的法国，在那些牧师拒绝宣誓效忠于1791年革命宪法的地区，生育率的下降出现的时间更晚。

如果说新的宗教观念在生育率转型中起到了什么作用的话，那么它们也仅仅在一个方面具有影响。Lesthaeghe和Wilson（1986）认为，宗教与生产模式都影响了生育率最初出现下降的时间。当生产的组织形式是劳动密集型的家庭单位，比如家庭农场和原始工业工场时，由于在这些组织形式中父母亲对其儿女的劳动具有很大的控制权，因而家庭对生育的抑制进程将会较为缓慢。经济发展在向较小规模的家庭转型的过程中扮演了关键角色，但是收入与生育率两者之间的关系却经历了巨大的变迁。

收入与生育率

生育率的经济模型面临着一个根本的挑战。所有涉及工业革命之前的人口管制的看似合理的模型都依赖于净生育率与收入存在的正向联系。在1870年之后的人口转型时期，欧洲的生育率与收入之间的正相关关系转变为负相关关系了，而且在今天那些高收入、低生育率的社会中，收入与生育率之间并不存在什么联系。在加拿大、芬兰、德国、瑞典、英国以及美国这些国家，就1980年和2000年来说，30～42岁的已婚女性的家庭中的孩子的数量与收入无关(Dickmann，2003，table 2)。这表明了社会中的收入与生育率的关系随着时间的推移发生了巨大的变化。

从国家层面来看，在19世纪后期的欧洲，国家的财富与生育率之间的关系从正相关转变为负相关。图2.8呈现出了这两者之间关系的变迁。在图2.8中，纵轴代表“欧洲生育率项目”中的已婚生育率指数 I_g，通过比较1870年和1930年欧洲国家的 I_g 与人均GDP，我们可以发现其变化。在1870年，生育率与国家的收入水平正相关，尽管这一相关性较弱。英国是当时世界上最富裕的国家，它的生育率处于欧洲的平均水平。经济繁荣并且新教徒占据主导地位的荷兰拥有较高的生育率。而作为天主教国家以及处于农业社会的法国，在1870年，它是唯一一个生育率低于欧洲平均水平的国家。到了1930年，生育率与收入之间呈现出较强的负相关关系。每个国家的生育率都下降了，但是在最发达的国家下降幅度最大。

很多研究都曾试图解决这一两难问题。其中的一个观点试图从父母亲面临新的选择这一问题出发。在19世纪晚期，富人的平均家庭规模缩小了，而这也经常被归因于富裕的女人对“奢侈”的偏好不断增强。这一观点认为，这样的女性对参加聚会、看戏以及漂亮的衣服表现出越来越浓厚的兴趣。如此一来，她们越来越不愿意生育儿女，因为这会妨碍她们追逐快乐。就20世纪30年代而言，这一观点因其具有更为明确的经济含义而少了一些非难的口吻。由于工业革命时代创造的大都市里涌现出新的产品以及新的生活方式，于是人们的选择范围拓宽了。富裕的家庭对其做出的反应是消费更多这样的新产品和服务，而不是去生育更多的儿女。这一“情景变化”类型的解释也足以对下述问题进行回答：假设每一个人都实现了向新社会体制的转型，那么为什么在高收入国家内部，收入与生育率的关系不再表现出强烈的负相关关系（但是，具有不同收入水平的国家之间比较而言，收入与生育率的关系仍然表现出负相关关系)?

绝大多数经济史学家都同意这一观点：到19世纪人们对生育孩子的态度已经改变了。欧洲人从整体上形成了关于孩子以及家庭生活的更为浪漫的观点。像Froebel以及Pestalozzi这样的教育理论家们都特别强调儿童在早期阶段参与游戏能促进学习。人们希望女性能待在家里，从而为孩子创造一个远离充满竞

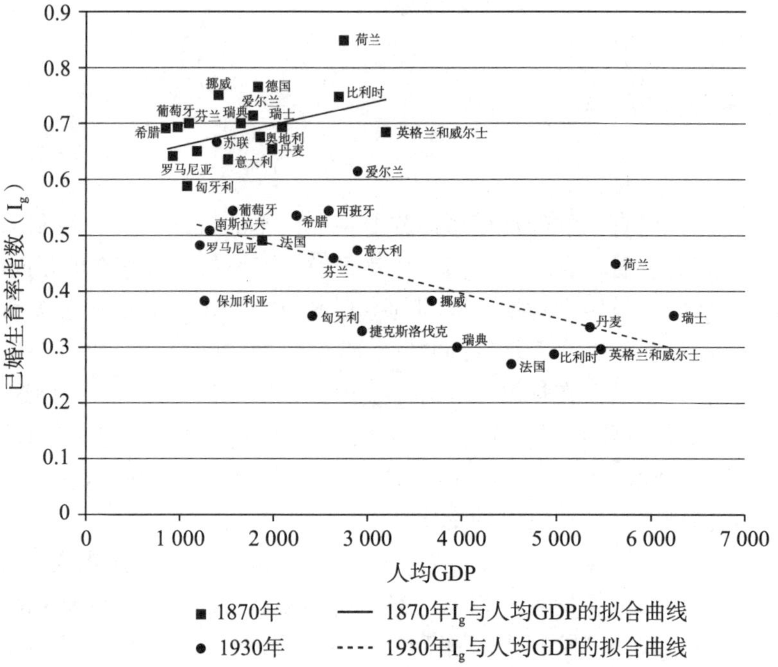

图 2.8　1870 年与 1930 年的已婚生育率指数

资料来源：Coale 和 Watkins（1986）、Maddison（2003a）。

争以及冲突的工作世界的避难所。有证据表明，相比之前的时期，19 世纪中产阶级的家庭妇女更少卷入其丈夫的生意中（Smith，1981）。到了 1900 年，“赚钱养家”甚至成为工会运动激进主义者的一个共同的目标（Humphries，2007；Maynes，2002）。

Gary Becker 在他 1960 年的一篇著名文章中提出，应该把孩子看做耐久性消费品来进行分析。Becker 注意到，相比汽油或食品，孩子更像汽车或电冰箱。父母可以持续地从孩子身上得到好处，而且在享受完这些好处之后，父母无须购买新的耐久性消费品。当人们的收入上升的时候，他们将会在耐久性消费品上花费更多，但是他们对耐久性消费品的支出更多的是用于提高产品的质量，而不是用于增加耐久性消费品的数量。例如，他们更倾向于购买一辆梅塞德斯-奔驰汽车，而不是购买五辆现代汽车。同时富人也比穷人在孩子身上花费更多的金钱，但是他们的支出主要是用于提高孩子的“质量”而不是增加家庭中孩子的“数量”。而且，当父母的收入上升时，他们的偏好将出现系统性的变化，所以说，随着收入的上升，相比对孩子数量的需求，父母对孩子质量的需求增加得更快，结果是，相比穷人，富人的家庭规模更小（Sanderson，1976）。

Becker（1965）与其他人也同时指出，养育孩子是需要耗费大量时间的活动，当收入上升时，人们希望只需要用较少的时间进行商品消费。当工资水平上升时，消费在闲暇上的每一个小时意味着放弃更多数量的商品，而这些商品需要用额外增加的一小时的工作报酬来购买。一旦只拥有较少的孩子，那么拥有高收入的父母就可以投入精简的但是较为集中的“有质量的时间”来抚养子女。这一观点从其自身来看，似乎与1870年之前收入与生育率存在正相关关系的观点相反，但是我们也可以从父母获取收入的途径对工业革命前高收入家庭所拥有的较大规模的家庭结构的影响进行解释。现代的高收入通常源自人力资本，但是之前的高收入则主要来自非人力资本上的所有权。游手好闲的富人的收入很少会受到在抚养子女上花费更多时间的影响，但是对通过技能和受教育的水平来获得更高工作报酬的个人而言，拥有较大的家庭规模意味着要付出较大的机会成本。

正如Becker（1960）着重指出的，他的观点与通常的但是错误的说法（认为随着时间的推移，抚养孩子的成本将变得更高）存在明显的区别。在19世纪，相对于收入水平，抚养孩子的必需品的价格并没有上涨。如果抚养孩子的成本变得更高，那也只是由于父母偏好上发生了变化，而不是价格上发生了变化。因为父母希望子女们享受更为舒适的生活并且先不参加工作而是继续接受教育（Szreter，1996，p.445），所以抚养孩子被认为是成本较高的。

教育与生育率

在对工业革命之前及其之后的生育行为进行解释的过程中，教育看起来似乎是非常有前景的变量。然而，在降低生育率上，教育的影响会通过两种非常不同的方式实现。一个方面是，教育可以通过改变父母的意愿和渴望来降低生育率。马尔萨斯本人也持这样的看法。在其《人口原理》一书的后期版本中，马尔萨斯认为，教育应该培养人们审慎的、有前瞻性的以及为子女提供更美好的生活的意愿。教育特别是女性的受教育水平是今天限制家庭规模的最好的预测变量。不过在19世纪，我们也许并不容易发现教育与生育率下降之间存在的相关性。

另一个方面则是指教育可以通过增加抚养孩子的成本对生育率的下降产生影响。按照这一说法，工业革命之后，由于受正规教育的程度与收入水平之间的联系变得更为紧密，这就鼓励人们对自己的每一个孩子都进行更多的人力资本投资并且生育更少的儿女。在大多数工业革命之前的稳固的经济体中，劳动需求方面最大的一块是对农业工人的需求，而且当时的人力资本水平也较低。例如，19世纪英国的农业工人通常在20岁的时候可以达到其最高的工资水平。而在20岁之后，农业工人的工资水平较为稳定，在60岁之后，其工资水平则出现下降（Burnette，2006）。这也就表明了，在这一类型的经济中，父母对孩子“数量”的偏好超过了对其“质量”的偏好（Galor and Weil，1996；Becker et al.，1990）。

在19世纪早期的产业扩张过程中，人们对教育的需求较小。工业革命的第一个阶段（纺织业、钢铁和煤炭）导致的绝大多数工作职位的转变对工人的受教育水平甚至识字率并没有什么要求（Mitch，1991）。对19世纪中期的有关估计表明，受教育的回报是正的但是并不高（Long，2006；Mitch，1991）。身为中产阶级的作者们通常强调，学校应该对人们的道德以及正规的工作习性进行教育，而不是向人们传授具有经济价值的技能（Mitch，1984）。与其他西欧国家相比，同样属于工业革命领头羊的英国和比利时并不存在什么较为明显的为民众提供大量教育的证据。

向民众提供教育的做法通常与宗教以及意识形态运动存在较大关系，而与经济利益上的追求不存在什么关联（参见表2.6）。相比天主教国家，基督教国家的民众的识字率一般都更高，因为在基督教国家每一个人都希望能够阅读《圣经》。在19世纪，天主教教会在增加学校的数量方面投资巨大，但是在有些地区，自由团体与天主教政治团体在控制学校课程方面的冲突，延误了这些地区推行国家规定的支持教育发展的计划（Soysal and Strang，1989）。诸如普鲁士的腓特烈四世以及法国的拿破仑之类的统治者，都意识到了教育在促进国家统一上具有的潜在威力以及学校教育在激发人们对民族和国家的忠诚方面所具有的作用（Ramirez and Boli，1987）。然而，Peter Lindert却认为通过什么样的方法对学校教育进行财政支持也是十分重要的一个方面。在他看来，普鲁士学校教育的发展更多地归功于地方对财政的控制权，而来自王室的训词所起的作用并不大（Lindert，2004）。

表2.6　　1870—1930年每1 000个5～14岁的儿童中小学生的人数

	1870	1900	1930
法国	736.6	859.2	80.28
德国	732.0	767.8	
苏格兰	697.4	764.8	675.4
英格兰及威尔士	608.6	741.5	755.2
瑞士	759.2*	726.5*	701.3*
丹麦		717.5	673.7
瑞典	588.6*	688.8*	779.4*
奥地利	425.9	670.3	838.8
挪威	658.0	668.0*	716.3*
荷兰	638.7	663.4	779.7
比利时	582.3	592.4	700.8
匈牙利	334.2	541.6	494.5
爱尔兰	384.0	525.5	750.8
西班牙	401.4	475.3	717.0

续前表

	1870	1900	1930
意大利	286.3	382.0	594.1
希腊	252.8	323.9	616.6
保加利亚		331.8	471.9
罗马尼亚		255.8*	588.4*
葡萄牙	131.6*	194.2*	300.4*
芬兰		188.3*	582.2
俄国/苏联		148.6	

资料来源：Lindert（2004）。

在19世纪后期，经济增长与正规教育的相关性变得越来越强（Easterlin，1981；Sandberg，1979）。当经济出现增长后，人们变得越来越富裕而且乡村不断减少，此时，科学与工程的重要性越发凸显。但是，工业中和政府结构中存在的官僚体系也变得更为复杂，从而也就增加了对职员、会计以及经理的多样化需求。人们对所有类型的技能——不仅包括从正规教育中获取的技能，而且包括工艺技巧和服务——的需求都增加了。

但是，无论人力资本是如何被创造出来的，其重要性的上升是否都可以解释生育率的转型呢？由于那些具有较高质量（受教育程度较高）的孩子的相对价值增加导致了质量对数量的替代，因此人们对教育需求的增加就能够降低生育率。然而，同样存在清晰的证据表明，现代的低生育率水平与人们受教育的程度较高二者之间的直接联系并不明显。正如图2.9表明的，这意味着在1870年后，劳动力市场上对技能支付的额外报酬上升了。

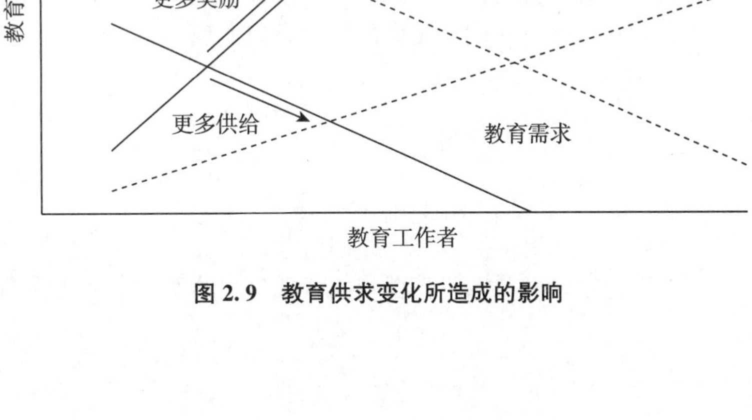

图2.9 教育供求变化所造成的影响

就 1870 年之后较长的时期而言，并没有太多的证据表明接受正规教育可以获得更多额外的工作报酬，但是仅就英国而言，有证据表明从正规教育中获得的额外报酬出现了下降（Willianmson，1982）。有大量的证据可以表明英国以及欧洲其他地方的手工艺技能获得了额外的工作报酬，并且在 1870 年之后，从手工艺技能上获得的额外报酬又一次出现了下降（Clark，2007a）。由上述有关劳动力市场的证据就可以表明，对教育和技能的供给的增加甚至大于对教育和技能的需求的增加。在 19 世纪晚期的欧洲，父母选择让他们的子女接受更高程度的教育，但是受过教育的工人的工作报酬溢价并没有出现大幅的提高。

欧洲经济中一开始就出现了技能供给的增加，此时家庭生育子女的数量并没有出现下降。图 2.10 展现了 1870 年和 1930 年已婚夫妇生育率与 1870 年学校入学率之间的关系。在 1870 年，生育率与当时的学校入学率之间存在轻微的正相关关系。而到了 1930 年，生育率与教育（图中未显示）之间呈现出轻微的负相关关系，正如在表 2.6 中我们已经列出的，这部分是由于欧洲范围内各国的学校入学率正呈现出逐渐趋同的态势。

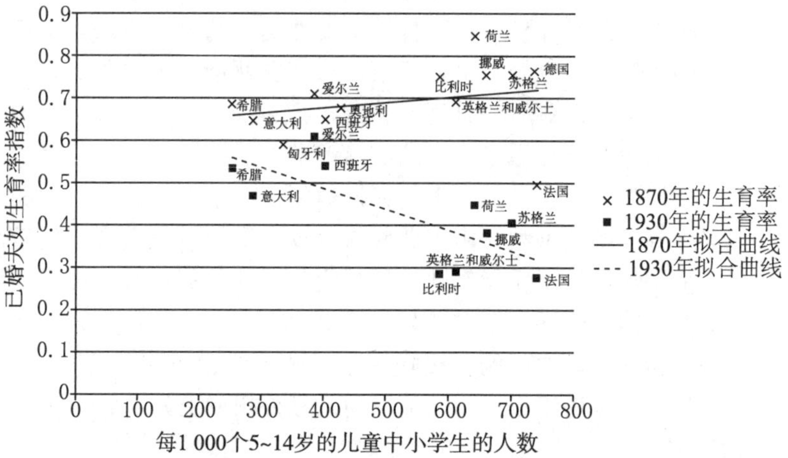

图 2.10　1870 年与 1930 年已婚夫妇生育率与 1870 年学校入学率情况图

资料来源：Coale 和 Watkins（1986）、Lindert（2004）。

然而，正如图 2.10 所揭示出来的，1930 年的婚内生育率与 1870 年的学校入学人数存在强烈的负相关关系。这就意味着，教育对生育率的影响并不是通过提高当前一代的孩子的抚养成本（在这些例子中这种效应并没有立刻显现），而是通过改变下一代的父母的价值观来实现的。

结论

工业革命以及人口转型是使得现代生活水平稳定上升的两个至关重要的因

素。然而，工业革命的出现领先于人口转型三代。我们很难相信这些事件之间并不存在什么关联。它们一定是社会和经济变迁的潜在过程。但是，正如本章已经论证过的，绝大多数试图对两者之间存在的相关性进行研究的理论都没法解释工业革命之前、工业革命期间及其之后的生育率水平在横截面上的差异。

第3章 国家与私有制度

丹·博加特（Dan Bogart）
毛里齐奥·德雷利希曼（Mauricio Drelichman）
奥斯卡·格尔德布洛姆（Oscar Gelderblom）
琼-劳伦特·罗森塔尔（Jean-Laurent Rosenthal）

经济增长取决于制度（指有关人类行为的约束及其执行机制的规则，参见North（1981）、Greif（2006）。这些规则有些是通过公共程序产生的，而另一些则是通过私有化程序确立起来的；有些是较为明确的（成文的法律和合约），而有些则是隐含的。这些规则的实施依赖于公开胁迫、民间第三方，甚至声誉。在此，我们着重探讨那些正式的并公开实施的制度。这并不是因为在现代化进程中非正式制度不断衰落，而是因为就我们考虑的时期而言，正式制度经历了巨大的变革。很多政治团体制定了成文法典，成立了正式的立法机构，并重塑了其法律体系。即便当时尚未确立正式制度的英国也经历了选举制度的改革和立法行为的骤增。

经济史学家们一直强调制度在促进经济繁荣方面起到了重要作用。时隔一段时间后，发展经济学也得出了类似的结论（参见 Acemoglu et al.，2001；Engerman and Sokoloff，1997；Banerjee and Iyer，2005）。学者们曾特别强调保护财产权的好处。就这一点来说，英国早期的世界经济霸主地位起源于光荣革命时期确立的制度（North and Weingast，1989）。欧洲盛行的多样化政治经济制度、公共制度和私有制度，为我们验证在很大程度上基于英国的情况而归纳得出的结论提供了有力的证据。尽管这些制度种类丰富，而且具有归类较为完整的档案记录，但是它自身也存在对旧制度或现代制度的选择问题。从长期来说，所有的制度都是次优的，而且只有制度做出适时调整才能促进经济的进一步增长。就某一时期而言，如果英国是最成功的经济体，那么很自然地可以把其作为一个基准。然而，我们必须记住，与早期意大利城市国家和荷兰诸省的成功，以及德国后来的经济赶超相伴随的制度并不是英国式的。最后，经济学家们过于关注国家产出，而忽略了地区差异。英国式制度与工业革命之间的联系正如爱尔兰经济与土豆大饥荒之间的联系。因此，我们必须谨慎对待。

需要特别注意的是，如果说直到 1870 年国家和民族的概念才是相通的，那么在 1700 年就并非如此。主权国家的存在历史悠久，但是对于大部分欧洲历史来说，其与民族（有些是文化多元化、空间分散的，有些却较小）并不完全一致。版图之争旷日持久且激烈残暴。主权国家既面临着来自外部敌人的威胁，又面临着在实施中央集权的过程中来自国内各省区的反抗。此外，尽管在 1700 年之后，阿尔卑斯山脉和莱茵河以西的政治边界相对稳定，但是，其东部地区的情形却大不相同。东欧和中欧地区主权国家间的版图重组是个显而易见的问题。尽管我们努力想把欧洲作为一个整体进行讨论，但是事实上我们不可能做到这一点。

尽管经济史学家们认为，欧洲经济史是一部人类摆脱暴虐统治实现人身自由，从而促进经济增长的历史，但是欧洲很多地区的经济增长源于地域性分裂以及地方性特权和陈规陋习的废除（Epstein，2000）。此类地方性特权之所以能存续，是因为其充当了抵制统治者的财政掠夺的护身符。在英国，诸如此类的地方性保护措施实际上起不到什么作用，因为其国家规模较小，从 1066 年以来享受到了中央集权和统一制度体系所带来的较小成本和较大利益。因此，本章将探讨两个问题：（1）相对于地方性主权分立，中央集权政府对地方财政的强制征用具有什么重要性？（2）为了解决诸如财产权、基础设施投资和商业法规之类的问题，欧洲不同地区能够在多大程度上采取不同的制度？

截至目前，我们的分析在很大程度上强调了国际关系（即战争），而不是事实本身。Alexander Gerchenkron 的经典著作——《以历史观看经济落后》（*Economic Backwardness in Historical Perspective*）——指出，经济创新推动了公共制度和私有制度的演进，而国内政治斗争阻碍了这一演进过程。这更适用于经济改革和工业化进程起步较晚的中欧国家。然而，即使在这些地区，制度变迁也是源于战争的残酷考验（从 1857 年法国干涉意大利而引发的意大利战争一直到由俄国十月革命所引发的战争）。在西欧国家，其制度变迁在很大程度上归功于拿破仑军队而非工业化进程。

我们要讨论制度变迁，就不能将子弹和炮灰搁置一边，也不能无视有关政治和经济制度的思想的变迁和传播。然而，欧洲不同政体之间的相互联系并没有导致制度上的趋同。尽管在大多数国家，改革使其有了更为广泛的代议制度、更高的税收、新的法律形式以及基础设施投资，但是实现这些共同目标的不同机制之间却存在很大差异。在一定意义上，这一现象体现了路径依赖，但这也是政治家们实现其塑造民族认同感，由此使得各自国家在其制度和国际竞争对手方面存在差异化这一愿望的结果。我们接下来的讨论将首先从一个宽泛的话题，即政治制度的变迁开始。继而我们将分别集中讨论税收、商业法规、基础设施投资等一系列问题。这些讨论虽然不能全面涵盖 1700 年至 1870 年期间欧洲的制度发展史，但有助于我们突出分析其核心问题。

政治制度

1700—1870 年，欧洲政治集团经历了复杂的、深刻的且通常具有地方特色的转型。我们大体将这个过程划分为三个阶段：(1) 从 16 世纪到 18 世纪，专制主义持续盛行；(2) 19 世纪，宪政体制全面取代了专制主义；(3) 民族国家从领土帝国与由小型主权政治体所组成的联盟中崛起。

在帝国政体里，统治者或一个国家采用政治与军事手段，控制多个具有明确领土边界的政治主体，并强制各联盟主体在法律、经济以及文化上实现统一。在罗马帝国时期与第一次世界大战期间，欧洲至少存在一个帝国，而且绝大多数国王都想成为帝国的统治者。在这 1 000 年间，帝国是主导全球的政治组织形式。然而，在欧洲，在 1648 年《威斯特伐利亚和约》之后兴起的民族国家取代了帝国。尽管哈布斯堡以及神圣的罗马帝国得以幸存，但是它们控制的领土（而不是政治根基）变小了。即使奥斯曼土耳其帝国对亚洲领土的控制仍然强有力，但是在欧洲大陆，它的影响也减弱了。确切地说，在 1702 年西班牙王位继承权战争爆发之前，民族国家在欧洲都占据着上风。

Charles Tilly（1992）研究了民族国家是如何成功地将财政吸收体系和军事组织纳入政府行政主体的。早期现代化欧洲政治主体大多是通过一些非直接的（分散的）统治手段来满足它们的强制性及财政吸收需求的。尽管中央集权被认为是更有效的，但是它同样存在较高的成本。Gonzalez de Lara、Greif 和 Jah（2008）认为中世纪的统治者们之所以选择非直接的统治主要是因为它比较廉价，而且它们对组织形式的选择被证明是可以持续的。分散化行政管理同样约束了欧洲统治者们从统治对象那儿抽取资源、发动战争以及控制更大的疆域的能力。到 18 世纪，这一趋势发生了变化。统治者们不断将财政和军事机构纳入其行政管理架构，从而使得相关阶层作为统治的中间人被剥离出去，而这些人原本是统治者在与社会中坚分子进行谈判时所依赖的对象。在先前五个世纪一直较为常见的代表大会，现在很少被设置了；国家财政上的运作摆脱了私人控制并且隶属于中央监督；国家对各项事务的财政支持逐渐取代了银行家以及资本家的作用，而之前国王通常为了借贷资金把这些事务外包给这些银行家和资本家；国家常备军取代了职业化的雇佣军，而常备军几乎全部是由本国国民所组成的（Drelichman and Voth，2008）。

虽然我们对欧洲不同政体的分析没有做到公正、客观，但是上述具有概括性的特征仍然描述了这些新成立的国家与其所取而代之的政治机构有何不同。没有实施此类改革的那些国家的命运恰恰揭示了此类改革的重要意义。波兰—立陶宛联盟的农业贵族的政治权力源于自由否决权，议会的每位议员都享有否决议会决议和终止本届会议的权力，这导致了波兰直到 1700 年都算不上一个国家。1764 年才开始实施的改革也来得太晚了，导致波兰被俄国、奥地利和普鲁士瓜分。匈牙利也具有类似于波兰的政治体系，导致其17世纪被奥斯曼土耳其帝国吞并。一般来说，不能部署精锐部队且被传统势力集团控制的小国会被大国吞并。随着拿破仑军队的入侵，威尼斯丧失政治独立性长达1 000年，这是欧洲地区商业和贵族城邦国家最终命运的典型代表。稍微大一点的国家，如日耳曼诸侯国则沦为了其强大邻国的财政军队机器。瑞士联邦由被贵族阶级统治的各州组成，尽管维也纳议会之后，其成功实现了复兴与版图扩张，并且建立了某种程度上的中央政府，但还是惨遭拿破仑军队的蹂躏。尽管瑞士联邦的政治组织形式较为松散，但是其为了不卷入法国与奥地利之间的战争而始终保持独立，这说明在欧洲地区帝国模式的好处趋于递减。

两种政体曾占据变革的先锋位置。通过构建“君临国会”（Crown-in-Parliament）以及光荣革命所带来的其他制度创新，英国得以从欧洲普通范式中脱颖而出。1689年英国国王与贵族之间的讨价还价开启了一段新的里程，国王成立了代表大会、强有力的行政管理机构、职业化的官僚体系以及财政制度，从而满足了国家机器运营的需要。诸如此类的“权力的砥柱”被证明对于巩固国家和军队势力是有显著效果的（North and Weingast，1989；Brewer，1989）。实际上，这些制度革新中的很大部分是从荷兰引入并被吸收的，荷兰也是欧洲地区幸存的共和国政体中最成功的国家。然而，荷兰的制度变革进程止步不前，并且财政集权一直到1795年以后在法国的压迫之下才得以实现。

虽然拥有实际权力的代议制政体得以存续，但是绝大多数政体都演变为专制统治。君主专制政体的主要标志之一就是是否消灭了其他可选的政治势力，尤其是教会、贵族、包税人、地方与区域性的法庭以及商议征税的集会（Finer，1997）。传统的利益相关者的权力丧失程度不一，而且不管怎么样都是无可挽回的。社会中介组织的消失是启蒙运动的一部分，在普鲁士、俄国和奥地利，社会中介组织被消灭得尤其彻底。这三个国家在向君主专制政体过渡时，仍处于民族国家创建的初期阶段，其中央政府面临的阻力相对较小。在西班牙（查尔斯三世与他的部长坎普莫里斯）、葡萄牙（改革主要是由首席部长蓬巴尔推动的）以及瑞典（古斯塔夫三世），主张改革的统治者不断涌现。然而，他们的改革措施大部分被其后继者推翻了。法国在路易十四时期加快了改革的步伐，路易十四在指派贵族的席位以及限制最高法院阻碍皇室颁布法令的权力上都取得了成功。然而，腐败堕落的法国政治体系阻碍了改革的进一步深化。官爵不仅是属于私人的，而且在很大程度上还是世袭制的财产（一直到18世纪）；它们同时也是政府债务组成中一个主要的部分。如果没有可供选择的财政来源，那么改革是不可能实现的。在遭遇贵族不接受新税收政策的阻力的时候，法国缺乏发行新债的途径。这一障碍最终导致了其在战场上出现装备匮乏的现象，并且刺激政府寻求更加激进的改革措施（Bordo and White，1991；Brewer，1989；Ertman，1997）。

法国（1789年革命前的）旧制度（Ancien Régime）是Ertman（1997）所称的“世袭的专制主义”的典型代表。在这一专制主义体制中，构成国家的不同政治机构属于单个精英的私有财产。路易十四去世之后，单个精英为维护其自身利益，利用其对国家机构的控制尤其是对最高法院的控制阻止了在开明改革方面的若干尝试。国王与势力集团之间在税负分配方面的冲突最终引发了法国大革命，并导致了其政治和财政制度上的重大变革。

历史上，像法国大革命这样极具创造性与破坏力的事件实属罕见。在法国大革命开始的阶段，国民议会就力图取消旧制度中所存在的社会中介组织，解散了最高法院，一并废除了地方性议会（三级议会）与所有的封建特权，没收了教会的财产，并解散了几乎所有的行会组织。国民议会为了改善政府管理，力求用公务员来组建中央政府的官僚机构。然而，这些革命者很快就面临着自身的生死考验，他们推进改革的热情与法国军队的命运荣辱与共。彻底铲除了世袭制度所有残余的革命力量最终并没有为法国创造一种稳定的政治秩序，而这一任务最终由拿破仑军队完成了，并且其导致了欧洲专制独裁帝国的复辟。

拿破仑所实施的最为持久的制度创新当属《民法》的编纂。这一改革是必要的，一方面兑现了大革命时期关于实施中央集权的承诺，另一方面填补了废除各省和地方性法律特权所留下的法律真空。随着法国军队在欧洲地区不断扩张，法国编纂的法律成为大革命最重要的“输出物”（后文我们还会对此进行讨论）。在欧洲专制独裁帝国复辟期间，曾被拿破仑推翻的专制君主制度恢复了其大部分权力，只有诸如西班牙国王斐迪南七世等最顽固的反对者陷入了困境，他们无法彻底逆转从法国直接复制来的法律创新。

首先，拿破仑是一位杰出的军事领袖，他掌控着法国国民军队的领导权，他几乎立刻就拉拢了社会所有的大势力集团。征兵制度的大规模推广实现了国家军队的统一。随着诸多军事制度创新的不断出现，国民军队需要付出代价，并最终不得不逐渐成立官僚机构和政府机构。同时，新一轮战争会造成更大的生命损失。历时不到15年的拿破仑战争所造成的人员伤亡与“三十年战争”几乎相同；如果再加上法国大革命期间的伤亡人数，那么死亡人数共达250万人，是第一次世界大战期间死亡人数的1/3（Tilly，1992，pp. 165-166）。

一国国民甘愿为自己国家的成立献出血肉之躯需要有充分的理由。为此，政府必须针对战争中的伤残志士以及伤亡者家属建立抚恤金制度，而且统治者也不能对日益增长的希望对政府事务享有更多发言权的民众的需求不闻不问。由此，19世纪中后期的欧洲独具特征，Finer（1997）将其称为欧洲的“宪政化”（Constitutionalization）。已经实施数年的宪法由君主颁布，而不是由革命会议公布，是神圣而不可侵犯的。1809年，瑞典成为“宪政化”的领路人（尽管严格来说，它只是恢复了古斯塔夫三世1772年颁布的宪章），紧随其后，挪威和少数德意志邦国分别于1814—1819年和1830—1834年实施了“宪政化”改革。拿破仑政权倒台之后，法国和荷兰均颁布实施了具有约束力的新宪法。1848年革命爆发之后，很多国家颁布了自由宪法；但是其中绝大部分国家后来撤销或修改了自由宪法，限制了民众代议制。

Finer将宪法概括为四种类型。某些国家的新专制主义宪章尽管保留了通常代表贵族和土地势力集团利益的“尾闾议会”（Rump Parliament），但是总体上仍将大部分权力保留在统治者手中。西班牙（自由化时期除外）、威廉姆一世统治时期的荷兰、那不勒斯、1843—1848年的希腊以及大量德意志邦国的宪法都属于这一类型。另外两个重要的类型分别是君主立宪制和议会君主制。在君主立宪制中，权力被委派给服从于国王的大臣们（如奥地利、皮德蒙特）；而在议会君主制中，大臣们直接对被选举出来的立法组织负责（如英国）。这两种类型的宪法之间的界限并不是很明确，因为多数国家开始实施君主立宪制，随后逐渐过渡到议会君主制。例如，奥地利曾经历过梅特里克的铁腕统治时期，梅特里克只服从于国王一个人；1848年革命极大地削弱了这一政治体制，并使奥地利最终于1876年引入了议会君主制度。法国在这两种政治体制之间摇摆不定，1830—1848年曾一度实施议会统治，第二帝国时期转而实施专制统治，到19世纪60年代末又再一次提高了立法机构的地位，并最终演变为议会制共和国，这也是宪政国家的第四种类型。截至1870年，只有俄国和奥斯曼土耳其帝国仍然保留着没有宪法约束的专制政府。

欧洲政体也体现了政治和经济自由的多样化。在1700年以前的很长一段时期内，虽然很多国家的政体允许部分（男性）居民享有政治权力，但是几乎任何国家的绝大多数人口都不仅被剥夺了公民权，而且被奴隶制、农奴制或者其他严格限制财富积累和移民的劳动规定所束缚。到了1870年，除奥斯曼土耳其帝国之外，欧洲所有地区均废除了奴隶制和农奴制，甚至废除了或者严格限制了政治特权（Bush，1996）。然而，我们不能夸大经济的自由不断增加这一因素的影响，因为自农奴获得解放后的数十年内，经济中很多领域的工人的流动性因通行证制度而深受限制，从而导致雇主阶层掌握了劳动合同方面更多的谈判主动权。个人自由的发展源于立宪过程、中央集权国家以及国民军队出现等诸多因素之间的相互作用。除了个体与公共领域之间所存在矛盾之外，不计其数的民族主义问题频繁发生，成为决定当今欧洲大陆命运的主要因素。

财政制度

18世纪，欧洲国家为了发动战争而增加税收。不管是出于扩张领地的目的，还是仅仅出于保护自身的目的，统治者们都不得不为他们的军队买单（Brewer，1989；Hoffman and Rosenthal，1977）。欧洲实力最强的几个国家——特别是法国、英国、普鲁士和奥地利——对庞大的常规军队或海军提供资金支持。为了获取支付给军队的资金，它们同时采用了税收、战时借贷和增加公共债务等手段中的某一种或几种。较为穷困的政府只能与更为强大的国家结盟或是采取中立态度。如此一来，由于缺乏财力支持，在欧洲政治中，西班牙和荷兰共和国不得不屈居二流地位（van Zanden and van Riel，2004；Tortella and Comin，2001）。

统治者们知道国际竞争耗资巨大，并且会转而影响所有的国内政治机制。1764年夏天，法国外交大臣普拉兰公爵向驻外大使们询问了其所驻派的国家的财政体制的有关情况（Hartmann，1979）。同时，波蒙特的庄园主让—路易斯·莫罗这位法国的财政管家起草了法国的税收报告。这些报告连同当代经济史学家们收集的数据，共同揭示出18世纪中叶欧洲国家间政府收入的巨大差异。

表3.1重点突出了18世纪中叶拥有压倒性财政实力的英国和法国的情况。哈布斯堡君主国、西班牙以及普鲁士的财政收入要比英国和法国少得多。尽管人们常称赞荷兰有对其国民征税的能力，但是其财政收入仅位列第五。这一排名反映了18世纪欧洲各个政治体的现实情况，当时英国与法国正在争夺对欧洲的领导权。它也同样表明了财政规模的决定性作用。例如，汉堡的人均税收负担与英国一样高，但是由于其人口规模较小，所以它或者从帝国独立出去的任意一个城市都无法在欧洲政治中扮演主要角色：总收益才是决定军事地位和政治领导地位的因素。

表3.1　1765年前后，以英镑计算的欧洲国家的年度公共收入，以及1770年直接税占全部财政收入比重的估计值

国家	年度收入（c. 1765）	直接税所占比重（%）（c. 1770）
法国	12 350 000	49
英国	9 702 172	24
哈布斯堡君主国	3 972 749	51
西班牙	3 944 000	10
荷兰	2 417 807	43
普鲁士	2 104 077	32
瑞典	1 734 108	n. a.
丹麦	1 029 918	49
巴伐利亚州	476 667	46
奥地利荷属安的列斯	244 141	0
汉堡	184 223	30
荷兰共和国	117 700	0

资料来源：西班牙的数据来源于Hartmann（1979）、Tortella和Comin（2001，p. 156）；奥地利荷属安的列斯（1760—1769年）的数据来源于Coppens（1992，p. 293）；荷兰（1760—1769年）的数据来源于Fritschy和Liesker（2004）；荷兰共和国（1762—1768年）的数据来源于Dormans（1991，p. 158）。汇率是根据McCusker（1978）中的数据计算得出的1766年的近似值。

然而，更精确地说，由于国家的规模存在差异，因此1765年的财政收入报告不能作为各国财政集中度的一个度量指标。如果以财政收入相对GDP的比重进行度量的话，那么相对其主要竞争对手法国而言，英国的财政所得尤为可观（Mathias and O'Brien，1976）。在1665年至1800年间，英国的总财政收入从占GDP的3.4%上升到了占GDP的12.9%。与此同时，法国税收占GDP的比重从18世纪早期的9.4%下滑到了1788年的6.8%（White，2001）。就财政体系来说，法国的排名较落后，例如瑞典，其中央政府的财政收入占GDP的比重介于5%至10%之间（Fregert and Gustafsson，2005）。荷兰的财政体制显得尤其特别：在18世纪40年代早期，财政收入至少占各省收入的14%（Fritschy and Liesker，2004；de Vries and van der Woude，1997）。

18世纪国家间财政收入的差异可以通过非熟练工人的日工资所负担的人均税收加以证实。1740年至1790年间可得到的数据再一次表明荷兰曾是财政上的冠军，而1780年之后，被英国赶上了（见图3.1）。在18世纪90年代，荷兰和英国每年每人平均支付的税收相当于其一个月的工资。在1740年至1790年间，法国的税收状况得到了改善，但是直到大革命之前，其表现一直远远落后于英国和荷兰。对于奥地利的哈布斯堡、匈牙利以及波希米亚来说，其财政收入同样远落后于英国和荷兰，平均来说，其居民每年支付给中央政府的税收从来没有超出一个非熟练工人13天的工资。

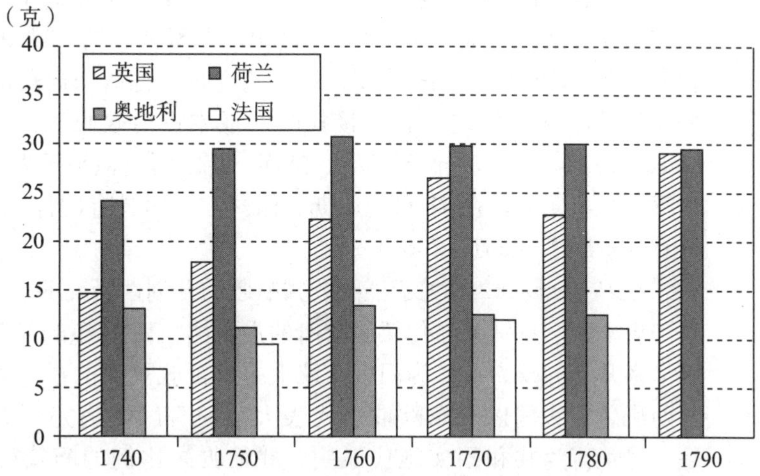

图3.1 1740—1790年按照人均日工资水平（白银数量）计算的不同欧洲国家的税负水平

资料来源：Fritschy（1988，p. 54）、Hoffman（1994，p. 238）、Dickson（1987，Ⅰ，p. 36，40；Ⅱ，pp. 369-370）、Park和van Zanden（2006，p. 130）。

对税收上的这些差别的一个可能的解释是关税等间接税对与诸如不动产、皇室土地以及垄断权等相关的直接税的替代。英国是其中的典范：到1765年，土地税在公共收入中所占的比例不到1/4，其余公共收入部分来自进口和出口关税以及针对消费品的税收。荷兰是另一个较为突出的例子，其针对土地、不动产、金融资产以及收入的直接税仍然在总财政收入中占到了43%的比例。在18世纪中期，法国的直接税在总财政收入中占据了近一半（Riley，1986b，pp. 55-65）。像普鲁士以及哈布斯堡王朝这样的国家，其财政收入更多地依赖皇室土地的收益、土地税以及垄断权的出售。1765年，哈布斯堡领地、奥属荷兰以及普鲁士的统治者仍然从自有财产中获取了很大一部分收入，所占的比例分别为16%、16%及31%（Hartmann，1979，p. 318）。西班牙也很类似，其财政收入中超过1/3的部分来自关税和货物税，但是其余的部分则来自殖民地的汇款、垄断权以及土地税（Tortella and Comín，2001）。

但是，如果间接税如此重要，那么为什么其他国家没能够效仿英国和荷兰呢？可以肯定地说，实际上其他国家确实曾经尝试过。欧洲的统治者们完全了解他们的竞争对手的财务体系，并尽力改善自身的财政体系（Bonney，1995，pp. 428-430）。到 1720 年，绝大多数统治者都意识到了货币贬值所带来的破坏性后果。与此同时，大国以及众多的小国设立了管理税收的中央机构，改善了财产登记制度并且任命专家来研究税收体制改革（Fritschy and Liesker，2004；Capra，1995；Irigoin and Grafe，2006）。到 17 世纪，绝大多数国家在一定程度上开征了消费税，并且到 18 世纪，征收收入税的做法得到了普遍推广（O'Brein，1988a；Tortella and Comín，2001；de Vries and van der Woude，1997，p. 112）。

实际的征税工作也不存在什么阻碍。大多数欧洲的当政者们都把大部分征税工作分包了出去。包税制既提供了短期的信贷又创造了稳定的收入来源，其缺点在于增加了管理成本。在 17 世纪，西班牙有约 40%的财政收入依赖于包税商（Tortella and Comín，2001）。通过政府官员来征税的成本更为低廉。例如在荷兰，1750 年之后，直接托收的成本占财政收入的 8%～9%（Fritschy and Liesker，2004，pp. 57-62）。然而，统治者们似乎不太可能接受这么高的无谓损失。事实上，在 18 世纪后期，法国与英国具有同样低的征税成本（Norberg，1994；Lindert，2004）。

在 Peter Dickson 关于英国公共财政的开创性研究的启发之下，当今的很多经济史学家们特别关注代议制政府的重要性。1688 年的光荣革命巩固了议会控制皇室开支的权力；作为回报，议会提议征收更多的税。英国议会的支配地位与西班牙、法国以及东欧取消代表大会的一般做法完全不同。不过，奇怪的是，尽管荷兰共和国实施代议制，并征收高比例的间接税，但是它却没能为 1715 年之后争夺军事优势地位的战争提供充足的财政支持。

但是，有些国家的财政体系运转不灵并不是仅仅因为议会对税收和支出缺乏控制，还因为混合君主政体（由为数众多的具有传统自由、政治结构以及财政体制的领主国家所组成）。在法国、西班牙以及哈布斯堡领地，中央政府也曾努力解决制度障碍造成的历史遗留问题，但是却没能做到（Dickson，1987；Irigoin and Grafe，2006）。例如，相比布列塔尼、勃艮第以及普罗斯旺的居民，大巴黎、里昂以及雷恩的居民们总是为中央财政贡献更多的人均收入（White，2001）。甚至财政体系最为成功的英国，也因为同样的原因（国家分裂）受到了不利影响。英国实际上不得不实施对苏格兰边远地区仅征收十分少的税收的制度（O'Brien，1988a）。荷兰共和国中央政府也曾忙于有关其所属的七个省份之间的税收转移问题的长期谈判。

与之相关的一个问题是地方特殊性。传统的做法容许城镇和各省对当地的税收进行管理并且可以保留其中的很大一部分（O'Brien，2001；Dincecco，2007）。例如，在法国，由于省一级地方当权机构的存在，中央政府很难通过变更土地税的税率来增加中央财政收入。除此之外，在各城镇与各地区之间存在固定的税收配额。当佛兰德斯、奥属尼德兰的布拉班特、瑞士联邦中的城市共和国以及加泰罗尼亚港口等地方的经济蒸蒸日上时，地方特殊性所造成的中央财政收入的损失显得十分严重。城市自治则给君主政体施加了另一个无法摆脱的限制。在荷兰，当面临重大的政治危机（在16世纪70年代的早期，面临即将被西班牙军队打败的威胁）时，地方政府才向中央政府上缴了其收入的2/3。最后，在很多地区，贵族、神职人员以及更大数量的普通民众，都从税收豁免中获益良多。从整体上而言，传统社会中的特权不断挖空了传统社会中政府的税基。为了保持其在欧洲的地位，法国和奥地利的执政者们恢复实施了临时性的财政政策，但这一政策并没有简化财政的公共管理，反而使其变得更为复杂（Dickson，1987；Bonney，1999）。这不仅增加了管理成本，而且许多紧急措施的独裁性质削弱了税收的合法性。

财政集中化可以解决上述问题，但是，这一体制的建立需要除英国以外的所有欧洲国家重新分配其政治权力（Dincecco，2007）。这也是法国大革命以及随后的拿破仑战争具有重要作用的一个原因所在。法国为了实现其征服欧洲的宏图霸业而不得不增加税收以及借款，于是只能依赖于其附属领地的贡献。而作为法国仅存的对手，英国也不得不为自身规模空前的军事战略提供财政支持。执政者们首先想到的就是对财富和收入开征附加税。在英国，小威廉·皮特首次引入了收入税。为了填补18世纪末期庞大的开支缺口，荷兰同样开始征收收入税（Fritschy，1988）。被拿破仑征服的威胁同样强迫普鲁士、西班牙以及荷兰共和国等国的政府对其财政进行集中化管理（Poell，2008）。

正如前文所述，在打败拿破仑之后的1815年的维也纳会议上，政治上的重组部分地逆转了财政上的这些变化。在1848年自由革命之前，由于威廉一世的专制主义宪法回避了议会对财政的控制权，财政的集中化管理在荷兰遭遇了失败（van Zanden and van Riel，2004）。而西班牙在经历了专制主义、反动派和自由派之间数十年的国内斗争之后，终于在1845年实现了财政体系的一体化（Tortella and Comín，2001）。英国停止征收收入税并且开始征收消费税和关税，从而使得其征税成本下降到低于5%的水平（Lindert，2004）。在大多数国家，财政集中化管理方面存在的问题反映在间接税在全部财政收入中所占的比重上。在1870年，一般来说，中央政府通过开征财产税以及收入税仅仅可以提供财政收入的20%～40%，剩余的部分来自关税以及消费税（尤其是在19世纪50年代至60年代的贸易自由化之后）（Flora，1983；Mitchell，2003）。

如此看来，中央政府的财政收入最多只能实现温和增长也就不足为奇了。在大多数国家，1870年的税收负担并不会高于一个世纪之前的水平。大多数中央政府的财政收入在国内生产总值中所占的比重仍然不到10%。实际上在法国，税收收入占国内生产总值的比重从1820年的10.4%下降到了1870年的6.9%。在荷兰，中央政府的支出占GDP的比重从1840年的14%下降到了1870年的不到8%（van Zanden and van Riel，2004）。税收占GDP的比重的下降部分可以用经济总量的扩张来解释——由于1815年之后国内生产总值的增长快于1789年之前国内生产总值的增长，绝对水平的财政收入不断增加，因此西北欧国家的国库相对充足。可以肯定地说，由于南欧以及中欧国家的国内生产总值的增长较为缓慢，其情形并不如西北欧国家那么乐观。

税负的温和适中同样反映出欧洲战争的锐减。英国、法国以及西班牙继续在欧洲之外为实现其帝国梦想进行角逐，但是这些殖民战争的代价相对较低（或者像西班牙那样，早期已经付出了代价）。与此同时，政府不能或者说不愿意用任何除了军事之外的东西与税收收入交换。就这一点来说，1700 年至 1870 年之间的欧洲并未出现太大的变化。中央政府完全有能力通过改革财政体制来增加收入，但是，它们将这些新增的收入都用于军事目的或偿付战争所带来的债务。当时，它们并不考虑利用新增的税收来提供更具有普遍意义的公共产品。从这一角度来看，我们可以说，在 19 世纪，绝大多数欧洲国家倾向于将基础设施的负担及其好处转移给地方政府或私有部门。

商法

上述政治以及财政改革与法律体系的改革相伴随。经济史学家们认为，在发达的经济体中，是技术而不是政治变革推动了法律体系的变革。而在较"落后"的经济体中，经济增长则被法律上的保守主义限制——特别是约束公司行为的法律（Landes，1969；Freedeman，1979）。近期的经济学家们认为，采用习惯法的国家（在欧洲主要是指爱尔兰和英国）的制度对经济的变化更敏感（La Porta et al.，1997）。而法律体系是从罗马法以及后来的法国法典中演化而来的那些国家（包括位于地中海地区的所有国家以及绝大多数从奥斯曼土耳其帝国分裂出来的国家）的制度对经济的变化最不敏感。而具有日耳曼以及斯堪的纳维亚传统的那些国家的制度对经济的敏感程度则介于以上两者之间。

上述两种观点都不怎么令人满意。实际上，第一家商业公司成立的时间在 1600 年前后，然而，一般性的公司法绝大多数都是在 1850 年之后才得以实施的，而此时已经开始了工业革命。而第二种观点则把实际上永恒演化的制度（法律）视为固定不变的。尽管法典很重要，但是其本身也存在缺陷，很多法律还取决于法官的解释，并且会由立法者不断进行修订。采用习惯法的国家的法官有义务遵循判决前例以及法律条例。在采用大陆法的国家，其法律实施过程与采用习惯法的国家并不存在什么差别。在欧洲的任何一个地方，商业法都是在几个世纪以来所积累的法律专业知识的基础上形成的（Hilaire，1986），并被后进国家引入。因此，在讨论法国大革命的爆发以及一般的公司法之前，有必要了解历史给我们留下的遗产。

尽管教会最初不支持借贷，但是在 1700 年之前债务的法律问题就得到了解决。在包括奥斯曼土耳其帝国中的天主教群体以及犹太教群体的欧洲的任何地方，生意人都可以自由地签发和签署交易凭证以及商业票据。更为常见的是，私人可以通过抵押土地以及其他资产或仅仅通过签订私人偿付协议就可以获得贷款。股权的情形则更为复杂。在 1800 年之前，多人共同所有的企业是典型的合伙制企业。不过也有例外，在诸如造船以及采矿这样的行业中，股份制形式早就出现了（Harris，2000）。在这些股份制形式的企业中，股权可以被交易并且投资者只承担有限责任，但是其他方面与合伙制企业类似，这是因为可以交易股权的市场存在很大的局限性——股权只能转让给从事风险投资的个人，或者转让给同一城镇的居民。在合伙制中，企业所有者的责任是无限的并且其股权不能进行交易。这种意义上的商业法非常不成熟。甚至在隐名合伙人合约（仅在欧洲的部分地区具有合法性）中，股权也是属于个人所有的并且很难进行交易。在1700年之前，当时的公司与政府之间也很少有密切的商业来往。

在整个18世纪，受1720年至1721年金融危机的影响，公司法方面的变革尤其少见。尽管英国成功地摆脱了金融危机，而且还出现了一种固定的可交易的公债[①]，但是，1720年的《泡沫法》严重地制约了新形式的股权的发展。对于特权公司，法国和荷兰政府采取了同样的限制性立场，但是并没有把公共债券整合为公开交易工具。不过，旧制度框架下的变革中最为著名的应该属1673年法国的《商法典》（Hilaire，1986）。

同其他方面一样，法国大革命是法国法律体制的分水岭。伴随着改革过程的不断深化，法国最终形成了一系列法律（最为著名的是民法、刑法以及商法）。法国在战场上的节节胜利确保了颁布于巴黎的法律能够在欧洲范围内广泛扩散。但是，就推动法律改革而言，地方力量同样居功至伟。在1789年之前，法国的很多地方省份拥有承认其地方法律传统的宪章以及财政自治权。[②]绝大多数省份都拥有上诉法庭（议会），上诉法庭承担的职能就是审核王室新近颁布的法律是否与当地传统以及前例相一致。1789年，各省在财产权、借贷合约、继承法规上仍然存在相当大的差别，从更狭义的方面来说，商法也是这样。而大革命不能接受如此混乱的局面。在拿破仑执政时期，一体化的法律体系得以创立，而这一法律体系同样被认为给予了执行者太多的权力，同时也反映出与过去相决裂的意愿。因为法国的传统社会体制是贵族化的，它包含长子继承制以及建立在出生、居住地、职业甚至财富基础上的诸多特权，而民法则是无差别地保护家庭和财产的法律。

立法者曾努力约束拥有权力的个体，并力求使法律条款保护那些被视为弱者的群体。民法关于财产分割的规则限制了立遗嘱者出于个人喜好分配遗产的能力。同样有很多特别具体的条款针对少数群体以及那些无能力者的财产权的管理，保护了妇女的陪嫁品免受丈夫的债权人的侵占。[③] 民法针对财产的出租和出售制定了简单的规则。与此同时，这一改革为产权体制的确立提供了必要的元素，通过所有权凭证和留置权登记，既保护了不动产又保护了私人债权。一个不怎么先进的步骤是，公证人在家庭事务中仍然扮演调停人的角色。尽管没有什么要求，但是公证人对民事案件的干涉十分常见（Hoffman et al.，2000）。法国大革命曾试图使公证人成为严格意义上的公务员，但是这一尝试

① 也就是英国的统一公债，是一种没有到期日、固定发放债息的公债。——译者注

② 法律的地方特色是几乎所有国家（除了欧洲最小的那些国家之外），包括英国（被苏格兰银行证实过）的一个特点。

③ 在这些问题上，民法在很大程度上复制了罗马法律。

失败了，为了取代公证人的位置，领事秘密地制裁了管制市场的公证人。相比纯粹的私人交易，公证合约具有一个关键的优势：任何质疑公证合约执行力的人必须承担举证责任（Woloch，1994）。

法典颁布的时间短，并且法律效力有限。因此，我们可以发现，19 世纪立法活动一直在稳步地增加，而上诉判决的增加则呈现狂飙突进之势，这两者都可以看成对法国法典的完善（即使并未对法国法典进行修订）。正如在采用习惯法的国家中一样，尽管上诉判决并没有被全部出版，不过这些判决可以作为法律手册（国家法律和法规的重要组成部分）的重要参考。

贸易和工业（此后是商业）看上去需要通过不一样的法律规则而非“迟钝”的民法来加以保护。这些内在要求促成了 1807 年商法的出现。如果说民法是债务人友好型的而且处理过程较为缓慢的话，那么商法可以算得上是债权人友好型的并且其十分强调法律处置程序上的快捷高效。尽管民法限制了私下契约，但是商法却给生意人在商业交往过程中预留了相当大的自由处置的余地。民法对政府官员（公证人以及法官）的依赖让位于商法中由商业人士组成的特别法庭，这些商业人士十分依赖专家们的仲裁。

由于拿破仑统治了欧洲的绝大部分地区，法国法典的扩散也十分迅速（见表 3.2）。法国法典在比利时、意大利、荷兰、德国的部分地区、西班牙以及瑞士被采纳。在 1815 年至 1860 年间，上述国家中的绝大多数都编撰了自己的法律，相比之前的法国法典，有的国家的法典还出现了相当大的改变。例如，只有法国具有单独的商业法庭，并且没有其他任何一个国家像法国那样在私人合约中给予公证人重要的地位。即使普鲁士、奥地利或葡萄牙等并没有强制实施法国法典的国家，也同样发生了法律方面的变革。在普鲁士，君主与现代主义者结盟，并且创建了自己的法律体系。位于农业地区的东普鲁士与更为商业化

表 3.2 **欧洲的商法改革**

国家	是否通过法国占领或吞并而实施法典	商业法实施的时间	一般性的公司法实施的时间
奥匈帝国	否	1811	1899
比利时	是	1851	1873
爱尔兰	否	无	1857
意大利	是	1865	1883
法国	n. a.	1807	1867
德国	部分	1861	1870
希腊	否	1827	n. a.
荷兰	是	1838	1863
普鲁士	否	1807	1870

续前表

国家	是否通过法国占领或吞并而实施法典	商业法实施的时间	一般性的公司法实施的时间
葡萄牙	n. a.	1833	1888
俄国	否	1836	不早于 1917
西班牙	是	1830	1869
塞尔维亚	否	n. a.	n. a.
瑞典	否	n. a.	1895
瑞士	是	n. a.	n. a.
英国	否	无	1857

注：对于在拿破仑时期没有被占领的地区，其商业法实施的时间是指“本土”法典实施的时间。

资料来源：Lescoeur（1877）、Harris（2000）、Hecksher（1954）、Jonker（1996）、Owen（1991）、Cameron（1967）。

的西普鲁士之间所发生的冲突可以部分地解释为什么法国法典在这些地区会出现很大的差别。此后，由于不是在普鲁士的规则下调和德国各个部分的利益诉求，因而德国法就难以确立起单纯的一致性法律制度。

斯堪的纳维亚半岛国家同样进行了大规模的立法体制改革，但是没有制定法典。俄国和奥斯曼土耳其帝国避免了19世纪早期欧洲范围内广泛地对法国法典中的民法以及商法进行改革的情形。然而，应该着重指出的是，新形成的中欧国家都在一定程度上采纳了某种形式的法典。有些国家试图割断其与奥斯曼、俄国以及奥地利的过去。实际上一旦这样做，其就更加不可能将自己的法律体系建立在法国法典的基础上。事实上，在19世纪，法国法典从未被修订过，并且较好的修订是从新西班牙或者意大利发端的。

近来，学者们着重指出，相比习惯法国家，大陆法国家的行政能力侵犯了司法程序。法国法典无疑极大地强化了中央集权并加速了国家的一体化进程，同时也导致了像英国一样的地区制度的多样性的丧失。关于法国法典的低效率延缓了工业化进程的证据是较少的，但并不意味着不存在。同样可以确信的是，需要对另一个假设进行更为深入的考量。这一假设是说法国法典以及将司法体系从政府行政部门中分离出去的失败为20世纪的制度变革打下了基础，相对而言，这一制度变革并不利于以市场化为基础的经济变革。

在工业化早期，公司是公共部门与私有部门之间进行制度化合作的象征，而且在经济史中，在对公司进行配置部署方面的成功或失败的经历具有一系列的隐含意义（Landes，1969；Chandler，1977；Freedeman，1979）。在1850年之前，每一家公司都是由君王或立法机构对一些人进行特许才得以成立的（Mousnier，1974；Epstein，2000）。公司的作用包括地方性的管理（自治市或省一级的地方政府）或者提供公共服务（皇室管理人员也通常是组成公司的一部分，比如说互诫苦修会这样的组织），也包括征收皇室税收，例如法国著名的通用包税人公司。这样的一些组织为商业公司提供了有价值的先行因素，因为它们确立了与世俗目标的客观联系。在我们看来，公司具有三个方面的重要贡献：法律人格（它们能够在法庭提出诉讼并且可以被诉讼）；生命期独立于创始人以及委托管理制度；即使要负责人，负责人也仅负有限责任。从中世纪以来，公司与物质收益就紧密联结在一起，但是这些收益是作为其提供公共服务所得到的报酬的。地理大发现彻底改变了公司的面貌，因为在很大程度上，欧洲人依赖公司来追逐帝国梦想和财富（Harris，2000）。

1700年之后，两个障碍阻止了公司的扩张。一个障碍是统治者对公司成立的限制。如果没有获取财富的重要来源，那么绝大多数统治者都无法承受公司成立自由化所造成的损失——统治者对授权成立新公司收取可观的费用，而且对公司的垄断利润征税。另一个障碍是在1719年至1721年阿姆斯特丹、伦敦以及巴黎的泡沫危机之后股权索赔不正当的负面名声。不过，到18世纪70年代，公司逐渐恢复了元气。这源自两方面完全不同的努力：公用事业（运河基础设施）以及金融企业（保险公司以及投资基金）。在这两种情形下，相对其他形式，公司都是合适的组织形式，因为公司可以分散风险（相对于单一所有制形式）、按照资本数额分配利润（相对于信托），而且在出资人死亡的情况下可以避免公司解散（相对于合伙制）。然而，纯粹的工业企业要具备这些优势并不容易。

法国商法的编撰者们遵循了通常的惯例，这一惯例实际上要求公司在成立之前必须得到国家的许可。为了满足日益增加的成立股份制企业的需要，法规允许自由成立股份有限合伙制（法文中称之为赞助行动）。隐名合伙人具有有限责任并且可以交易其所拥有的股权，但是执行合伙人却具有无限责任。尽管股东大会（包括隐名合伙人以及一般合伙人）可以行使相当大的权力，但是在会议召开的间隔期，是由一般合伙人来掌控企业的运营的。这一形式的企业在法国、荷兰以及德国较为盛行。这也许就在一定程度上削减了对公司的需求，但是并不完全体现公司在欧洲的发展历史。

在1800年至1850年之间，通常的情况是，每一个国家都成立了公司，但是除了比利时拥有较多的公司以外（比利时几乎拥有与法国同样数量的公司），在其他国家，公司的数量并不多。在19世纪40年代至50年代，人们可以自由地成立公司。英国则开创了这一风气之先河。由于习惯法不允许存在隐名合伙人，英国比欧洲大陆涌现出了对成立新形式的股份制企业的更大的需求。1825年，英国规定公司具有完全责任，而到了1844年，英国则规定公司具有双重责任，最后在1855年给予公司免责待遇。在自此之后的一个世纪，欧洲面临着公司监管以及公司治理上的难题。

国家与基础设施部门

基础设施领域在我们的阐述中是最为特殊的领域，并且是对政治体制、财政体制以及法律体制全方面整体改革的严峻考验。政治以及财政结构规定了由公共部门或是私有部门提供社会基础设施的范围，而法律制度则搭建了在中央政府不愿意建设社会基础设施的时候，地方组织实体或是私人投资者是否可以介入以及如何介入的基本框架。如此一来，这一部门为研究制度究竟如何影响经济发展提供了十分丰富的素材。我们针对欧洲地区的公路、航道以及铁路政策进行综述。一个关键的主题是，对国家征用权（Sovereign expropriation）的制约以及政治体制的分化程度有助于解释国家干预模式以及基础设施部门的发展。在邻近国家的一系列努力的刺激之下，各国也踊跃对自身的基础设施政策进行改革。

公路政策

在 1700 年，绝大多数欧洲公路网络由地方当局（比如村庄、城市、庄园或教会）进行维护。有些地方当局征召劳动力（在法国被称为苦工，而在英国则被称为法定义务劳动者），另外一些则收取过路费。地方当局通常较为短视并且实际上也缺乏必要的财政手段，结果是公路年久失修而且新增投资也较少。

很多欧洲国家开始着手改善本国的公路网络。英国的公路政策中特别引人注目的地方是融合了地方的主动性以及议会的监管作用。地方性组织可以向议会请求创立“收费公路信托”、开征过路费以及改善主干公路。到 1840 年，在英国与威尔士，收费公路的里程数超过了 30 000 公里。其中绝大多数得到了较好的维护，可供大型货车以及快速四轮马车行驶（参见 Bogart，2005a）。

荷兰南部地区同样拥有广泛的收费公路网络。它的运行机制类似于英国，有效结合了地方的主动性和积极性与奥地利政府的监管。在 19 世纪的早期，过路费制度被法国当局取消，但是 1814 年它又恢复到原来的情形（Milward and Saul，1973）。在此后的几十年中，佛兰德斯、布拉班特以及埃诺的公路里程数增加到了 3 000 公里（Ville，1990）。

西班牙与法国有不同的措施。在 18 世纪，法国皇室把一些高等级公路指定为皇家公路，其余的则作为地方公路。皇室对其管控的公路进行投资并且设立管理机构（在法国被称为道路与桥梁局）来建设以及维护皇家公路。对次级公路进行维护的责任则落在了自治市的头上，这些维护经常是通过苦工来完成的。到 1800 年，法国公路的里程数达到了 40 000 公里，其中一半多属于皇家公路（Price，1983）。

拿破仑在公路建设上取得的成就并不怎么突出。然而，在 1814 年后，法国政府增加了对国有公路的投资，而且到 1840 年，主干公路的里程数从25 700公里增加到了34 000公里。同样，次等级公路的投资以及维护的组织形式也有了很大的改善。1836 年的一则法令加强了自治市的财政权并且允许县一级的地方议会通过加税来对地区公路进行维护。这一法令看起来取得了很好的效果，在

1837 年至 1850 年间，法国对地方公路的投资增加了将近 50%（Price，1983）。

国家政策是如何影响公路这一基础设施的呢？可以从公路网络的规模大小、公路质量以及交通成本等维度来对政策效果进行衡量。此处我们集中考虑规模大小，因为公路规模实际上可以作为投资额的较为有效的替代变量。表 3.3 列出了几个欧洲国家的人均拥有的公路里程数以及每平方公里范围内的公路里程数。相比法国与西班牙，英国与荷兰南部地区人均拥有的公里里程数以及每平方公里范围内的公里里程数都更高。这一数据就提出了一个问题，假如没有皇家公路，法国与西班牙是否能够拥有更大的收费公路网络。此处并不容易进行这样的反事实检验。不过，即使法国与西班牙采取了收费公路这一政策，其作用也可能并不如其他地区那么大。英国的收费公路信托使得对公路进行投资的财产权相对于征收过路费更为安全。但是，法国与西班牙皇室是否能够确保财产的安全这一点并不怎么明朗，其结果是，私人投资者对于收费公路的投资也许会踌躇不前。

表 3.3　　1700—1840 年的公路政策

国家	公路政策归纳	人均公路里程（千公里）（1840 年）	每平方公里范围内的公路里程（公里）（1840 年）
英格兰和威尔士	地方公路和收费公路相结合	1.98，收费公路 7.54，地方公路	0.13，收费公路 0.49，地方公路
南部荷兰/比利时	地方公路和收费公路相结合	1.22，收费公路 n. a.，地方公路	0.17，收费公路 n. a.，地方公路
法国	地方公路和国家融资相结合	1.0，皇室公路 0.88，地方公路	0.05，皇室公路 0.05，地方公路
西班牙	地方公路和国家融资相结合	0.6，皇室公路 n. a.，地方公路	0.015，皇室公路 n. a.，地方公路

资料来源：英格兰和威尔士（31 500 公里收费公路和 120 000 公里教区公路）的数据源于英国议会论文 *Report on Roads*，1841，XXⅦ，p. 79；南部荷兰（3 000～5 000 公里，大部分属于收费公路）的数据源自 Ville（1990，p. 16）；法国（34 200 公里皇家公路和约 30 000 公里次级公路）的数据源自 Price（1983）；西班牙（5 000～7 500 公里皇家公路）的数据源自 Ville（1990，p. 17）；人口数据源于 Mitchell（1975）。

政治上的分化同样也抑制了对公路网络的投资。由于不同的管理当局会尝试设立比别人更高的收费标准，所以实际上收费公路很难穿越多重的管辖区域。像法国以及西班牙这样庞大的专制主义国家，理论上可以解决多重管辖区域这一问题，但是实际上在很多情况下，国王要么缺乏政治上的意愿，要么缺乏足够的政治资源来对其所管辖的地区进行有效的控制。所以说，在 1800 年之前，很少出现横跨地区以及穿越不同国家的高速公路也就不足为奇了。

航道政策

航道改善包括河道的加宽或者转向以及修建运河。在1700年之前，一些地区拥有十分丰富的适于通航的河流资源。荷兰是其中的佼佼者。航道网络由乌特里希、阿姆斯特丹以及哈莱姆这样的自治市经营并且所有，而这些地区通常是从省议会[①]（provincial estates）获取这些权力的，比如像荷兰省这样的机构。省议会签署专营许可，使得对河流具有的权力更为具体化，并且规定了自治市可以收取的费用。随着商业化以及城市化的发展，在17世纪，荷兰的运河网络发展迅猛。到1700年，荷兰拥有欧洲最为广阔的航道网络，其中包括650公里的运河里程（de Vries，1978）。

在17世纪早期，英国着力效仿荷兰，但是这一愿望因国王与议会之间在推动航道改善上的纷争而受阻。在权力向国王以及议会中的一方转移之后，它们就会拒绝承认对方批准过的权力。到17世纪90年代后期，在这一政治纷争结束之后，公司以及城市才开始对河流航道以及后来的运河进行大规模的投资。到1840年，英国拥有了7 000公里的可通航的河道，堪与荷兰匹敌，成为欧洲范围内拥有最多航道的国家之一（Willan，1964）。

法国在17世纪以及18世纪期间大力修建运河，但是其河道网络却并不发达。许多早期的运河项目是由私人团体在国王以及省级会议的特许之下兴建的，但是，最终得以完工的运河项目并不多见，这就迫使国家在18世纪下半叶开始对一些运河项目进行投资。法国大革命延缓了运河改善的进程，到1814年，运河项目取得的进展很小。在19世纪20年代Francois Becquay提出了通过特许来建设航道网络的计划。Becquay实际上借鉴了英国的做法，但是投资人对航道建设项目却并不怎么感兴趣（Geiger，1994）。

法国政府热切希望兴建航道网络，所以就设计出了公共部门与私人部门之间的合伙机制来实施Becquay的航道建设计划。国家向私人投资者（其中绝大多数是巴黎的金融家）借款，并且承诺一旦偿清债务后就会给投资人分红。国家与投资人之间的关系通常是具有对抗性的，特别是在过路费的收取以及支付债权红利上，两者之间的对抗尤为突出。在19世纪70年代，法国政府最终买断了公司的产权，并且开始对许多国有运河项目进行融资（Geiger，1994）。到1880年，法国航道网络绝大多数由政府所有（Ville，1990，p. 38）。

比利时的航道政策受到了荷兰以及法国的深刻影响。在19世纪20年代，当时比利时处在荷兰的统治之下，比利时对航道网络进行了大量的投资。省级权力机构拥有所有航道项目中的一半并且对其进行投资，其余的部分则由特许

① 这里使用的是法国省三级议会（provincial estates）的说法，为了便于与法国相区分，翻译为省议会。——译者注

的私人所有（航道联合会，1913，p.47）。在19世纪60年代，国家开始购买私人运河并且设想对很多省份的运河加以控制。航道的维护以及建设由道路与桥梁局加以管理，它的运行机制十分类似于法国的同名机构。

在1870年之前，德国与俄国对其航道的改善相对较少。在德国，出资人发起了改善航道网络的倡议并且对绝大多数的航道网络的改善进行了投资。在俄国，彼得大帝投资并且建设了绝大多数的运河，比如那些把莫斯科与圣彼得堡连接在一起的运河（Fink，1991）。路德维希二世修建了把莱茵河与多瑙河连接在一起的路德维希运河（Ville，1990，p.33）。在1870年之后，帝国权力当局开始实施一系列航道项目，国家对航道的所有权以及投资都增加了。

表3.4比较了欧洲国家间航道的发展情况。由表3.4可以看出，英国、荷兰共和国以及比利时拥有最为巨大的航道网络，在这些国家，私人或自治市当局对航道拥有很大的控制权，而在法国、德国以及俄国，其航道网络的规模则相对较小，在这几个国家，国家在航道网络的发展中占据主导地位。如果法国、德国以及俄国采用英国、荷兰和比利时的航道政策，那么其发展是否能够取得更大的进步呢？Reid Geiger（1994，p.250）认为，由于法国的城市化水平以及商业化水平本身较低，因而其在运河项目上的盈利也较少，不足以获得投资者的青睐，结果是，国家不得不对航道网络进行投资。另一个对法国航道网络发展水平低下的解释是，国家无力对公司的财产权加以保护，例如，法国政府在削减运河使用的收费时，根本就没有顾及最初的特许合约（Geiger，1994，p.249）。

表3.4　　1700—1870年的航道政策

国家	航道政策归纳	人均航道里程（千公里）(1850)	每平方公里范围内的航道里程（公里）(1850)
英格兰和威尔士	私有化河道和运河网络	0.40	0.029
荷兰共和国	由市政投资和所有	0.53（1830）	0.04（1830）
法国	公共和私人共同参与	0.23	0.006
比利时	起初由省级政府和私人共同所有，后来由国家所有	0.36	0.05
德国	航道网络由国家所有	0.07	0.005
俄国	大部分属于国家所有的航道网络	0.01	0.000 1

资料来源：航道里程数据源自Ville（1990，p.31），其中英格兰的航道里程为7 200公里，荷兰共和国的航道里程为1 400公里（1830年），法国的航道里程为4 170公里，德国的航道里程为2 500公里，俄国的航道里程为500公里；比利时的航道里程使用了比利时航道协会（1913年）的统计数据，为1 600公里。

政治上的分化同样阻碍了航道的发展，但是却是出于不同的原因。对于运河来说，通航权显得特别重要，因为运河的修建必须穿过农耕地。在18世纪的法国，运河项目的倡议者们很难与多重管辖区域中的土地所有者们达成一致意见。从理论上来说，国王可以强迫土地所有者出售他们的产权，但是地方性集团可以在法庭申诉以获取优先权（Rosenthal，1992）。政治上的分化同样可能导致跨边界航道项目上出现不一致性问题。在荷兰共和国，省议会并不能针对那些超出所在省份之外的航道项目签发特许。而且，由于荷兰省的任何一个城市都可以否决航道项目上的特许以及一些更有利于其竞争对手的项目，因而有不少项目的实施被延误了（de Vries，1978，pp. 31-32）。

铁路政策

在很多欧洲国家，铁路是最为重要的基础设施。对东欧国家来说，其重要性尤其突出。每一个国家都迅速地认识到了铁路对经济发展、军事安全以及政治一体化所具有的重要作用。如同之前一样，国家可以将铁路项目的计划、建设以及营运交给私人公司来完成，不过，很多国家同时也意识到了对铁路项目提供补贴或实施国家所有制是很有必要（或者说更为合意）的。

在1870年之前，针对铁路这一社会基础设施，存在三种类型的政策：第一种类型是，这些国家选择私人所有权与国家补贴、国家计划或国家建设相结合的形式（法国、西班牙、葡萄牙、奥匈帝国、俄国以及意大利）；第二种类型是由私人参与起步但是后来却转变为由国家更多地参与（荷兰、丹麦和挪威）；第三种类型则是从铁路事业的起步阶段就包含着国家与私人的相互参与（德国、瑞典以及比利时）。

一直到1870年，英国与法国铁路的私有化比例都很高。然而，这两个国家都遵循了各自的航道政策。在英国，议会通过了相关的法律，给予公司在铁路事业中的通行权力以及征收费用的权力。公司在没有议会的任何补贴的情况下进行了巨大的投资。不过，仍然存在诸多的抱怨，这些抱怨有些是关于过度建设的，还有一些是关于公司之间缺乏协作以及费用过高的。在法国，道路与桥梁局负责规划以及工程事务。国家对于其所建设的线路与公司订立了99年的租约，并且保证给公司发行的新建铁路项目证券分红。在这一体系之外，涌现出六家大型的铁路公司，它们拥有法国绝大部分的铁路网络。这一政策获得了巨大的成功。通过铁路网络，巴黎与法国其他所有的地区都实现了互联互通。

西班牙、葡萄牙、奥匈帝国、俄国以及意大利同样确保私有铁路公司获得利润以及分红。在19世纪60年代之后，这些保障演变为欧洲乃至全世界的通行的做法。有时这些措施被看成对国外投资者的“让步”，但是这些措施实际上为公司对预期需求的高估以及监管政策的任意变化所导致的风险损失提供了必要的弥补手段。

国家也可以自己来建设铁路网，而不是为私人公司提供担保，让私人公司来建设铁路网。荷兰、丹麦以及挪威在其铁路建设的起步阶段具有较高比例的私人所有制形式，但是在 19 世纪 60 年代，这些国家却转向了直接的国家投资以及国家所有制形式。在有些情形下，政治家们认为国家所有制形式要好于为私有公司提供利润担保的形式（Veenendaal，1995，p. 191）。

政府认为，增强对铁路的所有权，可以提高其军事效率以及稳固其政治权力（Millward，2005），因而国家通常着力于建设连接省会城市以及具有战略意义的边境之间的铁路干线。在比利时，国家对铁路的所有权实际上是其保持对荷兰的独立这一领土战略的一部分（Veenendaal，1995，p. 191）。在德国，国家对铁路的所有权则与俾斯麦这样的政治家的雄心壮志存在十分密切的关系。国家在铁路所有权上取得的成功有利于德国的统一，并且帮助其在普法战争中从法国手中获取了一部分领土。

表 3.5 对欧洲国家的铁路政策进行了比较，其结果表明，相比国有化比例更高的那些国家，那些私有化比例较高的国家其人均拥有的铁路里程数或者每平方公里范围内的铁路里程数较为近似（比如比利时与法国）。因此，至少到 1870 年，铁路本身的发展似乎并不怎么依赖铁路的私有化以及国有化。铁路的私有化以及国有化这样的产权形式对铁路的经济绩效（诸如营运效率）的影响仍然不明确。

表 3.5　　1825—1870 年欧洲的铁路政策

国家	铁路政策归纳	人均铁路里程（千公里）(1870)	每平方公里范围内的铁路里程（公里）(1870)
英国	私有制，无补贴	0.80	0.081
法国	私有制，有补贴	0.46	0.080
西班牙	私有制，有补贴	0.32	0.011
葡萄牙	私有制，有补贴	0.16	0.008
奥匈帝国	私有制，有补贴	0.27	0.015
俄国	大部分属于私有制，由国家补贴，企业控制 90%的轨道里程	0.17	0.002
意大利	大部分属于私有制，由国家补贴，企业控制 90%的轨道里程	0.22	0.020
荷兰	从私有制过渡到国有制，企业控制 43%的轨道里程	0.25	0.027
丹麦	从私有制过渡到国有制，企业控制 36%的轨道里程	0.42	0.020

续前表

国家	铁路政策归纳	人均铁路里程（千公里）（1870）	每平方公里范围内的铁路里程（公里）（1870）
挪威	从私有制过渡到国有制，企业控制19%的轨道里程	0.20	0.001
德国	从一开始就是国有制和私有制的混合体，企业控制56%的轨道里程	0.47	0.035
瑞典	从一开始就是国有制和私有制的混合体，企业控制56%的轨道里程	0.69	0.006
比利时	从一开始就是国有制和私有制的混合体，企业控制56%的轨道里程	0.55	0.095

资料来源：铁路里程数据源自英国贸易局（1913），其中英国的铁路里程为25 400公里，荷兰的铁路里程为900公里，法国的铁路里程为16 700公里，比利时的铁路里程为2 800公里，德国的铁路里程为19 100公里，西班牙的铁路里程为5 400公里，挪威的铁路里程为367公里，意大利的铁路里程为6 000公里，葡萄牙的铁路里程为694公里，奥匈帝国的铁路里程为9 500公里，俄国的铁路里程为11 200公里，丹麦的铁路里程为750公里，瑞典的铁路里程为2 860公里。有关所有制的资料来源于Bogart（2009）。

最后，需要指出的是，在1870年之后，铁路的所有权形式以及铁路的监管手段发生了新的变化。因为铁路在军事行动方面极其重要，并且可以作为国家财政收入的新来源，很多欧洲国家开始对铁路实施国有化战略（Bogart，2008）。很多国家也开始对铁路收费进行监管并且开始实施安全标准。这些政策实际上也是20世纪欧洲实施产业政策的前兆。

结论

我们现在就可以着手对1700年至1870年欧洲的国家征用权相对于权力分化所导致的制度困境问题的重要性进行评价了。我们发现在此期间，中央政府控制社会事务以及经济事务的权力明显增强了。在每一个地方，省级自治权力都出现了弱化的趋势，与此类似，地方性的权力、部门化的以及社会阶层组织的权力也弱化了。但是，与North和Weingast（1989）所持观点不同的是，我们认为，由于在绝大多数层面上实现了中央集权，所以中央权力的加强并没有导致国家征用权的增强。中央政府拥有的越来越多的权力看起来似乎能够促进经济变革以及市场整合，即使在具体政策的实施上可能还有赖于地方政府或私有部门。从这一点来看，对执政者的约束与经济绩效之间存在紧密的关系，这一针对光荣革命之后的英国的著名论断似乎对欧洲大陆并不具有什么解释力。

因为就欧洲大陆国家来说，自1700年后，其制度演化路径就包含了政府权力的扩张。其内在原因是1700年欧洲大陆存在令人难以忍受的政治以及经济上的分崩离析的状况。所以，可以肯定地说，在1800年之前，市场的扩张（从而市场分裂状况的改善）被广泛视为加速经济增长的最主要的措施。而要实现市场的扩张——军事行动和税收改革、法律变革以及基础设施建设上的投资——就要求有一个强有力的政府。

除了这一在绝大多数欧洲国家都可以观察到的一般性趋势之外，为了应对国际竞争以及工业化的极大挑战，在公共以及私有制度方面也出现了巨大的变化。政治结构、税收、商法以及基础设施方面的变革既依赖于各个国家自身的历史发展，又依赖于这些国家遭遇到的诸如法国大革命这样的被迫进行的强制性变革的影响。有关我们观察到的这些制度变化纯粹是出于经济上的原因的证据并不多见——到1870年，某些地方的公共以及私有制度也许对促进经济发展是十分有效的，但是假设它们就是有效的这一做法却并不明智。

最后一个从对公共以及私有化制度的验证中所获得的启示则与本卷经济史的主题——一体化以及欧洲的经验——直接相关。在1700年至1870年，欧洲分享了许多的共同经历（就战争而言，更是如此）。然而，国家之间对政治以及经济割裂这一局面的应对措施却存在很大的不同。结果是，到1870年，欧洲范围内的制度差异远大于1700年时的情形。1700年出现的选举权包含着很大的局限性。而到1870年，欧洲已经出现了男性具有普选权的民主社会，尽管其他一些政体仍然没有代表。在1700年，几乎在任何一个地方，公共财政问题都是晦涩难懂的，并且税收过程不透明。到1870年，西欧已经采纳了现代化的税收原则，尽管东欧的税收改革进程较为缓慢。就商法而言，一些国家已经实现了现代化并且放开了对成立公司的限制，尽管其他一些国家等到第一次世界大战之后才出现这样的情形。最后，基础设施投资上发生了巨大的变化，这不仅是因为其依赖于政治上的特许、财政机制以及商法，而且是因为更普遍的经济增长的出现促进了其加速发展。

1870年后，公共与私有化制度面临新的挑战。这些挑战出现在19世纪设立的制度所塑造出的政治与经济环境中。而且，尽管20世纪最终开辟了整个欧洲范围内的制度上的新时代，但是我们也看到了地缘政治的复活。18世纪欧洲的统治者们所面临的规模以及一体化的问题仍然挥之不去。

第 4 章　贸易与帝国

凯文·H·奥罗克（Kevin H. O'Rourke）
莱安德罗·普拉多·德拉·埃斯科苏拉（Leandro Prados de la Escosura）
纪尧姆·多丹（Guillaume Daudin）

导论：欧洲重商主义的兴起与衰落

在第一个千禧年之初，西欧是欧亚大陆的最外围地区。它像非洲一样，其绝大部分出口都是林业制品以及奴隶，并且仅仅与欧亚大陆的两个地区——东欧以及伊斯兰世界——存在直接的经济联系。相比之下，伊斯兰世界与后来享誉世界的所有其他地区——东欧和西欧，撒哈拉沙漠以南的非洲地区，中亚的大草原社会，以及具有高度发达文明的南亚、东南亚和东亚——都保持着直接的经济联系（Findlay and O'Rourke，2007）。

到 18 世纪，西欧不再在欧亚大陆中扮演次要的附属角色，相反它已经成为地理上以及政治上的中心地区。西欧此时与欧亚大陆中的其他所有地区以及撒哈拉沙漠以南的地区存在直接的经济联系，但是更为重要的是，它现在控制了北美和南美（这两个地区完全融入了世界经济体系中），它从非洲进口奴隶，向欧洲其他地区出口许多产品，并且经由菲律宾向欧洲其他地区和亚洲出口白银。东欧不仅与中亚以及伊斯兰世界存在直接的经济联系，而且与东亚存在直接联系。

相比自给自足的中国，欧洲的商人及其国家具有强烈的利益动机去探求通往撒哈拉沙漠以南的地区的金矿的捷径，因为这可以使其摆脱穆斯林中间商对撒哈拉转口贸易的控制与束缚，购买非洲的奴隶以及新近发现的非洲近海岛屿上的甘蔗种植园。最终其成功地实现了环绕非洲的航行，并且直接抵达了亚洲的香料市场，从而又一次摆脱了穆斯林中间商（以及威尼斯商人）的限制。等到哥伦布抵达美洲大陆时，欧洲人尽可能地从新大陆中掠夺一切可用的资源。

所有这些活动都是有利可图的，并且权力与财富之间的相互依赖意味着国家以及商人具有无穷的动力去追逐这两者。贸易在为商人带来利润的同时，同样也为国家创造了收入；国家需要收入来保障商人进行贸易的市场和机会，有必要的话还可以诉诸武力。在现代化的早期，欧洲的政治家们认为贸易和帝国之间存在天然的不可分割的联系，这也就解释了为什么当时存在持续不断的重商主义战争。

18 世纪，在西欧，英国在权力以及财富的争夺中获得了令人艳羡的地位，而俄国则在欧洲东部称霸。尽管伊比利亚半岛仍然保持着对拉丁美洲的控制，但是早在 17 世纪，葡萄牙在印度洋以及东南亚所具有的控制地位被荷兰所取代了。1648 年是一个重要的转折点，因为在这一年，荷兰与西班牙之间经年累月的战争终于宣告结束了。这一战争的结束使得白银和士兵——荷兰位于亚洲的东印度公司的两种必要的“投入”——可以自由交易，而且使荷兰在锡兰、马拉巴海岸以及东印度获取了诸多战利品。到 17 世纪末期，荷兰成功地控制了诸如丁香这样的香料的供给，从而导致了这些香料产品的出口的锐减，这也宣告了东南亚地区的“商业时代”的结束。如图 4.1 所示，一直到 18 世纪末，荷兰都在欧亚保持着主导地位。与此同时，英国发现印度在一些商品的供给上具有巨大的优势，其中最为著名的是棉纺织品。这些商品不仅可以销往欧洲，而且可以销往非洲以及美洲地区。到 18 世纪后半期，在 1757 年的普拉西战争以及 1764 年的布克萨尔战争中大获全胜之后，英国东印度公司开始着手寻觅一条掌控整个次大陆地区的途径，并最终获得了成功。在 1757 年孟加拉叛乱之后，印度正式成为英帝国的一分子。

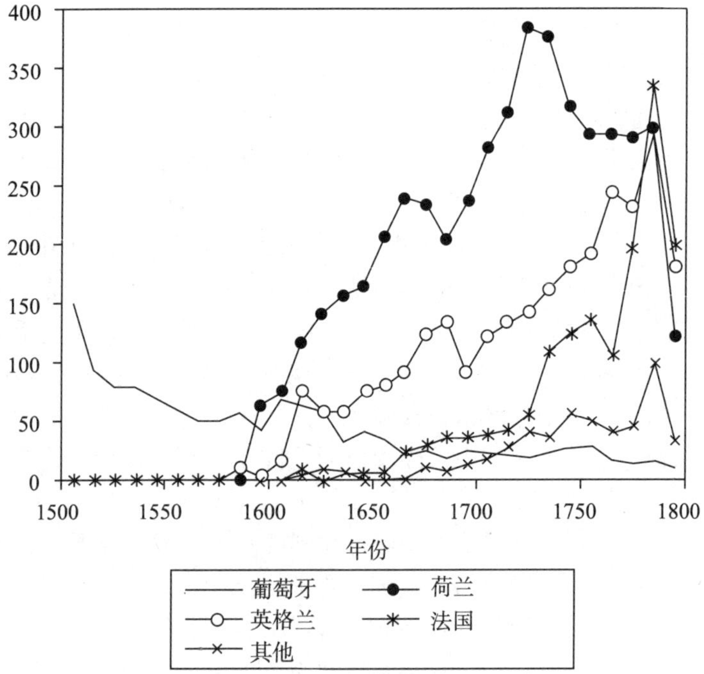

图 4.1　每十年驶向亚洲的船只数量

资料来源：de Vries (2003)。

在西欧，随着1688年至1689年间荷兰的奥兰治·威廉王子接管了英国王室的政权，荷兰、法国以及英国为争夺主导地位而展开的三方竞争逐渐演变为后两者之间的双边竞争。英国与法国在九年战争（1689—1697年）、西班牙王位继承战争（1701—1703年）以及奥地利王位继承战争（1740—1748年）中火拼。七年战争（1756—1763年）对英国而言是一个重大胜利，它获取了法国在北美的领地和加勒比海地区以及非洲沿岸和印度洋海岸的一些岛屿与港口。在东欧，彼得大帝以及叶卡捷琳娜女皇统治下的俄国不断强化其大国地位，在北方大战中打败了瑞典，吞并了立陶宛大公国以及波兰的大部分地区，以及奥斯曼土耳其帝国，将自己的边界扩张到欧洲的南部地区。到17世纪中期，俄国向东扩张最远到达了太平洋。此时，它又在波罗的海以及黑海海岸获得了可靠的据点。

欧洲的当权者们都实行了多样化的重商主义政策，既是为了使国家变得富强，又是为了使商人阶层获得丰厚的利润。这些政策包括保护当地的产业免受国外竞争者的侵害，阻止外国商人与母国或殖民地进行贸易从而保护当地的海运业，并且适时通过一系列政策从殖民地榨取尽可能多的经济利益。帝国通过以下措施获取金融收益：对稀有金属的供给加以控制（拉美地区）；获取大量奴隶供给的特权（非洲）；允许耕种烟草以及棉花等温带气候产品，或者在寒带地区捕获动物，并且将这些物品出售给欧洲的消费者们（美洲和北亚）；允许控制贸易通道或者香料等稀缺商品的供给渠道（亚洲）。

在奥斯曼土耳其帝国向中欧以及东欧进行扩张的时代，其也有过这样的政策考虑，尽管传播伊斯兰教是出于另一个动机，正如扩大基督教的影响是早期的伊比利亚半岛探险者们的一个目的一样。对于土耳其人来说，战利品、对贸易通道的控制以及（在14世纪以及15世纪）获取西伯利亚和马其顿的银矿开采权是其重要的动机所在，实际上对战利品的向往可以解释为什么很多基督教徒也加入了奥斯曼土耳其帝国的阵容。而且，奥斯曼土耳其帝国积极干涉并扼制了葡萄牙在印度洋对香料贸易的垄断权。在17世纪荷兰和英国出现在印度洋之前，奥斯曼土耳其帝国可以不断地从转口贸易中获取巨额租金收入。奥斯曼土耳其帝国算不上重商主义者，因为其并不怎么关心国内商人以及厂商的利益，但是却正确地认识到了进口的重要性，并且也发现用更少的出口来支付进口是更为合意的。然而，其对权力与财富的联系却同样敏感，在军事革命使得战争费用更为昂贵的时代，财富与权力之间的内在联系是欧亚大陆地缘政治中的一个普遍现象，并且一旦在某一时刻军事侵略可行的话，帝国将会吞并其他国家。

随着技术的进步以及地缘政治的变化，这一重商主义制度在19世纪初期土崩瓦解。不过，矛盾的是，至少部分地因为英国在北美战争中所取得的胜利，北美开始废除重商主义制度。在七年战争结束之后，正如当时很多观察家所预测的，由于法国不再能够威胁到英国殖民者在北美的地位，因此这些殖民者此时更容易摆脱其母国的统治。财政危机是美国独立战争的导火线，这一战争最终以1783年的《巴黎合约》的签订而告终。法国插手美国独立战争对于反抗者的最终胜利起到了关键作用，但是法国的干涉却触发了其国内的财政危机，并且这演变成法国大革命爆发的一根导火索。英国与法国在1793年再一次兵戎相见，意识形态进一步加剧了冲突，延长了冲突持续的时间，这一冲突最终以法国1815年滑铁卢战争的失败宣告结束。而在当时，拿破仑1807年侵入伊比利亚半岛引发了拉美的一系列革命。到19世纪20年代，在整个中美洲以及南美地区，已经成立了独立的共和国（或者帝国，比如巴西）。除了在西属古巴以及波多黎各和英属加拿大之外，欧洲帝国在新大陆的影响已经不大了。在19世纪，美洲地区这些新独立的国家采取了严格的贸易保护政策，这些壁垒进而对范围甚广的多边国际贸易体系产生了一定的影响，在多边国际贸易体系中不再有对贸易的双边重商主义限制。

在1815年至1870年间，其他一些因素也推动了全球化进程。维也纳会议上签署的战后协议导致欧洲实现了一段较长时期的和平。尽管发生了克里米亚半岛战争、普法战争以及很多更小规模的冲突，并且这一和平年代最终由于第一次世界大战的爆发而结束，但是，从欧洲的历史来看，滑铁卢战役之后的确算得上是和平时期。工业革命中出现的新的交通技术（将在本卷中的第8章进行阐述）极大地降低了交通成本。从地缘政治来说，新的军事工业技术相对提升了欧洲及其主要海外殖民地（美国）的军事力量。在滑铁卢战役之后的半个世纪里，欧洲帝国在印度、北非以及世界其他地区开疆拓土，臭名昭著的鸦片战争就发生在这一时期，这一战争使得中国被迫打开了与世界交往的大门。与此同时，美国在北美大陆上进行扩张，而俄国则继续在亚洲进行扩张。欧洲国家或多或少地迫使其所占有的地区以及日本和暹罗这种名义上独立的国家进行自由贸易。

这一时期，欧洲稳步地推进贸易自由化。早期的贸易自由化国家通常是诸如荷兰以及丹麦这样的小国。早在1797年丹麦就完全取消了进口限制并且采用了低关税，而荷兰在1819年开始实施相对自由的贸易政策，这主要是因为荷兰发现战争已经使得荷兰东印度公司千疮百孔。第一个实现自由贸易的大国是英国，其政治权力转移到代表出口导向型城市的利益的阶层手中。19世纪20年代以及30年代的自由化改革之后，紧接着就是1846年Robert Peel历史性地宣告终止《谷物法》，并且英国开始实施的农业以及工业自由贸易政策成功地抵制了土地所有者及其所属的托利党的反对。随后，诸如奥匈帝国、西班牙、荷兰、比利时、瑞典、挪威以及丹麦这样的一些国家不断加快贸易自由化进程（Bairoch，1989，pp. 20-36）。例如，西班牙在1849年废除了航海条例并且取消了限制性关税，并且在19世纪50年代中期继续推进铁路建设方面的进口和出口自由。在几个主要的欧洲国家中，整个19世纪50年代，平均关税都一直在下降（Accominotti and Flandreau，2008）。

但是，就欧洲范围而言，贸易自由化并不是通用的规则。俄国以及奥匈帝国几乎在之前的所有时期都坚持极端的贸易保护政策，在19世纪60年代后期才实行程度较低的贸易自由化。在这一时期，奥斯曼土耳其帝国的贸易保护却加强了，由于奥斯曼土耳其帝国与西欧国家签订的一系列协议，它之前的最高关税税率被限制在3%，这也在一定程度上解释了为什么奥斯曼土耳其帝国加强了其贸易保护。在1838年，土耳其获准可以将关税税率提高到5%，但是这是以其丧失贸易垄断权以及取消贸易限制为代价的。然而，从整体上来看，滑铁卢战役之后到1870年这一时期，贸易政策以及技术革新推动了世界商品市场的一体化进程。至此，欧洲完成了从重商主义到现代化的过渡。

定量化趋势（1700—1870年）

贸易数量

利用图4.1中的船运数据，Jande Uries（2003）估计出，在16世纪，欧洲从亚洲返回的吨位数量的年均增长率为1.01%，17世纪这一数值是1.24%，18世纪这一数值是1.16%，这三个世纪的平均增长率为1.1%。O'Rourbe和Williamson（2002a）则使用了更为折中的复合数据，其估计结果表明，在16世纪，欧洲与亚洲以及美洲的贸易量年均增长率为1.26%，17世纪这一数值为0.66%，18世纪这一数值为1.26%，这三个世纪的平均增长率是1.06%。相比之前，这三个世纪平均每年约1%的贸易增长率是可喜的成就，这使得欧洲，至少西欧国家的海运部门变得更为开放，而其原有的开放程度非常低。按照Maddison（2003a）的估计，在1500年至1820年之间，西欧的GDP年均增长率接近0.4%，这也就意味着跨洲贸易占GDP的比重不断上升。[①] 结果是，在1790年，欧洲与亚洲、非洲以及美洲的贸易在欧洲贸易总量中占据着十分重要的地位（见表4.1）。

1792—1815年的战争以及工业革命对欧洲贸易而言是一个转折点，因为这一战争的结果以及工业革命的进行极大地提升了英国的相对地位（将表4.1和表4.2与表4.3进行比较），并且降低了欧洲贸易相对其GDP的比重。上述两种现象都可以部分地通过1800年之前转口贸易的存在使得欧洲贸易相对GDP的比重出现了一定幅度的提高（见表4.4）这一点加以解释，而随着法国第一帝国和伊比利亚殖民帝国的覆灭以及荷兰东印度公司的崩溃，这一比重急剧下降。在19世纪30年代，贸易量再一次上升。在1820年至1870年间，欧洲贸易总量增加了近八倍（见表4.3），而贸易占GDP的比重增长了一倍多（见表4.5）。

① 与van Zanden（2005a）以及Alvarez-Nogal和Prados de la Escosura（2007）计算得到的较低的年增长率（约0.1%）相比，Maddison的结果可能代表了上限水平。

表 4.1　　**欧洲贸易（1790 年）**

	进口（百万英镑）		出口（百万英镑）		再出口（百万英镑）		总计（百万英镑）	世界其他地区的比例（%）
	从欧洲	从世界其他地区	向欧洲	向世界其他地区	向欧洲	向世界其他地区		
英国（1784—1786 年）包括与爱尔兰之间的贸易	11.3	11.5	6.3	7.3	2.8	0.8	40.0	49
法国（1787 年）	12.8	11.7	9.7	5.3	6.0	0.4	45.9	38
瑞士（运用 1770 年贸易构成）	9.3	3.6	8.3（包括再出口产品）	0.7（包括再出口产品）	3.8（殖民地商品）	2.4（欧洲商品）	21.9	20
西班牙（1788—1792 年）（世界其他地区：美洲）	7.2	2.8	3.5	1.9	1.4	2.2	19.0	36
葡萄牙（1796—1806 年）（世界其他地区：巴西）	4.6	2.7	1.4	1.3	3.9	1.4	15.3	35

资料来源：详见表 4.5、Pedreira（1993）、Cuenca-Esteban（1989）和 Marshall（1833）。

表 4.2　　**1790 年的欧洲商船**

	吨数	比重
英国	881 963	26.2%
法国	729 340	21.6%
荷兰属地	397 709	11.8%
丹麦与挪威	386 020	11.4%
意大利、里雅斯特和拉古萨	352 713	10.5%
汉堡、不来梅、卢贝克、罗斯托克、丹齐格和普鲁士	181 308	5.4%
瑞典	169 279	5.0%
西班牙	149 460	4.4%
葡萄牙	84 843	2.5%
俄国	39 394	1.2%
总计	3 372 029	100%

资料来源：Romano（1962）。

表 4.3　　**1820—1870 年欧洲的实际贸易**

	1820 年 百万美元（1990）	增长率（1820—1870）
奥地利	47	+894%
比利时	92	+1 245%
法国	487	+621%
意大利	339	+427%
西班牙	137	+550%
瑞士	147	+653%
英国	1 125	+988%
加权平均		+793%
美国	251	+12 010%

资料来源：Maddison（2001）。

表 4.4　　**转口贸易和特殊贸易**

	保留进口（1）＝总出口－再出口	国内出口（2）	再出口（3）	特殊贸易（4）＝（1）＋（2）	特殊贸易占总贸易的比重＝100% ×（4）/[（4）＋（3）＋（3）]
	百万英镑				
英国(1784—1786 年)	19.2	13.6	3.6	32.8	82%

续前表

	保留进口（1）＝总出口－再出口	国内出口（2）	再出口（3）	特殊贸易（4）＝（1）＋（2）	特殊贸易占总贸易的比重＝100％×（4）/［（4）＋（3）＋（3）］
	百万英镑				
法国（1787年）	18.1	15.0	6.4	33.1	72％
瑞士（运用1770年贸易构成）	6.7	9.0	6.2	15.7	43％
西班牙（1788—1792年）	6.4	5.4	3.6	11.8	62％
葡萄牙（1796—1806年）	2.0	2.7	5.3	4.7	31％

注：保留进口的数据由间接计算得出，保留进口是同时发生进口和再出口时进行的专门记录。特殊贸易不包括再出口和非保留进口的部门。

资料来源：表4.1、表4.5。

表4.5　出口与进口之和占GDP的比例

	c. 1655	c. 1720	c. 1755	c. 1790	1820	1830	1840	1850	1860	1870
奥地利						11.4％	14.2％	13.2％	18.7％	29.0％
比利时							19.0％	26.7％	31.3％	35.6％
丹麦					7.5％	17.5％	27.5％	36.5％	29.7％	35.7％
芬兰									20.7％	31.7％
法国		5.5％	14％	20％	9.8％	8.2％	10.7％	13.0％	20.2％	23.6％
德国								19.2％	23.2％	36.8％
希腊									42.7％	45.6％
匈牙利										19.4％
意大利									16.1％	18.3％
荷兰	85％	82％	84％	110％	33.0％	25.8％	53.4％	64.0％	96.4％	115.4％
挪威										33.9％
葡萄牙								42.4％	33.9％	33.7％
西班牙				16％		6.0％		8.5％	10.6％	12.1％
瑞典				5.7％	6.8％	13.8％	20.0％	29.4％		
英国		19％	20％	24％	21.4％	18.8％	25.2％	27.8％	41.8％	43.6％
欧洲总体贸易占GDP比重的最优估计					13.5％	11.5％	15.4％	18.1％	24.8％	29.9％

续前表

	c. 1655	c. 1720	c. 1755	c. 1790	1820	1830	1840	1850	1860	1870
同上，净欧洲区域内贸易						3.8%		6.4%	8.9%	9.2%

注：奥斯曼土耳其帝国、阿尔巴尼亚、保加利亚、罗马尼亚和塞尔维亚不包括在欧洲地区总额中。1800年之前的英国只包括英格兰和威尔士。

资料来源：1800年之前的数据来源于Deane和Cole（1962，1969）、Davis（1969，1979）、Officer（2001）、Crafts（1985a）、Maddison（2001）、de Vries和can der Woude（1997）、McCusker（1978）、Arnould（1791）、Daudin（2005）、Marczewski（1961）、Prados de la Escosura（1993）。1800年之后的数据来源于Bairoch（1976）、Prados de la Escosura（2000）。

商品价格趋同

也许令人诧异的是，早期欧洲与世界其他地区之间的贸易量的上升并未伴随着商品价格的趋同，至少就目前已经分析过的数据来说是如此（O'Rourke and Williamson，2002b）。如图4.2所示，在19世纪之前，阿姆斯特丹相对亚洲的胡椒和丁香的价格比率并没有出现下降，而且在17世纪50年代，这两地的丁香价格存在巨大的差异，而在这一时期荷兰确立起控制丁香供给的地位。正如丁香的价格趋势所表明的，在这一时期，重商主义政策直接阻碍了价格的趋同，但是重商主义也创造了一种战争频发的国际政治环境，从而阻碍了价格的趋同，也许这是阻止长期价格趋同的一个关键因素。在第一次与第二次英荷战争、七年战争以及1792年至1815年战争期间，丁香价格之间的差别达到了顶峰，这也进一步佐证了以上观点。在上述最后一个战争冲突期间，我们可以获得更为系统化的数据，其结果清晰地表明战争导致了严重的以及世界范围内的商品市场分割（O'Rourke，2006）。例如，在1807年至1814年间，相对棉纺织品，英国的小麦价格上升了40%（英国一般进口小麦并出口棉纺织品），法国的小麦价格则出现了下降，法国本身属于出口小麦并进口棉纺织品的国家。类似地，在欧洲，相对棉纺织品，原棉的价格出现了上升，而在美国，棉花的价格则大幅下降了。

图4.2表明，一旦战争结束，东南亚与阿姆斯特丹的商品价格之间的差距就会大大缩小，而且有大量的证据表明19世纪国际商品价格的趋同变得更为普遍。如图4.3所示，大约在1840年之前，英美之间的小麦价格差距波动剧烈，不过在此之后，这两者之间的小麦价格差距沿着一种固定的趋势开始急剧缩小，两国之间开始进行大规模的小麦贸易。Jacks（2005，p. 399）认为，确实有证据可以表明"1835年前后真正出现了国际市场"。这一证据（相比Federico and Persson，2007）十分重要，因为它可以从整体上刻画19世纪国际价格趋同的特征，而不仅仅是针对1870年之后的时期。

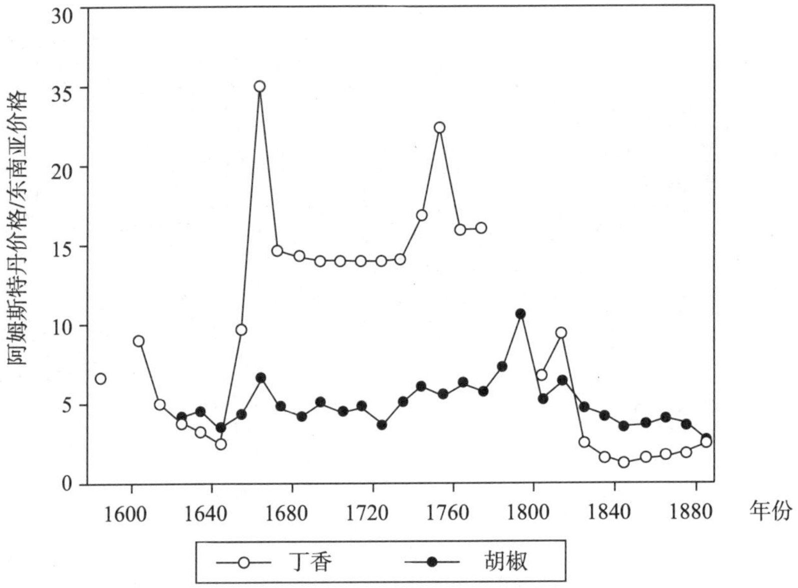

图 4.2　香料价格波动

资料来源：Bulbeck 等（1998）。

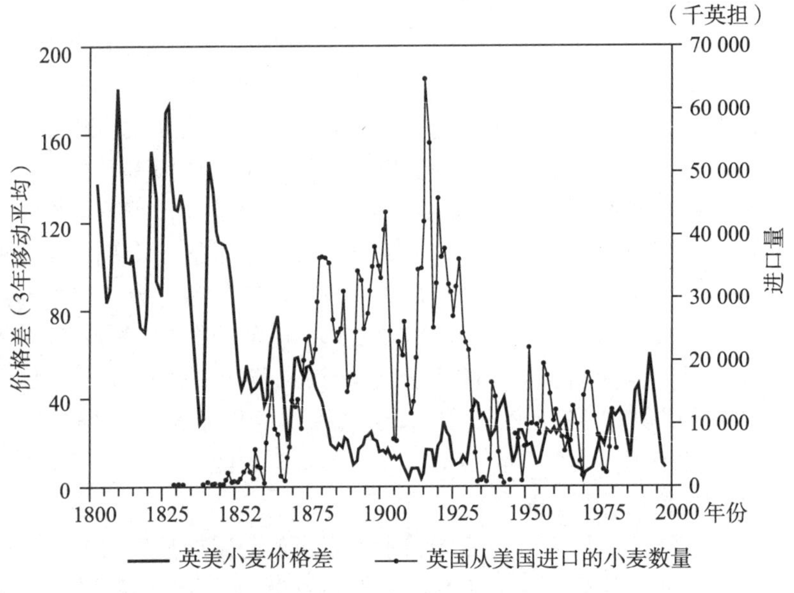

图 4.3　1820—2000 年英美小麦贸易

资料来源：O'Rourke 和 Willamson（2005，p. 10）。

1800 年之后，另一个重要的变化关系到可以在各大洲之间进行贸易并获利的商品种类。如表 4.6 所示，在 1800 年之前，欧洲从世界其他地区进口的商品绝大多数属于价值与重量比率较高的商品，由于这些商品根本就不能在欧洲生产或者说在欧洲生产存在一定困难，因此可以承受运输成本。可以确定的是，这是一个循序渐进的过程。不过，在 16 世纪，香料（包括胡椒和其他香料）是从亚洲进口的主要商品。而大约在 17 世纪中期，印度的纺织品在欧洲从亚洲进口的商品中占据主导地位，但是，欧洲的棉纺织业仍然竞争不过印度的织布者。大约在同一时期，诸如蔗糖以及烟草这样的“殖民地商品”在新世界的出口中变得很重要，但是这些温带气候产品实际上不容易在西欧进行种植。如此看来，在现代化早期阶段，洲际贸易也在不断演变，越发趋向于体积更为庞大的商品。但是在1800年之前，就当时绝大多数地区而言，大规模的国际贸易集中于那些比较基础且重量较大的商品，如小麦，此类商品易于在欧洲内外种植。

表 4.6　　1513—1780 年欧洲海外进口的构成

A. 里斯本（葡萄牙首都）从亚洲的进口：1513—1610 年（重量所占比重）（%）

	1513—1519	1523—1531	1547—1548	1587—1588	1600—1603	1608—1610
胡椒	80.0	84.0	89.0	68.0	65.0	69.0
其他香料	18.4	15.6	9.6	11.6	16.2	10.9
巴西树胶	0.0	0.0	0.0	8.4	4.4	7.7
纺织品	0.2	0.0	0.0	10.5	12.2	7.8
其他杂项	1.4	0.4	1.4	1.5	2.2	4.6
总计	100.0	100.0	100.0	100.0	100.0	100.0

B. 欧洲从荷兰东印度公司的进口：1619—1780 年（发票价值所占比重）（%）

	1619—1621	1648—1650	1668—1670	1698—1700	1738—1740	1778—1780
胡椒	56.5	50.4	30.5	11.2	8.1	9.0
其他香料	17.6	17.9	12.1	11.7	6.1	3.1
纺织品	16.1	14.2	36.5	54.7	41.1	49.5
茶和咖啡				4.2	32.2	27.2
药品、香水和染料	9.8	8.5	5.8	8.3	2.8	1.8
蔗糖		6.4	4.2	0.2	3.7	0.6
硝石		2.1	5.1	3.9	2.6	4.4
金属	0.1	0.5	5.7	3.9	2.6	4.4
其他杂项		0.2	0.1	0.4	2.3	1.7
总计	100.0	100.0	100.0	100.0	100.0	100.0

C. 欧洲从英国东印度公司的进口：1668—1760 年（发票价值所占比重）（%）

	1668—1670	1698—1700	1738—1740	1758—1760
胡椒	25.25	7.02	3.37	4.37
纺织品	56.61	73.98	69.58	53.51
生丝	0.6	7.09	10.89	12.27
茶	0.03	1.13	10.22	25.23

续前表

	1668—1670	1698—1700	1738—1740	1758—1760
咖啡	0.44	1.93	2.65	
巴西树胶	4.25	2.82		
硝石	7.67	1.51	1.85	2.97
其他杂项	5.15	4.52	1.44	1.65
总计	100	100	100	100

D. 殖民地进口品的年销售估计值：英格兰和荷兰（1751—1754 年）

	总销售额（1 000 比索）	销售额所占比重（%）	
		占从亚洲进口总额的比重	占从海外进口总额的比重
纺织品	6 750	41.7	21.1
胡椒	1 100	6.8	3.4
茶	2 800	17.3	8.7
咖啡	1 000	6.2	3.1
香料	1 850	11.4	5.8
其他杂项	2 700	16.7	8.4
从亚洲进口总额	16 200	100.0	50.5
		来自美洲	占总销售的比重
蔗糖	8 050	50.8	25.1
烟草	3 700	23.3	11.5
其他杂项	4 100	25.9	12.8
从美洲进口总额	15 850	100.0	49.5
从海外进口总额	32 050		100.0

资料来源：Findlay 和 O'Rourke（2007，pp. 308-309）。

19 世纪出现的新的交通技术使得那些具有基础性并具有竞争力的商品可以横跨海洋进行运输。温带农业产品在欧洲的价格现在就可以反映出美洲、澳大利亚以及俄国的要素禀赋情况，而不仅仅反映西欧市场上的这些产品的供给与需求。这也就意味着，按照赫克歇尔—俄林的理论逻辑，廉价的海外食物开始向欧洲的土地租金施加压力（O'Rourke and Williamson，2005）。在 1870 年之后，这一情况才具有重要意义，因为这时赫克歇尔—俄林的要素禀赋理论才具有重要的政治影响力。然而，全球化的种子实际上一直埋在自滑铁卢战役之后的半个世纪中。

贸易、帝国与经济增长

近来的总量数据表明，在17世纪与18世纪，贸易与欧洲的经济增长存在正相关关系。在1500年至1800年之间，相比西欧其他国家（如英国、法国、荷兰、葡萄牙和西班牙）和亚洲，欧洲大西洋经济体的城市化率以及GDP都出现了迅猛的上升（Acemoglu et al.，2005；Maddison，2003a）。Allen（2003）同样发现，这一时期的贸易与欧洲经济增长之间存在显著的正相关关系，他认为，“跨洲贸易的繁荣是推动西北欧洲经济发展的一个关键因素”。

这一时期的贸易与经济增长存在正相关关系是一个特别重要的结论。但是，贸易与经济增长之间的相互作用机制却并不明晰。不同的学者在讨论贸易对欧洲各国的影响的时候，倾向于假设存在不同的作用机制，而其文献通常将一般意义上贸易产生的作用以及国家的殖民政策所产生的影响这两个意义完全不同的问题放在一起研究。如此一来，我们就可以针对贸易对经济增长产生影响的机制进行考察。然后，我们将把伊比利亚半岛国家损失其拉美殖民地作为一个“自然实验”来分析帝国与经济福利之间存在的联系。最后，我们将针对这一时期的（英国工业革命时期）的贸易与主要经济事件之间的多种联系进行分析。

机制

1700—1870年，贸易是如何影响经济增长的呢？一个关键的问题是经济中的所有资源是否得到了充分利用。在资源得到充分利用的前提下，用于出口的资源配置存在机会成本，因为这些资源不能用于国内市场的生产。虽然从“比较优势”的角度看，贸易有利于经济增长，但是它同样意味着从贸易中的获益较小（这是因为，通过哈伯格三角衡量的从贸易保护转向自由贸易所获得的收益相对总体经济规模来说并不大）。由此，像Thomas和McCloskey（1981）一样持不同观点的经济学家则认为，如果在工业革命时期，英国关闭其国际贸易渠道，那么它也许将生产更少的棉花，但是将会生产出更多的其他商品，因此切断贸易联系只会给英国带来较小的福利损失。

斯密提出的另一个“剩余产品出路说”假设，在18世纪的很多经济体中，资源没有被充分利用，结果贸易能够以较小的机会成本或零机会成本将这些资源配置到生产性的（或者说更具生产性的）用途上面。从这一观点来看，正如O'Brien和Engerman（1991）所举的英国的例子所表明的那样，贸易对经济增长具有更大的促进作用。

为了对这两种观点进行检验，一些研究者运用折中的方式，引入上限（非充分就业）和下限（充分就业）的概念，对一些特别的经济体中贸易或帝国所产生的影响进行检验。不过，两种方法的估计结果都偏小，与国内市场的扩张相比较，帝国或贸易对经济增长产生的影响较为适中。这一点并不令人惊奇，因为两种方法本质上都属于静态的，然而经济增长则属于动态过程，既包含资本积累又包含技术变革。

严格评价贸易对经济增长的作用，需要建立理论模型（或静态模型，或动态模型），而很多传统的经济史学家们则更偏好分析贸易对一些特殊的地区或部门所产生的影响。例如，Butel 和 Crouzet（1998）描绘了 18 世纪的法国在美洲以及亚洲的帝国扩张（以及贸易），他们认为这对于经济增长具有不可忽略的影响，然而，由此带来的经济增长仅仅局限在某些地区——大西洋港口地区（波尔多、南特以及勒阿弗尔）以及这些港口的内陆地区——以及某些部门。殖民地对法国的工业来说是一个重要的市场，因为在 18 世纪，殖民地在法国全部制造业出口增长中占据 45%的比例。在法国大革命前夕，法国工业出口只占其产出的 7%，殖民地出口占其产出的比例则更低（仅占 2.5%），并且法国的工业出口（特别是亚麻）仅局限在几个部门，这就意味着殖民地出口对这几个部门产生了更大的影响。类似地，在 19 世纪，葡萄牙的亚麻产出中有 15%左右出口至巴西（Pedreira，1993）。Butel 和 Crouzet 也强调了殖民地贸易对非出口产业的反馈影响，这些产业包括制糖业、造船及其辅助产业以及航运业，因为贸易品是通过法国的船只来运输。

就西班牙来说，在 1714 年至 1796 年，其与美洲的贸易出现了增长，特别是在 18 世纪后期，其上升势头尤为突出，在人口压力上升以及土地租金提高的情形下，贸易的增长推动了国内的货币化以及市场化。贸易刺激了工业以及服务业，特别是造船业及相关行业（钢铁、木材以及制绳业）的发展。对殖民地的出口会给一些行业以及地区带来实惠，但是，和英国经济与其海外殖民地及其市场具有紧密的联系不同，在西班牙帝国分崩离析之前，伊比利亚的厂商及其商人对拉丁美洲的产品供给以及商业活动只占据其国内的一个较小的份额。在这一时期的俄国，货币化、农产品商品化以及诸如钢铁行业这样一些特殊行业的发展同样得益于贸易（Kahan，1985）。

近来有研究低估了西班牙从殖民地贸易中获益的程度（Prados de la Escosura，1993）。贸易结构表明，通过对资源进行重新配置并不会导致产出出现大幅增加，而且最大的得益可能来自消费方式的变化。到 1792 年，超过 60%的保留进口由可可和蔗糖组成。进一步来说，这些殖民地产品已经赢得了国际市场的认可。结果是，在既定的殖民地规则下，西班牙只有在较低的价格水平上接受相同的商品时，它才能从殖民地贸易中获利。此外，西班牙对殖民地的原材料的依赖程度并不高（在 1792 年，原棉以及染料仅占其保留进口的 4%）。当然，这同样可以作为其国内制造业较为薄弱的写照。在加泰罗尼亚的棉纺织业中（在 18 世纪末期，它是西班牙最具活力的产业），相比从殖民地的原棉进口，从欧洲的棉纱进口对这一产业更为重要，这也在一定程度上反映出当时加泰罗尼亚的纺纱业是多么脆弱。

集中于一些部门（在 1792 年，棉纺织业占 36.6%，钢铁行业占 3.2%，造纸业占 4.4%，食品则占 22.3%）的工业产品出口刺激了工业扩张，同时对这些工业部门的发源地产生了正的外部效应。殖民地贸易保护主义法律人为地使西班牙制造业在西属美洲市场上具有竞争力。计算结果表明，在拿破仑战争之前，西班牙国内制造业向殖民地的出口贡献了 5%的工业增加值。

一种衡量海外贸易对西欧经济体的重要性的方法是，考察其在 1807 年受到英国的经济封锁和压制之后发生了什么。Crouzet（1964，p. 571）生动地描述了这一时期西欧沿海废除工业化的图景："海港被废弃，街道上也长出嫩草，而且在阿姆斯特丹、波尔多以及马赛这样的大城镇，人口实际上在减少。"造船业以及利用蔗糖和烟草这样的殖民地原材料进行生产的工业等都受到了十分不利的影响。食品制造业也遭受了重创，印花棉布业也是如此，而其中牺牲最大的则是诸如法国西部、佛兰德斯、荷兰以及德国等地区的亚麻制造业。按照 Crouzet 的阐述，这对西欧大陆的外向型大西洋经济产生了长久的损害。此外，贸易破坏也促进了由于战争封锁而免于与英国竞争的出口替代产业的发展，其中最为著名的是棉纺织业。再一次重申，在一个可转移的经济资源稀缺的经济体中，认为贸易破坏将导致巨大的静态福利损失这样的观点具有很大的局限性，除非人们假设部门中存在不对称性，例如，贸易破坏会产生外部性（Engerman，1998）。

Daudin（2006）摒弃了这种本质上静态化的视角，提出了一种集中于利润以及资本积累的更动态化的观点。他提出的问题是，在法国大革命之前，从殖民地贸易中获取的利润在何种程度上促进了法国的资本形成。假设较高的海外利润鼓励所有经济部门增加投资，如此一来，海外部门利润的增长将会贡献 1/3的法国 GDP 增长。

贸易与经济增长之间一个非常特殊的机制是两个多世纪之前由 Voltaire 提出的。他认为，英国在贸易上的成功与其制度上的自由化相互加强并形成了良性循环："贸易使英国的居民变得更为富有，从而有助于他们获得更多的自由，反过来，自由又将促进贸易的繁荣"（再次引自 Findlay and O'Rourke，2007，p. 347）。类似地，Acemoglu 等（2005）认为大西洋贸易增强了商人的政治权力，结果使他们的财产权利也得以强化了。在这些研究者们看来，从贸易中获得有利的政治地位这一结果在那些比英国更专制的国家并不明显，所以说，就这一时期而言，帝国主义的统治加强了而不是弱化了伊比利亚半岛的专制君主制。在现代欧洲的早期阶段，国家实力受到王室加税需求的制约。国王越依赖税收，他们拥有的主权以及自治权就越少。殖民收入促进了强有力的集权制政治中心的崛起，而无须因其长期目标和制度而与殖民地讨价还价。1716 年，葡萄牙对黄金开征的税大约在财政收入中占据 10%的比例，到 18 世纪 60 年代，在黄金以及钻石的开采开始减少之前，它在财政收入中占到 1/5 的比例。在蓬巴尔侯爵时期，巴西为其贡献了 40%的政府税收。在西班牙，在拿破仑战争之前，王室得自殖民地的财政收入（包括从殖民地金库中获取的剩余以及关税收入）在全部财政收入中占到1/4的比例。同葡萄牙一样，西班牙的金银不仅巩固了其法定权力，并且增加了其贵族阶层的收入，因此就减少了增加居民税收以及租金的需求。结果是，殖民帝国有利于强化以及稳固伊比利亚半岛的传统制度以及权力结构、社会地位以及财产权利，这也意味着当地具有较少的代议制度。

在19世纪初期，美洲殖民地的解放标志着伊比利亚传统社会制度的终结，从而开启了西班牙和葡萄牙自由革命的大门，这也在很大程度上促进了未被开发的伊比利亚半岛的经济的发展，并提高了其国际地位。伊比利亚半岛经常把19世纪经济落后的责任归咎于罗马帝国的衰落，但是罗马帝国的衰落显著地促进了半岛国家经济以及社会的现代化。

总之，现有关于贸易与经济增长的关系的文献在很多方面都没有给出令人满意的回答。跨国研究清晰地表明，在贸易与经济增长之间存在正向的联系，但是关于单个国家的研究在很大程度上不能表明这一点。Acemoglu等（2005）的政治经济分析的结果较乐观，但是显而易见的是，我们仍须针对这一领域（贸易与经济增长之间的关系）进行更为深入的研究。

帝国与福利

为什么欧洲国家选择建立帝国长期备受争议呢？一些假设已经被提出了，这些假设包含从纯粹的经济解释到纯粹的政治解释的诸多看法。上文提到的Vinerian的观点是更具有经济意义的解释中的一个代表。他认为，在国际市场分裂（很大程度上由海盗盛行和战争频繁所带来的不安全所导致）的情况下，海外扩张有利于开拓出保留市场，从而就引发了国家间的竞争以及贸易。也就是说，如果西班牙的商人们希望能够在一个既定的地区进行贸易，那么西班牙政府就必须通过驱逐其他商人和政府来尽力实现本国商人的这一意图，因为如果西班牙政府不这样做的话，那么它自身就会被其他国家驱逐。这并不是否认“从军事甚至经济的角度来看，每个国家都将重商主义战略视为自己的最优战略这一总体自由贸易的情况将有利于每个国家，但是导致了集体上次优的后果”这一观点。然而，从历史视角来看，人们可能会问：在一个不存在集体安全机制的世界中，这是不是反事实？Findlay和O'Rourke（2007，p. 229）认为，就单一的欧洲国家来说，它们同样会仔细掂量这样一种向和平的自由贸易的单边转换会带来什么，“缺乏……清晰的霸权、军事失败以及被外国市场驱逐”看起来是一个合理的答案。

人们也提出了其他一些经济意义不那么浓厚的对帝国的见解。例如，对于为什么阻碍远距离海洋航行的技术障碍被扫除后，也只有某些欧洲国家建立了海外殖民地这一问题，Elliott（1990）基于欧洲国家之前的海外扩张历史做出了回答。根据他的观点，伊比利亚半岛在美洲大陆的掠夺、征服和殖民统治属于夺回原先的领土的后续行动，英国在17世纪的海外殖民扩张中沿袭了前一世纪其对爱尔兰的征服。为什么欧洲其他国家最终也加入了拓展海外殖民地的行列呢？Elliott指出，原因在于欧洲民族国家之间的竞争，这激发了一个效仿过程，导致了它们对新世界领土的争夺和占领。在这种情况下，整个欧洲地区的国家最终纷纷进行海外扩张，但是至少一部分国家并非出于自愿。

另一种观点却认为，原因在于帝国和民族国家成立之间的相互关系——欧洲任何一个国家都竭尽全力不落于其他国家之后。这种解释认为"民族国家和商人在不确定的情况下，需要保留市场和供给资源"的观点是经济主义的和过时的，而且认为殖民地并不是一种投资，而是花费在非经济用途上的成本（Engerman，1998）。帝国的成本是不容否定的，因为殖民地需要花费成本去争夺、占领和防御。从纯粹的经济角度来看，战争、生命和船只的丧失都是资源从其他用途的转移。战争经费必须通过税收、通货膨胀或者公共债务来筹集。此外，殖民体系涉及航海法（向消费者征收隐性税收），其通常必须支付高于最有效的竞争价格的价格。

在有关伊比利亚半岛的文献中，一个反复被提及的话题是，葡萄牙和西班牙的经济发展水平不高是否是因为它们在确立帝国地位时忽视了大都市经济的发展。帝国的建立是不是意味着会产生巨大的机会成本，会耗费原本可以配置到生产性投资领域的资源（Fontana，1991），或者这些成本是不是经济发展必要的前提条件？为了挖掘资源丰富但是人口稀少的美洲地区的经济发展潜力，伊比利亚半岛当权者需要向社会间接资本（港口、公路、住房、内陆交通及海运航线）以及新政治和商业组织的建设持续追加投资。这一投资虽然使欧洲其他国家获益，但是其成本却主要由伊比利亚半岛来承担，并至少持续到了在哥伦比亚登陆之后的150年（O'Brien and Prados de la Escosura，1998）。就葡萄牙来说，一方面，也许有人会认为，从本国向新世界国家的移民导致了国内的人力资源的流失、技术以及企业家精神的削弱，因为流出的人口通常较为年轻，并且文化水平和事业心都超过本国的平均水平；另一方面，移民加速了葡萄牙对新世界国家的殖民化改造，并使其开拓了新市场，以较低的成本获取了奢侈品和热带商品。此外，对外移民缓解了葡萄牙人口较密集的地区，尤其是西北地区的经济发展压力。

具有讽刺意味的是，根据相关文献，资源从美洲地区流向伊比利亚半岛可能在很大程度上长期阻碍了西班牙和葡萄牙的经济发展。首先，如前文所述，金银的流入增强了专制主义政权和中央政府的权力，但是对政治和经济产生了破坏作用。其次，铸币和黄金不断流入葡萄牙、白银不断流入西班牙引发了"荷兰病"，损害了当地制造业的竞争力（Forsyth and Nicholas，1983；Drelichman，2005）。

衡量帝国对伊比利亚半岛的经济发展的重要性的一种方法是，考察这一帝国衰败之后发生了什么。截至1827年，巴西切断了其与葡萄牙之间的关联并宣布完全独立之后，葡萄牙的实际国内出口减少为1796年至1860年期间的平均水平的2/3。然而，这也促进了葡萄牙的出口结构从工业产品向农业产品的转型。在贸易条件改善的情况下，葡萄牙通过向英国出口初级产品换回制造业产品，从而使本国经济成为英国导向型的。服务贸易也遭受了影响，在同一时期，服务贸易的实际再出口削减了1/5，例如，葡萄牙不再对巴西产品进行转口贸易。Pedreira（1993）指出，失去巴西产品的转口贸易之后，葡萄牙的GDP下降了8%。更广泛的共识是，葡萄牙现在仅仅是食品和原材料的出口国，已没有机会再专业化生产更具竞争力的工业产品。但是，由于旧殖民体系并没有引领葡萄牙走上现代工业化之路，因此葡萄牙后来没有成功实现工业化并不是因为其殖民体系的崩溃。

大不列颠帝国与13个北美殖民地之间的商业联系在殖民地纷纷独立之后立即得到了修复，与之相反，西班牙和新拉丁美洲共和国国家（除了保留古巴为转口贸易港口之外）却彻底切断了联系。从1796年10月与英国发生战争以来，西班牙与其殖民地之间的关系的维持时间没超过20年。随后，西班牙出口的下降（1784—1796年以及1815—1820年，大约下降了25%）几乎可以完全归结为其殖民地商业的衰退（缩减了约40%）。结果，西班牙出口在其殖民地和欧洲地区分配的长期均衡格局（大约分别占1/3和2/3）被打破了，持续了整个19世纪的出口新分配格局（其中，国外市场吸收了其中4/5的出口）得以确立。用于国内消费的殖民地产品的保留进口（占全部保留进口的1/3）减半了，但是通过增加从欧洲的进口得到了补偿。与帝国的服务贸易（金融、保险、运输）的削减尤其显著，1784—1796年及1815—1820年，实际服务再出口额削减了3/5就非常有力地说明了这一点。西班牙的国际贸易收支也同样受到了殖民地运动的影响。在帝国衰落之前，西班牙与其他国家之间存在经常账户赤字，并且通过殖民地贸易的相应盈余得以平衡。伴随着殖民地的解放，西班牙的这一国际收支平衡机制不复存在，国内经济陷入了通货紧缩。幸运的是，1784—1796年及1815—1820年，较为有利的贸易条件（与欧洲国家之间贸易条件的改善程度大于因殖民地独立而导致的贸易条件的恶化程度）使西班牙每单位进口产品的购买力提高了20%，从而使得西班牙避免了经常项目赤字的进一步恶化。

Prados de la Escosura（1993）曾尝试对西班牙丧失殖民地之后所遭受的实际损失进行估计，假设如同通常的看法一样，这一损失是巨大的。第一个假设条件是，可出口商品所消耗的生产性资源在国内经济中不存在其他用途。同时，对西班牙国民在与殖民地进行贸易的过程中所提供的服务（船运、保险、商业）做出同样的假设。与非殖民地贸易不同，殖民地贸易几乎全部由非西班牙船只运输，西班牙殖民立法机构要求西印度群岛贸易只能通过西班牙船只进行运输。因此，随着西属美洲贸易的缩减，西班牙海运服务贸易的减少也就紧跟其后。由贵重金属运输停运而造成的税收损失，以及因殖民地独立而导致的关税减少也被考虑在内，假设条件是从殖民地收取的公共税收被用于国内经济的生产性用途。在这些假设条件下，上限估计结果显示，西班牙的损失占其国民收入的比重不超过8%。并且，人们可能会认为，从殖民地贸易中获得的利润占国内金融投资基金很大的比重，当考虑到这一点时，估计结果显示，1784

年至 1796 年期间，这一利润对西班牙国内资本形成的贡献率低于 18%。

丧失殖民地的长期后果取决于相关产业的灵活程度和动态特征。许多部门制造的产品的出口下降说明，西班牙的相关产业缺乏国际竞争力：西班牙不能够向拉丁美洲的消费者提供比其西欧的竞争对手（尤其是英国）价格更低、质量更高的产品。例如，巴斯克的钢铁产业（18 世纪末，其至少 1/3 的产量出口到殖民地市场）从 18 世纪 70 年代之后丧失了国际竞争力。巴伦西亚的丝绸产业也经历了同样的情况。在 18 世纪 90 年代至 19 世纪 20 年代，巴伦西亚的生丝净出口不断增加，而丝绸纺织品的净进口不断增加。加泰罗尼亚的航运业是另一个在殖民地的保护伞下成长起来的产业，它也走向了衰落。然而，丧失了殖民地市场之后，加泰罗尼亚的棉纺织品却经历了进一步的发展。在西班牙，竞争力和灵活性较强的产业，尤其是商业性农业最终适应了新的经济环境，并进而开发出了西欧地区的成长型市场。如前所述，伴随着技术的进步，工业产品的价格降低了，日益增加的需求导致了农产品的相对价格的提高，贸易条件有利于农产品生产者，因此 19 世纪是发展商业性农业的好时候（见图 4.4）。丧失殖民地对西班牙的经济的影响的深度和广度均低于相关历史文献所得出的结果。

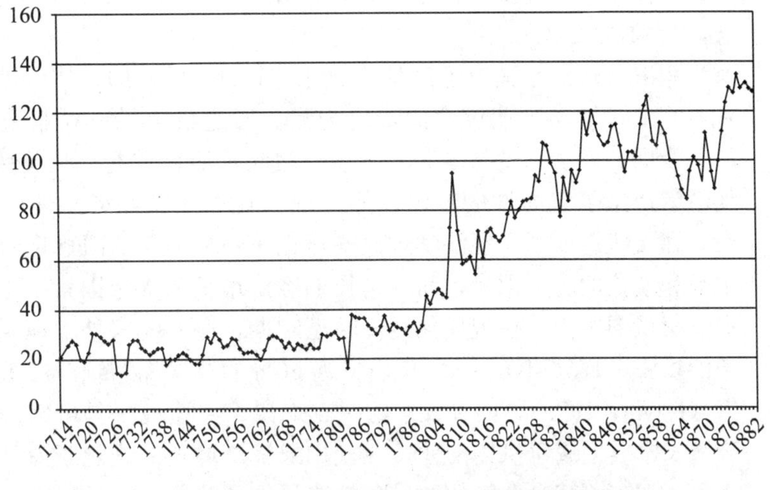

图 4.4　1714—1882 年西班牙对英国的贸易条件

资料来源：Prados de la Escosura（1994）。

贸易与工业革命

本卷第 1 章以全视角概述了欧洲向现代化经济的转型。现在我们主要考虑这一转型中的一个特殊方面，并提出疑问：贸易（继而帝国，因为在此期间内，贸易和帝国之间的联系如此紧密）对英国工业革命到底产生了何种影响呢？正如我们已经看到的，跨国计量经济分析表明，在这段时期内，贸易与经济增长之间存在正的相关关系，但是究竟是什么促进了这一相关关系仍然是不确定的。在这种典型的情况下，我们应该怎样评论贸易和经济增长之间的关系呢？

关于此类问题的文献已经在很大程度上被当时的主流经济学理论进行了改造。一个特别具有影响力的思想流派，从亚当·斯密、马克思等古典经济学家们所做出的假设条件中找到了灵感，这一假设条件是经济增长取决于投资，投资取决于储蓄，储蓄取决于利润（因为假设工人太穷，没有能力进行储蓄；地主阶层不务正业，也不能够进行储蓄）。在一本著名的著作中，Eric Williams（1966）指出，从大西洋奴隶贸易中获得的经济利润为工业革命提供了金融支持。他的大部分逸事证据包括很多案例，其中某些案例介绍了奴隶制度为英国国内产业带来了投资。Engerman（1972）以及 O'Brien（1982）对 Williams 的观点进行了定量化证明，他们都衡量了奴隶贸易所带来的经济收益（O'Brien 指出，英国的跨大洋奴隶贸易更加普遍），并发现这些收益微不足道，很难起到实际作用。例如，O'Brien 发现，1784 年至 1786 年期间，直接奴隶贸易及与"外围"国家进行奴隶买卖所得到的全部利润为 566 万英镑。如果其中 30%的利润被储蓄起来并用于再投资，那么在这一时期，它相当于英国总投资的 15%。由于在 O'Brien 看来，15%的比例太小了，所以 Williams 的观点只是"建立在数字之上"。

Williams 的论文中还存在一个更基本的问题，即，技术进步（而不是资本积累）才是推动工业革命的最终力量。通过集中讨论利润来试图发现海外贸易、帝国和奴隶制度与欧洲经济增长之间可能存在的关联关系，Williams 和其他学者都犯了方向性的错误。如果说马克思主义经济学理论无法解释工业革命，那么凯恩斯主义经济学理论同样也不适用，因为凯恩斯考察的是短期产出水平和就业的决定因素，而不是长期经济增长的决定因素。这并不妨碍很多历史学家试图主张，在现代化经济转型时期，海外需求外生地刺激了英国工业生产的扩张。1784 年至 1786 年，将近 60%的英国棉纺织产品被出口到非欧洲国家（Davis，1979），如果仅从这一点来说，上述说法是可以理解的。但是，经济增长本质上属于供给问题，并且如果经济增长的确源于海外需求的扩张，那么英国在工业革命期间的贸易条件应该得到改善，但是事实上贸易条件反而恶化了，这揭示了创新降低成本这一本质（McCloskey，1981；Mokyr，1977）。图 4.5 运用简化的分析框架阐述了这一点。根据 Crafts 和 Harley（1992）的观点，1780 年至 1831 年，英国的工业产出增加了约 235%，而 GDP 增加了约 135%。一方面，如果需求的收入弹性等于 1，外国收入的增长率与英国的情况相当，那么在既定的价格水平上，国外对英国制造业产品的需求会增加约 135%。这一点可以通过 D 曲线向外移至 D' 曲线（此时，忽视 D'' 和 D'''）得到说明。如果工业供给曲线是垂直的，那么它会向外移动 235%，在新的均衡水平下与 D' 曲线相交于点 B。根据英国有关贸易条件的可得数据，在这一新的均衡点上，制造业产品的相对价格低于初始均衡点 A 所表示的相对价格的 55%。另一方面，如果供给弹性等于 1，那么供给曲线将会在既定价格水平下向外移动 290%（=135%+100%+55%），移动幅度远大于需求曲线向外移动的幅度（135%）。

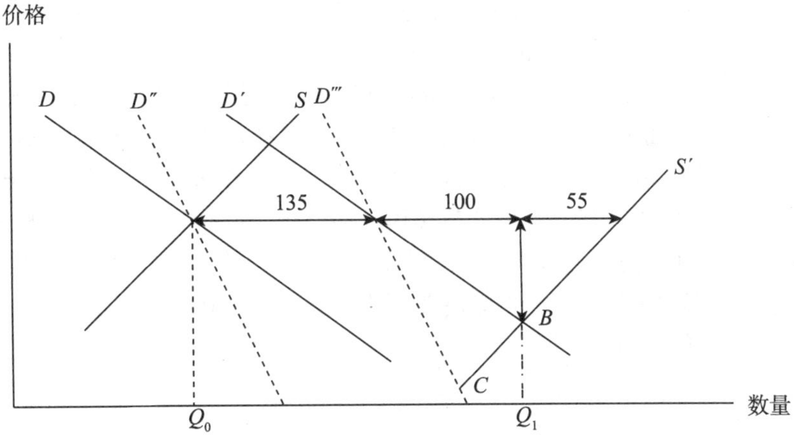

图 4.5　工业革命时期的需求与供给

Findlay（1990）针对 18 世纪末的大西洋经济构建了一个简单的一般均衡模型，虽然此模型是静态的，但还是能够说明在工业革命期间，贸易是如何起到实际作用的。在初始阶段，工业革命在很大程度上集中于棉纺织品，英国完全从欧洲外部，尤其是美洲地区进口原棉。美洲的供给具有较高的弹性，因为新世界国家似乎具有无穷的资源禀赋，并且美洲地区的奴隶劳动力的供给弹性也很大。工业革命导致了对原棉的需求大量增加，继而导致了原棉的国内和国外价格的提高，这意味着英国的贸易条件趋于恶化。美洲更大的原棉供给弹性使这一贸易条件恶化所导致的损失降到了最小，也就是说，如果没有新世界国家的奴隶劳动力供给，那么英国原棉的价格提高的幅度将会大于实际提高的幅度，从而阻碍这一核心经济部门的发展。海外市场的存在也意味着对棉纺织品的更大规模的需求和更大的需求弹性。如图 4.5 所示，由工业创新所导致的供给曲线的特定幅度的移动会产生较小的产出效应，并且与实际需求不存在弹性的情况相比较，棉纺织产品的价格的下降幅度会更大（比较 D 曲线向 D' 曲线移动和 D'' 曲线向 D''' 曲线移动的情况）。

国际贸易不仅能够深化既定供给方冲击的传递路径，而且在利润和降低成本的双重激励下，还能够促进更多创新（Allen，2006）。研发过程中较高的固定成本要求创新企业通过获取利润来补偿这一成本，较大的市场有利于创新企业收回这些固定成本。并且，在某些情况下，较大的需求市场意味着单个垄断竞争厂商的需求曲线的弹性较大（Desmet and Parente，2006）。因此，一项降低价格的创新能够通过较大的需求市场增加销售和收入，这意味着随着市场的不断扩张，创新变得更加可能。然而，英国没有对这一影响机制进行量化，否则在被假设为封闭的英国（甚至，我们假设封闭的英国可以种植棉花）将不会出现我们实际上观察到的那么多的创新。不像中国和莫卧儿王朝（Mughal Empire），英国国土面积太小，因此不能完全依赖本国市场。事实上，1780 年至 1801 年，英国出口的增加额相当于 GDP 增加额的 21%（Crafts，1985a，p. 131），相当于同期工业产出增加额的 50%以上（Cuenca Esteban，1997），并且，1815 年至 1841 年，英国出口的增加额相当于纺织品产出增加额的 60%以上（Harley，1999，p. 187）。

此外，1780 年至 1801 年，在英国出口增加额中，美国占据了大约 60%（O'Brien and Engerman，1991，p. 186）。在工业扩张时期，英国的创新企业在很大程度上依赖于海外市场。在国家竞相将竞争对手驱逐出被保护的市场的重商主义时代，这意味着英国征服法国及其他欧洲竞争对手是实现其后来令人瞩目的经济发展的一个不可忽视的因素。的确，当时英国自身不具备实现工业创新的条件，而国内条件是促进创新的主要因素，但是海外市场为其提供了一个可能的必要条件。

第5章 经济周期

李·克雷格（Lee Craig）
康塞普西翁·加西亚一伊格莱希亚斯（Concepción Garcia-Iglesias）

在西方世界，对真实经济活动长期趋势的周期性偏离被称为经济周期，对经济周期的识别至少可以追溯到16世纪。这些经济周期出现的原因及其引起的后果一直随着时间的变化而发生改变，并且1700年之前的周期在其影响、频率以及可能的量级上与1870年之后的周期存在差别；然而，周期之间最为显著的差别体现在周期出现的原因上。早期的文献通常把经济周期与技术革新、人口冲击、金属货币流动、贸易的破坏、农业危机（通常是气候变化对农业的冲击）以及（或者）战争相联系。相反，在19世纪的最后数十年中，金融市场的破坏以及制造部门的变化通常被认为是导致经济出现波动的罪魁祸首，尽管现代经济周期理论仍然认为技术革新与经济的周期性波动存在关联。

对经济周期的学术化阐述最早可以追溯到亚当·斯密。他通过比较棉纺织业与谷物市场的波动以及铸币流动中货币冲击的潜在影响讨论了出现经济周期的原因。到19世纪后期以及20世纪初期，对不同经济周期的长度及其规律性的学术讨论变得更为常见。由此，熊彼特（1939）将周期性行为分为五种宽泛的类型：（1）季节性周期。正如农业部门受农作物收获、播种等的季节性影响很深一样，季节性周期通常在每一年中产生影响。（2）基钦周期。这一周期一般持续3～5年，表现为金融指数和批发价格的变化。（3）朱格拉周期。这一周期大约持续10年，表现为金融市场以及人口指数方面更为根本性的变化。（4）库兹涅茨周期。这一周期大约持续20年，通常伴随着核心技术的革新、先进产业的变迁特别是建筑活动的长期波动而出现。（5）康德拉季耶夫周期。这一周期长至50年或60年，代表经济中出现的诸如工业革命这样的历史性转变。

尽管在20世纪80年代出现的有关欧洲宏观经济史研究的文献中可以看到，其使用了熊彼特关于经济周期的分类方法（例如，可参见Trebilcock，1981），但是随后的研究，特别是后来出现的经济学文献，已经不重视甚至直接拒绝早期对经济周期进行系统化分类的方法，而是转而集中探讨关键宏观经济变量的时间序列数据所具有的统计性质——包括实际GDP及其组成部分、价格指数、贸易数据以及利率——或者探讨周期性事件的原因和结果。对早期经济周期研究方法的不满主要是因为利用它对周期进行的预测有很多不足。实际上，近来的文献反对认为在周期性活动出现的历史范围之外存在一个经济周期的观点。在对近130年的跨国经济周期进行分析的过程中，Basu和Taylor（1995）指出，“对过去的经济周期的解释并不明确，因为在如此长的时间范围内，经济结构也许已经发生了改变”。类似地，Romer（1999）强调，“只有研究了经济波动如何发生变化，我们才能够就这一现象进行解释”。遵循这些劝诫，我们集中对1700年前后至1870年前后的经济结构的变化以及经济出现波动的原因进行探讨。

今日的宏观经济数据通常是按照民族国家来分类的。人们利用关键的经济周期指标——例如GDP、价格指数以及失业率——来追踪国家的经济活动轨迹。结果，经济周期（作为一个能引起人们的学术兴趣的概念）研究的兴起与民族国家的兴起相伴随。亚当·斯密在《国富论》中探讨了周期性的经济活动并不是出于巧合。正如我们将展开论述的，虽然总体经济活动与地区化专门市场联系紧密——一个显而易见的微观经济视角，但是，到18世纪后期，欧洲经济的整合程度已经足够高，以至于专门市场以及特殊地区的巨大的周期性冲击对其他地区的经济活动会产生影响，并且这种影响经常超越国家间的边界。结果，出现了类似泛欧洲化的经济周期，而这样的经济周期甚至出现在对国民收入以及国民产出数据进行明确定义之前。在下文，我们将证明这样一个泛欧洲的经济周期是如何产生的。

1816年之前的经济周期

现代经济周期理论家们强调技术革新在所谓的“真实经济周期”中扮演着十分关键的角色（McCallum，1989；Plosser，1989）。在这些模型中，大量“微观”技术革新的累积（并因此也属于加总）效应提高了劳动生产率并且通过劳动与闲暇之间的权衡这一机制导致工作时间的延长以及产出的增加，并从而导致实际经济活动向上发展的趋势。正是在这一方面，Jan de Vries（1994）认为在工业革命之前存在“努力革命”，Joel Mokyr（1990，1993）同样将技术创造活动作为工业革命自身的基础，不过这些观点并不与以下说法相矛盾：特定的地理区域内的专门制度或技术革新可以通过生产率冲击形成一个向上的地方性经济周期。通过其他方面的因素，诸如移民，这些冲击将对其他地区和国家产生影响。

相反，在一些现代经济周期理论中，经济低迷被认为是正在经历技术革新以及正向的生产率冲击的厂商并没有等比例地增加其产出，从而减少了工作时间和就业而造成的（Francis ang Ramey，2005）。在欧洲农业部门现代化的进程中曾经出现过农业就业的减少与生产率的上升相伴随这一现象，也许此时，与上述观点中所涉及的过程相类似的过程发生了作用。当然，诸如“工业革命”或“农业革命”这样的字眼有发生彻底的变化的意思，但是在这一“革命”过程中，我们必须仔细地“分辨经济增长与经济周期”（Craig and Fisher，2000）。事实上，广泛的制度与技术变革更可能对经济增长中的长期趋势产生影响，而不是对其短期经济周期产生影响。虽然直到 19 世纪，在对宏观经济史的研究中才发现经济增长率的长期趋势中存在大量的不连续性，但 Mokyr（1993）本人强调，“从出现技术革新到对总体统计指标产生影响，通常存在很长时间的滞后，即使这些技术革新是根本性的而且十分重要”。所以，别无其他，工业革命也许使现代经济周期成为现实。

早期的经济周期理论家们经常将人口转型作为经济周期性活动的一个主要指标（例如，Juglar，1889 [1860]）。出生、死亡以及净移民都能够反映并影响总体经济活动。然而，人口出生率的上升在短期和长期都将影响总需求和总供给，相对于死亡率上升所具有的潜在影响而言，出生率上升的定量化影响相对较小。因此在人口转型的标准描述中，尽管现代化之前的出生率经常出现波动，但是相比在很大程度上由传染性疾病引发的死亡率的波动，出生率的波动通常较小。

在早期，欧洲的生育率的短期波动主要是由死亡率的大幅上升导致的人口失衡引起的；它们的功能类似于使人口加速恢复到“正常状态”。此外，死亡率的短期波动是地方性的并且受到外生因素的支配（Flinn，1985，p. 47）。

在这些外生因素中，瘟疫被证明是最有效而且最持久的杀手。这创造出了现代化早期泛欧洲的人口周期模式：“在绝大多数年代，黑死病、瘟疫以及传染性疾病在欧洲范围内广泛传播……疾病没有对一些地方进行打击的年份实在少见”（Flinn，1985，p. 51）。瘟疫倾向于从两个方面对经济产生影响。第一个方面是通过破坏劳动力市场对经济产生影响。疾病以及死亡导致的产出损失对实际产出造成了影响，并且瘟疫之后饥荒又将不期而至，即使就没有出现明显的农业歉收现象的时期而言，也是如此。第二个方面是通过破坏贸易对经济产生影响。瘟疫通常是从港口城市开始传播的，而随后对贸易的破坏——通过损失劳动力、对病患的放逐以及隔离——则更为严重。然而，在 14 世纪的灾难之后，瘟疫的爆发在地理上更加具有地方化趋势，经常是从一个港口转向另一个港口。然而，当这些类似大戏中的插曲般的疾病在同一时期对同一国家的一些港口施加打击时，情况就会变得尤其麻烦。同样，一旦农业歉收和传染性疾病爆发这两种灾难同时发生，总体经济活动就会受到很大的影响。就那些诱发人口周期性死亡的特殊疾病来说，南部意大利（1743）以及西班牙（1799—1800 年）爆发的传染性疾病绝大部分都局限在城市地区。然而，黑死病以及内陆的农业歉收两者共同导致了瑞典和波罗的海沿岸的大陆地区的经济出现普遍性的大幅下滑（1709—1710 年），法国也没有摆脱其影响（1720—1722 年）。两个事件的爆发都伴随着欧洲每一个地方的经济衰退——虽然其原因和结果很难区分。

就移民问题来说，从整体上而言，甚至在大规模的跨大西洋移民出现之前，这一时期欧洲移民的规模也是十分巨大的。这种国内移民行为具有很强的季节性倾向，长期沿着从乡村到城市的趋势循环往复。然而，正如 Brinley Thomas（1973）观察到的，这种移民行为既是对实际经济的周期性活动所做出的反应，又是实际经济活动本身的结果。虽然 Thomas 的实证工作集中对 19 世纪的情形进行了分析，但是他的理论观点却可以用于更早时期的分析。从更为宽泛的角度来看，制度或技术变革会使得某一特定地区的经济活动增多并且提高其劳动生产率，这又将进一步降低产品成本、提高产出以及增加工资，结果是对劳动的需求出现上升，进而导致移民迁入。相反，没有出现这些变革的地区将会损失其资本和劳动力，从而出现经济下滑。其结果是，通过移民，（逆周期）冲击也扩散到了其他地区，由于战争以及农业歉收，这些冲击的影响将进一步恶化。Foreman-Peck（2006）在评论 Thomas 的观点时，着重指出，“这些核心论题可以很恰当地作为对经济周期的实际论述”。

截至 18 世纪，绝大多数关于早期现代欧洲经济增长的传统型论述都强调新大陆的铸币流动对经济的影响，这造成了被称为“价格革命”的普遍的通货膨胀（Hamilton，1934）。人们必须小心地将铸币流动对价格水平产生的影响及其对实际经济活动产生的影响区分开。就最简单的方法来说，区分这两种影响涉及预期到的与未预期到的流动之间的差别。在预期到的货币流动的情形下，市场中的供给与需求两方能够通过调整价格预期来冲抵铸币流动导致的经济冲击——最为显著的冲击是通货膨胀。按照货币数量论的逻辑，人们过于看重铸币流动和由此导致的通胀对经济增长甚至对具有周期性的实际经济活动产生的影响是令人怀疑的（Craig and Fisher，2000）。

也就是说，如果流动性的多寡及其波动程度并没有被充分预期到，那么它们将呈现出现代化早期阶段的货币冲击的情形。铸币毕竟还是货币，贵金属的发现意味着发现者们的购买力增强了并且刺激了以欧洲为基础的世界范围的贸易帝国的形成。我们很难想象，费尽力气从世界各个角落寻找黄金和白银仅仅是为了检验货币是中性的。那些以贵金属进行贸易的人以及从铸币发行中获取铸币税的王室获取了最初的意外之财，不过这些贵金属随后将制造出欧洲范围内的通货膨胀。然而，这一最初的意外之财将导致对实际经济活动的长期趋势的一定程度的偏离，或者正如 Cipolla（1972）提及的，金属货币的流动，“在经济发展的较长时期内，刺激了经济活动出现更大的（周期性）波动”。

关于这些货币冲击的传播及其对实体经济的放大作用仍然是一个充满争议的话题，但是，人们一致认为存在某种程度上的实际效应（参见费雪的综述，1989）。这一实际效应似乎并不类似于未预期到的货币供给在现代货币框架中所产生的效应——也就是说，尽管我们可以认为铸币流动在长期是中性的，但是它在短期却具有实际影响。实际上，对金银的追逐所导致的贸易扩张可能既对经济增长作出了贡献（这意味着经济增长率在长期有上升的趋势），又影响了经济对这一趋势的偏离（也就是说，影响了经济周期）。毫无疑问，铸币流动可以作为贸易扩张的度量标准，而且这一扩张本身就与实际经济的增长相关联并且促进了国际市场的整合，这反过来又对国家之间的经济增长率、经济周期以及通货膨胀产生影响：总之，对泛欧洲化的经济周期产生影响。

与新大陆（以及非洲和东印度群岛）之间的贸易网络的建立及其扩张提供了早期经济周期的另一种发生和传播的机制。尽管贸易公司的成立必须得到公开的批准，但是大部分贸易公司作为私有企业持续了大约四个世纪的时间。从这一方面来说，国际贸易可以被合理地认为增强了欧洲国家经济增长率的长期趋势。然而，同这一正向趋势交织在一起的是，在贸易扩张的过程中同样会出现对长期增长率的偶然和暂时的偏离。由其他一些因素导致的贸易破坏也会引发经济周期。例如，军事行动或瘟疫导致了对长期趋势的短期偏离，而对金银的追逐则为贸易扩张提供了持续的推动力。除了偶发的贸易扩张之外，这一扩张能够在另一个更具现代意义的方面形成经济周期——特别是通过金融市场来形成。

对这一时期与金融灾难相关的特殊事件的评论通常强调一些事件（这些事件都是围绕所谓的“南海泡沫”）所产生的影响。英国南海公司在1711年获得特许，这一公司的成立对于债权转股权交易来说是十分必要的，因为当时人们认为其持有的公共债券可以从海外贸易垄断权产生的经济利润中分红（Neal，1990）。随后在法国，苏格兰冒险家兼金融家John Law成立了通用银行（后来更名为皇家银行）以及西方公司（后来更名为印度公司），并且接管了铸币以及征税事务。按照Velde（2003，p. 1）的说法：

Law的一系列运作导致现有的法国公债转换成一种政府股权。严格来说，特许贸易公司接管了法国的征税，控制了铸币的发行，垄断了所有海外贸易，并且控制了部分法国的殖民地。这一公司向政府提供债权人地位，并且可以用股权交换这一债权，这就使得公司自身成为政府的债权人……结果是，公债持有者们对（得自贸易的）财政收入的现金流具有所有权。

围绕公司的激进的财政、货币以及金融计划最终都取决于其所产生的商业利润。只有公司能从其实际的海外活动中获取回报，并且，只有它们的附属金融机构能够可靠地管理它们的债务资产，债权转股权才有意义。后一个方面又依赖于前一个方面，一旦这两个方面中任何一个遭遇失败，这一债权转股权的金融体系就会失败。正如Neal（1990）指出的，当英格兰银行催促南海公司的代理银行用铸币或英格兰银行的商业票据赎回其发行的商业票据的时候，“南海计划宣告终结”。类似地，在法国，“Law的计划中一个具有关键影响的方面体现在（贸易公司的）股票价格居高不下”（Velde，2003，p. 28）。如果不考虑Law对短期价格的操纵，那么确保股票价格居高不下的唯一方法是让公司的贸易活动持续地产生利润流。在1720年的夏天，上述几方面遭遇了失败，于是Law的计划土崩瓦解了。这一金融危机通过债券市场又对阿姆斯特丹产生了不利影响，当时人们对这一事件的记录足够真实，在整个法国以及英国，人们都感受到了经济的下滑。结果是，即使就公共财政而言，贸易与财政之间的联结也导致了（泛欧洲）实际经济活动的波动。

尽管制度、技术革新、死亡率冲击、移民、未预期到的铸币流动以及国际贸易的破坏都对现代化早期阶段的经济产生了影响，但是在19世纪之前，农业冲击对经济产生的影响却最为常见。而且，尽管存在众多的争议，但是农业冲击仍然是经济周期性下滑的最重要的原因。为了理解农业生产在早期现代化时期对经济周期的重要影响，需要特别提及的一点是，从国民收入的构成来说，农业经济部门倾向于主导其他部门。我们把英国作为一个基准进行考察，英国的经济发展起步较早，在1700年，农业部门的直接的就业人数在英国劳动力中占据了大约50%的比例，并且在欧洲范围内英国典型的农业劳动者通常生产效率比较高，其生产出来的产品不仅可以养活自身，而且可以另外养活两人。所以说，在这一经济中，整体经济对于农业冲击的反应十分灵敏，最为突出的一点是气候模式变化导致经济出现显著的短期偏离。

最为明显的气候问题出现在播种和收获季节前后或者期间，包括晚霜和早霜以及干旱或潮湿的天气。这些气候冲击有些覆盖了大多数欧洲地区，有的则具有十分明显的区域性。在任一情形下，根据气候危机的严重程度的不同，在当时交通成本相对较高这一既定条件下，庄稼的歉收即使不会导致直接的饥荒，也将导致营养消费水平的不同程度的下降。这反过来将会使得人们更容易患上疾病，从而导致劳动投入减少以及农业产出降低，结果是人口更易遭受疾病的侵害。更为一般的说法是，“在食品价格与死亡率之间存在紧密而确切的联系”（Flinn，1985，p. 51）。

在地方经济之外，与气候相关的农业冲击的传导机制应该更为复杂。由某地的农业危机造成的贫困将会引起对别的地区产出的谷物的需求增加，这又将导致别的地区出现周期性的经济好转。因此，农业歉收对一国经济造成的周期性影响关键取决于出现农业危机的地理范围。如果这一危机具有很强的地区性，那么，其造成的整体后果仅仅是从一个农业生产区域到另一个农业生产区域的收入再分配，或者从城镇到乡村的再分配。然而，如果一国的大多数农业部门都遭受打击，那么（当然，在其他条件不变的前提下）该国将在更为恶化的贸易条件下增加对食品的进口，而且这一打击将会使得总体产出遭受负面影响。

进一步来说，在制造业和交通运输业掌握并且广泛应用蒸汽机之前，影响农业生产的同样的气候问题将会对制造业和贸易产生影响。相比农业部门，这些气候问题对城市部门造成的影响更为复杂。

一些产业会直接遭受气候变化带来的影响。摧毁处在发芽期的棉花的霜冻或者击倒稻草的倾盆大雨同时会造成水道的中断或妨碍材料的传送……在一次严重的霜冻之后，康沃尔铜矿的铜产出量出现下降而且西雷丁的绒面呢产出量也出现下降……在很多闹饥荒的年份里，煤的价格出现了急剧的上升，而这不仅出现在矿井周边地区，而且也出现在伦敦以及其他城市中心地区。但是，煤的价格问题应该由气候问题所导致的农业歉收来买单（Ashton，1959，pp. 34-35）。

在城市扩张的过程中，欧洲的工业化程度一直在提高，工业产值在经济活动中所占的比例一直在上升，因而城市居民更容易遭受饥荒的影响。尽管这是一个典型事实，但是当农业生产率上升时，每个农户都可以为更大比例的非农户提供食物，从而就加速了城市化的进程并促进城市居民的增加。结果是，更为广泛的非农业部门将会直面每一次农业歉收带来的打击。供给冲击造成了粮食价格的高企以及粮食供给量的减少，这对于城市居民以及那些需要面对城市居民爆发出的愤怒的政治家们来说是一个挥之不去的威胁。正如当时的记录所说的，“谁能够忘却这些可怕的年份中出现的价格暴涨……这几乎令整个欧洲喘不过气来”（再次引自 Craig and Fisher，2000，p. 119）。当然，农业丰收导致的农产品价格的下降同样具有很大的风险。“如果谷物的价格过低，租佃农户倾向于实行休耕……谷物价格过于低廉将会引发危机并且危机会在城市之间广泛传播”（Abel，1980，pp. 11-12）。Craig 和费雪对这些有关农业危机的描述进行了总结：“换句话说，谷物价格过高对经济是不利的，但是其如果过低，那么对经济同样具有不利的影响”（2000，p. 120）。

对早期经济周期的这一评论中所体现出来的困惑至少部分是由于农业价格是当时经济活动的主要指标。对农业价格的依赖源自农业价格数据的相对丰富以及产出数据的相对缺乏。当然，农业产出的影响的持续时间及其范围取决于农业冲击的本质，而且对早期的经济周期的本质的观察通常反映出短期农业冲击所具有的分配效应。假设对基本粮食的需求是无弹性的，那么农业歉收将导致那些拥有更多的可在市场上交易的有产品剩余的农户（这在很大程度上也包括那些拥有或是管理更大的农场的农户以及并没有遭受恶劣天气影响的地区的农户）获取高收入。此时，财富从城市消费者转移到大型或未受影响的谷物生产者手中。在遭受气候影响的地区，小规模农户也会遭受打击。相反，另一种类型的冲击是农业丰收，它将导致农民的收入降低，但是对城市居民来说，则意味着更低的价格以及从更大产量中获取的意外之财。在这一情形下，即使在普遍的农业丰收的年份里，由于极端的地区性气候状况而遭受农业歉收的农户也将受到更大的打击，因为他们将面临更低的农产品价格以及更少的农产品产出。然而，至于冲击对总体经济活动造成的影响，在上述两种恶劣天气导致农业产出下降的情境中，如果天气影响的地理范围足够大，那么很有可能导致大幅度的总体的经济衰退。

就这些冲击的具体状况来说，在 1750 年之前，欧洲国家并不存在什么宏观经济时间序列对其进行描述，然而，期间出现的价格数据（特别是其中反映城市食品价格的数据）以及有关实际工资的数据可以用来识别不同的经济周期，尤其是 1750 年之后的经济周期。总之，伴随着价格的上升而出现的实际工资的大幅下降表明了这些经济体中存在的紧张状况。在英国，不同程度的农业歉收出现在以下几个时期：1708 年至 1709 年、1724 年、1727 年至 1729 年、1740 年、1756 年至 1757 年、1771 年至 1774 年以及 1792 年。所有以上时期都同时出现了更大范围内的经济下滑。在法国，这样的时期包括 1769 年、1771 年至 1772 年以及 1789 年至 1790 年。这些时期法国的农业部门特别萧条（Craig and Fisher，2000，pp. 217-218），而且在这几个经济下滑期间的每一年中都伴随着低地国家总量经济的下滑（参见表 5.1 和表 5.2）。

表 5.1　　1700—1750 年英国经济的下滑期

英国
1702
1705—1706
1709—1710
1714
1718
1720—1721
1724
1728—1729
1734
1737
1740—1742
1745

表 5.2　　1750—1816 年欧洲七国的经济下滑期

英国	法国	低地国家	德国	意大利	奥匈帝国	西班牙：农业	西班牙：制造业
1754	1752	1753	1750	1752—1753	1750—1751	1750—1751	1750—1751
1756		1757		1755		1753	1754
				1757—1759	1756—1758	1757—1758	1758
1762	1763	1761—1762	1761		1761	1760、1762	1761、1763
1765		1766	1765、1767	1763—1766	1766—1767	1764—1765	1765—1766
1768		1769			1767	1768	
			1770	1770—1772	1770—1771	1769	1771
		1771—1772				1772—1773	
1773—1774	1772—1774		1775	1774			1778
1778—1779		1780		1777—1778			1783
1785				1786—1787		1784—1785	
	1789—1790	1788	1790	1787—1789	1787、1789	1787—1788	
1793—1794	1793		1772—1993		1772—1793	1792—1793	
			1794—1795		1794—1795	1796—1798	1796
1797			1795—1798	1797			
		1799—1810		1799—1800	1799—1800	1800—1801	1801
1801			1803、1805		1804—1805	1803—1804	1806
1808	1806—1807		1808		1807		1808—1810
1812		1811—1812	1812	1810—1811		1810—1812	
	1815	1814		1814—1816			1815

资料来源：Allen（1992）、Craig 和 Fisher（1997，2000）、Grytten（2007）、Hoffman 等（2002）、Jacks（2004）、Komlos（1983）、Roses 等（2007）。

虽然部分准备金银行体系下的金融危机在很大程度上是此后的欧洲经济的特征之一，但是由于短期债券在农业生产中发挥着重要的作用，因此18世纪的危机还是信贷市场的危机。英国和法国在1720年遭遇的公共债券问题以及法国在18世纪80年代出现的公共债券问题（Hoppit，1986）通常都反映出贸易或农业方面的真实危机，比如Ashton（1955）在对历史编纂记录进行综述之后，把下列时期视为爆发了危机的时期：1701年、1710年、1715年、1720年、1726年至1728年、1745年、1761年、1763年、1772年、1778年、1788年、1793年以及1799年。除了1772年以及1788年这两个时期爆发的危机以外，所有以上出现的其他时期所爆发的危机都涉及公共部门的一个方面或者另一个方面（Hoppit，1986，p. 45），并且有四个时期（1710年、18世纪20年代后期、18世纪70年代以及1793年）爆发的危机都与农业歉收有关。尽管对经济出现周期性变化的确切时间存在大量的争论，但这一时代的学者们都意识到，随着社会向前发展，出现经济周期的原因将发生根本性变化。“用什么来区分［此后］的金融危机与之前的财政危机？……主要是看它们在多大程度上是由经济增长导致的。”（Hoppit，1986，p. 51）这一增长在19世纪的制造业部门是不成比例的，而且财政部门的演变支撑了这一增长。

上述的早期公共财政危机并不完全是由贸易问题造成的。实际上，在某些方面，这些危机通常与战争有关。战争通过直接的破坏或间接的劳动力市场同样能给农业生产带来冲击，因为战争意味着农业劳动力的损失。当然，战争对农业的影响还包含另一个方面：某一地区的农业生产遭到破坏意味着对其他地区的农业产出的需求上升；结果是，未遭受战争影响的地区从别处获取了意外之财。更一般地说，战争造成的经济影响通常被人误解。尽管从当代常用来衡量经济产出的指标——GDP——来看，在战时，它是上升的，但它的上升并不足以导致参战国家的居民物质生活水平的提高；相反，GDP的上升主要是由政府大量消耗稀缺资源导致的。而且，以下情况几乎是不可避免的，即，战争通过“挤出效应”对私人投资产生负面影响——其挤出程度是与战时公共支出相关的周期性行为的一个重要的组成部分，并且很多研究已经对此进行了广泛的讨论（Crafts，1987；Mokyr，1987；Williamson，1987a）。

那些被作为战场的地区也许将面临经济下滑以及基础设施和周边环境被破坏等问题，并且至少就短期而言，其经济产出也会减少。一旦战争在足够长的时期内对很大范围内的农业产出造成破坏，它就会对经济造成潜在的巨大的破坏性影响。事实上，短时期的战争也会对经济造成冲击，而长时期的重大战争将造成明显的并且持续时间很长的对经济增长率长期趋势的偏离。而在实际过程中，战争对经济的破坏存在不同的形式。由于战争当局征用了一部分产出，所以当前的国内消费减少了，如果一支部队或多支部队就驻扎在附近，那么这又将减弱未来进行农业生产的激励。田地、篱笆以及农业设施也会遭到作战双方的损坏。由于军队中混合了来自不同地区的人员，所以疾病很可能被传入并开始大范围传播。最后，本国的以及被征服地区的农村劳动力通常应征入伍。综合考虑，对食品生产的负面影响以及容易遭受新出现的疾病的侵害这两个因素可以导致饥荒以及工作效率的下降，而这两者都将导致农业产出减少。所以说，由战争中的经济行为导致的战后经济增长都是不必要的经济增长。

就一些特别的战争来说，它们甚至可能具有总体上的负效应，这些战争包括大北方战争（1700 年至 1721 年）、西班牙王位继承战（1740 年至 1748 年）、七年战争（1756 年至 1763 年）以及始于 1792 年的法国大革命中爆发的一系列战争。

既然如此，我们究竟应该如何对 1816 年之前导致经济周期出现的各种因素以及周期性事件进行总结呢？Graig 和费雪（2000）认为农业部门的实际工资的下降伴随着价格水平的普遍上升，特别是谷物价格的上升表明经济正承受着压力。结合文字叙述的逻辑和二手数据，我们识别出了七个国家以及欧洲地区的经济衰退期，从时间上来说，英国始于 1700 年，其他国家则始于 1750 年，这些国家包括法国、低地国家、德国、意大利、奥匈帝国以及西班牙。1750 年之前的英国被认为是当时最为发达的经济体，其 1700—1750 年的经济衰退期如表 5.1 所示，其 1750 年之后的衰退期见表 5.2。

经济衰退通常在每一个地方间隔三到四年就出现一次，比今日我们在欧洲所见到的更为频繁。当然，这也许仅仅是由于我们用于识别周期的数据包含太多的噪音和偏误，不过，它也许有效地反映了各种文字记载中有关贸易、战争以及农业方面的问题。而且，英国经济的每一次衰退伴随着此后一年内两个或更多个国家或地区的经济衰退。它也许可以作为早期存在泛欧洲经济周期的证据，或者它也许仅仅反映了这些大型农业经济体的总体波动。此外，意大利、奥匈帝国以及西班牙大约每隔三年就会出现一次经济衰退。

如果人们将大洲范围的经济衰退定义为不同国家或地区几乎同时面临着经济下滑的压力，那么也存在符合这一定义的情形，即大约每隔十年，这样的衰退就会出现，并且持续两到三年（见表 5.3）。虽然农业部门和战争是这些情形的“元凶”，但这些情形更应该被视为经济下滑，而不是重大的农业“危机”。假定在 18 世纪，农业产出占总体产出的比例保持不变，那么人们完全可以推论出这些表格中包含一些“误报”。也就是说，农业部门非常不稳定，并且农业所具有的这一不稳定性将会体现在总体经济活动中。无论如何，农业部门的相对下滑将会反衬出金融部门以及制造业部门的重要性的上升，而且后两者反过来将在随后的经济周期中扮演更为重要的角色。

表 5.3　　　　1750—1816 年全欧洲的经济恢复期

全欧洲的经济恢复期
1761—1762
1765—1766
1770—1772
1778—1780
1789—1790
1792—1793
1811—1812

1816—1870 年的经济周期

在 18 世纪行将结束的时候，农业在经济周期中的地位下降了，农业歉收与周期性经济活动之间的相关性的减弱被证明是衡量一国的总体经济发展情况的良好指标。尽管 18 世纪的经济衰退经常涉及金融领域的危机，但后者主要是通过公共财政或金融部门与农业之间的联系对经济周期产生作用的，而且金融领域的危机通常是反映了而不是导致了农业、贸易以及制造业中出现的问题。商业银行在提供金融中介服务方面发挥着日益重要的作用，制造业产出在总体产出中所占的比例日益上升，这些都表明经济周期越来越倾向于由银行以及工业部门的发展来推动。

至于金融部门的演化，我们可以用英国的金融部门作为早期金融部门发展的基准。截至 1750 年，在伦敦之外的英国地区，也许存在的银行不超过 12 家（Neal，1994，p. 168)。到 1755 年，在英国和威尔士，仍然仅存在 150 家商业银行，银行总资本则为 350 万英镑（Cameron，1967，p. 33)。然而，到 1800 年，英国拥有 400 多家银行，其银行资本总和达到了 550 万英镑。虽然学者们也许会对这些数字吹毛求疵，不过，从任意一个合理的标准来说，重点都是银行部门出现了快速的增长，银行业务的广度和深度大大增加，而且银行的顾客也增多了。此外，银行资产的增长快于总体经济的增长，并且由商业借贷以及委托借款占据主导地位的金融体系开始演变，由于这些交易是通过各种金融中介来执行的，所以最后金融市场演变的结果是，银行的对外信贷在金融体系中拥有日益显著的地位。这一巨大的扩张意味着经济中的所有其他部门将越发明显地感受到银行部门出现的变化。

尽管从欧洲范围来说，银行体系的演化遵循着不同的路径，但是，银行通常位于大都市的中心（例如，阿姆斯特丹、巴黎、柏林和维也纳)，与内陆地区的经济活动是分开的。就当时来说，银行是否能获得成功，关键在于银行拥有的信息，特别是关于地方贷款（按其字面意思来理解的话，指银行在这一地理区域发放的贷款）质量的信息的多寡。尽管银行本来可以在次级市场或再贴现市场实现多样化经营，但是贷款签发者（例如卖方）的声誉更为重要。最大的以及最重要的大都市银行倾向于仅仅对“蓝筹”贷款进行贴现，这也招致了一些文献对其的批评（Craig and Fisher，1997)。然而，更一般地说，借款和贷款双方的声誉在这一体系中是关键的组成部分。

尽管英国的银行体系的构造与欧洲其他任何地方的银行体系都存在差别，但这一体系的演化却有助于我们合理地评价银行在经济周期中具有的越发重要的地位。英格兰银行是政府的银行，伦敦的其他银行则集中于承销政府债券、签发并交易外国汇票以及与伦敦之外的乡村银行之间保持代理伙伴关系（Neal，1994；Quinn，2004)。乡村银行除了签发银行票据外，还充当伦敦与内陆地区的金融中介，以及“储蓄者（例如农业中的土地所有者）与投资者（例如手工制造者）之间”的金融中介（Neal，1994，p. 168）。这些乡村银行规模并不大，但是它们具有联结农业—贸易—制造业的中心枢纽地位，随着它们的数量和规模的上升，它们在经济周期中的地位也上升了。

除了农业的原本相对重要的地位不断下降之外，即使在英国以及大陆国家实现工业化之后，金融市场出现的问题也并没有与农业部门出现的问题相分离。随着欧洲的交通条件的改善以及普遍出现的市场整合，贸易减轻了地区性庄稼歉收造成的不利后果。而且，农业生产率的上升也导致经济波动通常发生在更高的平均产出水平上。除非整个欧洲大陆同时遭受农业危机（不太可能出现的事件），否则在更小的农业危机下，人们是可以通过进口食品来渡过难关的，尽管肯定要支付更高的价格，但是忍饥挨饿以及面包暴动这样的事情日益成为遥远的过去了。不过，一国的银行仍然依赖农业剩余为其资产负债表中的债务提供流动性。如果出现（地方性）庄稼歉收但是却并未伴随着极大的价格上涨的话，那么存款将会被榨干，其结果就是整个经济的衰退。正如 Quinn 观察到的，“处在风口浪尖的银行在 1810 年至 1813 年遭遇了失败，而这是由农业的收成不好以及对外贸易下滑这两个因素所导致的”（2004，p. 163）。如果存款的清算、贷款价值和流动性的下降同时发生，那么农业部门出现的问题将会传导至金融部门，进而又传导到其他部门，贸易就是一个可能的传导对象，因为伴随着信贷的收紧利率会进一步上升。

就后拿破仑时期农业部门出现经济下滑的具体经历来说，其中有一些既在英国又在法国出现，并且除了低地国家之外，欧洲任何其他地方的农业产出仍然在总体产出中居于主导地位。英国农业收成不好的时期包括 1816 年、1829 年、1831 年、1837 年至 1838 年以及 1848 年。法国的农业产出指数表明，1818 年、1820 年、1822 年、1825 年、1833 年、1836 年、1842 年、1845 年至 1846 年、1848 年至 1849 年、1851 年、1853 年、1855 年、1859 年、1861 年、1865 年、1867 年以及 1870 年至 1871 年属于普遍的农业收成不好的时期。而西班牙的农业则一年接一年地出现歉收。

其他国家同样存在这种具体的描述性证据，但是，确切地讲，就这些证据对欧洲经济周期产生的影响进行解释应该综合考虑三个方面的因素。第一，在这一时期，农业部门的重要性实际上一直在下降。因此，就这些农业冲击对总体产出的影响来说，在其他条件不变的前提下，其在 1842 年产生的影响应该小于其在 1742 年所产生的影响。第二，描述性以及定量化数据都可以对这一冲击进行解释。任何熟悉一手或是二手资料来源的史学家都会意识到发现这种经济不景气的时期并不是太难，如果这正是他一直寻找的东西的话就更为容易了。第三，正如前文所述，很有可能绝大部分历史描述中认为对经济产生了负面冲击的历史事件实际上却为农业部门（至少很大一部分）带来了意外之财。例如，食品供给的减少可以提高农民的收入。总之，在从农业歉收跳跃到 1815 年前后的经济周期性衰退之前，人们首先应该探讨银行以及制造业部门中究竟发生了什么。

在某种程度上，英国南海公司的经历以及 Law 的法国式制度都是之后的金融危机的前兆，由于银行业实行的是部分准备金制度，因此其资产负债表两边所承受的压力决定了其在危机中所扮演的角色。由于缺乏实际的最后贷款人，18 世纪后期以及 19 世纪早期兴起的小规模的票据发行银行为危机的出现布置好了舞台。劣质的、流动性差的、未进行组合的资产，以及对存款的清算被证明是一直到 20 世纪都存在的小银行的毒药。有时，这些地方性的危机会演变成更大规模的一般性金融危机。特别地，一旦金本位制中的铸币流动机制将国内以及国际银行体系联结在一起，上述情形就会成为现实。正如 García-Iglesias 和 Kilponen 所强调的，尽管金本位制“也许促进了经济增长”，但它同样“影响了这一体系中的经济体的经济周期”（2004，p. 4）。如果对金本位制的承诺被认为是可靠的，那么它将会改善一国的借款者获得信贷的条件；然而，这样的承诺通常会束缚货币发行当局的手脚（Craig et al.，1995）。

法国大革命之后爆发的一系列战争对英国银行部门的长期趋势造成了很大的影响（Neal，1994；Quinn，2004）。延迟兑付以及议会授权发行小面额的银行票据——这对于该时期十分重要，因为铸币十分稀缺——导致该国银行数量增多。在这一时期行将结束的时候，英国共成立了近 800 家银行。与此同时，伦敦的银行，特别是英格兰银行，对乡村银行发行的贴现票据进行严格的配给。人们也许会从这一事件当中发现早期在控制货币供给方面所付出的努力，因为在延迟兑付的战争时期，银行的这一行为实际上阻止了商业票据的过度扩张。随着工业部门持续扩张（这一扩张本身至少部分与战时扩张存在联系），在工业化地区，对信贷的需求维持在相对较高的水平。结果是出现了一个十分兴盛的票据经纪市场，在该市场上进行的主要是借款给制造业主的银行与获取存款的银行之间的交易，但是由于战争和稍后《谷物法》对进口的打击，这种市场在农业地区的发展是不均衡的。银行竞相从事收取佣金这一充满争议的经纪活动，这就提高了英国信贷市场的效率并且加速了乡村银行的扩张，乡村银行的规模及数量都开始上升。与此同时，“商业银行在英国的扩张也引发了银行恐慌”（Quinn，2004，p. 163）。

尽管每一次银行恐慌都有较为独特的情形，但是还是有一些学者尝试寻找这些银行恐慌的共同之处（Kindleberger，1989；Minsky，1982）。从这一点来看，银行恐慌的种子是通过一些资产的“投机性繁荣”来传播的，例如，南海公司这样的较为特殊的公司的股票，运河项目或乡村银行，或者政府债券。那些寻求对预期价格上升的资产进行资本化的投资者（用贬义来说，相当于投机者）转向了信贷市场。

> 繁荣是以扩大了总体货币供给的银行信贷市场的扩张为支撑的……一旦这一投机性繁荣得以继续存在，利率、货币流通速度以及价格就全都会继续攀升。在某一阶段，一些内部人决定卖出资产以变现利润……此后也许就紧跟着出现一个“金融悲伤”阶段……是从债券市场撤退的时候了……这一特殊的信号所引发的危机也许意味着银行的破产（Kindleberger，1989，pp. 18-21）。

贷款、贷款资产组合和银行自身，这些并不是同质化产品。有些贷款人拥有更多的信息并且能比别人做出更为准确的预测。然而，如果某一家机构破产，那么其他机构的存款人即使在十分稳健的机构清算存款也会对准备金体系施加压力。同样，那些被公司贷款捆绑的银行将面临其财富的暂时减少，一些银行也会被拖下水。存款人清算存款所产生的这种压力并不必然意味着情况会进一步恶化，现代中央银行的发展会极大地缓解这一问题。

就金融危机的具体经历来说，1793 年英国乡村银行第一次感受到了大范围的不幸。此时，英国与法国之间爆发的战争破坏了票据市场，导致了运河债券市场的暴跌以及贸易规模的缩小。一次类似的暴跌出现在 1799 年至 1800 年之间，这一暴跌以汉堡为中心，是由衰退以及英国与大陆之间的封锁所导致的。英国的下一次重大危机是由上文提及的 1810 年至 1813 年农业和贸易方面的问题所导致的，并且随着拿破仑战争的结束，英国出现了“迅速的通货紧缩”，然而英国银行仍然将名义利率保持在较高的水平上。1816 年，实际利率的上升导致了贸易规模的下降（Kindleberger，1989，Appendix B.；Quinn，2004，p. 162）。英国紧接着在 1825 年出现了较大范围的金融恐慌，当时英国向新近成立的南美独立国家进行了迅速的信贷扩张，随着阿根廷和巴西为争夺乌拉圭而开战，市场崩盘了，持有拉美债务的银行破产了，在这些破产银行的代理商行有存款的银行也破产了。与此同时，正如 Kindleberger（1989）所认为的，海峡对岸的法国出现了大量针对土地的投机性活动，在法国大革命以及拿破仑时代之后，对这样的投机性活动的认识有太多的争论。这一市场在 1828 年崩盘了，给贷款人造成了相当大的损失。

这一时期影响范围最广的国际金融危机持续的时间是从 1836 年至 1839 年，其地理范围横跨大西洋并且一直蔓延到了美国。在英国与法国之间的战争结束之后，英国恢复了金本位制，由英格兰银行承担维持货币与黄金之间的兑换的职责。结果是，英格兰银行更为严密地监控国家发行货币时的黄金储备。伦敦成了不断扩张的世界贸易网络的金融中心，其他国家的金融市场对英格兰银行的贴现政策反应灵敏。为了保护储备，利率的上升伴随着美国运河债券市场价格的暴跌，结果是整个西方世界的银行体系都对其做出反应。1836 年至 1839 年的金融危机与 1847 年至 1848 年的危机不相上下，而就 1847 年至 1848 年的危机来说，无论从其广度、深度还是其所导致的政治上的分歧来看，它都是这一时期具有最大的破坏性影响的金融危机。在 1857 年，也出现了一次国际性的经济衰退，它跨越了大西洋以及欧洲大陆。

在今天，经济冲击从金融部门传导到实体经济的速度十分快（例如，参见 Hansen，2003），今日的中央银行也随时准备着向银行体系注入流动性。就 1836 年至 1839 年出现的危机、1847 年至 1848 年的危机以及 1857 年的危机来说，尽管其传递速度存在差别，但是都证明了最后贷款人所具有的潜在作用。这就启示人们，也许在银行自身的资产负债表之外，政府也可以履行某些公共职责。金融家们以及政治家们认识到了这一点。表 5.4 举例说明了，到 19 世纪中期，至少有 10 家机构能够或者此后能够履行中央银行的职责。这些机构为自己应该发挥的作用而付出的努力实际上也涉及这样一个事实：这些机构中绝大多数都属于私有化的机构，并且这些私有化的机构还承担着兑换它们的债务的职责。在危机时期，这些机构的主管们必须对他们的股东负责，这些机构倾向于对自身的资产组合以及存款进行保护，而不是冒险去援助更大范围的银行体系。结果是，确切地说，当经济需要流动性的时候，这些机构的再贴现政策变得十分保守。类似地，为了维持可兑换性，它们通常会在危机时期提高贴现率，而实际上，此后的货币理论将会证明，此时进行相反的操作才是避免危机进一步恶化的有效手段。

表 5.4　　　　1914 年之前欧洲中央银行的概况

国家	银行	何时创立或被收归国有	何时垄断通货发行	成为最后贷款人的前十年	何年首次实行金本位制
英国	英格兰银行	1694	1844	1850s	1816（1819）
法国	法国银行	1800	1848	1880s	1878
德国	德国银行	1875	1875	1870s	1871
比利时	比利时国家银行	1814	—	—	1877
丹麦	丹麦国家银行	1818	1818	1900s	1873
芬兰	芬兰银行	1811	1886	1890s	1878—1879
挪威	挪威银行	1816	1816	1900s	1875
瑞典	瑞典国家银行	1668	1897	1900s	1873
意大利	意大利银行	1893	—	1900s	1884—1893，1902
奥匈帝国	奥匈银行	1816	1816	—	1900
葡萄牙	葡萄牙银行	1822	—	—	1854—1890
西班牙	西班牙银行	1829	1874	—	—
美国	无	—	—	—	1879

注：关于银行开始发挥各种功能的具体日期，详见 Craig 和 Fisher（1997，p. 117）、Muhleman（1896）和 Tarkka（1993）。

最后，我们探讨导致现代经济周期出现的最为常见且作用最为持久的因素，即非农业以及非银行的工业部门的产出波动。与农业的相对衰落以及欧洲大陆银行体系的成熟相伴随的是工业的扩张，正如银行体系的扩张导致银行恐慌更为常见而且经济因此而受到严重的影响一样，工业的扩张意味着工业部门对总体经济活动的影响越来越大。现代的真实经济周期理论启发我们去探究为什么在我们前文提到的所有因素都得到了改善之后，现代经济仍然受制于实际经济活动的衰退，这确实是一个神秘的问题。研究现代经济周期的理论家们聚焦于“技术”，不过就本书的讨论而言，一方面，这是一个过于模糊的范畴，我们宁愿将它视为与能源价格冲击相关的更为具体的事物，比如说，由于主要的石油生产区域出现了政治动荡，所以石油价格出现了巨大的波动；另一方面，“技术”也许是一个太大的范畴。当然，总体经济活动的衰退只是各种厂商决策加总起来所产生的净效应，而且，这里所指的 19 世纪的经济衰退与 20

世纪后期的经济衰退也很相似，因为经济的衰退通常与解雇的盛行相伴随，这一般出现在存货的积累之后。

因为经常是通过短期信贷为存货积累进行融资，所以制造部门与金融部门存在十分紧密的关系，而且几个世纪以来，贸易也一直如此。在19世纪末期之前，这些贷款通常是短期的并且是用于财务方面而不是作为长期的实体投资。尽管这些贷款通过转存可以作为厂房和设备上的投资，不过它们经常被用做运营资本、支付工资以及填补短期赤字，“当信贷流入（应收账款）过少从而不足以填补到期支付（应付账款）时，就会出现对外借款的需求”(Quinn，2004，p. 158)。当短期现金流为负时，为了填补开支，制造业主不得不进入票据市场进行融资，结果是遭受利息行为的影响。一旦票据市场变得十分成熟，制造业主就可以进入这一市场获得更多的资金支持，一直到应收账款与应付账款达到平衡。相反，当贴现率急剧上升时，制造业主将在不利的条件下进行借贷或不得不临时解雇工人以及削减产出。

上述情形与当前的真实经济周期理论所描述的十分接近。设想经济的初始繁荣状态至少部分地与生产率的上升相关联，而生产率的上升本身也许涉及关键部门——那些大型的以及增长的部门——的技术革新，于是对外借款导致的存货增加不过是（实际）经济周期性繁荣的反映。当一些外部因素——例如，农业危机或战争，因为这些将会影响厂商与供应商和消费者之间的贸易——出现后，外部因素将会导致经济的真实情形与原先的预测相背离，结果是，衰退就真的发生了。在这一过程中，并不存在借款者或贷款者的非理性行为，然而，他们实际上却经常在预测经济时犯错误。在避免出现这一可能性方面，却又没有什么简单的或低成本的方法可以供借贷双方采用。尽管我们在对实际总产出的波动进行回顾的时候，会发现它具有系统性的特点，但是它实际上与系统性无关。与1848年或1868年相比，1816年出现的经济预测上的失误是由不同个人和不同产业造成的。

就经济周期的具体情况来说，Crafts-Harley（1992）对英国主要的经济萧条所构建的指数表明，在1816年、1819年、1826年、1829年、1837年、1840年、1842年以及1847年，英国经济处在下行周期；根据Mitchell（1978，1992）的国民总产值的数据，我们可以将1866年视为经济衰退期。就法国来说，Toutain（1987）的工业产出指数表明，在1819年、1828年、1830年至1831年、1839年、1847年至1848年，法国经济出现下滑；根据Mitchell（1978，1992）的国内生产总值数据，我们也可以把1851年、1853年、1855年、1859年、1861年、1865年、1867年以及1870年至1871年视为法国经济衰退的时期。Craig和费雪（2000）针对比利时构建的消费指数表明，其经济在1818年、1822年、1828年、1831年以及1837年至1838年间出现了下滑。同样，更为一般地说，比利时经济在1842年至1850年间也出现了明显的下滑。而利用德国的产出和利率数据可以识别出其经济在1816年至1817年、1836年、1838年、1845年以及1848年至1850年间出现了衰退。再利用Mitchell（1978，1992）的工业产出指数，我们也可以把1853年看做德国经济出现下滑的年份。

就欧洲“外围”地区而言，文字描述性证据以及有关价格和实际工资的数据表明，在 19 世纪之前，农业部门的波动都主导了经济周期。

我们结合农业歉收、金融恐慌以及工业下滑的描述性证据和经济史学家们构建的实证数据以及相关文献所提供的二手数据，对欧洲主要国家的经济周期的具体情况进行了归纳（见表 5.5），我们分别列出了英国、法国、低地国家、德国、意大利、奥匈帝国、西班牙、斯堪的纳维亚国家的经济出现下滑的时期。不过，从当前的角度来看，就我们所使用的一些表明经济出现衰退的证据而言，学术界也许存在较大的争议。多数国家每 4～5 年就会出现一次经济衰退。比如表 5.1 以及表 5.3 中列出的 18 世纪的经济数据表明，相比第二次世界大战之后的欧洲，经济衰退的出现过于频繁。当然，正如 Basu 和 Taylor (1999) 以及 Romer (1999) 强调过的，人们在进行如此长时期的比较时，应该特别小心，因为潜在的经济结构已经发生了变化。从表 5.5 中可以看出，早在 1816 年，我们就可以识别出一个全欧洲范围的经济周期，即，在一个国家的经济出现下滑之后，别的国家此后也经常出现经济衰退，所以在表 5.6 中，我们尝试性地给出了欧洲大陆范围内经济周期性下滑的候选年份。

表 5.5　　1816—1870 年欧洲国家的经济衰退期

英国	法国	低地国家	德国	意大利	奥匈帝国	西班牙：农业	西班牙：制造业	斯堪的纳维亚国家
1816		1817—1818	1816—1818	1814—1816		1817	1817	
1819	1820		1821	1820—1821	1821	1820	1819，1821	1820—1821
	1822	1822			1823		1823	
1826	1825		1826	1825		1825	1825—1826	1824—1825
		1828		1827—1828	1828	1828	1828	
1832	1832	1831	1831—1832			1831—1832	1831—1832	1833
					1833—1834	1834		
1837		1837—1838		1835—1837		1836—1838		1838
	1839		1839	1839		1839		
1840—1842	1872	1842			1841	1841—1844	1841—1843	1841
	1845—1846	1845	1845	1846—1847				1846
1848	1848	1848—1849			1847—1848			1848
	1851						1850—1851	
	1853		1853	1853—1854	1853	1853	1853—1854	
	1855				1855	1855	1856	
1857	1859				1858—1859	1859		1857—1859
	1861				1862—1864	1861	1862—1864	1861—1862
1866	1865					1865	1866	
	1867			1867—1868		1867		1867—1868
	1870—1871					1870		

资料来源：同表 5.2。

表 5.6　　　　**1816—1870 年全欧洲的经济衰退期**

全欧洲的经济衰退期
1816—1819
1820—1821
1825—1826
1831—1832
1837—1838
1840—1842
1848—1849
1853—1854
1857—1859
1861—1862
1866—1868

以上的这些观察似乎表明，也许每十年就会出现两次欧洲范围内的经济衰退。相比欧洲此后的经济衰退，这一欧洲范围内的经济衰退太过频繁；从包括所谓的“大缓和”时期在内的最近几十年来看，这一衰退出现的频率也很高。尽管经济衰退出现的高频率也许是数据和历史记录方面存在的问题引起的，不过，我们从这一时期泛欧洲经济周期中所获得的最为重要的教训是，通过经济的现代化、制度的变革，特别是银行部门以及公共政策制定方面的变革，原先引起经济周期的关键因素——农业部门、金属货币本位以及缺乏具有一致可信性的最后贷款人——都出现了极大的改善。

第二部分　部门分析

第 6 章 农 业

特蕾西·丹尼森（Tracy Dennison）
詹姆斯·辛普森（James Simpson）

农业和长期增长

在 1700 年，所有经济体的经济结构在极大程度上都是以农业生产为基础的。农业部门使用了大部分劳动力，消耗了大部分的资本投入，而且提供了经济中的大部分产出。在某些方面这是很明显的。1700 年的人们比今天的人们穷得多，但却需要相似的食物摄入量，所以食物一定在经济活动中占有较高的比例——无论是从产出、消费来衡量，还是从国民收入恒等式的支出方面来衡量。因此，工业革命在英格兰开始时（大约在 1770 年）食物方面的支出约占家庭总支出的 60%，而在 2001 年只占 10%（Feinstein，1998）。但重要的是要意识到，农业还为工业生产提供大部分的原材料：生产布料所用的纤维，生产皮革所用的兽皮，建房、建船以及熔化金属所用的木炭。简直没有哪一项经济活动最终不是取决于农业生产——即使服务行业的职员所用的鹅毛笔和墨水也不例外。

农业在经济活动中占很大份额有几个非常重要的经济影响。首先，一国之内农业的产出和生产力的增长率是每个国家总体增长率的主要决定因素。类似地，国家之间的农业生产力差异是国家总体生产力差异的主要决定因素。其次，Crafts（1985a）已经强调，进口大量粮食对于 18 世纪的任何一个国家来说都是不可能办到的，因为没有哪个国家能够生产足够的农业剩余来满足另一个国家的粮食需求。所以，劳动力资源从农业向工业的任何转移都要求国内农业中的每个劳动者有高产出。因为每个农业劳动者都需要生产足够的粮食来养活他自己以及几分之一个或几个工业劳动者。这是很关键的，因为劳动力资源从农业转移到工业已经被视为早期工业化的特征。工业革命的替代范式——比如生产力增长率的显著提高，或者工业生产力相比农业生产力有显著优势——尚未获得经验证据的支持。

要精确衡量1700年每一个经济体的农业部门的重要性以及其随时间推移的演变情况是不可能的。标准的现代方法是，计算每年每个国家的农业产出占GDP的份额。相反，我们可以做的是，估计所选国家在基准日期从事农业的劳动力所占的百分比。不过，Crafts对工业化的定义被证明是一个非常有用的统计量。

Brunt和Fidalgo（2008）最近重新检验了欧洲农业劳动力的现有数据，我们将他们的发现通过表6.1呈现给读者。

表6.1　欧洲农业劳动力所占的比例　（%）

	1705	1775	1845	1870
奥地利	n. a.	75	72	64
比利时	n. a.		26	17
丹麦	n. a.	n. a.	n. a.	45
英格兰	35	29	20	14
法国	70	65	59	59
爱奥尼亚	n. a.	n. a.	68	60
爱尔兰	48	48	75	49
马耳他	n. a.	n. a.	50	50
荷兰	n. a.	38	34	35
挪威	n. a.	n. a.	33	33
波兰	n. a.	n. a.	89	58
普鲁士	80	70	60	49
俄国	n. a.	n. a.	81	81
苏格兰	n. a.	50	23	17
西班牙	71	66	61	61
瑞典	n. a.	n. a.	n. a.	80
威尔士	n. a.	n. a.	n. a.	53

资料来源：Brunt和Fidalgo（2008）。

我们能看到，农业的相对重要性在英格兰、苏格兰和比利时下降得最快，荷兰紧随其后，挪威也很低，但这确实要归因于GDP中捕鱼业的产出所占的比重很高，而不是早期工业化的征兆。大多数其他欧洲国家直到1870年仍然以农业为主。

因为严格的数据限制，衡量这个时期的农业生产率是非常困难的。关于劳动力和土地投入的数据少得可怜，关于资本投入的数据甚至不存在，这就妨碍了我们估计全要素生产率。耕地农业的数据比草地农业的数据完整、全面得多，且更容易获得。这部分是因为耕地农业是不动的，而且往往要缴税，相反，草地农业是流动的，而且极少或不缴税。但是，耕地农业的投入（比如种子和肥料）和产出（比如谷物和秸秆）之间是有明确区别的。相反，草地农业中动物既可以是投入（比如可以产牛奶和牛犊的种牛）也可以是产出（比如被送到屠宰场从而提供牛肉和皮革的奶牛）。关于动物的税收和普查几乎从不区分这些不同的可能性。

一个替代的方式是，从需求方面获得有关农业产值的数据。最关键的一步是，假设每个人的消费不变。不过，经济学家早已确定，对粮食的需求随着收入和相对价格的变化而变动。通过使用大量工资和价格方面的历史数据，并结合关于价格需求弹性和收入需求弹性的标准假设，Allen（2000）推出了一些欧洲经济体在1300—1800年这个时期的粮食需求。再考虑到粮食的进出口数据，就得到了农业产量的估计值。用农业产量除以农业劳动力数量，我们就得到了表6.2中的结果。

表 6.2　　欧洲农业的劳动生产率（以英格兰1800年的劳动生产率为100衡量）

	1600	1700	1750	1800
英格兰	53.1	80.4	107.7	100.0
比利时	88.1	83.9	85.3	77.6
荷兰	74.1	86.7	103.5	100.7
法国	50.3	51.7	55.9	58.0
意大利	58.0	56.6	49.0	39.9
西班牙	53.1	60.8	55.9	49.0
德国	39.9	37.8	39.2	46.9
奥地利	39.9	51.7	69.9	51.5
波兰	54.5	65.7	65.0	74.8

资料来源：从Allen（2000，p.20）中的数据演算得出。

我们能看到，英格兰、比利时和荷兰的劳动生产率都远比其他国家高。这大致与新近的文献一致，它们强调西北欧和欧洲大陆的其他地区在现代早期的分流。对生产率进行比较这种模式在19世纪晚期也能看到，当时更高质量的以产量的直接观察结果为基础的数据变得可用。表6.3中1890年的数据显示了非常类似的模式，据此可以比较在欧洲范围内的生产率，其中，西北欧每个工人的平均产出大大高于大陆其他地区的人均产出。

表 6.3　　1890年欧洲农业的劳动生产率（英国＝100）

英国	100
荷兰	82
丹麦	44
法国	52
意大利	28
西班牙	33
德国	63

资料来源：O'Brien和Prados de la Escosura（1992，p.531）。

使用劳动生产率作为指标，存在许多重大的困难。一个问题就是，我们计算劳动生产率时是用总产量除以所有工人的数量，而不是计算每个工人每小时工作的生产量，这可能会造成各个国家之间在劳动力利用率上的系统性差异。例如，传统社会的农业劳动力通常有几种就业形式，可能涉及其他行业，比如服务业（特别是运输业）、建筑业、采矿业或者工业。此外，工人可能季节性失业，也可能他们的收入足以让他们在乡下生活一整年，但他们在农闲时期没有足够的工作可做。这种区别在英格兰这样的国家可能不太重要，因为在1700年该国的农业劳动力由年轻的、全年都能得到聘用的家庭劳动力组成（Allen，1994，p. 106）。但这种区别在意大利和西班牙的大庄园（latifundio）是重要的，大庄园对劳动力的需求的季节性很强，这导致与大庄园签订临时合同的无地劳动力和农场雇用的劳动力可能只有北欧地区的一半。南欧和东欧大部分地区的问题是，缺乏长期（一整年）稳定的农业就业机会。

不过，如果我们认为上述估计值具有广泛代表性，那么我们需要考虑，为什么整个欧洲的劳动生产率和农村生活水平差异如此显著？这需要我们解释：为什么东欧和南欧的许多地区的生产率和农民生活水平的上升幅度不大？为什么劳动生产率在西北欧的部分地区提前飙升？在下面的部分，我们将考虑技术变化、人口增长、城市市场和专业化以及制度因素。我们就农业部门对工业化的贡献进行一些概括性评论，并以此作为结论。

技术变化和生产率及人口的增长

本卷第2章描述了1700—1870年这个时期欧洲人口的显著增加，如果要保持生活水平不下降，则要求粮食产量相应增加。欧洲大陆的大部分地区早已被开发，因此人口规模的变化等同于人口密度的变化，而不是像北美和澳大利亚那样还存在地理边界的扩张。1700—1870年这一时期产量增加的大部分（尽管不是全部）可归因于轮作强度的增加以及新作物的种植。在特殊情况下，这可能涉及高价值作物的种植和生产，比如Médoc的葡萄，但通常它涉及的是低价值的作物，比如马铃薯，它热量高而成本低。

根据马尔萨斯的人口模型，日益增长的人口数量使得土地日益（相对）稀缺。我们预期，这能促进土地节约型技术的采用，并导致人均产量的减少，因为每个人可种植的土地减少了。乍看之下，欧洲的情况与这种解释是一致的。例如，在荷兰，土地供给是有限的。荷兰人垄断了与亚洲的香料贸易，这导致了其17世纪的经济繁荣和人口激增，荷兰通过创造新土地和使现有土地集约化生产来满足城市对粮食的需求，这是明智的应对之策。这既推动了人们使用堤坝填海造田，又促使了人们在每单位土地上使用更多的肥料。18世纪英格兰也采取了一些与荷兰有可比性的做法，即在休耕土地上种植芜菁和苜蓿这两种替代作物，从而使土地资源得到更集约的利用，人均耕地面积也有效地增加了。

这项技术随着"诺福克四年轮作"（Norfolk four-course）的广泛采用于19世纪中叶在英国达到了顶峰。"诺福克四年轮作"指的是第一年栽培小麦，第二年种芜菁，再下一年种大麦，然后再种一年苜蓿。这种制度经修改后在其他北欧国家得以采用。在英国，芜菁和苜蓿被用于饲养牲畜，这为英国市场提供了更多的肉。在法国和中欧其他国家，芜菁被甜菜取代。这些应对是有意义的，因为农民对肉类的需求较小（农民的收入较低，而肉类又是一种收入弹性大的商品），而糖却较昂贵（由于德国之类的国家并没有能够生产廉价蔗糖的热带殖民地）。地中海周围的国家尝试了北欧的新轮作技术，但它们通常会失败，因为它们的农业和市场条件与北欧非常不同。

当面临人口增加的压力时，南欧的农民并不是必然处于不利地位。南欧的问题之一是一年中的周期性失业，而集约化生产有助于解决这个问题。首先，在曾经只能用来自然放牧的一些地方，土地得以耕作并被用来种植谷物。其次，每隔三年或三年以上只提供单一收成的谷物轮作间隔被缩短了，以至于能更频繁地收割庄稼。最后，谷物的种植规模缩小了，而种植葡萄和橄榄的规模扩大了。19世纪80年代西班牙南部种植一公顷的谷类植物每年只提供20天的就业（如果考虑休耕的话就更少），而种植葡萄可以提供80天的就业，种植橄榄可以提供30天的就业（Simpson，1995）。这个时期的西班牙其自然资源禀赋是有优势的，所以19世纪50年代的谷物生产者和19世纪70年代的葡萄园主期望成为主要的出口商。当全球粮食市场的整合导致新大陆国家夺取了这些出口市场，进而威胁西班牙本身的国内市场时，他们的希望破灭了。地中海沿岸其他地方的情况与此类似。1891年西班牙对谷物的关税显著增加，法国（1885—1894年）、意大利（1887—1894年）和葡萄牙（1889—1899年）的情况一样。当时西班牙人开始痛苦反思，然后认为他们本国的自然资源禀赋较为低劣。实际上，北大西洋谷物和牲畜经济的整合，已经将地中海大部分地区的比较优势从土地密集型农业转变成资本密集型农业。农民要适应这一变化是相当困难的，只有采用现代化灌溉技术才会有作物种值的集约化进程，而这既需要建设用以储水的大型水库（而不是简单地使用自由流动的河流），又需要生物技术有长足的发展，以创造新的作物供在国内和国际市场销售。当然，早在1870年，地中海地区就有一些变化的迹象，但是该进程从20世纪中叶开始才真正变得有一点重要了。

在东欧，尤其是在实行农奴制的地区，农业新技术的引进比西北欧更慢，且更不均衡。一些有企业家精神的地主在他们的领地上引进了新的轮作技术和作物品种。比如，在18世纪中叶，克莱斯特家族（the Kleist family）发起了将传统的三圃制（three-field grain system）改为休耕轮作制度（a system of fallow-free convertible farming）的运动，这导致了产量的大幅增加（Hagen，2002，pp. 314-315）。再往东，更富进取心的俄国地主迫切需要有关农业技术改进的英文书籍。甚至有俄国农民在自家的土地上大胆尝试，比如引进新肥料和新的非粮作物（Moon，1999，pp. 130-131）。不过，总体上，直到19世纪粮食种植的三圃制（主要是小麦、黑麦和燕麦）在整个东欧都仍然得以保留（在俄国的大部分地方，即使在1861年废除农奴制后仍然得以保留)。这在一定程度上归因于这个区域不同的生态条件（较短的生长季节、不同的土壤)。就俄国来说，由于有大量土地，所以集约化生产的压力减轻了。但在中欧和东欧，更重要的是农奴制和强大的农村社区强加的制度性约束，关于这一点，我们将在后面细谈。

作物的集约化种植方面取得广泛成功的一个例子是马铃薯的引进。尽管马铃薯早在16世纪就被西班牙人从它的原产地（秘鲁和玻利维亚的安第斯山脉）引进，之后就已为大众所知，但直到18世纪后期马铃薯才在欧洲种植。然后，不断增加的人口压力、粮食的缺乏、饥荒以及新品种的发展共同促成了它的传播——18世纪70年代早期传播至瑞士、德国和奥地利的部分地区，18世纪90年代传播至法国，19世纪初传播至匈牙利和波兰（Blum，1978，pp. 271-276)。尽管法国在大革命前夕已经种植了约2万公顷的马铃薯，但该数字在19世纪最初十年已经增至300万公顷。每公顷土地上产出的马铃薯比每公顷土地上产出的小麦或黑麦提供了更多的热量（但工作小时数却未必增加)，因此许多小农场主在供给粮食的同时，可以释放其他的土地和劳动力来种植经济作物。不过，过分依赖马铃薯的农业制度是有局限性的，因为马铃薯既难以储存，又难以运输，这使得种植者难以积攒节余来应对作物歉收（Mokyr，1985)。

技术变化能提供一种方式，使得在人口增长的同时还能提高劳动生产率和生活水平。根据Boserup（1965)，技术变化正是人口压力的直接结果。由于越来越难以满足当前的生活需要，所以人们不得不努力创新。有人可能会认为，欧洲的农业发展就符合这个特征，特别是西北欧面对不断增加的人口压力，其应对之策是不断增加资本，以及引进新作物以便更集约地使用土地。但这条简单且诱人的推理路线有两个需要注意的地方。

首先，“技术变化”和“技术选择”通常是有区别的。前者是个动态概念：新技术的创造是对高昂的或者不断上涨的投入品价格所做出的反应。后者是个静态的概念：农民已经意识到了一系列可能的生产技术，在价格既定的情况下，他们选择成本最小的生产方法。许多施肥技术（比如撒石灰或者施泥灰）在18世纪的英国和荷兰流行起来，事实上它们已经为人所知很多年（甚至在罗马时代)，农民们选择再次使用它们，仅仅是因为相对价格的变化使得再次使用它们变得有利可图。作物轮作方面可能也是如此，比如英格兰越来越多地利用苜蓿。在这个意义上，我们所看到的变化只不过是技术选择的变化，而不是技术的变化。

其次，英格兰是世界上土地与劳动力之比最高的国家之一，如果它真的以Boserup提出的方式对资源约束做出反应，那么它就应该发明劳动节约型技术。但这方面的证据彼此矛盾。比如，19世纪20年代引进蒸汽脱粒机的尝试激起了施荣暴动（the Swing Riots)，直到19世纪50年代不列颠南部才使用这种机器（Hobsbawn and Rudé，1968)。而且，英国犁耕技术的创新似乎是受当地知识外溢的驱动，而不是受本地资源短缺（正如当地市场上劳动和资本的相对价格所显示的那样）的驱动（Brunt，2003)。不过，英格兰确实在相对早些的时候设法引进了一些节省劳动力的机械。特别地，到 1871 年，英格兰和威尔士约 25%的小麦是由机械收割机来完成收割的，这一比例大幅超过德国（1882 年为 3.6%）和法国（1882 年为 6.9%）(Collins，1969)。地中海沿岸的一些农民也尝试了新的节省劳动力的设备，但最终却拒绝使用它们，因为他们偏好更便宜的传统方法（Simpson，1995；Federico，2003)。

对技术变化的更深层次的理解，也许要求对农业生产有更全面的看法。农业的劳动生产率受役畜与人类劳动力的比例的影响极大。O'Brian 和 Keyder（1978，pp. 115-119）提出，1800 年，英国农民拥有的畜力比法国同等的农民多约 2/3，这有助于解释劳动生产率方面的差异。畜力的作用对增加产量至关重要，事关农场的经营与倒闭，这使许多地方，比如地中海区域，与北欧相比似乎已经处于劣势。然而，北欧地区增加农场牲畜的阻碍在于缺乏冬季草料，这个问题是靠种植芜菁之类的作物来解决的。在南欧，饲料的季节性短缺发生在夏天的几个月。在法国的普瓦图（Poitou）南部，春季种植谷物非常不易，其谷物产量或许只有北部的 1/3，而且在长时间干燥的夏天只能生产低质量的草。灌溉是一种成本很高的解决方案，直到 20 世纪下半叶拖拉机在地中海地区大量引进，这种限制才得以解除。

城市化、市场和农场专业化

亚当·斯密（1966，Book 3，Chapter IV）写道："在欧洲的大部分地区，城市的商业和制造业，一直是乡村改进耕作的原因和理由，而不是其结果"。高收入消费者在城市的集中给了农民很大的激励：专业化生产收入需求弹性高于谷物的商品。经济史学家特别是 Jack Fisher 和 Tony Wrigley 强调伦敦所起的作用。在英格兰和荷兰（其城市化率是 30%）以外的地方，城市市场的拉动要弱得多。在 1850 年铁路时代前夕，法国的城市化水平为 15%，德国的城市化水平为 11%，西班牙的城市化水平为 17%，意大利的城市化水平为 20%，奥地利—波希米亚的城市化水平仅为 8%，波兰的城市化水平为 9%（de Vries，1984，table 3.8)。高度的城市化或许会鼓励农民专业化，但将粮食从农村运到城市的效率才是决定城市规模的首要因素。

有两种阻碍国内贸易的障碍。首先是有形的运输成本。其次是制度性障碍，比如税收或者需要官方运输许可证，或者官方完全禁止货物和人员的流动（如东欧)。这两个特征并非毫不相干。在英格兰，交通状况良好，因为有大量定居点与可通航的水域邻近，距离也相对较短，并且市场信息的流动性较强。饥荒的风险也比较小。一方面，政府政策鼓励农民种植，即使在丰收之年也一样，由于国内价格低的时候政府会给出口提供奖励，所以农民可以获得有效的最低价格保证。另一方面，在一些意想不到的收成不太好的年份（比如，由于连续几个季节的糟糕天气)，工人相对高的收入可以吸引进口，以弥补不足。

英国的案例可以和欧洲大陆许多地方的情况形成对比。在那些地方，粮食购销受到非常严格的控制，尤其是在18世纪，政府只允许几个特定的地方保留粮食市场，并强制农民通过这些市场销售余粮，在市场外销售是非法的，参与者将受到很严厉的法律制裁（Persson，1999）。运输是昂贵的，而且，由于受到限制消费者难以或根本不可能获得有关收成和库存的信息。粮食短缺的谣言可能引起城镇人口的抢购，而这会鼓励商人将粮食从乡村（那里的消费者手中积攒的粮食有限）运到城市市场转售。但旧秩序下，政府采用了一系列的措施进一步保护城市消费者，如规定最高价格、限制谷物流动、建立政府粮仓等。城市的政策倾向于打击粮食种植，特别是在歉收之后，最高限价侵占了农民的利润之时。农民可能会转而尝试种植其他作物，比如葡萄，以增加他们的利润，但他们往往被禁止这样做。欧洲大陆许多地方面临的另一个障碍是，运往及进入城市市区的商品要被征税，在一些国家这种情况直到20世纪仍然存在。

饥荒在现代早期的欧洲是个重大的问题，如17世纪90年代在法国、瑞典、芬兰，1708—1709年在法国，以及1740—1741在爱尔兰发生的大饥荒（O. Grada，2007，p. 31）。1846—1852年爱尔兰的饥荒导致了上百万人口死亡。但是到1870年，在大多数欧洲国家，严重的饥荒已经成为历史，只有极少数例外，比如1944—1945年的荷兰或者希腊。相反，战争和斯大林主义（Stalinism）在20世纪上半叶至少导致了东部三次主要的饥荒。对发展中经济体的研究表明，饥荒未必是由一个经济体整体的粮食匮乏造成的，反而是由粮食的分配不均造成的，或者是因为某些社会阶层买不起他们所需要的粮食，或者是因为粮食无法被运输到最需要它的地方（Sen，1981）。在1700年至1870年这个时期欧洲的情况大致也是如此：本地粮食市场的结构深深地影响了农业部门能在多大程度上满足更宽泛的经济部门对粮食的需求。

尽管面临有形的和法律的约束，但当价格差异足以覆盖制度及运输成本时，粮商尽了他们最大的努力去交易。但这些城市间的价格差异有多大？它们是如何随时间而变化，并对政治稳定性的不断提高和通信网络的不断改善做出反应的呢？这些价格差异度量了一个市场的一体化程度以及调整的速度。伦敦的商人需要多久才能对巴黎的价格上涨做出反应，即通过套利使得两个市场之间的价差缩小到刚好等于两地间的交通成本的水平呢？平均而言，如果调整的速度更快，消费者和生产者的状况都将好转。

Jacks（2005）仔细检查了1800年至1913年之间欧洲和北美100个城市的谷物价格数据。他发现，到1800年，西北欧各个国家内部及国家之间一般都已经联系得很紧密了，价格差异很小而且调整速度很快。越往欧洲的南部和西部推进，其市场一体化水平越低，其中奥匈帝国和西班牙的表现尤其差。Jacks发现有相当多的证据证明，到1870年，所有国家之间的价差都在缩小，但其调整速度没有提高。对价格差异及其调整速度的回归分析揭示了我们希望找到的经济行为类型：更好的交通运输联系（运河、铁路、港口以及河流连接）导致了更小的价格差异和更快的调整速度。不过，值得注意的有趣现象是，Jacks（2006）表明，随着时间的推移而发生的市场一体化的改善并非源自交通网络的改善，相反是源自政治稳定性的提高。尽管Jacks的结果确实很有意思，但Coleman（1999）却认为，对市场一体化的检验仅基于价格，可能引起误解，因为我们很难区分冲击的同步性（synchronicity）的增强和调整速度的加快。Brunt和Cannon（2007）通过将价格差异分解成四个组成部分来处理这个问题：平均价格差异、价格冲击的方差、冲击和两个价格序列之间的相关性，以及一个序列对另一个序列的调整速度。他们发现，英格兰在1770年至1820年之间，几乎所有与“单一价格法则”（law of one price）的偏差都是由平均价格差异，而不是调整速度导致的。与Jacks的研究结果类似，他们发现该时期道路与运河的显著改善几乎毫无影响。

有些地区的出口市场特别重要。到18世纪晚期，基本食品比如谷物的主要贸易路径是从波罗的海（特别是东普鲁士和波兰）运往西北欧（特别是荷兰，它既是一个消费中心，又是一个分销中心）。从19世纪初开始，英格兰成为主要的欧洲进口商，此外，它还开始通过黑海从俄国获得粮食。不过，与总消费量相比，运输的数量仍然极少。甚至在19世纪50年代英国转向自由贸易之后，小麦的进口额仅占总消费额的25%。在1870年之前，与新大陆的贸易对此几乎没有影响（O'Rourke，1997；O'Rourke and Williamson，1999）。

葡萄酒在较早时期就已经成为国际贸易中的重要商品，但在17世纪中期和18世纪晚期，优质葡萄酒的专业化生产经历了重大变革，并由此改变了贸易和消费的模式。波尔图（Port）是葡萄牙的英国商人为英国市场开发的一种酒。波尔多地区优质葡萄酒的发展可追溯至1650年至1740年之间的时期，圆柱形瓶子及软木塞的引进等使得最好的葡萄酒能够在瓶子里酿熟。香槟地区的生产商克服了在瓶中二次发酵的困难，并开始将他们的酒作为一种全球性奢侈品推向市场（Guy，2003）。大多数葡萄酒的保鲜效果差，交易成本高且税收水平高，这就限制了欧洲农民更充分地利用劳动力并通过葡萄酒的专业化生产来取得收益的可能性。尽管如此，葡萄酒仍然是非常重要的出口物品，大约占1850年葡萄牙所有出口额的一半、西班牙的1/4、法国的1/10。

制度

之前的实证结果表明，这个时期整个欧洲的劳动生产率、技术进步和市场一体化存在显著的差异。尽管如此，我们还是能观察到一个大概的模式：直到19世纪南欧和西欧都落后于西北欧——特别是英格兰和荷兰。我们怎么解释这些差异呢？虽然气候、地理和文化之间的差异可能对结果有些影响，但制度——特别是为维护产权和执行合同所建立的程序——的作用一定不能被忽视。

制度学方法旨在将生产率差异解释为刻画一个特定社会之特征的经济、社会或者法律框架方面的差异。例如，没有安全的财产权的农民——无论其文化信仰是什么——不太可能投资于农业创新，因为他们不能确保自己可以获得此类投资的回报。由于没有保证合同执行的可靠体系，农民不能获得信贷，从而无力承担创新所需要的高额支出。在这个时期的整个欧洲（以及在任一特定国家之内），财产权和合同执行各不相同。在任一特定地方这些程序如何运转很大程度上是由当地的体制决定的——特别地，是由当地法人团体，比如地主（landlord）、教堂以及社区的力量决定的。

在英格兰，这些团体的力量相对较弱，但是那里有一个非常规范的法律框架和法院系统，这在很早的时期就已经形成了。在中世纪时期，当时教会和庄园主们的势力非常大，对其佃农（农奴）有很强的控制权，但是一个一体化的法院系统还是开始了运转，于是，即使是农奴也可以借助这一系统来解决财产和信贷纠纷。不仅在庄园法庭有关于农奴之间的交易纠纷的案例，而且在皇家法庭也有一些起诉地主违反协议（提高租金或要求额外的劳动）的案例。这一法律框架远不及现在的法律复杂，但它仍然有效地降低了交易风险，从而使农村能够存在活跃的土地市场、信贷市场、粮食市场以及牲畜市场。英国的农业生产力受益于后来的发展，比如圈占敞田（the enclosure of open fields）导致了更多明确界定的财产权。

在欧洲南部的许多地方，财产权并未被如此明确地界定，农业的改良因强大的本地团体对资源的控制而受到阻碍。由于财产权在旧制度下的法国的部分地方是不确定的，地主和村民们经常对同一块土地声称有所有权（Rosenthal，1992；Hoffman，1996）。尽管法国也有法院系统对此类问题进行裁决，但这一系统运行得不是特别好：诉讼流程很慢，花费极大，而且判决被批准后能重复上诉。这无助于减小不确定性，创新依然是一项冒险的事业。当法国大革命引进明确分配财产权的统一体系时，对技术创新才有了更多的投资，这种情况也才有了改善。

西班牙的农业同样也受产权的不确定性的影响。在西班牙，“所有权”（ownership）往往是分为几个层级的，其中，有权收地租的人（直接所有权，dominium directum ）和有权耕种的人（使用权，dominium utile）是被区分开来的（Simpson，1995）。农业创新进一步被强大的本地团体所阻碍，它们握有来自国王的特权。梅斯塔（Mesta）——强大的牧羊人和绵羊所有者协会——就是一个这样的机构，国王为了换取报偿，已经赋予它在所有以往未播种的土地上放牧的权利。虽然近年来关于梅斯塔的特权的更广泛的经济影响一直有一些争议（Nugent and Sanchez，1989），但许多历史学家坚持认为（像当代评论家一样），梅斯塔的特权使它难以圈住地产，延缓了牧场向耕地的转变，从而降低了改进农业生产的可能性。

地主们的权力对农业生产率有相似的负效应。在意大利的一些地方，地主们能够控制佃户的土地分配和使用的方式。许多领主保留了随时终止租赁的权利。租地使用权缺乏保障以及定期没收盈余，使得这些区域的佃农不太可能为改善产出进行投资。在欧洲的中部和东部，领主们甚至有更大的权力。易北河（the river Elbe）以东的许多欧洲地区这时处于农奴制复兴（second serfdom）时期，在这种土地占有制中，领主对他们的佃农的劳动分配有着相当大的控制权。农奴经常“被束缚在土地上”（tied to the land），因为在大多数农奴社会里，他们不能自由离开领主的领地。他们耕作从领主那里租来的土地，并通常以现金或者实物支付年费。此外，农奴被迫每周花几天时间在领主自己的土地（demesne，领地——领主自用的土地）上耕作。农奴因此不能将他们全部的劳动供给分配在自己的小块土地上，而且任何提高生产力的努力都会遭到破坏。此外，他们在领主的领地上不可能高效地劳动，因为他们努力的好处主要归领主。

农奴制复兴时期的领主们忙于各种形式的寻租。一些领主垄断了酿酒，坚持要求他们的佃户以高价购买当地的啤酒。一些领主垄断了磨坊，坚持要求他们的佃户将谷物带到庄园磨坊。大多数地主从佃户手中收取他们用来结婚或者走出庄园边界的费用。有人可能会说，农奴往往能够逃避庄园政策，从而最小化它们对生产力的影响。然而，钻规章制度的空子代价也不小。农奴通常得向庄园官员行贿，并且得承担因违反庄园制度而被惩罚的风险。最终的结果是，一个稳定的盈余没收体系使得农民难以积累用于改善产出所必需的资金。由于回报无论如何都会被地主抽走，所以此类寻租行为同时对投资产生了抑制作用。

创新的激励被强大的本地团体进一步削弱。在欧洲的许多地区，团体通过对转让施加限制来控制获取对土地的权力。例如，在符腾堡黑森林（Würt. tem. berg Black Forest），未经团体允许，农民不得出售或者遗赠拥有的财产。该区域的乡村团体控制了公共资源的使用权，负责决定可耕地的用途。希望种植新作物或者采纳新技术的人必须获得乡村长官的允许。强大的本地团体在农奴制复兴时期也存在。像符腾堡黑森林的团体一样，它们与庄园主一起，拥有限制转让和决定公共用地和可耕地的用途的权力。在许多地方，农奴团体有权将土地从它们认为经济上不能生存的家庭的手中夺走。比如，在波希米亚和普鲁士的庄园，寡妇可能会被该团体强迫再婚，以保住她们的财产（Ogilvie and Edwards，2000；Hagen，2002）。在俄国的农奴制社会，大部分可耕地都以公社地权方式持有，公社官员根据每个家庭的劳动力以及消费者的数量来分配土地。当一个家庭的组成发生变化时，这些官员有权将它的一部分土地重新分配给另一个较大的家庭。

庄园主和农奴团体对流动的强制性限制影响了欧洲中部及东部的城市化和市场一体化的步伐。在农奴制社会，这些以现金或实物支付地租的人，通常被允许在附近的城镇或城市做流动劳工，虽然他们通常不能长久移出。不过，他们仍然被要求履行庄园里的特定年度义务——即使在外出时，他们也起码要雇用他人来替代自己。在庄园主的领地上定期履行劳动义务的农奴，不太可能获得许可离开，哪怕是临时性的。农奴制社会（以及很多没有农奴的地方）的团体，通常在其成员是否被允许迁移，以及迁移者是否能够在村里定居方面有发言权。许多庄园主要求农奴必须在他或者她同意签发旅行证件之前先获得团体的许可。因此，这个区域的城市化慢得多就不奇怪了。即使在19世纪初欧洲的中部或者东部，我们也没有看到和伦敦或者巴黎一样大的城市。

结论

农业生产率最先得到提高的地方，也是最先进行工业化的地方，这并非巧合。为了实现工业化，必须尽可能地用更少的人去生产更多的粮食。英格兰能够做到这一点，是因为它的市场往往更有效率，农民有很强的激励去增加产量。随着劳动力涌入城市，农业产出，以及粮食和原材料的进口增加了。到1840年，农业的劳动生产率与其他经济领域一样高（Crafts，1985a）。

为什么其他国家，特别是欧洲东部和南部的国家增加农业产量和提高生产率所花费的时间更长？虽然这些国家的自然资源禀赋显然与西北欧不同，这使得其难以开发新的农业技术和引进新的经济作物，但是，更大的障碍似乎应该是以下事实：农民改变生产系统的激励太少了，或是因为他们很难接触潜在的消费者，或是因为制度性安排未能克服市场失灵的问题。

新技术、农作物轮作，或者土地所有权的重新安排被拒绝不一定是因为经济行为主体规避改变，而是因为既得利益者认为传统的制度更有利可图。欧洲南部和东部的农业生产率可能一直很低，但当地的大地主往往极其富有，而且他们在维护有利于当前的生产制度的政策方面做得很成功。在英国，《谷物法》的废除以及国内谷物价格的暴跌，（特别是在1873年之后）不仅严重威胁了该国贵族及有地阶层的经济和政治基础，而且提高了城市的实际工资，从而为其他形式的农业，比如劳动力密集型的园艺提供了新的机遇。欧洲西北部以外的地区在1700年至1870年之间确实发生了改变，但这种改变往往更本地化。直到20世纪，欧洲南部和东部的生产率水平才达到19世纪末期欧洲西北部的生产率水平。

第7章 工 业

斯蒂芬·布劳德伯利（Stephen Broadberry）
雷纳·弗雷姆德林（Rainer Fremdling）
彼得·索拉尔（Peter Solar）

向现代经济增长的转变于18世纪中期和19世纪中期之间发生在欧洲。决定性的突破发生在英国，它以新技术和新组织方法在工业中的应用为中心。虽然经济史学家如今认为，这些变化历时很长，是建立在工业经济活动占比已经非常高的基础上的，而且在1830年之前经济仅有小幅度的增长，但是“工业革命”这一术语却还是被广泛使用（Crafts，1985a；Shaw-Taylor and Wrigley，2008）。正如de Vries所认为的，与工业化相联系的变化之所以是革命性的，是因为它们被证明是不可逆的且已成为一种“理想类型”（ideal type），像法国大革命一样。虽然欧洲的其他地方并非仅仅是复制英国的例子——“到达20世纪有不同的道路”，但“迎头赶上”的想法，对考虑18世纪晚期至19世纪晚期欧洲大陆的工业化发展来说，依然是个有用的起点（O'Brien and Keyder，1978；Gerschenkron，1962；Fremdling，2000）。在泛欧洲层面上进行研究有助于明确工业革命对人类历史的根本意义，这在我们聚焦国家发展的时候可能会被忽略。

关键主题

技术进步

在关于技术进步的文献中，区分发明、创新、扩散和模仿的做法是很常见的（Mokyr，1994，pp. 13-16）。发明是指一项新发现，而创新是一项发明的商业应用。尽管该区分在实践中是模糊的，但有一些显而易见的例子，比如列奥纳多·达·芬奇（Leonardo da Vinci）的直升机技术草图沉寂了几百年。创新和扩散之间的区别就是一项发明的首次商业应用与这项发明的广泛使用之间的不同。这项区分在实践中可能也是模糊的，因为一项创新在广泛扩散之前通常需要进行一些修正。类似地，如果一个公司或社会从模仿开始最终走向创新，那么创新和模仿之间的区别也会变得模糊。20 世纪的日本就是这样一个著名的例子，工业革命期间的英国也存在这种情况。

经济学家最近借助通用技术（General Purpose Technology，GPT）来阐明经济加速增长的时期。Lipsey、Carlaw 和 Bekar（2005，p. 98）将 GPT 的特征概括为“在其整个生命周期里是可识别的、单一的，最初有很大的改进空间，最终被广泛使用，有多方面的用途，且产生较大的溢出效应”。该概念的诞生是为了解释近年来信息和通信技术（information and communications technology，ICT）的广泛采用所引起的经济增长的加速，但在经济加速增长的早些时期，比如工业革命时期明显还存在一些有历史相似性的技术。我们将分析蒸汽动力在多大程度上能被视为第一种 GPT，并评价它在工业革命期间对经济增长的贡献。

工资和技术

人们预期的要素价格可能会影响其对技术的选择。不过，虽然这一观点已经在解释 19 世纪欧洲和美国之间的技术差异时受到了广泛的关注，但它在解释工业革命早期阶段欧亚之间的技术差异时受到的关注却有点少。Habakkuk（1962）考察了 19 世纪大西洋两岸的差异，他认为美国的高工资导致了资本对劳动的替代（更多的机器）以及技术进步方面的劳动节约偏好（更好的机器）。Broadberry 和 Gupta（2006）最近指出，在工业革命前夕西北欧和亚洲之间的工资差距远大于 19 世纪英国和美国之间的工资差距。这一点很重要，因为向现代化工厂工业的突破发生在英国的棉纺织业，英国也由此取代印度成为棉纺织品的主要生产国和出口国。因为英国的货币工资高达印度的 5～6 倍，所以英国公司不可能使用印度那种劳动力密集型的生产方法去参与竞争。

生产要素价格可以在一定程度上解释欧洲大陆许多国家迟迟不采用英国现代技术的原因。Landes（1969）等认为这是创业失败的结果，这种见解对企业家来说并不公平，因为他们必须考虑英国和欧洲其他国家之间的要素价格的差异。这通常意味着，如果为适应英国的要素价格而开发的新技术未经进一步改进以适应当地情况，那么在欧洲大陆使用这些新技术将不能获利（Fremdling，2004；Broadberry，1997）。

能源

另一个重要的要素价格是能源价格。随着木材的日益短缺，人们以煤炭取代木材作为能源的主要来源的动机日益强烈，这是导致焦炭技术创新的主要动力（Hyde，1977）。Allen（2006）认为，高工资与廉价煤炭对于解释英国在工业革命时期关键技术的发展，以及其他欧洲国家此类技术的落后，都是很重要的。

Wrigley（2004b）将煤炭对木材的替代视为关键性发展，它使得欧洲能够开发煤炭中所蕴含的历经百万年而存储下来的能量，从而摆脱了“生物经济”的约束。在18世纪，煤炭替代木材作为热能的来源，应用的范围日益扩大：最初应用于煮盐及炼糖等工艺，在这种工艺中热源和要加热的对象被一个物理隔离物分离，以防止化学污染；随着时间的推移，技术的发展成熟到能够防止污染和破坏产品，于是煤炭的使用扩大到诸如砖、陶器、玻璃和酿酒等工业。这个进程的高潮是使用焦炭炼铁。通过蒸汽机，煤炭也打破了原先只能依赖动物、风力和水能来提供机械能的约束。蒸汽动力在许多经济部门起了很重要的作用，从最初的将水从矿井中抽出扩大到为制造业、轮船和火车，以及农业机械如脱粒机等提供动力（Crafts，2004）。

知识和人力资本

经济学家今天普遍极力强调知识和人力资本对经济增长的贡献。不过，经济史学家和科学史学家非常怀疑它们对工业革命的贡献。关于知识的作用，尽管Musson和Robinson（1969）认为在工业革命期间，科学和创新之间存在密切的关联，但是大多数经济史学家依然对此持怀疑态度。正如von Tunzelmann（1981，pp. 148-151）谈到的，科学并没有被引入一个一致的框架，而且它的大部分都是错的。此外，工业革命的关键性创新与科学探究的主要领域还有很大的差距，而且无论如何，科学在欧洲大陆比在英国要繁荣得多，虽然关键性突破是在英国取得的。不过，Mokyr（2002）赞同“命题性知识”(propositional knowledge)（科学）和“规范性知识”（prescriptive knowledge）（工程学）之间有着更一般的相互关系。这两种知识之间的相互作用很重要，因为它可以防止在工业革命期间出现创新集群逐渐消失和收益递减的现象。

经济史学家通常非常轻视工业革命期间专利制度的作用，他们更多地强调它的缺点而不是优点（Landes，1969；MacLeod，1988）。不过，一些作者最近提出了专利制度的一个更加积极的作用，这引起了近期有关技术变革的文献对知识产权的重视，这些文献强调了投资者愿意为专利保护而支付大量金钱(Sullivan，1989；Broadberry and Gupta，2008)。当然，很多关键知识也是物化在熟练工人身上的，而且是靠实践来传承的，而不是靠写下来。两种知识在下面讨论的工业中都起到了作用。

尽管人力资本最近一直被视为经济增长的关键，但是它很少被认为是推动工业革命的关键因素。第一个问题是，人们往往认为，工业革命时期机器的使用降低了作业的技术性（de-skilling)，用相对不熟练的劳动力代替熟练的工匠导致了学徒期的缩短（Mitch，2004，p. 347）。第二个问题是，童工的广泛使用增加了学校教育的机会成本（Mitch，1993，p. 276）。

工业组织

在工业革命之前，大部分工业活动是在农村小规模兼职的基础上进行的。当然，也有例外，比如采矿、金属冶炼和谷物碾磨，这些都需要大量的固定投资，而且即使是在没有大量资本要求的工业里，也总有工匠在城镇从事全职工作（Clarkson，1985，pp. 9-10）。

Mendels（1972）使用“原始工业”（proto-industry）一词来描述这种农村生产，并将其认定为“工业化的第一阶段”。Kriedte 等（1981）进一步发展了对这一阶段的定义，他们试图确定一个更详细的过程。在第一阶段，实行生产者直接销售制（Kaufsystem），手工生产者在农村作坊控制生产。在第二阶段，实行包买商制（Verlagsystem），商人让农村生产者把工作带回自己家中完成，以此来控制生产。第三阶段被视为“集中化的厂家（manufactories）和机械化的工厂（factories）的发展阶段”（Ogilvie and German，1996，p. 4）。尽管原始工业化的具体学说以及各阶段的动态演进受到了众多学者的批评，但是大多数经济史学家仍然将工厂制度的出现视为工业革命的重要部分。

原始工业化框架强调的是经济发展的区域重要性，有时候把跨越国界的区域作为一个分析单位（Pollard，1981，pp. 63-78）。然而，把工厂对农村劳动力的雇用作为经济活力的标志，这与强调城市化和经济发展之间的联系的研究格格不入（de Vries，1984）。随着工厂雇佣在城镇的出现，我们才看到真正的“马歇尔式的工业区”（Marshallian industrial districts），其特点是存在外部的规模经济。随着棉纺织厂在兰开夏郡聚集，尽管单个公司的规模报酬不变，但是该行业作为一个整体面临着规模报酬递增。通过学习（知识在公司之间溢出）、匹配（紧凑的市场使得雇主和雇员之间更容易匹配）以及分享（显著的运输成本优势向公司提供接近消费者和供应商的机会），外部经济产生了（Duranton and Puga，2004）。

欧洲的工业结构

表 7.1 和表 7.2 粗略地呈现了 1870 年前后欧洲工业的情况。表 7.1 展示了工业的总体分布，揭示了欧洲大陆的一些国家的工业化进程远超前于其他国家。仅有四个国家的工业产值占本国 GDP 的比重高于 30%，即英国、法国、比利时和瑞士，它们连接起来构成了当时欧洲的工业中心地带。同样，也只有这几个国家的工业产值占欧洲工业产值的比重大于其 GDP 占欧洲 GDP 的比重。在工业发展大爆发前夕，德国 25%～30%的 GDP 来自工业（仅德国一个国家是这样），而且其工业产值占欧洲工业产值的比重与其 GDP 占欧洲 GDP 的比重类似。其他国家的工业产值占欧洲工业产值的比重要比其 GDP 占欧洲 GDP 的比

重小得多。以下一些国家的工业产值占本国 GDP 的比重为 20%～25%：大奥地利（greater Austria，在这个时期它包括了今天的捷克共和国和斯洛文尼亚的大部分领土）、意大利、西班牙、荷兰、丹麦和瑞典。这些国家与德国一起形成了一个连续的环中心地带。最后，一些国家——葡萄牙、挪威、芬兰和大匈牙利（greater Hungary，包括斯洛伐克和波兰及罗马尼亚的一部分）——分布在欧洲的外围，其工业产值占本国 GDP 的比重小于 20%。下列国家是工业化程度更低的国家的代表：俄国、土耳其和东南欧的大部分国家，我们需要这些国家的可靠的统计信息。

表 7.1　　欧洲的工业（1870 年）：整体分布　　（%）

	工业产值占本国 GDP 的比重	工业产值占欧洲工业产值的比重	工业产值占欧洲 GDP 的比重
西北欧			
比利时	30	3.9	3.4
丹麦	20	0.6	0.8
芬兰	17	0.3	0.6
荷兰	24	1.8	2.1
挪威	12		
瑞典	21	1.0	1.3
英国	34	30.3	25.5
南欧			
法国	34	18.9	15.8
意大利	24	10.0	11.6
西班牙	22	3.6	4.7
葡萄牙	17	0.7	1.1
中东欧			
奥匈帝国	19	9.0	13.1
大奥地利	23	7.2	8.8
大匈牙利	12	1.8	4.4
德国	28	19.8	20.0
瑞士	36		

资料来源：1870 年的 GDP 数据引自 Broadberry 和 Klein（2008）。其中，比利时的数据源自 Antoon 和 Soete 的计算；丹麦的数据引自 Hansen（1970，pp. 11，18，71-73）；芬兰的数据引自 Hjerppe（1989，p. 78，218）；荷兰的数据引自 Smits 等（2000，pp. 130-141）；挪威的数据引自 Ola Grytten 的个人计算；瑞典的数据来自 Schön（1988，pp. 208-217）；英国的数据源自 Feinstein（1972，table 51）和 Broadberry（1997）；法国的数据引自 Lévy-Leboyer 和 Bourguignon（1990，p. 272，314）及 Lévy-Leboyer（1968，p. 806）；意大利的数据引自 Fenoaltea（2003，p. 1084）；西班牙的数据引自 Prados de la Escosura（2003，pp. 259-274）；葡萄牙的数据源自 Lains（2003，p. 138；2006，p. 152）；奥匈帝国的数据来自 Schulze（2000，pp. 316，339-340）；德国的数据引自 Hoffmann（1965，pp. 390-391，451）；瑞士的数据来自 Thomas David 的计算。

首先，表 7.2 显示了 1870 年欧洲工业产出的大致组成情况。其中超过一半（大约占欧洲 GDP 的 17%）仍然是为了满足基本的生活需要——食物、衣服和住所。其他值得注意的制造业活动是金属和金属加工，其中主要涉及钢铁的生产以及将它们转化成铁轨和机车、船、蒸汽机及其他机器。采矿为一些工业活动提供了原材料和能源，但是它的大部分产出是作为家庭取暖之用的煤炭。在 1870 年左右，在电力时代来临之前，小规模的公用事业部门主要从事用于照明的天然气的生产。

表 7.2　　欧洲的工业产出（1870 年）：主要分支和国家　　（%）

	占欧洲 GDP 的比重	占欧洲工业产出的比重			
		英国	法国	德国	三大经济体
食品加工、饮料和烟草业	5.7	21	16	19	56
纺织品和服装业	7.6	29	24	22	75
金属和金属加工业	3.4	45	5	24	74
其他制造业	4.5	16	23	25	64
建筑业	3.7	17	32	13	62
采矿业	3.0	70	5	12	87
公用事业	0.3	43	20	11	74
工业总体	28.0	30	19	20	69
GDP		26	16	21	63

资料来源：同表 7.1。

表 7.2 也显示了欧洲最大的三个经济体——英国、法国和德国——的工业产出占欧洲工业产出的比重。它们总共占欧洲工业产出的 2/3 以上，约占欧洲 GDP 的 60%。建筑业和食品加工业这两项工业活动占欧洲工业产出的份额与它们占 GDP 的份额相似，这两个部门很少或者没有贸易。这三大经济体的纺织品和服装业、金属和金属加工业的发展引人注目，这几项约占欧洲总产出的 3/4，其中英国在金属和金属加工业中的地位特别重要。这张表格最显著的特点是，仅英国就占了欧洲所有采矿活动的 2/3。

自 1700 年以后欧洲工业是如何发生变化的呢？表 7.3 以 Bairoch（1982）的研究为根据，为 18 世纪中期至 19 世纪中期欧洲工业扩张的规模和地区的不平衡提供了一种粗略的定量描述。Bairoch 搜集数据的方式并不是很清楚，但是除了一个重要的例外，其结果与大量关于这一主题的二手文献（secondary literature）都很吻合，而且最起码它为重要性排序提供了清楚无误的指南。这个例外是英国，Bairoch（1982）在研究英国时所使用的 Hoffman（1955）工业生产指数已经被 Crafts 和 Harley（1992）进行了重大修订。这导致 1750 年至 1830 年英国的工业产出的增长速度大幅放缓，因此其 1750 年和 1800 年的工业化程度比 Bairoch 提出的高很多。

表 7.3 向我们显示了，从人均核算的角度看，英国在 1750 年显然已经是

欧洲工业化程度最高的国家，正如 Crafts（1985a）所强调的，这要早于传统的工业革命时期。在欧洲的其他地方，在 18 世纪中期工业化水平的差异并不大。

表 7.3　　人均工业化水平（1750—1860 年）（英国 1860 年=100）

	1750	1800	1830	1860
东北欧				
比利时	14	16	22	44
丹麦	—	13	13	16
芬兰	—	13	13	17
荷兰	—	14	14	17
挪威	—	14	14	17
瑞典	11	13	14	23
英国	28	30	39	100
南欧				
法国	14	14	19	31
希腊	—	8	8	9
意大利	13	13	13	16
葡萄牙	—	11	11	13
西班牙	11	11	13	17
中东欧				
奥匈帝国	11	11	13	17
保加利亚	—	8	8	8
德国	13	13	14	23
罗马尼亚	—	8	8	9
俄国	9	9	11	13
塞尔维亚	—	8	8	9
瑞士	11	16	25	41
欧洲	13	13	17	27
世界	11	9	11	11

资料来源：Bairoch（1982）。其中英国 1830 年以前的数据采用的是 Crafts 和 Harley（1992）的工业生产指数。

煤炭和蒸汽

从16世纪起，英国在煤炭的使用及开采上一直处于领先地位，因为木材不再能满足对能源的日益增长的需求，尤其是向伦敦供暖的需求（到1700年伦敦已经是欧洲最大的城市）。因为英国的煤炭禀赋相对优越，这有利于煤炭的相对价格的改变，并导致了一个替代的过程。因为煤不能完全被代替，所以这一过程也引起了大规模的技术变化（Buenstorf，2001）。在需要用热能（最终用焦炭）炼铁的工业生产过程中，煤炭被越来越多地使用，此外，通过蒸汽机煤炭也被用来提供机械能。高的运输成本意味着欧洲在19世纪早期的工业化与煤矿及其附近的工厂密切相关（Pollard，1981，pp. xiv-xv）。最后，铁路和汽船在减少煤炭运输成本上起了很重要的作用，从而使工业摆脱了必须在煤矿及其附近选址的约束。

在早期，就煤炭开采量及煤炭行业的规模而言，不列颠群岛（the British Isles）大大地超过了任何其他欧洲国家，并且这种情况一直持续到19世纪。表7.4显示了英国的煤炭工业在1860年左右所占的优势，当时仅英国一国生产的煤炭就是所有其他欧洲国家产量总和的两倍还多。英国的煤矿不仅供应给国内的消费者，而且在19世纪期间越来越多地供应给国外市场，包括快速扩张的国际蒸汽船队（Fremdling，1989，1996）。在19世纪中期，从英国进口的煤炭促使煤炭资源贫乏的欧洲大陆国家和地区采用了英国式煤炭消耗型技术（British-style coal-consuming technologies），并因此赶上了英国的工业化步伐。

表7.4　　1860年的煤炭产出量

	千吨	占欧洲的比重（%）
奥地利	3 189	2.7
比利时	9 611	8.0
法国	8 304	6.9
德国	16 731	13.9
英国	81 327	67.6
匈牙利	475	0.4
意大利（1861年）	34	0.0
俄国	300	0.2
西班牙	340	0.3
瑞典	26	0.0

注：硬煤和褐煤的产量汇总在一起。

资料来源：Mitchell（2003）。

在很大程度上，比利时早期工业化的成功是以桑布尔河—默兹河（Sambre-Meuse）地区的煤炭为基础的（Pollard，1981，pp. 87-90）。继法国之后，德国成为19世纪英国煤炭的第二大进口国。虽然如此，德国也成为继英国之后的第二大煤炭出口国。这一独特的发展揭示了煤炭生产和煤炭市场的重要特征。拿硬煤（hard coal）来说，其最重要的两大德国采矿区——鲁尔区（Ruhr）和上西里西亚地区（Upper Silesia）——均离海岸很远，比起德国的北部、中部和南部区域，它们离西部或者东南国界要近得多。所有煤矿开采区最后都变成了主要的工业中心。最重要的是，鲁尔区凭借其重工业成为欧洲大陆最重要的工业地区（Holtfrerich，1973）。

从长期来看，煤炭开采只能靠探测地表深处的煤炭层来解决不断增长的需求。主要的问题是将水抽出，而解决办法是利用蒸汽机。人们通常将蒸汽机与詹姆斯·瓦特联系在一起。瓦特于1769年获得了关于这项创新的首项专利。和许多发明的情况一样，瓦特的成就也经历了长期的反复试验过程，这可追溯到Newcomen 1712年发明的气压机（Mokyr，1990，pp. 84-90）。Newcomen的蒸汽机通过制造真空来利用大气压作为动力来源，因为极其耗费燃料，所以这种机器应用不广。在18世纪，这种蒸汽机几乎专门用于矿井的排水，因为在那里可以廉价地获得煤炭。因为瓦特的蒸汽机具有分离的冷凝器，所以它的燃料利用效率相比Newcomen的设计几乎提高了5倍。瓦特还设计了一个传输系统，它可以将蒸汽机的往复运动变为旋转运动。于是，蒸汽机被广泛用于纺织业等多个领域，比如汽船和蒸汽火车头的原动力。

由于蒸汽机在工业革命早期阶段并没有被广泛使用，所以许多学者倾向于低估它的作用。Kanefsky（1979）表明，直到1830年水车才能够产生和蒸汽机一样大的动力。因此，von Tunzelmann（1978）的结论并不是太令人吃惊，他认为英国的固定式蒸汽机带来的社会节约仅仅是1801年GDP的0.2%。不过，如果蒸汽机的重要作用在于避免了报酬递减，而且如果蒸汽机有助于维持大范围的生产力改进，那么这就可能低估了蒸汽机的重要性。随后对19世纪铁路的社会节约的计算表明蒸汽技术产生了较重大的影响。1865年，Hawke（1970）采用基于乘客舒适程度的处理方法估计出英格兰和威尔士的铁路的社会节约占GDP的6.4%～11.4%。Leunig（2006）使用一种更为复杂的基于时间节约的处理方法得到了一个类似的结果。Crafts（2004）采用Oliner和Sichel（2000）的计算框架（他们计算了资本深化以及全要素生产率增长的影响）评估了蒸汽动力作为一种通用技术的作用。表7.5中分别列出了固定式蒸汽机、铁路和汽船的计算结果。虽然汽船在工业革命的早期阶段对整个经济的劳动生产率增长（economy-wide labor productivity）的贡献非常小，但在1830年之后其贡献有所增加。此外，Crafts（2004，p. 348）认为，这个结果忽略了19世纪后半期当交通条件的改善提高了具有比较优势的产业的集聚水平和专业化程度时源自蒸汽技术的重要的TFP溢出效应（Rosenberg and Trajtenberg，2004）。

表 7.5 英国的劳动生产率的增长以及蒸汽技术的贡献

	整个经济的劳动生产率增长	蒸汽技术的贡献			
		固定式蒸汽机	铁路	汽船	总计
	年增长率（%）				
1760—1800	0.2	0.01			0.01
1800—1830	0.5	0.02			0.02
1830—1850	1.1	0.04	0.16		0.20
1850—1870	1.2	0.12	0.26	0.03	0.41
1870—1910	0.9	0.14	0.07	0.10	0.31

资料来源：Crafts（2004）。

纺织业

继农业和粮食业的发展之后，纺织品和服装的生产在 18 世纪和 19 世纪成为欧洲最重大的经济活动。在 1870 年前后，大多数国家的纺织品和服装业的产值占 GDP 的比例为 4%～6%，占制造业产出的 15%～30%。在 1700 年前后，它在更小的制造业部门中所占的份额或许更高，有 40%～50%。在 19 世纪后半期之前，大多数服装都由家庭生产，或者由本地的女裁缝或者裁缝店生产。直到 19 世纪 50 年代使用缝纫机后，服装生产的技术或者组织方式才发生了变化，在此之前，中低收入阶层并不重视时尚（Roche，2000，ch. 8）。1870 年之后成衣业迅速兴起。

服装制造业在这个时期基本保持不变，但向它供应原料的纺织业却并非如此。纱线和服装的生产场所从家庭转移到工厂，而且逐渐从农村转移至城镇。准备、纺纱、编织及修整等所有的生产过程都实现了机械化，这使得生产力大幅提高，消费者价格骤降。纺织物的材质构成发生了变化，比如在 18 世纪早期曾经是外来奢侈品的棉布，已经成为大多数贴身衣裤、衬衫、外套、床单和毛巾的制作材料。

纺织业的转变涉及两个问题，首先是在不列颠群岛发生了什么，其次是欧洲的其他地方是如何对此做出反应的。到 19 世纪中期为止，英国不仅控制了整个欧洲的纺织业，而且控制了世界的纺织业。令人惊奇的是，世界上棉纺织业中超过半数的机械纺锤（mechanical spindle）和机动织机（power loom）都集中在英国工厂里（Farnie，2003，p. 724，727）。英国的亚麻制品和黄麻纤维生产商大都位于爱尔兰和苏格兰，这些生产商运转着世界上超过 40%的机械纺锤和 60%的机动织机（Solar，2003，pp. 818-819）。英格兰的毛织品和精纺毛纱工业使用了占世界 1/4 以上的新工具，并拥有大量循环利用的羊毛供给

(Sauerbeck，1878)。英国仅仅在丝绸业被其他国家特别是法国和日本超越(Federico，1997，p. 64)。

关于设备和原料使用的数据低估了英国在19世纪早期的优势，因为其他国家的反应是通过设立关税壁垒来保护它们自己的工业。在19世纪50年代中期，英国是除丝织品外的所有纺织品的最大净出口国（Davis，1979）。在19世纪早期，英国商品如洪水般涌进美洲、非洲和亚洲的市场，以及市场依然开放的那些欧洲国家。到了19世纪中期，一些欧洲生产商才开始在这些市场变得有竞争力（Jenkins and Ponting，1982，pp. 146-148）。

英国在纺织品贸易和生产中并非一直都占有如此大的优势。晚至18世纪80年代时，虽然它仍是很大的羊毛制品净出口国，但它只是很小的棉、亚麻和丝织品的净出口国（Davis，1979）。在18世纪早期，受到来自羊毛和丝绸生产商的压力，英国议会已经感觉到有必要禁止对印度棉纺织品的进口。同时，英国也提高了从德国进口亚麻布的关税，以保护苏格兰和爱尔兰的相关生产商。O'Brien等（1991，p. 418）认为，这些以及其他“实用主义的”（pragmatic）措施有助于“为棉纺织业的长期发展建立一个良性的框架”。

在18世纪早期，纺织业在欧洲的农村地区不断扩大（Clarkson，2003；Jenkins，2003；Solar，2003；van der Wee，2003）。其生产大多是用于本地消费，但在有些乡村地区，纺纱工和织布者更为密集地在那里定居，产品更多地是为较遥远的市场生产，这些市场要么是城市的消费中心（诸如伦敦、巴黎或阿姆斯特丹），要么是美洲的殖民地市场。欧洲商业纺织品生产的传统中心位于意大利北部和中部、荷兰南部的根特（Ghent）和科特赖克（Courtrai）周边区域（如今属于比利时），以及法国的里尔（Lille）和亚眠（Amiens）。英格兰南部的一些地区也是毛织品的主要生产地。但到18世纪时，这些地区的产业格局正受到挑战。其毛纺织业面临英国的利兹（Leeds）和布拉德福（Bradford）及其附近地区、法国的蒙彼利埃（Montpellier）、德国的开姆尼茨（Chemnitz）和亚琛（Aachen）以及尼德兰南部的韦尔维耶（Verviers）的生产商的竞争。在亚麻纺织业，更有活力的地区包括爱尔兰的贝尔法斯特（Belfast）、苏格兰的邓迪（Dundee）、德国的兰兹哈特（Landeshut）（如今在波兰）等。

在18世纪，棉纺织业的规模非常小。在18世纪70年代之前，英国的棉纺织业占纺织品生产附加值的比例不到6%（Crafts，1985a，p. 22），虽然也生产一些纯棉织物，但主要还是生产粗斜纹布（fustian）——由棉和亚麻混合制成的粗布。欧洲粗斜纹布的生产中心集中在英格兰的曼彻斯特附近，以及法国东部、德国南部和瑞士北部的部分边界地区。棉纺织业最有活力的部门是印花部门（通常是模仿印度的印花棉布）。印花厂是大型工厂，需要动员相当数量的资本和劳动力才能运转（Chassagne，2003）。

有趣的是，英国纺织品生产的技术突破发生在棉纺织业，而这个部门的原材料无法由本地供应。不过，正如Broadberry和Gupta（2008）所注意到的，英国的工资比印度高5～6倍，而后者是现代早期最大的棉纺织品生产国和出口国。如果英国的生产商想要在世界市场上取代印度，那么其显然不会使用印度那种劳动密集型的生产方法，权威的（canonical）纺织发明——18世纪60年代的多锭纺纱机（spinning jenny）和水框架（water frame）、18世纪70年代末的走锭精纺机（mule）以及18世纪80年代早期的机动织机——因此被视为英国生产商在特种要素价格环境下做出的反应。艾伦（Allen，2007）表明，多锭纺纱机在英国的要素价格基础上是高度有利可图的，但在法国或印度的要素价格基础上则无利可图。英格兰的专利制度为机器的创新提供了保护，并有助于发挥进口和再出口替代品的潜力（Sullian，1989；Broadberry and Gupta，2008）。

到1830年，棉布的产量几乎占英国纺织品产量的一半，而且棉布在其他欧洲国家的纺织业中所占的份额也增加了。有几个因素解释了棉纺织业的快速持续发展。最明显的是上面提到的纺织和编织的机械化。或许同样重要的是未加工棉花的供给弹性。1793年轧棉机的发明使得将短绒棉的种植延伸到美洲以南成为可能。在接下来的半个世纪里，由于获得了一些边疆土地及耕种这些土地的奴隶，所以未加工棉花的价格不断下降，同时供给猛增。棉布的价格相对麻布也在下降，加上麻纺织业的机械化进程较慢，于是棉布在多种用途上取代了麻布。最终，对于消费者来说，棉布是有吸引力的织物——它们很轻，容易保养，而且易于染色和印花，从而有多种花色和式样供选择。

早期的发明并非普遍适用。最初，它们只适用于棉花，而且通常仅限于某些种类的未加工棉花。新的纺织技术于18世纪70年代和80年代在棉纺织业得以广泛使用，但一直到18世纪90年代才在英国的毛纺织业和粗麻纺织业中被广泛使用，并且分别到19世纪初及19世纪20年代后期才在精纺毛纱业及精麻纺织业被广泛使用。虽然在18世纪80年代就发明了机动织机，但机动织机一直到19世纪初才开始在英国棉纺织业得到广泛使用，19世纪20年代才在粗麻纺织业和精纺毛纱业中得到广泛使用，19世纪40年代才在毛纺织业中得到广泛使用，在精麻纺织业和丝绸业得到广泛使用则是在19世纪50年代之后了。直到19世纪50年代，一些较好的棉织品仍然由手工编织而成。机械化的普及之所以很缓慢主要是因为各种纺织纤维的弹性不同。如果纤维容易断，则在纺织和编织过程中就需要投入很多手工劳动来拼接纱线。在机械化在经济上变得可行之前，人们必须先准备更好的纤维并找到使机器运转更顺畅的方法。

新的纺织和编织技术在其他国家的应用也经历了漫长的过程。在1800年，英国拥有340万台机械纺锤，但在世界上的其他地方，则只有约10万台（Farnie，2003，p. 724）。这并非因为缺少向英国模式学习的尝试。法国政府、保皇主义者（royalist）和拥护共和政体者（republican）在18世纪80年代和90年代均为准棉纺纱机提供了充足的补助金（Chassagne，1991，ch. 3）。另外举个例子，使得精亚麻纱的生产成为可能的亚麻湿纺技术（wet spinning of flax）于19世纪20年代晚期在英格兰和爱尔兰被快速推广使用，但直到19世纪30年代以及40年代早期才分别在法国、比利时和德国得到应用（Solar，2003）。其他欧洲大陆国家在成功应用新的英国纺织技术时所经历的困难，可以用以下事实加以解释：工资比英国低。因此，新技术带来的劳动力节约最初并没有证明较高的资本成本是合理的（Allen，2001，2006）。

在英国国内，各种各样的纺织业在19世纪早期变得日益地方化。棉纺织业开始在兰开夏郡南部以及约克郡、德比郡和柴郡及其邻近地区聚集。在约克郡西部，羊毛业和精纺毛纱业日益分离，在利兹和布拉德福也均如此，而且这些地区的产量相对英国其他产地都增加了。粗麻纺织业在邓迪周围聚集，而精麻纺织业则在贝尔法斯特聚集。

英国纺织业的地方化表明，坐落于工业中心附近对公司是有好处的。要想从数量上可靠地掌握马歇尔所称的这些外部经济的价值，是很困难的，但是我们知道其可能有几个来源。一个来源是技术进步。使机器更快、更有效地运转这种渐增的技术变化，是不太可能被记录下来的。此类知识在保养和修理这些机器的熟练工人身上得到了体现。这些工人通常是新发明传播至其他国家的媒介，或者因为他们离开后在其他地方尝试，比如美国纺织业的先驱 Samuel Slater，或者因为他们受到外国企业家或者政府的诱使而离开英国（Jeremy，1981；Chassagne，1991）。不过，一旦这些工人离开，他们就将自己与新技术知识的源泉之间的联系切断了。

外部经济的另一个潜在来源是商业活动的集中。有关织物的需求和种类的可靠且及时的信息对于一个行业来说至关重要，因为这个行业破产的主要起因就是未售完的货物。19世纪早期的一个令人瞩目的特征，是商人活动的中心从伦敦转移至生产的区域中心（Edwards，1967，p.180；Solar，1990）。同一时期，英国所积累的商业经验、技巧，大概是从1792—1815年战争期间大陆商人和非欧洲市场之间的相对隔离中获得的。从19世纪20年代开始，曼彻斯特的外国棉商进一步强化了其商业地位（Farnie，2004，p.33）。

食品、饮料和烟草业

食品、饮料和烟草业的产值在18世纪和19世纪期间显著增长。18世纪中期开始的人口增长是一个强劲的推动力，城市化也是如此。随着较大比例的人口生活在城市，很少有人能够亲自烘烤面包或者酿酒。在这个时期，糖、茶叶、咖啡以及烟草等外来商品的消费进一步渗透到社会各个领域，并成为大宗消费品。

这个部门的大部分增长是以传统技术为基础的，几乎没有重大的技术突破。最引人注目的是持续蒸馏，由 Aeneas Coffey 于1830年申请专利（Weir，1977）。大部分变化是逐渐累积起来的，且受益于其他部门的发展。更好的金属及金属加工技术使得机器更加可靠，机器尺寸的增加也成为可能。蒸汽动力被应用于一些行业，特别是碾磨和酿酒业，尽管风力、水力和畜力直到1870年仍很重要。不过，即使是以水为动力的磨坊，其对水资源的开发也变得更深入而且更复杂。至于工业结构，从18世纪中期开始建造的三层和四层厂房是早期棉纺织厂的先行者。

或许这个部门最重要的变革动力是更快、更可靠的交通运输，首先是始于19世纪20年代的蒸汽船，然后是始于19世纪30年代的铁路。更便利的交通运输不仅有利于价值高、体积小的外来商品的进口，而且显著地拓宽了较易腐烂的价值低、体积大的食物产品（比如面粉和啤酒等）的市场。比如，起初依赖都柏林市场的吉尼斯，到19世纪60年代时将它的烈性黑啤酒运至爱尔兰的大街小巷，并运至英格兰的多个城市。它在都柏林的酿酒厂已经成为世界上最大的酿酒厂之一（Bielenberg，1998）。

到19世纪70年代，尽管交通变化的影响已经很明显，但它对于易腐烂食品行业来说仍然是不完善的（Mingay，1989）。使用水力或者风力驱动的乡村磨坊仍然生产小城市和乡村地区所需的大多数面粉。这些地方消费的啤酒仍然是家庭酿造的，或者是由酒店的酿酒厂或小酿酒厂酿造的。其他易腐食品行业通常继续以非常小的规模存在，而且在空间上的扩散也相当有限。甚至在城市里，面包师、奶酪生产商以及肉类加工者也通常只雇用少数几个人，除非他们为军队或者其他大型机构服务。

非易腐商品的生产更集中，尽管这里的生产组织受官方政策的影响也很大。烟草、糖、茶叶、咖啡和巧克力都是进口的商品，因此必要的加工通常都在大港口进行。资本和燃料高度密集的制糖厂是阿姆斯特丹、伦敦和其他城市的都市景象的主要体现，这不仅是因为它们的规模很大，而且是因为它们排出的气味和烟雾很重（de Vries and van de Woude，1997，pp. 326-329）。由于这些外来商品也被征收重税，所以政府通过限制生产商的数量试图阻止走私和逃税。最极端的是，一些国家，包括法国、奥地利和西班牙，创建了国有的烟草专卖局。这些烟草专卖局是18世纪和19世纪早期最大的工业企业，尽管它们仍然是劳动力高度密集型的（Goodman，1993，ch. 9）。酒的生产是另一个重要的税收来源，它也被各国政府高度管制。此外，专利的引进导致了一个高度集中的产业的形成。在1860年，仅8家酿酒厂就生产了英格兰酿造的所有酒（Weir，1977，p. 138）。

钢铁业

尽管铁矿几乎在欧洲大多数国家都有零散分布，因此广泛可得并且能够大量供应，但是在人口最集中且经济繁荣的区域，木材已经成为稀缺资源。在长期，要克服这种“木制动”（Holzbremse）或“木材约束”（wood brake）（这在17—18世纪具有约束力），必须有一种不受木材约束的新技术（Sombart，1928，p. 1 137）。与此同时，也存在一些短暂的具有针对性的措施，即节约使用木材或利用供给充足的偏远区域的木材。这恰恰就是18世纪英国的做法：先是在瑞典，后来是在俄国，用木炭技术生产铁，并将其运输至英国以满足其不断增长的对铁的消费需求。表7.6列举了欧洲主要产铁国1725—1750年的熟铁年产量的粗略估计，这些数据主要来自那时的旅行者。

表 7.6　　欧洲各国或地区的铁的生产量占欧洲总产量的比重

	熟铁（1725—1750 年）	生铁（1860—1861 年）
英国	8.1%	59.5%
法国	27.0%	13.7%
瑞典	25.4%	2.6%
德国	8.7%	8.1%
西班牙	8.0%	0.6%
奥地利/匈牙利	8.7%	4.8%
意大利	2.5%	0.4%
俄国	6.2%	4.9%
比利时	—	4.9%
其他欧洲地区	5.3%	0.5%
欧洲	165～214 千吨	6 539 千吨

资料来源：1725—1750 年的数据源于 King（2005，p. 23）、Wertime（1962，p. 101）、Paulinyi（2005，p. 97）、Hidebrand（1992，p. 22）；1860—1861 年的数据源自 Fremdling（1986，pp. 260，262，285-286，324-325，385）、Mitchell（1988）。

图 7.1 对钢铁工业的生产阶段和工艺进行了一个简要概述，强调了传统方法和现代方法之间的区别。在生产的第一阶段，铁矿石是在鼓风炉中进行冶炼的。在传统方法中，燃料是从木头得到的木炭，而现代工艺使用焦炭（源自煤炭）。这一阶段生产出的“生铁”含有大量杂质，这使得它易碎且不适合塑形。不过，可以在熔化状态时对其进行铸造，从而得到最终产品。除此以外，生铁必须在熔铁炉中进一步提炼，以生产出有延展性的或者可锻造的铁，从而适合之后用铁锤或轧钢机来塑形。这个提炼过程主要是减少碳含量，要求重新加热（在传统工艺中使用木炭，在现代工艺中使用煤炭）。在两个生产阶段之间进行区分是必要的，因为一个是冶炼，另一个是提炼/塑形，二者不必在一个生产单位甚至不必在同一个地点进行。

生产阶段	加工程序		产品
	传统	现代	
第一阶段	在鼓风炉中熔炼		生铁
	用木炭	用焦炭	
第二阶段	提炼		熟铁（钢）
	在炉底用木炭	在锻铁熔炉中用焦炭	
	塑形		条形铁（铁轨）
	用铁锤	用轧钢机	

图 7.1　初级熟铁业

瑞典和俄国：以木炭为基础的钢铁工业

在17—18世纪，瑞典的钢铁制造业与传统农业是紧密联系在一起的（Hildebrand，1992）。可以利用廉价的农民劳动力来从事燃烧木炭、开采铁矿及将它放在鼓风炉中冶炼等工作。水车为鼓风炉的风箱和熔铁炉的铁锤提供机械能。由专业铁匠生产的条形铁是主要的产品，其中大部分都用于出口。造铁业被政府机构严格控制。从18世纪中期开始，生产及出口被人为限制，以保护森林不被过度砍伐。由于英国的需求日益增长以及瑞典实施供给限制，国际市场的高价格为新的竞争者提供了一个有利的环境，这个新的竞争者即来自俄国的条形铁（Agren，1998，p.6）。俄国的钢铁生产也依赖木头作为燃料及农民劳动力的集约使用（Florèn，1998）。

英国：第一个以煤为基础的钢铁工业

在18世纪初期，英国的钢铁工业规模很小，不能满足国内需求，因此其进口量甚至超过了国内产量（Hyde，1977）。英国的钢铁工业的生产成本很高，主要是因为木炭的成本高。从图7.2可以看到，从木炭向矿物燃料技术（它使进口替代成为可能）的转变，是相当持久的，延续了整个18世纪。到1755年，在英格兰和威尔士生产的生铁只有约20%是使用焦炭冶炼的，且该比例直到1790年才达到90%。

Abraham Darby通常被誉为1709年后使用焦炭成功运作鼓风炉的第一人。焦炭冶炼在18世纪50年代和60年代的迅猛扩散，主要应归因于铸成品所使用的焦炭生铁（使用焦炭作为燃料生产出的生铁）日益增加。新的铸造技术能够将焦炭生铁在燃烧煤炭的反射炉或熔铁炉中再次熔炼（Beck，1897，pp.380-385，753-756）。

在1784年，Henry Cort因其著名的搅炼和滚压工艺获得了一项专利。很快地，这种提炼生铁的方法在熟铁或条形铁的生产中被广泛应用（见图7.1）。产量的大幅增加使英国从18世纪最重要的铁产品进口国之一，演变为19世纪早期的铁产品净出口国（Fremdling，2004，pp.151-152）。在一个世纪之内，英国的钢铁工业已经从一个高成本的小生产商变成世界市场上铁产品的主要供应商。通过使用新技术，英国的劣势（“木材约束”）已经在长期、持续的创新、扩散和改进的过程中被转变成了竞争优势。

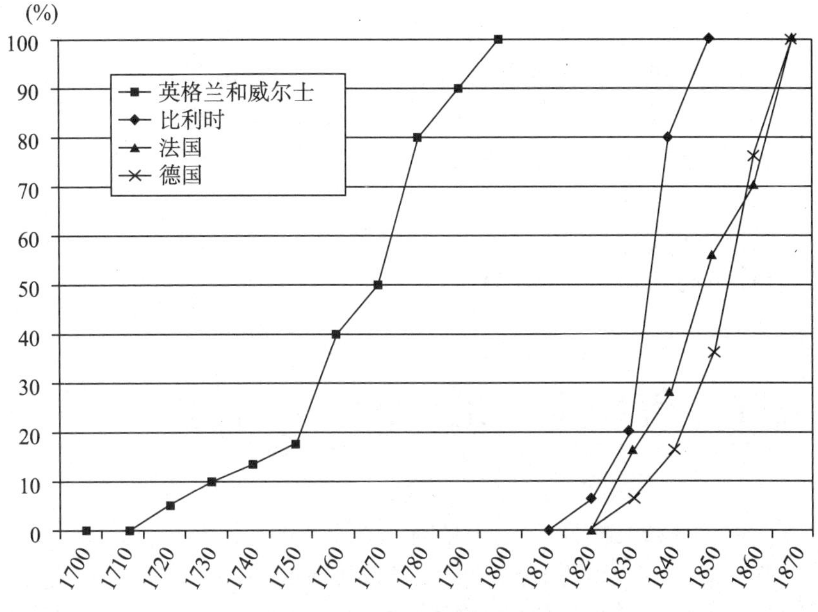

图 7.2　使用焦炭作为燃料生产出的生铁所占的份额

资料来源：King（2005，p.3，7；2006，p.264）、Fremdling（1986，p.342；2005，pp.49，51-52）、Banken（2005，p.56）。

欧洲大陆：部分采用新技术

尽管 Landes（1969，p. 126）认为使用焦炭的鼓风炉、搅炼炉和轧钢机等工艺创新在技术上和经济上都优于传统工艺，但传统或部分现代化的工艺也能在它们的本土区域以及传统市场上继续存在。此外，因为新技术是在欧洲大陆各国之间扩散的，所以它们并没有严格遵循英国模式。更确切地说，技术与当地环境特别是不同的要素价格相适应且共存（Fremdling，2004；Broadberry，1997）。

瓦龙（Wallonia）位于比利时的南部，是欧洲大陆第一个而且几乎是唯一一个完全遵循英国模式的区域。在 19 世纪 20 年代中期，数目众多的采用新技术（使用焦炭鼓风炉、搅炼炉和轧钢机）的工厂在列日（Liège）和沙勒洛（Charleroi）周边的煤矿开采区域建立起来（Reuss et al.，1960）。和英国一样，钢铁厂和煤矿紧密坐落在一起。虽然一项雄心勃勃的发展工业的政府计划是以英国模式为框架的，但是运输成本和温和的保护性关税替瓦龙阻挡了英国的竞争（Fremdling and Gales，1994）。在一个有利的经济环境中，由于临近顾客且传统工业的成本相当高，所以从英国移植的技术能够取得成功。到 19 世纪 40 年代，过时的用木炭炼铁的方式仍然在德国和法国占主导地位，而在瓦龙，这种技术仅存在于瓦龙的利基市场（见图 7.2）。

法国从英国的进口已经表明它对用焦炭冶炼的铁有需求。由于自 1822 年开始，法国的海关政策阻挡了英国的竞争，建立英国式的钢铁厂有望确保高价格和高利润。大型设施确实在卢瓦尔河谷（Loire valley）和中部高地（Massif Central）的煤炭区域建立了起来，但它们在19世纪30年代之前一直没有取得经济上的成功。这主要是因为矿石运往生产地及最终产品运往消费中心的成本很高，而且它们不得不和传统或部分现代化的钢铁工业展开竞争。因此，在很长一段时期内，以木炭为基础的传统钢铁生产技术依然可行（Vial，1967）。在铁路需求创造新局面之前，德国的情况也大致如此（Fremdling，1986，pp. 117-175；Banken，2005）。

欧洲大陆：传统部门的适应

德国和法国的一些地区在连续几十年的过渡时期里试图与英国的钢铁工业展开竞争。1820年至1855年，在齐根（Siegerland）、符腾堡和瑞典，用木炭冶炼铁矿石的全要素生产率大幅提高，主要是因为木炭的使用有了显著的节约（Fremdling，1986，pp. 155-160）。此外，以煤炭为基础的新技术融入了传统的钢铁生产中，比如，小的炼铁厂可以用新的搅炼炉替代旧的提炼炉，而不用改变其他操作。因为搅炼炉是用煤炭作为燃料的，因此不断上涨的木炭价格的影响得到削弱。这种部分现代化的做法在德国和法国最重要的传统钢铁工业地区（即齐根和香槟地区）很普遍。不过，在19世纪60年代，德国和法国使用木炭的钢铁厂退回到利基市场，并最终因来自英国的大规模生产技术的普及而变得无足轻重（见图7.2）。

然而，在瑞典，用木炭生产铁确实依然可行，因此这里没有任何适应性技术改变（Rydèn，2005）。大约在1830年，一个瑞典人在兰开夏郡偶然遇到一种提炼技术，与搅炼的技术非常相似，但是使用木炭作为燃料。这一生产率极高的英国木炭技术成为19世纪40年代瑞典炼铁的主要工艺（Paulinyi，2005）。同时，奥地利也坚持采用木炭技术。直到19世纪60年代，随着新的炼铁工艺以及平炉（Siemens-Martin）炼钢法的引进，欧洲各国钢铁工业之间的技术趋同才最终出现。

表7.6显示了主要生产国在1860年前后的生铁生产量占欧洲的比重。英国占绝对优势，第二大生产国——法国——的产量不到英国的1/4。其他的生产大国有比利时、德国及俄国等。

结论

在18世纪初，工业是欧洲经济的一个相对较小的部分，农业和服务业在经济活动中占主要地位。到 1870 年，欧洲的大部分地区已经经历了一次工业革命，现代技术的发展促进了工业产出的增加和生产率的提高，并伴随着引人注目的产业结构的转变。与早些时候经济扩张的前工业阶段不同，该时期经济增长的这一趋势并未逐渐消失，而是步入了一个生活水平持续上升的新时代，并延续至今。

该进程始于英国，并蔓延至欧洲其他地区。不过，从英国到欧洲大陆的技术转移进程不应被视为缺乏创意的简单模仿。更确切地说，它是一个持久的事件，涉及技术对当地环境的适应过程。关于这一进程，我们在这里运用工业革命的传统产业的例子进行了阐明，包括钢铁业和纺织业。我们也指出了蒸汽动力作为第一项通用技术在维持这一经济增长进程中的重要性。

第 8 章　服务业

瑞加娜·格拉夫（Regina Grafe）
拉里·尼尔（Larry Neal）
理查德·W·昂格尔（Richard W. Unger）

1700 年之前的两个世纪里创造出的长距离贸易机会引起的商业革命，在接下来的 170 年里渗透进了欧洲大陆范围内的本地市场。在这个过程中，服务业的主要形式从大体上自给自足的、主要从事农业和工艺品制造的家庭和村庄所需要的本地服务和家庭服务，转变成在生产和商业的专业中心之间组织起来的专门的商业、金融业和运输业。和农业、工业一样，服务业的专业化程度的提高也导致了生产率的不断上升。事实上，或许在这个时期内服务业已经成为欧洲经济中最有活力的部门。尽管工业革命发生在英国，但到 1870 年以后工业才在其他欧洲国家经济中占支配地位。相反，英国早期为金融、运输和批发分销提供服务的创新在欧洲其他地方被更容易地采纳了，而且它们的扩散导致了欧洲大陆范围内的服务业持续有力地增长。

在 18 世纪，人们对服务业中生产率的进步于整体经济增长的重要性没有今天认识得这么清楚。只是到了最近的几十年，在信息和通信技术取得令人惊叹的进步之后，经济学家才开始确认金融的发展对整体经济增长，以及不同地区的商品和服务的持续贸易的重要性。虽然贸易被 18 世纪的许多经济学家认为是经济增长的引擎，但是金融创新对贸易的促进作用却通常未被认识到。不过，经济福利（economic well-being），作为对每个人从 1 经济单位（用他们愿意支付的价格来表示）的当前消费中所获得的满足的衡量，取决于在“正确的”时间、“正确的”地点把“正确的”商品和服务交付给最终消费者。使经济中的一切都“正确”是服务业整体的功能，而且其每一个组成部分，从金融到运输，再到批发和零售层次的分销，都起着有效且互补的作用。因此，服务业的主要组成部分——金融、运输、通信和分销——是现代经济中国内产品、资本存量和劳动力的最大的组成部分。

不过，欧洲经济在 1700—1870 年这个时期内的服务业份额的上升，却因制造业份额更大幅度的上升以及农业份额的下降而黯然失色。在 1700 年，服务业首先以其现代形式出现在欧洲的城市。然而，到 1870 年时，服务业已经作为主导部门在英国（第一个工业化国家）以及荷兰（第一个商业国家）出现。在欧洲的其他地方，服务业的重要性随着商业化和工业化在欧洲范围内的扩散才得以提高。

总的说来，从 17 世纪末到 1870 年，进出欧洲的货运量急剧增加，并且货运不断提速。现有的服务业通过产出的不断增加而扩张，而新的服务业却能够进一步适应地理和生产范围的变化。由于搬运货物的成本不断下降，新的商品找到了市场，新的土地也被投入生产。运输技术的改进、基础设施的资本投资，以及运货人的规模经济优势，所有这些一起使运输有了更高的效率。政府支持、补贴运输设施促进了贸易增长。国际竞争——民族国家建立的副产品——的日益激烈，刺激了贸易的进一步增长。不过，欧洲批发分销网络的发展，既非稳定也非统一的过程。在 1700—1870 年，地区与地区间的巨大差距继续存在，而且可能在整个欧洲拉大了。

我们首先研究当金融创新的步伐不断加快、规模不断扩大时金融技术的发展，这些金融技术到 1700 年时已经在推崇重商主义的欧洲蔓延，直到 1815 年还在扩散。然后我们考察运输业的崛起，在从帆到役畜再到 1815 年之后蒸汽动力的划时代的转变之前，技术和组织的改进导致了生产率的持续提高。最后，我们考察商业联系的相应扩张和对欧洲消费者有利的分销网络的发展。尽管对用以扩大运输和分销服务的私人资本的需求在 1700—1870 年的整个欧洲有着前所未有的增长，但显著的事实是资本成本依然很低。尽管缺乏对服务业总体生产率的直接衡量，但这一发现表明服务业中的资本和劳动力的生产率一定是有了大幅提高的。

本章将聚焦于金融、船运和分销领域的私人服务业。在国民经济核算框架内，服务业的其他部分包括住房服务（以估算的租金表示）以及家政服务。在 19 世纪中期大多数欧洲发达地区，家政服务约占服务业产出的 15%（Deane and Cole，1962；Hoffmann，1965）。

金融业

到 1700 年，金融创新特别是战争融资方面的欧洲领袖，正从荷兰共和国逐步转换为英格兰。英格兰金融革命的实质是，在一个以伦敦为中心的更集中的税收和支付系统内执行荷兰商业和公共财政最有效的方面，同时充分利用阿姆斯特丹已经发展了的高级支付系统。英格兰的金融革命发端于强迫性的战争融资，英国的新荷兰国王威廉三世（William Ⅲ）在 1688 年夺取政权后把资源提供给英国君主。借助于数目众多的荷兰顾问［这些人曾协助他作为荷兰共和国的“总督”（原文为荷兰语 Stadhouder）与法国作战］，他推动了一系列金融创新，这些金融创新后来发展成“金融革命”(Dickson，1967)。

1694年成立英格兰银行（Bank of England）被证明是出乎意料地重要和有益的（Clapham，1994a)。虽然阿姆斯特丹汇兑银行（Exchange Bank of Amsterdam，1609年）为阿姆斯特丹的批发贸易以及后来从地中海到波罗的海的西欧大部分地区提供了有效的支付服务（Gillard，2004)，但是英格兰银行增加了新功能。除了通过从一个账户向另一个账户转账来提供支付服务，英格兰银行还能够扩大王国的货币供应量，因为它只需要动用其手头上的一小部分金银来兑现其票据。因携带方便，票据得以普遍流通。英格兰银行也能够通过向收款人提供银行票据而不是王国的钱币来贴现在最终付款日之前向它出示的票据。在18世纪剩余的时间里，银行的贴现服务有助于在和平时期为批发贸易和资本市场交易提供资金，以及后来在战争时期为英国的欧洲同盟国提供援助(Dickson，1967；Roseveare，1991；Quinn，2004)。

1700—1793年，欧洲的商人能够将英格兰银行和阿姆斯特丹汇兑银行的支付系统结合起来，在整个欧洲范围内为贸易融资。随着法国和欧洲君主制国家之间的战争的爆发，兑换外国汇票的贸易信用基础被摧毁了，直到1815年战争结束才得以恢复。此时，阿姆斯特丹或伦敦的外国汇票的流动性增加的意义是，它使得贸易差额的多边结算系统替代了以前的双边结算系统。这意味着，欧洲一个地方对另一个地方的持续性贸易赤字，例如英国对波罗的海国家的持续性赤字，可能会通过英国在欧洲另一个地方赚取的盈余来结算，比如，英国将其在美洲殖民地生产的糖和烟草再出口到欧洲大陆。

商业账户差额的多边结算早已被公认为是更有效的组织支付方式。但在过去的几个世纪里，在巴塞罗那、佛罗伦萨、威尼斯、热那亚、里昂，这种银行自动直接转账服务仅限于当地居民和选定的外商使用。安特卫普以及阿姆斯特丹将有权使用汇兑银行的人的范围扩大到愿意以白银、黄金、铸币或金银块形式存款的任何人，使得这些银行掌握了鼓励贸易的主动权。只要欧洲任何一个地方的商人更多地使用这些服务，那就提高了贸易的可能性。结果就是，对世界各地生产的所有商品来说，欧洲市场一直在持续不断地改进。到1720年，甚至出现了出于欧洲商人的利益而制作的手册，这些手册可以指导他们在整个欧洲开支票和支付汇票（见图8.1）(Justice，1707)。

糖和烟草在整个欧洲是有大量需求的大宗商品，对胡椒和其他香料的需求也不断增长，而且对盐也有持续的需求。东印度公司创建的分销渠道继续在18世纪剩下的时间里扩张到欧洲的其他地方，虽然在各场战争中有中断和错位。尽管对战争融资的需求日益增加，但是低利息的商业贷款仍可获得。在欧洲内部，以及欧洲人在海外建立的各种贸易前哨基地之间使用汇票，从而形成相应的国际支付系统这种善行，被Isaac Gervaise于1720年大力吹捧，法国哲学家Abbé Condillac以及亚当·斯密则对其进行了详细阐述（均为1776年)。

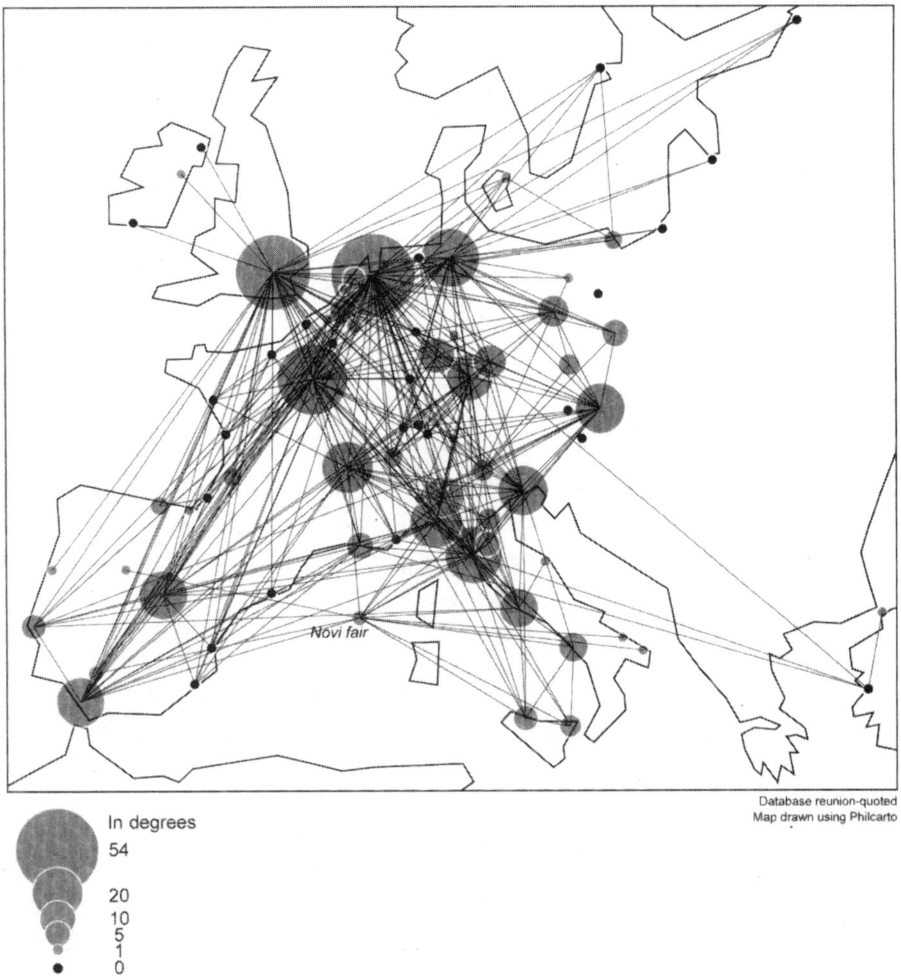

图 8.1　18 世纪欧洲商人的交易网

注：当时商人手册上记载了各个城市间的付款方式，这些城市在地图上已被连接起来。

资料来源：Flandreau 等（2009）。

Flandreau 等（2008）的研究表明，在 1688—1789 年这个时期内，在阿姆斯特丹有合同的商人可获得的商业贷款的年利率为 3%～4%，尽管欧洲范围内的国家融资日益频繁地出现。当时的利率也会因战争的不确定性产生偶然的峰值，尤其是当一场漫长的战争的结果不确定的时候。但由于英国和荷兰发行的债务（这些债务由在商人之间可轻易转让的流通票据所组成）增加，所以战时财政只是增加了彼此之间（不分国籍）结账的可能手段。在整个 18 世纪，伦敦商人享受的利率只比阿姆斯特丹的商人略高一点点，而巴黎的商人却得忍受更高的利率，但是后者仍然低于意大利和西班牙的商人支付的利率。

战争对欧洲金融体系的主要影响是，证明了资本市场在和平时期和战争时期一样，都对英国政府债务有着令人惊讶的作用。因此，1700—1815 年英国的国债继续增加。Issac de Pinto（1771）将英国的成功明确地归功于阿姆斯特丹的股票经纪人的重要作用，这些股票经纪人为英国每笔新发行的战争债务提供了有高流通性的市场。然而，荷兰人和英国人之间的关系日益紧张，在美国独立战争（American War）结束时两方切断了合作关系，并且两方的紧张局势在1780—1784年第四次英荷战争时达到了顶峰。此后，英国的金融创新更多依靠来自欧洲大陆的金融人才和资本，这一过程极大地受法国大革命及其1793年后在欧洲其他地方的扩散的影响。

法国部队怀着法国大革命的理想——自由、平等和友爱，但在被征服的领土上，这些就意味着高税收以及剥夺先前的特权及豁免（不仅针对宗教组织和封建领主，而且还涉及商人和商业行会）。不过，美国独立战争结束后，法国在自身公共财政方面积累的压力，导致了1789年法国大革命爆发时法国整个货币及财政结构的瓦解。在接下来的四年——1789—1794年——依次发生了如下事件：(1) 随着先前的特权和免税体系被废除，自由银行业被允许出现；(2) 随着革命政府试图合法化其政权，以取代被废黜的君主政体，银行业务受到强制性的价格控制和约束；(3) 指券[①]（assignat）的发行极大地超过了用来支持教会和流亡者（emigré）的对外出售的土地的价值。接下来的超级通货膨胀再次破坏了法国的私人信贷结构，正如1720年发生的通货膨胀一样（Hoffman et al.，2000）。它也破坏了国家信用，因为合法政府没有像路易十五在1723年那样去重建政治信誉。因此，督政府（the Directory）试图将在英格兰和荷兰已经被证明为成功的金融货币业务移植到法国（Bordo and White，1991；Hoffman et al.，2000；Sargent and Velde，1995；White，1995）。

最初，对于2/3的被拖欠的债务，其债权人会得到保证，至少剩下的1/3将会获得利息。接着，发生了一项重大的货币改革，即一种新的记账单位法郎（franc germinal）取代了声名狼藉的里弗尔（livre tournois），并规定法郎可以像荷兰盾一样以固定比例的金银铸币衡量。最后，一家公共银行——法兰西银行——于1801年成立。尽管政府要求该银行维持法郎的价值，但政府同时又希望它通过提高支付系统的效率帮助政府避免新的赤字。结果，法国公共财政凭借拿破仑的军事胜利来维持其稳健性。那些服从法国革命政府的新税制并被要求在提供军用物资时以固定的价格接受法郎的附属王国，能够以倒退到罗马式的战争融资的方式支持法国继续战争（Bordo and White，1991）。从融资的角度看，附属王国中的首领是荷兰。

为了避免被法国侵略军占领，在法国军队进入阿姆斯特丹时，阿姆斯特丹汇兑银行的铸币储备金已被完全提取。一次又一次地掏钱来支持法国动用武力，使巴达维亚共和国（Batavian Republic）以及后来的荷兰王国（Kingdom of Holland）不得不发行更多的年金（如今由国家政府发行）。1814年，荷兰王国（Kingdom of the Netherlands）仿效英国的成功先例，将这些整合成永久年金。虽然这些年金总计达荷兰王国国民收入的4倍以上，但是政府在一年中实际支付的只有其中一小部分——激活的部分（Hart，Jonker and van Zanden，1997）。

---

① 指券：1789—1796年流通于法国的一种由革命政府发行的纸质货币，被作为没收土地的担保证券。——译者注

随着由法国的成功所带来的压力的不断累积，英国人分阶段重新制定了他们的战争融资方案。由于在1796年年底法国的货币改革扬言要鼓励投机性资金回到法国，英格兰银行获准暂停将钞票兑换成铸币。结果，“纸英镑”（paper pound）的流通从1797年2月持续到1821年5月（此时金本位制正式恢复）。然后威廉·皮特（William Pitt）内阁提出通过承销团之间的竞争性招标来安排联合公债的新一轮发行，利息支付由增加的收入所得税来保证。收入所得税使得内阁能够获取欧洲商人的利润，欧洲商人如今在伦敦安排和管理自己的业务而不是将业务分散在伦敦、巴黎、阿姆斯特丹和汉堡。

由于为战争财政筹集的大部分钱都是在1803年之后直接支付给英国军队，而不是花费在雇用来自德国的雇佣军的津贴上，所以国内支出大幅度上升了。来自欧洲各地的企业家涌进英国，通过直接投资或者有价证券投资来利用在纺织业、钢铁业、造船业、供水设备业、煤气厂和农业中出现的利润机会（Neal，1990，1991）。被法国占领的欧洲地区的商业阶层都将资本卷逃到安全的地方，否则他们肯定会被拿破仑的军队强征重税及剥夺特权，而他们中的绝大部分都飞到了英国。结果就是，伦敦永久地取代阿姆斯特丹成为欧洲的新金融中心。

到拿破仑战争结束的时候，外国观察家认为最关键的是英国金融的巨大成功导致其他欧洲国家在不同的政治结构内尽可能地模仿英国的金融模式。公共银行如英格兰银行或者法兰西银行最先出现问题。以永久年金的形式创造国债花费了较长的时间，因为这要求有永久的税收来源服务于它，而这需要一个永久性的立法当局——议会。不过，逐渐地，模仿品出现了，比如法国出现的rente（由经议会表决的税收提供资金），荷兰王国的renten，以及在那不勒斯王国被用做账簿条目、在巴黎和维也纳的市场上被罗斯柴尔德兄弟（Rothschild brothers）交易的永续年金。罗斯柴尔德家族（the House of Rothschild）——一家跨国家族投资银行——被证明是主要负责向欧洲其他地方传播英国金融模式的组织（Ferguson，1998）。

然而，对于1815年的英国当局来说，英国金融的成功并不是如此明显。收入税于1816年被撤消，议会在1819年要求英格兰银行恢复钞票的可兑换性，以第一次世界大战之前的比率兑换黄金一直到1821年。面对竞争对手的日益侵蚀，在荷兰东印度公司在亚洲恢复其地位之后，英国东印度公司不得不接受于1833年终止其与东印度群岛的垄断贸易条款的要求。此外，地方银行的纸币在战争期间已经贬值，不能再以英格兰银行票据的方式赎回。这些被英格兰银行在恢复其纸币的可兑换性之前取消，以增加其黄金储备。这些问题最终导致了1825年的金融恐慌，虽然恐慌很快就平息了，但是立法上有了重大改变，为英国金融的未来发展奠定了基础。这些改变包括：（1）创立股份制银行；（2）英格兰银行成立分行；（3）股份制贴现行取代私人银行从事国内汇票再贴现业务；（4）规定由英格兰银行承担某些中央银行职能。这四个因素结合到一起，构成了19世纪后期英国金融体系最鲜明的特点——国内汇票市场的崛起（参见W. T. C. King 1936年的经典描述）。

伦敦国内汇票市场的崛起，意味着以前的外贸融资手段四方汇票（a four-party bill of exchange）如今也能被现代化了。如今一个进口商能够要求其银行与出口商的银行安排贷款融资，而不是立即以当地货币支付用外国供应商所在国的货币表示的外国汇票。根据承兑机构 19 世纪的做法，阿姆斯特丹的出口商只要出示来自伦敦进口商的订单，就能立即从他的银行得到货款。然后，阿姆斯特丹的银行要求进口商的伦敦贴现行向其支付它已经向出口商承诺的金额，伦敦贴现行则向伦敦进口商收取其支付给阿姆斯特丹的银行的费用以及服务费，但是以英国货币记账（Chapman，1984）。

政府也试着按照英国金融的模式进行创新。欧洲大陆国家仿效英国为自己的长期政府债务建立一个稳定的市场的尝试是勇敢的，但却遭到经常性的政治不确定性——在法国发生的多次政权更迭、荷兰共和国因 1830 年比利时的创立而解体、普鲁士在 1848 年革命之后继续壮大——的破坏。直到 1870 年以后欧洲的追随者普遍采用金本位制，欧洲大陆国家才敢声称自己已经在金融上尽力追赶英国的领先地位，无论其在农业或工业方面的成就是什么（见图 8.2）。然后到 1870 年，西北欧服务业的创新和生产力的进步，已经为欧洲大陆地区人均收入水平之间的巨大且不断扩大的差异作出了贡献。

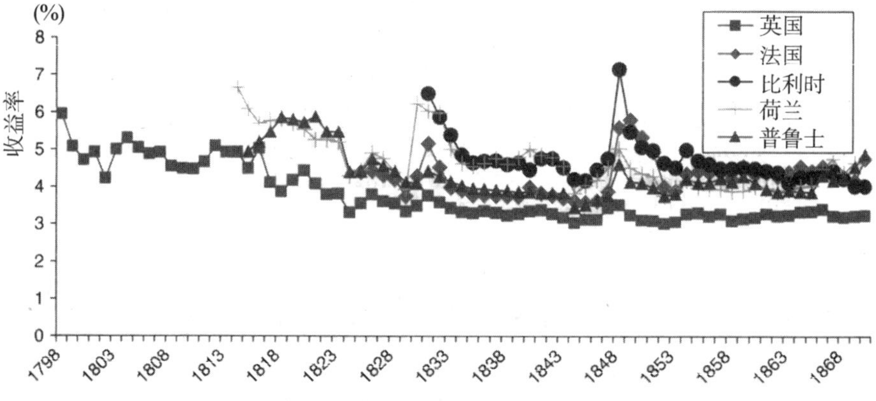

图 8.2　政府公债利率（1789—1870 年）

资料来源：Homer 和 Sylla（1991）。

船运业

1700 年之后陆地和海上运输效率的显著提高，早于 19 世纪蒸汽推动力的逐步采用所导致的船运转型。在陆地上交付货物总是比在水路上交付货物要贵。在直到 1815 年的数年里，对较好的道路的投资并没有解决实际问题，但确实使得陆地运输更有效率且改变了贸易的方向。道路网络的扩展以及道路的改善使得提供更快、更好的运输服务成为可能，运输工具包括定期安排的载客和载邮件的长途车（coach），这是18世纪西欧的新特征。

从农场到市场的短距离运输最抗拒改进。农产品的运输主要是利用动物（包括人）或者手推车。一些农产品不需要借助其他交通工具来运输，例如大批的牛从丹麦被赶到低地国家，从匈牙利被赶往西欧。其规模相对1700年前已经有所缩小，但城市规模不断扩大要求不断增加动物供给（Gijsbers，1999，pp.485-499）。

长期被忽视的道路和桥梁问题在18世纪上半叶得到了政府和私人投资者的新的关注。在1716年，法兰西王国（kingdom of France）成立了一个负责道路和桥梁的土木工程部门。这导致在1747年在巴黎成立了皇家路桥学校（École des Ponts et Chaussées），以培养提高法国陆地运输质量的新工程师。在英格兰，民营企业家才是大部分主要道路改善工程的实施者。收费公路信托基金预期从通行费中收回投资。向使用道路的人收费并非新鲜事，但道路建设的规模和其对整体运输效率的贡献是前所未有的。在长途运输中（大概300公里的距离），改善了的道路使陆地运输的生产率到18世纪60年代至少翻了一倍，到19世纪30年代则增至原来的三倍。更好的道路使得用货车替代驮畜成为可能，这种转变带来了巨大的收益。用更大、更好的牲畜去拉货车以及随着运货商的规模的扩大而更加完善的组织也带来了不小的收益（Gerhold，1996，pp.494-511）。新路的建造或旧路的改善提高了运输速度，特别是恶劣天气条件下的运输速度。比如，在奥属尼德兰，新的砖路或者石板路替代了泥路，哈布斯堡王朝的君主得以将道路网从1700年的200公里增加到1793年的近2 850公里（Serruys，2008）。

政府促进了内陆水运方面的投资。16世纪和17世纪的荷兰共和国（the Dutch Republic）创建了运河系统，它可以定期按预定的路线运输散装货物以及乘客，还能同时控制水流量以防止发生洪灾（de Vries，1981）。在17世纪甚至18世纪，更多的欧洲国家模仿荷兰模式，使用运河来补充或取代现有河道运输。人们依然开发河流，并且是以相当现代的方式——使商品沿河下游漂流或者用驳船运载货物，因为在狭窄的河流中逆流上行总是出现问题，而如果使用杆和桨推进的话，那就意味着需要很多的船员，从而抵消了用水搬运货物的优势。运河解决了在水道旁边使用役畜牵引船只的问题。

更强大的专制主义政府行使了废除产权的权力，使运河得以建成。路易十四（Louis XIV）统治的法国开始了一项雄心勃勃的运河建设计划，该计划贯穿法国南部的运河（于1681年完成，连接大西洋与地中海）。然而，法国建造运河通常是带有政治目的的，因此可能会涉及工程及财务问题。然而18世纪后半期英格兰的运河建设则避免了这些陷阱。与奥属尼德兰较早期的建筑一样，法国该计划的最终结果是建立了一个互相连接的水路网络。英格兰的融资来自私人投资者，考虑到工程的规模，所需的款项是相当大的（Deane and Cole，1969，pp.237-238）。尽管距离可能只有几十公里，但穿越任何丘陵或山地时都必须建设很多水闸。在坡度较小的地区建设的那些长度较短的运河被证明是最成功的，而更雄心勃勃的、试图取得同样成就的项目却通常功亏一篑。即使是俄国的彼得大帝——一个有着强权和看似无限的推动力的统治者——也未能在

18世纪的头十年完成规划中的连接伏尔加河（Volga river）和顿河（Don river）的运河。随着里程的增加以及水路系统之间的连接越发普遍，运河的影响也在增大。这些连接点往往是各国的枢纽，为整合国内市场服务。

海洋运输服务规模的扩大在18世纪引起了政府的注意。欧洲各国纷纷颁布政策以促进船运，这是出于对获得潜在利益的焦虑——这些潜在利益源自更大规模的贸易、船运业自身的收入以及通过对易征税的商业行为征税而可能获得的收入。欧洲商船总吨位快速增长（见表8.1），在整个18世纪里增长了一倍多，其中西北欧增长得最快（Unger，1992，pp. 258-261；van Zanden，2001，pp. 81-82）。

船只花在运载货物上面的时间越多，船运服务的供给就增长得越快。多种因素使得船只和船员可以更有效率地工作。对港口设施（包括码头和起重机）的投资仍在继续，对港口工作的组织方式和流程也做了改进。搬运工协会的成立使该行业更加规范，当需要快速搬运货物时总有人手可用。信息的流动也加快了。在货物汇集的特定港口，特定商品之间进行定期且可预测的交易，这使得运货人更容易安排货舱。可靠的交易使得回来时运载货物成为可能，以至于船只不用空着回来，而是有偿运载货物。港口设施的改进和信息流动的加快缩短了船舶的周转时间，使得更集中地使用船舶的沉没资本成为可能。

更好的船只也有助于增加航运服务的供给。在18世纪，造船者进一步改进并更好地利用了之前在技术上取得的突破。载重约500吨的航海班轮（sailing packet）是国际贸易特别是洲际贸易的重负荷船只。高度分散的航海计划和纵长帆的更充分的利用使得所需要的船员数量持续下降。在多条航线上，运货人越来越多地使用双桅帆船（two-masted ship）。这些双桅帆船以及其他带较少帆具的船只在增加了吨位的同时，并没有使船员规模扩大。

海盗活动的减少以及18世纪各战争期间实施的更严格的强制护航保护条款改变了海军的性质，而且很重要的是，免除了运货人在其船上配备枪支以及额外的船员的需要。政府比以往任何时候都更认真地保护海洋船运，并增加了欧洲内外用来保护商船的战船数量（Unger，2006b，pp. 50-53；Glete，1993）。此时地图已经很方便且很容易获得，由于政府推动有关部门绘制自己水域的可靠地图，所以越来越多的欧洲水域被绘制成地图（Lang，1968，pp. 50-66）。除了越来越多的多语言版本的有关导航的书籍充斥着该行业的各个角落以外，六分仪（the sextant）也为船员提供了一种更容易估计纬度的方式。18世纪50年代John Harrison发明了可靠的计时器，终于解决了在海上确立经度的问题。对于频率较高的短距离船运和近海船运，改进的导航系统是对传统知识和做法的补充。

但是，并不是所有的航线都提高了效率，人们也有些怀疑整体上效率提高了多少（Menard，1991）。不过，技术和组织上的许多变化明显导致了船运业的劳动生产率的普遍提高。16世纪已经取得的进步在18世纪广泛传播，因为更多欧洲国家找到了增加船运服务（同时又使需要配备的船员数增加得没这么快）的方法。

表 8.1　　欧洲商船的吨位（1675—1870 年）

年份	英国	荷兰	德国	法国	西班牙和葡萄牙	意大利	丹麦—挪威	挪威	总和（van Zanden）	总和（Unger）	世界总和（Maddison）
1670									1 050 000	1 500 000	1 650 000
1676	500 000	900 000		100 000							
1686	340 000										
1700		500 000									
1702	320 000										
1750		500 000									
1761	460 000										
1775	700 000										
1786	751 626								3 372 000	3 000 000	4 160 000
1786（*Lucassen and Unger*）	*881 963*	*397 709*	*155 349*	*729 340*	*224 303*	*311 964*	*555 299*				
1788	1 055 299										
1788	1 200 000										
1790	1 290 000										
1800	1 856 000										
1824		130 792									5 880 000
1830	2 202 000							131 445			
1850	3 565 000							303 080			
1851			516 410								
1860	4 659 000	479 000						567 431			
1865								747 489			
1870									24 900 000		

资料来源：Lucassen 和 Unger（2000，pp. 4－5）、Maddison（2003b，p. 59）、van Zanden（2001，pp. 81－82）、Unger（1992，pp. 260－261）、Brautaset 和 Grafe（2004）。

尽管在17世纪后期，最好的方法所需要的载重—人员配比是10吨/人，但是直到18世纪60年代，这一配比都一直在上升；到18世纪80年代达到了15吨/人，并在该世纪末达到了20吨/人。最有能力实现更高的效率的欧洲地区目睹了其商船的成长，以及随着其港口的急速扩展，对其有利的贸易航线的转移。贸易中心，特别是长途洲际贸易的中心继续从地中海和南欧转移到西北欧，特别是英国。到18世纪80年代，英国已经崛起，有着任何一个欧洲国家都难以匹敌的商船吨位（见表8.2）。

表8.2　　欧洲商船的载重量—人员配比　　（吨/人）

年份	威尼斯	法国	英格兰	德国	荷兰	丹麦—挪威和瑞典	挪威
1425	3.22						
1450			4				
1525				10			
1550					7		
1582	2.9						
1585			4.53				
1605			4.96	11			
1635					7.27		
1670					8.7		
1676	2						
1678				10.4			
1686					18		
1725					10.1		
1755			7.14				
1773			11				
1775			10				
1780					8.82		
1786						14.7	
1790		13.3					
1800			17.67			20	
1825					5.5		
1830			16.48				13.57
1850			18.45	17.36			20.24
1860			27.15		34.37		23.98

资料来源：Lucassen和Unger（2000，pp.129-130）、Brautaset和Grafe（2004）。

从 1793 年持续至 1815 年的战争困扰了欧洲多年，不仅中断了陆地运输，而且中断了河流、运河和海洋运输。参与战争的军队越来越多，于是它们只能作战，并发起了大量的战役，在某些情况下还要行进数百公里（这是因为运输的长期改进）。更好的后勤（源自道路运输与运河运输的改进）使拿破仑能够维持几乎一年一次的帝国军事冒险活动。英国削弱敌人称霸欧洲之野心的能力依赖于其船运的改进，船运的改进使其可以向海外运送军队，并带来了急需的税收收入，从而能够维持军队和海军的战争成果。

尽管各国政府采取了行动，尽管有战争，但到 1793 年，运输业的发展趋势仍在继续，不仅仅在西欧，而且在中欧和东欧也是如此。在 18 世纪 70 年代的一次短暂停顿之后，18 世纪 90 年代英格兰兴起了一个运河建设的新浪潮。道路建设和地上运输效率不断提高的趋势在拿破仑战争期间以及战争结束后仍在继续。一直到 19 世纪 30 年代，通过利用动物和风力，欧洲人证明了自己能够在运输效率上取得明显的进步。不过，那时，一项新技术出现了，到 1870 年时，它已经改变了船运业的每一个部门，这些部门一个接一个地完全改了模样。

由詹姆斯·瓦特在 18 世纪 60 年代至 18 世纪 70 年代改良的蒸汽机有提供动力的潜力，而最先感受到蒸汽动力的影响的是地上运输。早在 1801 年，一个英格兰工程师就乘坐一辆蒸汽马车从他在康沃尔郡的家去伦敦。蒸汽动力车的不可靠性和重量过大这两个问题是随着零件加工技术和冶金技术的改进得以解决的。较重的铁轨使得人们能够使用蒸汽机将煤炭运出矿井，而技术的进一步改进允许转移更多能量到驱动轮上，使得此类火车头能够依靠燃料行进得更远。一条长度超过 38 公里的铁路于 1825 年在英格兰北部投入使用。到 1829 年，速度能够达到接近 60 公里/小时的火车头除了用于其典型的原始功能——运煤——之外，还是有效的载人工具。在英格兰，长约 100 公里的铁路于 1830 年投入使用；到 1846 年铁路长度超过 1 500 公里。第二年铁路建设猛增，到 1860 年轨道已经长达 15 000 公里以上。

点到点的线路建设导致了铁路网络的出现。获取道路权、建设铁路和建造机车车辆（包括火车头）都意味着相当大的资本投资。英格兰的铁路建设者坚持采用最小的梯度，因此建设成本很高，也意味着要付出比建造运河更庞大的沉没成本（Deane and Cole，1969，pp. 230-233）。铁路运输的优势和可观的资本投入使得欧洲大陆的政府对铁路建设进行补贴。法国第一条铁路线于 1828 年投入使用。从 1835 年起，比利时也有了固定的铁路服务。紧接着，德国各个州的线路也开通了。俄国的第一条公共铁路于 1836 年投入使用。在欧洲的西部和中部以及东部，多条线路之间的连接导致了使用标准轨道及可互换车辆的铁路网的形成。在东欧，这种网络形成的速度较慢。随着更多的欧洲地区开通了铁路，各种各样的新货物大量涌进了陌生的市场（见图 8.3a、图 8.3b 以及图 8.3c）。

早在 1790 年，改革者就证明了改进后的新的蒸汽机能够给一条船提供动力。在水上使用蒸汽动力第一次变得在商业上可行是在港口、河流和运河的船只上。

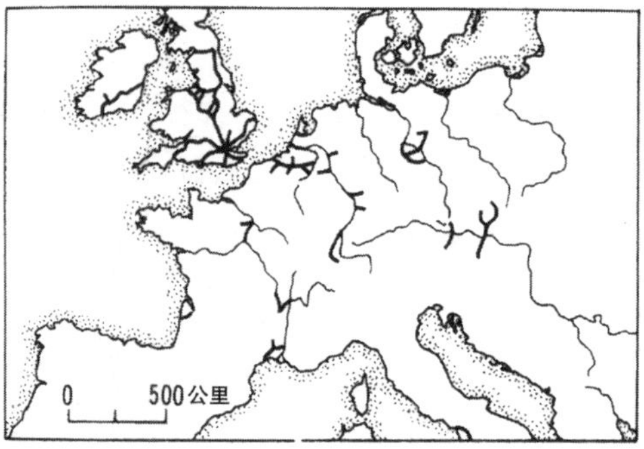

图 8.3a　1840 年欧洲铁路图

资料来源：Pounds（1990，pp. 433-434）。

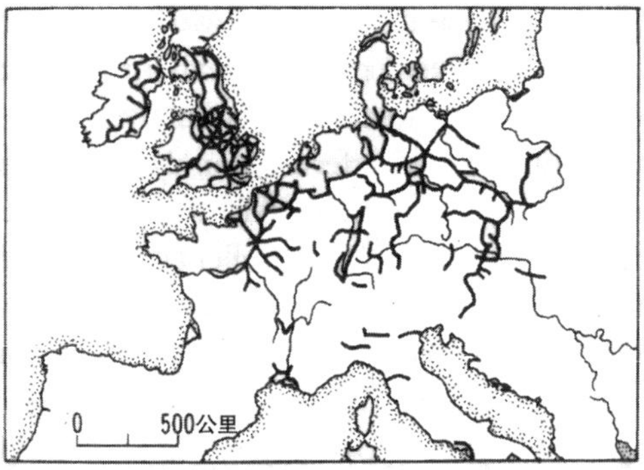

图 8.3b　1850 年欧洲铁路图

资料来源：同图 8.3a。

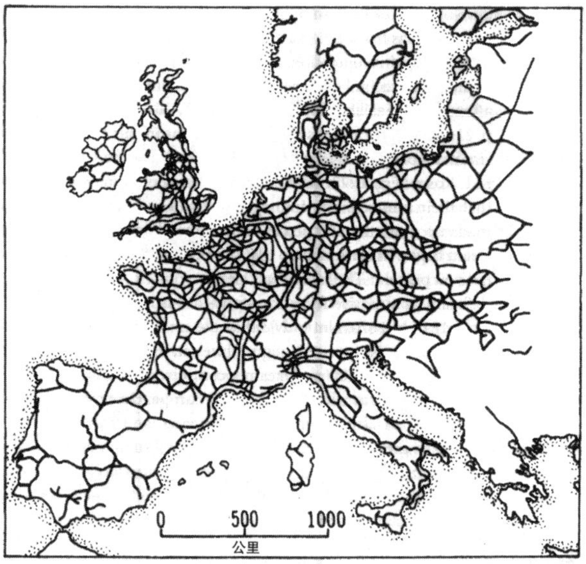

图 8.3c　1880 年欧洲铁路图

资料来源：同图 8.3a。

以蒸汽为动力的拖船（steam-powered tugboat）使得人们无须等待有力的风和潮汐就能够驾驶船舶进入和离开港口。这使得船舶的周转时间缩短，从而运输效率大大提高。

汽船是特别有价值的渡轮，因为它们可以在受到保护的水域和河流上进行短距离的拖行，并且能够一直逆流上行。河船可以在一年之内往返多次，而且它的发动机更小、更轻，因此其运输能力有可能是19世纪船运部门之最（Mak and Walton，1972，pp. 623-629）。

所有蒸汽动力车辆存在的最大的问题是它们对燃料的巨大需求。1835年后引进的管式锅炉和蒸汽机压力的改进（到1870年达到19世纪早期水平的5倍）大大减少了其对燃料的需求。在第二气缸内重复使用蒸汽的复合式发动机也减少了对燃料的需求。这项技术于1825年首次试用，到1870年时，在海船上使用的复合式发动机已经多达原来的三倍甚至四倍。到19世纪50年代和60年代，更高的效率意味着在短途航运中用蒸汽机取代船帆。在19世纪70年代之后，帆船才在长距离的远洋贸易中被取代（Harley，1971，p. 216）。蒸汽动力在海运中取得的成功，在某种程度上是帆船效率持续和同步改进的结果（Harley，1988，p. 861；Rosenberg，1972，pp. 26-28）。帆船效率的日益提高意味着它们的数量和吨位在增加，比如，到1860年，它们占据了超过90%的英国商船吨位。向蒸汽动力的转移发轫于1870年后，到1883年，蒸汽船的比重已经超过50%。未来是明朗的。

蒸汽作为动力，在1815年至1870年间改变了欧洲的交通。它在陆地和水上的使用不仅降低了运输成本，而且开启了欧洲内外许多地方的市场进行贸易和交换的新时代。蒸汽船和蒸汽机车为欧洲内外的贸易模式的重新定位作出了贡献。不过，蒸汽动力在船运业已经增长、改进和扩张的背景下出现，取决于规模经济、技术改进和更完善的组织所产生的更高的效率。从1700年到1815年，该部门实现了全面的发展。

销售业

更广更深的资本市场以及运输服务方面取得的显著进步促进了商品的批发和分销，同时让欧洲的消费者获益匪浅。但服务业转型的收益以不同的方式渗入本地、其他区域和区域间的市场。运输和金融领域的创新发展扩散得不均匀，公司（比如行业协会）或新兴民族国家的市场监管也是如此。这些因素所导致的净结果是，欧洲市场在1700年至1870年间在地理集中上发生了很大的变化。

批发分销业中的生产力进步只能被间接追踪。经济史学家至少使用了三种方法。从经济的角度分析市场效率最传统的方式是衡量偏离一价定律的程度，即假设，如果不同地区的市场是充分融合的，那么这些市场的消费者为可交易商品所支付的价格应该是一样的（Persson，1999，p. 91）。如果主食（比如粮食）的价格在较长的一段时间内偏离这一价格，那么价格的波动可以被解释为这些市场之间的交易成本。交易成本包括获取有关市场信息所需要的时间和金钱、装载成本、所涉及的法律费用、因货币和度量衡不同而产生的会计成本以及其他成本，比如为保护货物不被偷盗、保护商人免受贪官勒索等而付出的成本。

分析市场效率的第二种方法是分析在销售业中发生的组织变化。海外贸易和殖民地贸易的扩张往往受限于严格的国家垄断。在欧洲范围内，情况更加复杂。在18世纪后期，公司、城镇和国家对国内市场的控制日益处于守势。这一切到19世纪中叶几乎消失了，但这一过程反映了欧洲局面的高度多样化，而公司监管的存在通常既是市场整合不力的来源，又是其后果。

最后，将新商品引进欧洲市场的举措展现了早期全球化对整个欧洲的影响。早期全球化使得消费者熟悉更多的商品并成为它们的定期购买者。这些商品包括殖民地所生产的兴奋剂类产品（如可可和烟草）、适应欧洲农业生产的非欧洲商品（如玉米和土豆），以及日用物资（如取代动物产品的大西洋鳕鱼——因为过度开采，动物产品在欧洲变得稀少）。供给创造了自己的需求，更复杂的消费者行为也在这个时期变得相当明显。

纵观欧洲历史，有效的分配体系与城市化同步发展，欧洲港口在18世纪的快速发展表明了欧洲与世界各地日益一体化的过程也涉及了欧洲内陆地区的转型（Acemoglu，Johnson and Robinson，2005）。规模较小的沿海城镇，比如从格拉斯哥（Glasgow）到加的斯（Cadiz），往往经济增长得最快，但是许多中型港口如波尔多或者巴塞罗那的人口也翻番了，甚至位居前列，在诸如伦敦和那不勒斯等城市中，经济的快速增长仍在持续（de Vries，1984）。不过，阿姆斯特丹——欧洲17世纪主要的商业枢纽——在整个18世纪经历了发展停滞，这说明了欧洲发展的另一个特点：在这个时期，领导权在不同地区更迭。

在1700年，许多区域，特别是欧洲的南部和中部，只不过是刚从分崩离析的市场阶段（很多时候是由16世纪晚期以及17世纪的战争和经济错位引起的）发展起来的（Jacks，2004）。本地歉收仍然可以产生毁灭性的影响，这是市场过于狭隘所带来的后果。短缺导致价格飞涨，诸如粮食之类的货物的运输成本很高（相对于其价值来说）而且信息传播得很慢，这意味着从其他地方运过来的粮食需要很长时间才能填补缺口。其最终后果就是，当地遭遇饥荒。Persson（1999）估计，在19世纪早期，巴黎当地的粮食供给冲击在之后的2～3年里可能仅仅影响了意大利北部市场。结果，价格的波动也很大。

只有少数几个例外：15世纪后期波罗的海城市格但斯克（Gdansk）和阿姆斯特丹之间大规模的货物贸易弥补了荷兰粮食的不足（van Tielhof，2002）。到18世纪上半叶，英格兰国内的粮食市场可能已经融合得相当好了（Granger and Elliot，1967）。18世纪70年代，亚当·斯密在其《国富论》一书中宣称，“在英国的大部分地区，面包的价格和屠夫的猪肉的价格一般都是相同的，或者说几乎都是相同的”。在其他地方，市场效率提高得很缓慢：在18世纪，市场之间的调整时间可能整体上减半了（Persson，1999，p. 100）。政治边界的存在使得该调整过程放缓了，即使在国内市场，欧洲各国的变化也是以非常不同的速度发生的。尽管在18世纪末期，法国和西班牙的国内市场的价格走势基本同步，但在大多数欧洲大陆国家，市场之间真正的价格趋同仍然难以实现（Llopis Agelan and Jerez Méndez，2001）。

任何货物的批发分销都受到了拿破仑战争所导致的全欧洲军事动荡的影响。在军事行动期间出现了一系列问题——海军封锁、普遍不安全、缺乏身强力壮的工人（他们已被征去军队服役）引起当地经济的错位，以及要供养庞大的现存军队，所有这一切共同破坏了现有的市场营销网络。其后果是大宗食品和其他商品的价格都不约而同地出现了极端波动（O'Rourke，2006）。

1815年后，经济恢复了向更具综合性的批发市场发展的趋势，但欧洲各国的经历依然是不同的。Jacks认为，纵观欧洲国家，可以观察到三种模式（Jacks，2005）。第一种模式以英国为典范，在战争的尘埃落定后，英国的国内和国际一体化程度显著提高。第二种模式以奥匈帝国为代表，它在1815—1870年经历了一个反映在粮食价格上的国内分销网络改善的过程。同时，奥匈帝国与欧洲其他经济体的关系明显不太密切。第三种模式以西班牙为代表，西班牙的例子说明了欧洲经济无论在内部还是外部都没有整合得很好。

不过，来自粮食价格研究的证据是有争议的，并且指向在市场融合中起作用的复杂力量。由于粮食和面包对欧洲的消费者至关重要，所以一直到18世纪，它们在欧洲的许多地方都受管制。城镇消费者和统治者都害怕粮食暴动（bread riots）。政治和公司管制——旨在以实惠的价格定期供给粮食——自中世纪以来已经无处不在，但城市、区域和国家的评论员对粮食价格（相对于工资）十分忧虑。使用的管制手段可能包括规定粮食和面包的固定价格、在城市储存粮食、严格控制城市腹地的粮食贸易、强制出售粮食，以及各种打击"投机商"的特别措施。城镇或地方当局有时使用政府资助向国外购买粮食，而国际粮食贸易在许多地方是被禁止的或者会被征收非常高的关税。

在18世纪早期和中叶，反对此类管制的声音增强。反对者指控此类管制制约了营销网络的发展。支持粮食和其他商品的价格弹性的人认为，管制贸易减少了供给量，因而提高了价格水平并增强了价格的波动性，并没有以低而稳定的价格保证充足的供应。几个世纪以来，荷兰依靠开放的粮食市场使粮食有了最稳定的价格，对同时代的人是一个有启发性的例子。此外，在大得多的城市中心，对任何一种市场进行监管都变得越来越困难（Ringrose，1996，ch. 10）。

18世纪60年代，在几个地方，特别是法国（Persson，1999）和西班牙（Llopis Agelan and Jerez Méndez，2001），展开了一些取消粮食市场的区域限制的计划。不过，这种自由化的效果，起码在短期内，是很令人失望的。最后的结果表明，对于未充分融合的市场来说，"自由贸易"并非灵丹妙药。由于市场薄弱且交易成本高，大生产者能够定量供给。当价格及其波动性上升与计划和歉收同时发生时，影响便被放大了。大众的反应如同预期。动荡和暴乱使西班牙负责该领域的部长丢了饭碗，并导致此类改革在法国被取消。这些事件说明了市场和分销网络发展的一个核心问题。强大的企业或国家对市场的控制一般会使市场拓展和深化的过程放缓，而该过程是服务业发展的主要源泉之一。同时，如果不通过抑制几大经营者的势力来强化竞争的话，那么薄弱的市场就不能有效地运行。在欧洲市场没有充分融合的几个地方，早期现代城市的市议员担心对贸易放松监管后，至少在短期内可能会导致波动性增加和价格变动幅度增大，这时他们的行动不是非理性的。按理说，运输和金融的改善的一个重要影响是，它们加快了市场一体化进程，以帮助缓和监管和竞争之间的紧张关系。

在整个18世纪，快速增长的洲际和殖民地贸易在欧洲的许多地区都服从于由国家批准的受管制的商业"公司"的贸易特权，比如英国、荷兰、丹麦和瑞典的东印度公司或西班牙的通商院（Casa de Contratacion）（监管与西属美洲的贸易）（Tracy，1990）。在这一方面，19世纪早期也取得了一个重要的突破。现存的以前由受监管的股份制商业公司建立的供给路线大都中断了。北美、中美和南美殖民地的独立将殖民地贸易改造成开放的供应链。荷兰东印度公司于1798年被清算，英国东印度公司到1813年也丧失了大部分商业特权。

在欧洲内部，手工业行会在18世纪继续自我调节，生产和销售大量的各种产品，特别是需要专业技能的一些产品。相比之下，传统的商业行会正在欧洲内部贸易中迅速消失。在一些情况下，行会相对成功地将自身改造成类似公司的结构。一般贸易公司和马德里的五大公会（Compania General y de Comercio de los Cinco Gremios Mayores de Madrid）在18世纪60年代之前作为存款和信贷银行，运作皇室工厂，执行税收管理的职能，同时从事国际和国内贸易（Capella Martinez and Matilla Tascon，1957）。在欧洲大陆的大部分地区，拿破仑的入侵结束了关于公司控制市场营销的长期的国内争论。

拿破仑统治欧洲大陆后，统一了度量衡和法律制度，从长远来看，其统治有助于促进贸易，尽管很难评估其影响的大小。18世纪后期在欧洲流行的管辖权分散的系统难以增加战争融资（Dincecco，2009）。一些国家，比如普鲁士和奥匈帝国，早在19世纪就对此进行了改革，而在其他地方，地区的海关和税收特权的冲突继续破坏着国内的营销网络。在西班牙，这些内部纠纷在1872年导致了内战。

在19世纪20年代以后，通过建立关税同盟、货币联盟和统一的税收体系，贸易壁垒在不同程度上得以减少。出乎意料的是，这个趋势的显著例外是英国——它在第一次世界大战后对粮食贸易实施了高关税。强调德国关税同盟和奥匈帝国的关税同盟在建立国内市场中起了重要作用的传统观点已经受到更多最近的研究的挑战。这些研究宣称在19世纪，推动了欧洲商品市场的效率提高的不是政治一体化，而是交通运输技术的改进，即铁路的出现（Komlos，1983；Shiue，2005）。

一方面是市场监管，另一方面是交通、金融和销售的改进，如果考虑到这两方面复杂的相互作用，那么快速且成功渗透到欧洲消费者的饮食和家庭中的新商品可能是欧洲大陆内部营销的整体效率不断提高的较好指标之一。消费史学家都强调令人上瘾的饮料比如可可、咖啡和茶的诱惑力的重要性，但也强调增强经济激励及改变饮食习惯和社会行为的重要性（de Vries，2008）。在1725年，巴黎仅有1/5的下层社会家庭有特殊的准备咖啡或茶的锅和餐具。到1785年差不多一半家庭有此类物品而且可能会定期消费这些饮料（Fairchilds，1993）。中国的瓷器及印度的纺织品原来是只提供给上层阶级的精致商品，现在成为越来越多的追求时尚的中等和低收入群体的日常用品。

创建这些全新的消费模式的第一个重要步骤是：向欧洲社会各阶层出售种类日益增多的商品。虽然殖民地商品通常是由垄断公司进口的，但它们在欧洲领土内的分销网络却很少受到任何企业的控制。在欧洲一体化程度最高的内部市场——荷兰和英国——快速变化的时尚商品的供应网络可能最先得到发展。许多新产品在全欧洲迅速普及，渗透到农村和城镇市场以及所有的社会阶层中。这表明衡量批发分销的效率比发现价格趋同或同步更复杂。当消费者需求改变时，分销渠道必须通过新的配套服务提供不断变化的商品组合。

由18世纪晚期和19世纪早期的国际战争引起的混乱局面尤其表现在“新”商品贸易中，因为它们对不间断的洲际贸易有依赖性。消费者驱动的市场发展被欧洲大部分地区的人口所承受的艰辛所抵消。即使是在没被占领的英国，实际收入也受到这个时期的强烈波动的影响，非必需品市场也受了限制（Feinstein，1998）。其结果就是，英国的分销网络至少是部分退步了。

不过，到19世纪早期，市场营销网络的组织结构的许多方面已经从根本上改变了。在区域事务和地方市场已经将批发贸易和零售贸易联结起来的地方，旅行商成为18世纪一体化的代理（始于英格兰）。专营经纪人（specialist factors）代表国内越来越大的公司，这些公司在创建自己的分销系统。早在18世纪70年代，即便是来自伯明翰或者谢菲尔德的规模较小的英国制造商也通过直接向零售商派送精心制作的样品和价目表来取代中介机构。大工业公司的创立不仅改变了生产方式，而且还改变了营销组织的方式（Daunton，1995，p. 231）。生产者以及消费者适应了较稠密的市场，在这样的市场中，与消费者的密切关系、新奇的事物和时尚的快速分销以及产品的宣传变得日益重要。较大的商业中心反过来创造了动态的集聚效应。在那里，技术秘诀快速流传；年轻的商人能够从有经验的同行那儿学习如何做生意；消费者偏好被揭示得更清楚；来自欧洲内外的市场信息被定期发布，并且能够以价目表等形式被公开获取。

在19世纪之前，交通服务和金融的改进显然对欧洲市场效率的缓慢提高作出了贡献。粮食市场是1700年进行了适度整合的市场之一——在整个18世纪有缓慢改进，在19世纪上半叶以后快速改进。但是，从欧洲层面来看，粮食市场也是18世纪欧洲各国之间存在巨大差异的市场之一，从拿破仑战争结束后一直到1870年，只有局部趋同，而1870年欧洲的市场效率之间的区域差异比

1700年要大。

这些不同的路径的决定因素是复杂的。技术的改进（如运河和铁路）对不同欧洲经济体产生的影响是不同的。尤其在欧洲南部地区，运河从未起过作用，铁路也姗姗来迟。自相矛盾的是，在贸易的政治障碍被清除的地方，即德国，经济史学家已经发现，改进的技术更重要。然而在南欧，铁路似乎只产生了不多的社会节约，大概是因为其他障碍，比如持续的政治动荡等依然存在(Herranz-Loncan，2007)。缓慢但稳定地将市场从政治和团体的控制中解放出来，这在长期是有贡献的，但在短期内通常无益。更多欧洲消费者的购买力增加，不断改变的品味，以及不断增长的对更复杂多样的消费品的渴望，开始将早些时候赋予城镇的特征赋予农村地区。政治和经济市场一体化以及不断变化的需求模式之间的相互作用是多方面的且互补的。市场发展和批发分销的活力植根于一个事实，即一个领域的改进增加了另一个领域的进步所带来的好处。

结论

如表8.3所示，在1870年，服务业从业人员占工作人口的比例与整个欧洲的单一民族独立国家之间的工业化程度呈正相关关系。此外，主要的欧洲沿海国家的服务业的进步刺激了整个欧洲的经济发展。每个国家内部的结构性变化通常不仅减少了农业劳动力在全部劳动力中所占的份额以及农业产出在国内生产总值中的份额，而且还改变了服务业的内部结构。相对自给自足的家庭、商店和农场的劳动力主要是女性，服务业吸引了越来越多的男性劳动力，他们必须既会计算又能写字，方能履行自己在欧洲不断增长的经济中的职能。

1700年至1870年整个期间，在和平时期，投入到服务业中的物质资本和人力资本从来没有受到过收益递减的影响。在战争期间，陆地和海上的冲突越来越激烈，为服务业的重要组成部分，特别是航运业和销售业带来了规模经济。

战争的干扰、战后国界和政策的变化以及战争的破坏确实改变了商人及金融家在每个国家内部进行创新的动机。对海外竞争持开放政策的国家通过适应新的组织和基础设施来对此做出反应，这些组织和基础设施已经向胜利方证明了它们的价值。不开放的国家（比如西班牙和土耳其）借助国家调控维持传统市场。但是，不像欧洲之前的战争，18世纪和19世纪的战争并没有因人口减少或基础设施的永久性破坏或错位而阻碍对服务业的持续投资。实际上，欧洲的战争在比以往任何时候都要大的范围内展开，战争导致的后勤需求要求调动更多物资运往发生冲突的地区。国家为现代战争的巨大需求筹资的能力增强了，这有助于维持服务业的技术和制度的进步，同时永久地改变了服务业的结构及其对整个欧洲的经济增长的意义。

表 8.3　　　　　　　　　　**19 世纪 70 年代服务业与工业的对比**

	1870 年服务业从业人员占工作人口的比例（%）	1880 年人均工业化水平，英国 1900 年＝100
西北欧	33.3	
比利时	17.8	43
丹麦	30.3	12
芬兰	14.4	15
荷兰	38.2	14
挪威	27.5	16
瑞典	15.2	24
英国	35.4	87
南欧	18.2	
法国	22.2	28
希腊		7
意大利	15.7	12
葡萄牙	10.1	10
西班牙	15.5	14
中欧及东欧	17.6	
奥匈帝国	17.5	15
保加利亚		6
德国	21.4	25
罗马尼亚		7
俄国		10
塞尔维亚		7
瑞士	15.9	39
平均值，欧洲	21.4	23

前文中的图 8.1 表明，18 世纪欧洲支付网络的密度在中世纪欧洲的贸易路线沿线是最大的，而图 8.3a、图 8.3b、图 8.3c 表明交通网络的密度沿着 1700 年支付网络既存的模式扩展。农业进步以及后来整个欧洲范围内的工业发展的进程注定要遵循类似的模式，这并不奇怪。这些历史的力量奠定了整个欧洲的服务业有差别的生产率增长。到 1870 年，由服务业有差别的生产率增长所带来的西欧、北欧的发达经济体和东欧、南欧的落后经济体在人均收入和增长潜力两方面的差异远远大于 1700 年的差异，以至于所有政府在随后的几十年里都得设法以某种方式做出反应。

总体而言，服务业的生产率，特别是在欧洲西部大西洋港口城市，在 1700 年至 1870 年整个期间有大幅提高。尽管航运和分销服务的规模扩大了［首先是在海上及内陆水道，然后（随着欧洲大陆的铁路网的建立）是在陆地上］，但利息率保持在荷兰 1700 年就已经实现的低水平。仅这一事实就表明，服务业的生产率得到了稳步且永久的提高。金融业、航运业或销售业的每一次进步所带来的副产品都是服务业其他部门生产率的提高。欧洲消费者可获得的来自世界各地的各种产品的销路的增加，刺激了欧洲农业以及欧洲制造业的生产率进步。扩大的市场反过来为金融业、航运业以及销售业的进一步改进创造了一些激励。然而，对这些激励机制的反应取决于公司运营的制度框架。

第三部分　生活水平

第9章 生活水平

塞武凯特・帕穆克（Şevket Pamuk）
简-卢坦恩・范・赞登（Jan-Luiten van Zanden）

1844年，恩格斯——一名19世纪40年代住在曼彻斯特的德国纺织品商人的儿子——出版了《1844年英国工人阶级状况》一书（原版语言为德语），书中他对当时英国工人的“生活水平”进行了非常悲观的分析。因为该书最初是为德国读者所写，所以他经常将英国人与德国人相比较，在他看来，德国人的生活水平高于英国人。“但是相比贫困对英国工人的影响，使其感到更为消沉的是他生活在一个不能带给他丝毫安全感的环境之下，而他又必须依靠劳动才能获得微薄的工资来填饱肚子，简而言之，他成了英国下层社会的无产阶级中的一员。德国的小农阶级通常也比较贫穷，经常缺吃少穿，但他们的生活鲜有不稳定因素，他们至少还有一定的安全感。英国的工人无产阶级除了自己的双手之外便一无所有，他们今天消费昨天赚的钱，他们屈服于每一个可能赚钱的机会，并且他们无法得到能获得最起码的生活必需品的任何保证。每一次经济危机，甚至雇主的每一次心血来潮，都可能会剥夺他们的面包。这一无产阶级被放置在一个人可以想象到的最令人憎恨的、不人道的位置上。”①

与这个毫不遮掩的评价一起的，还有有关犯罪率（迅速上升）、卫生保健（大工业城市的死亡率远高于其他地区）、无产阶级落后的教育状况，以及童工和女工的不利影响的大量信息。所有这些数据都指向一个结论，即英国工人阶级的生活比他们过去的境况更糟，或者比他们的德国同行更糟。因为这个原因，“蒸汽机以及棉纺织机的发明”受到了谴责：“众所周知，这些发明引起了工业革命，该革命改变了整个文明社会。”

自从1844年恩格斯的书出版以来，关于工业革命给工人阶级的生活水平造成的长期后果的辩论一直处于社会和经济史研究的中心舞台。事后看来，很显然，在长期，工业革命使得欧洲的经济增长强劲，也使得欧洲人的生活水平大幅提高，这种增速和提高一直持续到了今天（这是恩格斯在该书1892年英译本

① 作者引用的是1969年的英译本，可登录 www.marxists.org/archive/marx/works/1845/condition-working-class/查看。

序言中也承认的一个事实："因此，在这本书中所描述的对无产阶级最令人震惊的虐待已经消失或已不再那么明显。"）。不过，对于同时代的人，这一点并不清楚。工业化通常导致被"邪恶黑暗的炼狱"（dark satanic mills）所控制的城市聚居区中的穷人越发集中且增多，并且也加重了对女工和童工的剥削，同时，工业化还导致与新型蒸汽驱动技术竞争的工匠的收入不断下降，使得收入和财富的不平等加剧，这些社会上的种种不稳定因素激起了随工业化而来的社会运动的高涨，这些运动试图抵抗和改变这些社会现象。最近的研究还补充说，的确存在"早期生长悖论"（early growth paradox），即经济增长（以人均GDP的增长来衡量）在几十年后才会导致工业和农业劳动者所赚取的实际工资增加，而从人类身高的增幅来看，以身高数据衡量的"生物生活水平"的提高有时候往往更加滞后。这一切指向一个事实，即工业化与主要的收入分配同时并进——一些人迅速受益，许多人不得不毕生等待收益的来临。但在此必须补充一点，任何工业化——或者经济停滞——都是可以变更的而非没有选择的、一成不变的，英国和欧洲其他各地日益严重的不平等状况在1870年后也开始扭转。

我们应专注两个相关的问题：第一，工业化给生活水平带来的后果是什么？第二，它如何影响欧洲的不同地方以及欧洲作为一个整体的（收入和财富）的不平等？第一个工业化国家在此期间的生活水平改变的方向一直是所谓的乐观主义者和悲观主义者激烈辩论的焦点。关于此问题的所有证据都难以得到一个最终结论的事实鼓励了学者们用新的方式和方法继续研究有关生活水平的问题，以寻找更多的证据来补充关于实际工资和人均GDP的数据。25年后这个结论已经变得清晰，即，在1870年之前生活水平的改善十分有限，特别是与后面的几十年相比。本章将呈现和分析与生活水平相关的证据——包括身高、识字率和预期寿命等数据。我们也将研究没有进行工业化的国家，以及直到1830年或1850年之后才开始工业化的国家和地区发生了什么。不过直到现在关于这些国家所能获取到的证据也较少。

一场与之密切相关的辩论聚焦于1800年至1870年期间收入和财富的不平等问题。这一讨论可以追溯到西蒙·库兹涅茨（1955）所做的关于收入分配与经济增长之间的关系的研究这一开创性贡献上。他认为，在增长的第一个阶段，由于结构性改革和经济部门之间的收入差距日益扩大，不平等有加剧的趋势；在后来的"现代经济增长阶段"，收入不平等程度则会降低。这条库兹涅茨曲线已经是大量研究的主题，本章将对此进行简要回顾。此外，我们对英国的讨论将是起点，但我们也应注意关于欧洲大陆其他地区的收入和财富不平等问题的现状。在结论中，我们希望能够为1870年之前欧洲的工业化和经济增长带来的好处是如何分配的这个问题提供一个答案。

经济增长

在探讨生活水平的各种衡量标准之前，我们要简要回顾一下整个欧洲的人均收入的现有证据。经济史学家们都认为在18世纪甚至19世纪前几十年里，整个欧洲的人均GDP的增长仍十分有限。在1820年前的一段时间里，英国经历了最高的经济增长率。最近的估计表明，英格兰的人均GDP以每年0.3%的速率持续增长，在1700—1820年共增长了近40%（见表9.1）。在欧洲的其他国家和地区，人均GDP的增长更为有限——低于每年0.1%或者在1700—1820年整个期间增幅小于20%。因此，在19世纪后半期，英国（不包括北爱尔兰及苏格兰）的人均收入开始超过荷兰，后者之前是人均收入最高的国家。荷兰和英国之间的差距，以及和欧洲大陆其他地方的差距，在1820年左右已经相当大了。意大利、西班牙、波兰、土耳其或欧洲东南部地区的人均收入水平低于北海附近国家的同期水平（见表9.1）。考虑到英国1820年之前的较高增长率，很显然，在18世纪这些欧洲内部国家间及区域间的差距是较小的（van Zanden，2001）。不过，随着工业化和经济增长的加速，直到第一次世界大战爆发之前，东、西欧间的差距明显拉大了。

表9.1　　　欧洲国家的人均GDP（1700—1913年）（英国1820年=100）

	c. 1700	c. 1750	1820	1870	1913
英格兰/英国	73	87	100	187	288
荷兰	109	109	107	162	237
比利时	69	76	77	158	247
法国	n. a.	n. a.	72	110	205
意大利	71	76	65	88	150
西班牙	61	58	62	71	132
瑞典	66	67	70	97	181
波兰	38～42	34～37	41	55	102
俄国	n. a.	n. a.	40	55	84
土耳其	35	38	40	52	71

资料来源：van Zanden（2001）、Maddison（2001）、Pamuk（2006）、Alvarez-Nogal和Prados de la Escosura（2007）。

从19世纪30年代特别是19世纪40年代起，经济增长的步伐显著加快。在18世纪，英国经济每年增长0.3%，在欧洲国家中就是最有活力的，而从19世纪30年代起，所有的欧洲国家都实现了前所未有的增长率。在19世纪30年代到70年代这40年间，英国的人均GDP年增长率达到了1.5%；比利时的经济更为成功，年增长率为1.7%。欧洲外围国家，如波兰、土耳其和俄国，也实现了0.5%的年增长率或更高的增速（见表9.1）。欧洲大陆上还有一部分国家也迎头赶上，它们在1870年之后的年增长率均超过1%。追赶或趋同的理论尤其适用于法国、德国、奥地利和斯堪的纳维亚国家。南欧国家（比如意大利和西班牙）所经历的增长率仅略高于1870年后的英国，因此它们的追赶进度很慢，不过它们和欧洲大陆较高收入国家之间的差距在第一次世界大战爆发前并没有继续扩大。

与此相反，即使东欧和东南欧在1820年之后开始经历人均收入的增长，但在第一次世界大战之前的那些年，这两个地区大多数国家的人均GDP增长率依然低于欧洲大陆其他地方的增长率。因此，对于这两个区域在19世纪所经历的，我们用“没有趋同的增长”来形容更恰当（Maddison，2003a）。

总而言之，1870年西北欧和欧洲大陆其他地方之间的收入差距比1820年大。1870年之后，在欧洲的一些地区，早期工业国和其他国家之间的差距有缩小的趋势。西欧的其他国家和斯堪的纳维亚国家以及一定范围内的意大利，一直到1914年开始才出现迎头赶上的趋势，但其他欧洲大陆国家和西北欧之间的人均收入差距进一步扩大了。第一次世界大战前夕，以百分比计算，西欧和北欧之间，以及南欧、东欧和东南欧之间的差距比1820年的差距更大了。不过，同时，与18世纪相比，整个欧洲的人均收入大大增加——在1870年，所有欧洲人都已经享有比18世纪高50%～200%的人均收入（Maddison，2003a）。这个平均数所展示的大多数人口的生活水平的变化将是我们本章剩余部分的重点。

实际工资

20世纪60年代和70年代的经济和社会历史学家之间的辩论的一大焦点问题是，在工业革命期间发生的增长是否或者在何种程度上导致了劳动人口的生活水平的上升或者下降——特别是在英国，也包括比利时、荷兰以及欧洲大陆的其他地方。实际工资的变动是辩论聚焦的关键变量之一。这场辩论的局限性之一是，研究往往只局限于单个国家，将各国分开来讨论，且分析实际工资趋势时没有很好地采用国际比较框架。不过，自14世纪以来，欧洲大陆许多地方的建筑工人的实际工资指数都有了明显上升。尽管这些工资指数没有包括制造业，覆盖面窄，但其优势也是极为明显的，即它可以为几乎整个大陆提供一个共同的衡量标准。因为这些原因，工资指数可能是我们比较在工业革命期间及之后欧洲大陆各个地区的生活水平的最好的起点。事实上，对于工业革命之前的那个时期，比起其他衡量标准，实际工资可以帮助我们对欧洲不同地区的收入水平和生活标准进行更深入细致的研究。

乐观主义者和悲观主义者关于英国工业革命时期的生活水平的辩论，已经大大扩展了其覆盖面，并且增强了工资指数及生活费用指数的可靠度。通过这些努力，英国的工资指数如今已考虑了农业劳动力、从事各行各业的工匠、白领雇员，以及制造业和建筑业工人的情况。在20世纪80年代，Lindert和Williamson构建了覆盖范围更广的新指数。通过这个指数，他们认为英国的生活水平有了大幅提高，1780—1830年增长了50%甚至更多，1780—1850年整体增长了100%（Lindert and Williamson，1983）。不过，乐观主义者的立场后来受到Feinstein的质疑，后者对该辩论的关键作用，是他提出了一个包括许多新要素在内的新生活指数。该指数表明，价格在拿破仑战争之后的几十年下跌的幅度比早先学者认为的要小（Feistein，1998）。相比实际工资，关于名义工资指数的争论就少了很多。Feistein 指数显示实际工资增幅较小，1820—1850 年约为 20%，而 1780—1850 年这个时期的整体增幅不到 40%。此指数同时表示，1850—1870 年实际工资有约 9%的增长。当对失业做出调整时，1850 年之前的时期实际工资增长得慢一些，而 1850 年之后增长得快一些。

这场辩论之所以具有重要意义是因为其带来了另一个进步，即对在工业化早期的几十年间英国的经济增长率的重新计算。由 Grafts 和 Harley 构建的 GDP 指数显示，到 19 世纪 30 年代英国的工业和整体经济的增长比之前估计的要慢很多。这些估计很难证明乐观主义者对于 1830 年以前时期的经济的看法，因为他们认为，在 1850 年之前，工资的增长率大大超过 Grafts 和 Harley 提出的人均 GDP 增长率。经济增长率向下修正表明，生活水平在工业化早期的几十年里改善得很慢，这不仅是因为增长获益像之前假定的那样分配不均，而且是因为这些获益本身数量有限。不过，尽管经济增长率较低，悲观主义者依然坚持其看法：Feistein 指数继续表明，到 1870 年，实际工资的增长远远落后于人均 GDP 的增长（见表 9.2)(Harley，1982；Crafts，1985b，1997a；Crafts and Harley，1992)。

表 9.2　英国的经济增长及实际工资的相关估计（1780—1870 年）

	人均 GDP	实际工资			
	Crafts-Harley 和 Maddison	Lindert 和 Williamson	Feinstein	Allen	Clark
	各时期经济的总增长率（%）				
1780—1830 年	25	50	14	12	35
1830—1850 年	33	30	20	4	13
1850—1870 年	37	n. a.	9	20	24

资料来源：1780—1830 年人均 GDP 增长的估计来自 Crafts 和 Harley（1992）的数据，1830—1870 年的数据则来自 Maddison（2003a）。

最近，另外两个有关英国工业革命期间及之后的实际工资的指数已被构造出来。虽然这些长期指数仅限于讨论熟练和非熟练的建筑工人的情况，但它们对于有关生活标准的辩论来说是很有价值的。下面将被更详细地讨论的 Allen 指数限于伦敦和牛津的工人的情况，这一指数表明实际工资的增长幅度直到 1850 年仍然很小，与 Feinstein 指数表明的情况相当，甚至略小。由 Clark 构造的长期数据表明，英格兰 1780 年至 1870 年这一时期（见表 9.1）的实际工资增长幅度介于最初的乐观主义者和悲观主义者的看法之间（Allen，2001；Clark，2005）。关于这些建筑工人的工资的最新指数还表明，工资增长落后于人均 GDP 的增长，这不仅发生在工业化的早期（直到 1830 年），而且直到 1870 年仍然存在。

相比英国，对欧洲大陆其他地区的实际工资数据的研究还没这么深入。不过，在近期一项重要的研究中，Allen（2001）研究了自 15 世纪后半期开始到第一次世界大战爆发欧洲主要城市的熟练与非熟练建筑工人的实际工资。他利用了大量数据，其中大部分已被价格史国际科学委员会（International Scientific Committee on Price History）授权汇编成册（Cole and Grandall，1964）。

为了便于跨地区和跨时期比较，他把所有价格和工资数据都用银子表示（以克为单位），具体来说就是按照普通居民消费价格指数将名义工资重新换算，用银的克数表示，这样就剔除了在一个消费者篮子中南北方的价格差异，从而得到了一个新的实际工资数据。尽管他的数据只覆盖一个部门，但其在跨时期和跨区域比较方面具有重要优势。

Allen 的数据表明，尽管存在短期和中期变动，但在 18 世纪欧洲的任何区域，各个城市的实际工资并未出现向上或向下的趋势。此外，欧洲大部分地区的城市工资水平都很接近，只有一个需要注意的例外：在 18 世纪，英国和低地国家的实际工资水平均明显高于大陆其他地区，即使低地国家的实际工资水平正在下降（见图 9.1）。

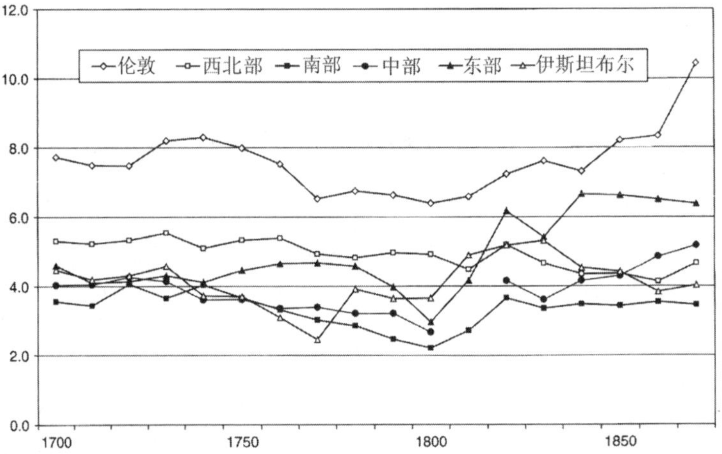

图 9.1　欧洲非熟练建筑工人的实际工资（1700—1870 年）

资料来源：Allen（2001）、Ozmucur 和 Pamuk（2002）。

既然英国的实际工资在 19 世纪上半叶增长有限，那么人们也许就不应该期望在 19 世纪 50 年代甚至 70 年代之前欧洲大陆其他地区的实际工资有大的变动。在欧洲西部和北部的大部分地区，实际工资略有下降，在 18 世纪末和拿破仑战争期间下降了 10%～20%，然后在 1820 年以后有不同程度的恢复。在英国之外，到 1850 年甚至 1870 年，工业革命对实际工资的影响都较为有限，除了在拿破仑战争结束之后实际工资经历了一个恢复期。Allen 的实际工资数据也表明，在 1870 年之前的几十年里，英国和西北欧以及欧洲大陆其他地方在城市实际工资方面的差距有略微的扩大。这种模式的一个例外是波兰，在 19 世纪上半叶，其城市工资比英国增长得更快。类似地，最近 Ozmucur 和 Pamuk（2002）为伊斯坦布尔（Istanbul），以及 Boris Mironov（2004）为圣彼得堡（St. Petersburg）所构造的指数表明，这些城市的实际工资在 1800 年至 1870 年间有了大幅上涨。莱比锡（Leipzig）的实际工资也比德国其他地方的实际工资上涨得快些。东欧和东南欧可能有一种共同的模式。这些地方的工资增长的一个可能起因或许是在此期间谷物或其他一些由这些区域出口的农产品的价格上涨。

西欧所有地区的工人似乎都从工业革命期间发生的生产力大进步中受益甚微。不过很明显，在此期间，虽然面临着人口快速增长的态势，但是工资没有下降。在之前的几个时期，特别是 16 世纪（以及 13 世纪），快速的人口增长已经导致实际工资的大幅下滑，这也是人们一直所说的马尔萨斯效应（Wrigley and Schofield，1989；Clark，2007b）。马尔萨斯效应在 1870 年之前并没有发生也可以被视为新经济体有较强的经济适应力的证据。

本章的剩余部分将讨论人们在何种程度上用生活水平的其他衡量标准以及不平等的衡量标准来评价同一种模式。

重温悲观的情况

收入或者工资作为经济福利或福祉的衡量标准在近几十年饱受诟病。例如，侧重于收入往往会导致对城市生活和经济增长的各种弊端的忽视。实际工资通常关注的是男性的收入，他们被认为是“养家糊口的人”（male breadwinner），但是妇女儿童的生活水平的发展趋势可能不同。更一般地，收入只能算做“投入”，福利或者福祉却是“产出”，或者说是衡量结果的标准。因此，其他更宽泛的对福利或者人类发展的衡量标准已日益普及。类似地，最近尝试使用身体尺寸特别是身高来衡量生活水平的方法得到了广泛认同。寻找有关妇女儿童的生活水平的证据也促进了与健康、死亡率和预期寿命等相关的指标的使用。

John Komlos 最近回顾了欧洲不同地区的身高数据，并且研究了这些数据在工业化的早期阶段可能代表的城市化、经济增长以及生活水平之间的某些联系（Komlos，1998）。大量证据表明，从 1760 年到 1800 年，欧洲西部和北部很多地区出生的男性的平均身高开始下降。在经历了一段时期的恢复之后，1830 年后出生的男性的平均身高又经历了一次下降，这次身高的下降一直持续到了 1860 年。比如，英格兰士兵的平均身高在这一时期减少了 2 公分。类似的下降在其他地方也有发现。例如，在从 19 世纪 20 年代开始经济越来越发达的荷兰，其新兵的平均身高从 19 世纪 30 年代中期到 50 年代中期一直处于下降趋势。特别是，就英格兰来说，我们可以很清楚地看到，当实际工资上涨的时候，1830 年之后的一段时期内出生的男性的平均身高在逐步下降。

这一规律的发现让传统智慧备受质疑，传统智慧认为人均收入的增加一定会带来人类福利的明确改善。这一规律的发现也使得一些人质疑身高和社会经济变量在此期间是否存在因果关系。Komlos 强调，这一时期社会经济的结构性变化与身高之间的因果关系应予以保留。他认为，在工业化的早期一些发展可能对平均身高有不利影响。其中，他引证了快速的人口增长和不断上涨的营养物质价格之间的关系，其可能导致人们用更多的碳水化合物来替代蛋白质，快速城市化将城镇居民置于营养差距和收入差距日益扩大、劳动强度加大等不利地位。这些结构性变化一方面可能导致了平均收入和工资之间的差异，另一方面导致了人们福利间的差异。Komlos 得出结论，在工业化早期几十年间收入的增长幅度可能太小，以至于不能抵消在新建立的社会环境中人体健康水平的下降。此外，Baten 发现，在大多数情况下，实际工资和身高差不多朝同一个方向移动，并表明“早期增长悖论”仅发生于英格兰（以及美国）（Baten，2000）。

近年来可获得的另一项重要的数据是出生时的预期寿命，它同时考虑了婴儿以及成人的死亡率。如表 9.3 所示，通过研究选定国家的出生时的预期寿命我们发现，它们都指向一种类似的模式：在 1820 年至 1870 年期间，出生时的预期寿命延长得最多的并不是英国，而是欧洲西部和西北部的国家，比如法国、德国、荷兰，特别是瑞典。

表 9.3　　欧洲各国的预期寿命（1820 年和 1870 年）　　（单位：岁）

	英国	法国	德国	荷兰	瑞典	意大利	西班牙	葡萄牙	土耳其	俄国
1820	40	37	32	32	37	30	30	29	27	25
1870	41	42	36	37	45	33	34	32	31	30

资料来源：Baten 和 Pamuk（2007）、Riley（2005）。

工业化欧洲的人口统计记录确实是混杂的：人口增长加速了，但是预期寿命一直到 19 世纪 70 年代都延长得极其缓慢——在某些区域甚至根本没有延长。一些最精准的关于生活水平变化的“悲观”解释的证据都与婴儿死亡率相关，婴儿死亡率在西欧很多地方一直到 19 世纪的中间几十年都在升高。仅有斯堪的纳维亚半岛的记录较好，那里的婴儿死亡率大约从 1810 年开始持续下降。甚至在工业化的英格兰的北部，这种衡量生活水平的标准也是在 19 世纪中叶之后才开始取得进步的，在 19 世纪 50 年代之前，婴儿死亡率仍然在上升（Huck，1995）。类似地，婴儿死亡率不断上升的情形在德国和奥地利（这两国的婴儿死亡率一直保持极高的水平：19 世纪 60 年代，德国 3/10 的婴儿在一岁前死去）、荷兰、比利时和西班牙也是如此（Lee and Marschalck，2002；Chesnais，1992，pp. 58-59，580-581）。

“城市病”（urban disamenities）显然是这个故事中必不可少的组成部分。Simon Szreter（1997）已经证明，在实行“自由放任主义”（Laissez-faire）的英国，城市对社会运营的投资落后于城市的发展，造成了四个“D”的发生：“破坏、匮乏、疾病、死亡”（这四个词的英文首字母均为“D”——译者注）。欧洲大陆的城市也没有得到更好的发展。例如，在汉堡，直到 1892 年霍乱疫情来临时人们才意识到问题的严重性，这揭露了相比城市经济的强劲扩张，对社会运营的投资是多么不足（Evans，2005）。卫生保健情况与人均收入没有表现出明显的相关性；斯堪的纳维亚半岛（除了芬兰）在死亡率下降方面卓有成效，但德国的记录却特别差。对此的解释是母乳喂养减少了：由于越来越多的妇女进入劳动力市场，较不卫生的育儿方式取代了母乳喂养，所以德国的婴儿死亡率反而上升了。

这些证据都证明了 19 世纪 70 年代之前的工业化对西欧的生活水平的提高的作用。在关于这一情况的任何一种解释之中，相对价格的变化都是重要的组成部分。比如，荷兰的农业部门极大地受益于英国的工业化，使得跨北海的畜牧产品出口日益增加。这推高了食品价格（特别是黄油、奶酪和肉等高品质商品的价格），导致人们饮食质量的普遍降低，这也很好地解释了 19 世纪 50 年代中期平均身高增长的停滞（van Zanden and van Riel，2004）。更一般地，19 世纪 60 年代和 19 世纪 70 年代的“农业入侵”（agricultural invasion）时期，欧洲的食品价格表现出了一种上涨的趋势。这种趋势倾向于抵消通过名义工资上涨所表现出来的购买力提升所带来的收益。这样看来，生活水平的真正突破仅发生在大约 1865 年之后（或者在 1870 年之后），这时欧洲不断地从大西洋另一端进口廉价的谷物和畜牧产品，从根本上改变了价格趋势，并导致工资在 1873—1896 年的“农业萧条”时期突然出现大幅的增加。

相反的价格变动出现在欧洲更多其他的农业领域中。棉纺织品价格的急剧下降和自 19 世纪 20 年代以来欧洲东部和东南部的农产品价格的上涨，鼓励了对棉纺织品的进口，不同程度上导致了现有制造业活动的减少，并加强了农业的专业化。虽然这些价格变动在中短期让消费者和农村生产者受益，但它们可能也使工业化的开始时间以及欧洲大陆这些较贫穷区域的经济的快速增长延迟了（Williamson，2006）。

更一般地，在工业化时期，西欧的平均预期寿命仅缓慢延长（缺少更具体的证据），如表 9.3 所概括的，到 1870 年，平均预期寿命的延长幅度在欧洲大陆的其他地方甚至更为有限。因此，除了平均收入和实际工资，南欧（意大利和西班牙）和东欧（俄国和土耳其，以及其他国家）以及西欧之间的平均预期寿命的差距在 1820—1870 年便扩大了。

悲观解释的第三个要素与工厂制度崛起的负面影响有关。工厂制度意味着工人们必须遵守纪律（因为工厂制度的资本密集型生产要求持续的劳动力投入以保持机器运转）且工作时间延长，除此之外，妇女和儿童劳动力被“剥削”的程度也越来越深。可能正是这种转型（如恩格斯 1844 年已经分析的；另参见 Thompson，1967）阻碍了城市人口或工业人口的生活水平的真正提高。工作时间的延长一直持续到 19 世纪中期，这个现象如今也有据可查，特别是在英格兰（Voth，2001a），但类似的趋势在其他正处于工业化进程的国家也很明显。社会改革家从 19 世纪 40 年代开始将此视为工厂制度的主要缺点之一，并开始主张实行新的社会政策以将危害的影响降到最低。

不过，这段历史可能更为复杂。根据 Jan de Vries 的“勤劳革命”的假设，工作时间的延长以及对妇女儿童劳动力的更密集的使用，是家庭面对日益增多的市场机会以及不断发展的市场经济提供的新商品（茶、糖、咖啡等）用来换取额外收入的方式（de Vries，1994）。有大量文献认为，在 18 世纪，西欧已经进行了一场“消费者革命”，其中，对这些殖民地商品的消费的增加或许只是冰山一角，因为消费者也拥有不断增加的"奢侈"消费品，诸如高品质的纺织品、时钟、暖炉和瓷器。珠宝此时还不在考虑范围内，但很清楚，新的消费品抵达欧洲——从马铃薯和玉米糊到咖啡、烟草和茶叶（意味着消费者有了更多的选择，这些消费品可满足不同的人的不同需求）——是生活水平的进步，这是以实际工资和购买力来衡量生活水平时所忽略的。

不过妇女和儿童劳动力投入的增加也有它的副作用。就英格兰在18—19世纪的发展来说，值得一提的是，它可能比欧洲大陆的工业更密集地使用了妇女和儿童劳动力（Horrell and Humphries，1995）。这种特定模式的劳动力密集型工业，可以说是英国工业革命的特点（其中对于纺织业和其他行业来说，大量廉价的妇女和儿童劳动力是非常重要的），它的一个副作用是，在一个强劲的经济扩张期，人力资本的形成停滞不前。

生活水平的另一个重要的指标是识字能力。识字水平在18世纪基本上保持不变，在19世纪上半叶有缓慢提高。如表9.4所示，且如Crafts更详细地证明了的，英国工业革命期间人力资本的形成水平大大低于类似的欧洲大陆国家在其工业化期间的形成水平。瑞典、挪威、丹麦、苏格兰、荷兰和普鲁士在这方面都比英格兰表现得好，只有比利时仍遵循着相同的劳动密集型工业路径，这种路径只需以低的，甚至不断下降的人力资本形成水平为基础（Vandenbroeke，1985）。南欧的西班牙、意大利和奥地利在识字水平上的赶超到19世纪后半期才开始。直到1850年甚至到1870年，北欧和南欧以及东欧之间的差距仍在持续扩大（Boonstra，1993，pp. 20-28）。

表9.4　　欧洲各国的识字率（1820年和1870年）　　（%）

	英国	法国	德国	荷兰	瑞典	意大利	西班牙	波兰	土耳其
1820	53	38	65	67	75	22	20	6	8
1870	76	69	80	81	80	32	30	9	15

资料来源：Crafts（1997b，2002）、Baten和Pamuk（2007）。

除此之外，在自由主义经济学的指导下，政府制定了几乎不利于劳动大众的政策。按照政治经济学家的新见解，共有财产——大部分农村人口的传统生活来源——在它们的拥有者之间分配，通常会导致穷人被剥削（de Moor et al.，2002）。在许多城市中，城市网络提供社会保障的重要机构——行业协会——同样在法国大革命之后被废除。改革《济贫法》（*Poor Law*）是为了限制依靠济贫法的人数，从而降低成本，最有名的是1834年英格兰的《济贫法》改革，不过其他地方也实行了类似的改革（荷兰于1854年进行了一项类似的改革）。也许这一计划背后的经济学原理是合理的，一些措施甚至还可能提高了劳动人口的生活水平（比如《谷物法》以及其他形式的保护主义措施的废除），但是在欧洲最发达的地方，通常恰恰是穷人承担了自由主义改革的成本。

不过，自由主义经济政策的实行对于大多数人来说并不总是坏消息。Jerome Blum已经在他的开创性研究《农业欧洲旧秩序的终结》（1978）（*The End of the Old Order in Rural Europe*）一书中论述了在欧洲大部分地区传统形式对农民的束缚和农奴制是如何废除的。在18世纪六七十年代，萨瓦、丹麦和奥地利的开明统治者发起的改革运动，在法国大革命的影响下加快了脚步，并在1840—1860年的中欧和沙俄的废奴运动中达到高潮。不过，人们并不清楚这些改革究竟在何种程度上影响了生活水平，通常农民必须为他们的解放付出非常沉重的代价，而有时，比如在沙俄的例子中，农民不仅仍被束缚在村庄里，而且还须偿还在解放时期产生的债务。

人类发展指数

对将人均GDP或者实际工资作为生活水平的衡量标准的日益不满，以及对于福利和生活质量（并非由购买力决定）需要更多的关注的确信，已经在近些年促进了替代性衡量标准的发展。最近颇为流行的一个能够更全面衡量社会经济福祉的标准是人类发展指数（Human Development Index，HDI），它由联合国设计并在联合国的《人类发展年度报告》中被常规使用。这种方法将人类发展视为增加人类选择的过程。HDI被定义为有三个基本构成要素的指数：寿命、知识和收入。寿命以出生时的预期寿命（以年为单位）来衡量，知识以成人识字率和入学率的加权平均值来衡量，而收入用经购买力平价调整后的人均GDP（按1990年美元价格）来衡量。通过测量各自与假定的最小值和最大值的差距的百分比，将这三个要素组合成一个单一的指数。因此HDI的取值在0与1之间。尽管联合国一直专注于收集信息和计算单个国家最近一段时间的HDI，但经济史学家已经将HDI估计在时间上往前推到19世纪（Crafts，1997b，2002）。用上述三个要素的信息，我们能够计算出选定国家的HDI，从而从另一种视角观察1820—1870年欧洲不同地区的生活水平的变化。表9.5总结了这些计算结果。

表9.5　　　　HDI（1820年和1870年）

	英国	法国	德国	荷兰	瑞典	意大利	西班牙	土耳其	俄国
1820	0.383	0.303	0.344	0.380	0.403	0.221	0.210	0.134	0.129
1870	0.489	0.456	0.448	0.473	0.481	0.284	0.284	0.182	0.196

资料来源：计算数据来自Crafts（2002）、Baten和Pamuk（2007）。

表9.5列出的HDI值与我们早先的结论一致。它们表明英国自1820年之后人均GDP的快速增加并未与人类发展的改善相匹配。实际上，尽管英国的人均GDP有了大幅增加，但一直到1870年，其他西欧国家在人类发展方面的改善更为显著。此外，收入和社会经济福利两方面的改善在欧洲大陆其余地方甚至更慢，在工业化进程极慢的南欧和东欧，在相同的时期里这两方面的改善根本就没有发生。换句话说，尽管西欧内部人类发展的差距倾向于缩小，但直到1870年，比起欧洲大陆的其他地方（包括南欧），差距还是存在扩大的趋势。

库兹涅茨曲线？

总结迄今为止的证据，我们已经看到大约在1820年之后，人均GDP开始非常快速地增长，尽管实际工资和其他衡量生活水平的标准与此相比有所落后。有人认为，社会不平等程度猛增，在这些从新工业时代受益最多的欧洲地区尤其如此（Williamson，1985）。这种不平等程度的增加与收入和财富分配不平等的日益加剧，都是1700年之前几个世纪经济扩张和城市化的结果。欧洲大陆最有活力的地方——英格兰、荷兰和法国——在18世纪的不平等程度已经非常高了，原因就是土地所有权和商业财富的不断集中（van Zanden，1995）。原始工业化通常会进一步加剧不平等，一方面产生劳动阶级，另一方面产生富商群体。在西欧的其他地方——比如，意大利南部——收入的不平等程度可能比西北部低多了（Malanima，2006a）。

关于日益加剧的收入不平等，人们提供了不同的解释。库兹涅茨的独到观点是，部门构成的变化和城市化率的上升可能本身已经导致了不平等的日益加剧；在一个简单的“劳动力无限供给”的模型中，城市部门的实际工资由农业部门的低生产力决定，“现代经济增长”在初始期会导致收入不平等加剧，这种情况会持续到约50%的雇佣劳动者都进入城市部门，或者持续到由于农业剩余劳动力逐渐枯竭，实际工资开始增加的时候。这里回顾的实际工资数据表明，这样的转折点发生在1850年之后（或者甚至在1870年之后）的时期，此时实际工资增长加速。Williamson（1985）在他对英国资本主义的研究中提供了一种对库兹涅茨曲线的不同解释。他将驱动力视为“技术和教育之间的竞赛”（Tinbergen已经于1975年分析过）。在工业化的第一个阶段，对劳动力的需求的增加导致了技能溢价的增加，加剧了收入不平等。Williamson认为，教育扩张严重滞后于早期市场对技能的需求，在几代人之后，技能的供给才足够大到使技能溢价下降。不过，该分析的证据基础一直受到Feinstein（1998）的质疑。最后，这里可能也涉及政治经济学。19世纪（下半叶）议会民主的崛起，特别是选举权向中下层社会阶层的扩展和延伸，对政府政策有着重要影响。比如，它使得教育供给不断增长，使得经济增长进一步加速（Lindert，2004），它还使得社会福利计划以向下层社会转移收入为目的（Acemoglu and Robinson，2005；荷兰的案例研究可参考van Zanden and van Riel，2004）。再者，19世纪70年代可能是个转折点：1848年之后欧洲政治家的意识中出现了“社会问题”这一概念——关于如何将“无产阶级”整合到政治制度内的长期问题，导致许多国家实行了渐进式改革，这有助于抑制日益严重的不平等趋势。不过，不是所有的国家都以这种方式应对这一问题；正如西欧以外的情形，议会民主制的制约及平衡较为缺失或者很弱的国家并不是全部走上了相同的改革之路。不过，我们的证据也表明，在西欧以外的地方，经济增长和已经存在的不平等的加剧这两种现象，并未发展到与西欧相同的程度。

结论

这一评估表明，恩格斯确实对不平等的日益加剧和英国劳苦大众的持续贫困表达了他深切的关注，但他所说的不完全正确。很明显，1700年至1870年间经济增长的加速在西北欧发生得较早并且比欧洲大陆其他地方都更为强劲；实际工资的发展则滞后于经济发展（西北欧的实际工资比其他地方高）；有关生活水平的其他标准——身高、婴儿死亡率、识字能力——的实际改善通常（特别是对于英国的情形）更加滞后。工业革命的成果在欧洲大陆的传播非常不平衡——在空间方面（空间方面的不平衡并非不可思议，因为工业革命只是在欧洲一角发生）和社会经济方面均是如此。空间不平等加剧了，社会不平等也日渐累积，特别是在这些从新工业时代受益最多的欧洲地区（Williamson，1985）。这种不平等的加剧和已经日益加剧的收入和财富分配不平等都是1700年之前几个世纪经济扩张和城市化的结果。然而，还应该补充的是，本章我们已经研究过的不断加剧的国家内部和国家间的收入和财富不平等的许多基本模式在1870—1914年开始逆转，不过这是另一章需要研究的内容了。

西欧的工业化确实是在一个收入高度不平等的环境下发生的，并且工业化加剧了这种不平等。已经开始尝试去理解不平等和增长之间的联系的理论学家不会将西欧作为一个经济发展发生在收入或财富低度不平等的环境中的例子。

但是，这句话必须加以限定。在政治权利和财产权的保护方面，西欧的公民或许已经比世界上其他地方的居民幸福多了。在大西洋革命之后，当然，尤其是在法国大革命之后，公民身份有了全新的含义（至少在理论上），即公民身份赋予了西欧公民更多的政治权利，这一变化并没有真的被1815年之后几十年里主导国内和国际政治的保守运动所破坏，而其代价是，组织意见和建议的传统方式——通过行会、城市和其他社团——都被禁止了。此外，发生在1776年至1848年期间的相当困难的政治制度转型为19世纪下半叶取得的真正的进步奠定了基础。

第10章 城市化

保罗·马拉尼玛（Paolo Malanima）[①]

19世纪欧洲的显著特点是从农业和乡村文明向工业、服务业以及城市文明转型。城市化是过去长达两个世纪的现代化过程中出现的重大变化之一。

过去，普遍盛行的是二元化的经济以及社会模式，而且从社会以及经济视角来看，城市与乡村存在巨大的差别。在乡村，家庭纽带以及村庄与农业社区之间的融合是人际关系的基石。与之相反，在城市，人与人之间最为常见的交往体现在更为广泛的社会经济联系与交换中的相互合作中。[②] 创新以及技术变革是城市的特征所在，而稳定以及传统化则是乡村的标志。

从Max Weber开始，西方的城市中心被定义为"生产者城市"，这一定义将西方城市与古代及非西方城市这些被视为"消费者城市"的城市区分了开来。[③] 然而，这一差异与现实并不一致——生产与消费的相互交织是任一城市所具有的特征。[④] 在现代化之前欧洲各国的首都集中了法庭以及相关的官僚机构，它们存在对服务的需求，而服务同样属于生产性活动。[⑤] 现代化早期阶段的欧洲城市则提供了大量的就业机会，并由此吸引了来自乡村的劳动力。[⑥]

经济现代化的结果是城市与乡村的边界越来越不明显并且最终消失不见。结构性变化的显著特征是农业部门中劳动力就业比例的下降以及工业和服务业中产出及就业比例的上升，这也意味着在经济和社会范畴中农业以及乡村的地位的相应下降。

在这一章中，作者对城市化的阶段进行了描述，这也标志着欧洲从传统世界向现代世界的转型。在传统世界中，可以把城市看做传统的农业体制这一汪

---

① 在此感谢Oliver Volckart与我合作完成本章的初稿。

② 参见Wirth（1938）仍具价值的见解。

③ Weber（1921）的观点在中世纪以及现代化早期阶段的城市研究主题中仍然具有里程碑式的意义。

④ 与这一主题相关的一些观点同样也源自Feldbauer、Mitterauer和Schwentker（2002）。

⑤ 可参见Brunner（1968）的著名论文。

⑥ 在现代化农业出现之前，大量存在的"隐蔽性失业"促进了农村劳动力向城市的迁移，这也类似于任意以农业为主的经济体的实际情况，参见Harris和Todaro（1970）对发展中国家中的现代化城市的论述。

洋大海中的岛屿，而在现代世界，城市对于社会以及经济生活的任一层面都具有广泛的影响。在对欧洲城市化的地理分布进行考察之后，我们将进一步探寻从传统世界向现代世界转型的轨迹，一方面，我们将对城市体系的变化进行分析，另一方面，我们也将研究现代经济增长的开端。

城市化的地理分布

城市

学者们已经提出了关于城市的诸多不同定义。这些定义之间呈现出的差别反映了城市世界所具有的社会、政治、宗教以及经济特征。从经济视角来看，城市可以被定义为“一个其大多数人口从事工业及服务业活动的稳定的人口居住地”。这一定义同样可以涵盖“消费者城市”——服务业盛行的城市。如果评判一个地方是否属于城市的标准是工业以及服务业雇员在就业人口中所占的比例，那么，因为我们缺乏过去的社会中人口的就业结构这一方面的信息，所以我们实际上很难确切地对某一具体地区是否具有城市特征做出判断。在欧洲北部的一些地区，只包含 2 000 位居民的中心地区就已经呈现出城市专门化的结构。相反，在南欧一些拥有超过 10 000 位居民的中心地区，其绝大部分人口仍然从事农业。

在对过去的城市化进行研究时，学者们经常采用居民数量为 5 000 或者居民数量为10 000来对城市的规模进行划分。当我们试图超越地域对城市化进行研究以及对不同地区间的城市结构及其城市化水平进行比较时，这些都属于必要的简化。①

全球化视角

在过去的农业社会，较小比例的人口居住在城市。相反，在现代社会，绝大多数人口都定居在城市。在欧洲，就其现代化早期阶段而言，不到 10%的人口定居在拥有超过 10 000 位居民的城市中心。到 20 世纪末期，这一比例则上升到了 70%。②

在 1800 年，世界人口的总和是 9 亿，其中大约有 5 000 万人（占 5.5%）居住在拥有超过 10 000 位居民的城市中心地区，这些中心地区的数量达 1 500～

① 当未进行特别说明时，下文中的城市中心都拥有至少 10 000 位居民。

② 参见 Bairoch（1992）关于这一变化的简短但是十分有价值的阐述。

1 700 个，并且拥有超过 5 000 位居民的城市数量超过 4 000 个。[①] 此时的欧洲是城市化率最高的地区之一（见表 10.1），世界上大约 1/3 的城市位于欧洲。

表 10.1　　1800 年的城市化率（具有 10 000 位居民及以上的城市）　　（%）

1	中国	3～4
2	日本	12
3	俄国	3
4	欧洲	8～9
5	中东	12
6	印度	6
7	东半球其他地区	1.5
8	北美洲	3
9	南美洲	7
10	中部美洲一加勒比区域	3.5
11	世界	5

资料来源：De Vries（1984，p. 349）、本章附录、Maddison（2007，p. 39）。

西欧的城市化率高于 15%，高于日本以及中东地区的城市化率。[②]

1700 年以及 1800 年欧洲的城市化

在 1800 年，欧洲的城市化率（8%～9%）超过了世界平均水平（5%）。然而，欧洲平均水平中包含着巨大的地区间差异（见图 10.1）。在欧洲大陆的一些东部地区，其城市化率仅在 3%左右，而在其他的欧洲国家，城市化率却高于 20%，荷兰几乎达到了 30%。

如果我们按照城市化率将欧洲分成 4 个具有或多或少同质性的区域[③]，那么我们将会发现，在 1700 年，具有最高的城市化率的地区是欧洲北部地区——从佛兰德斯到荷兰、英格兰——以及地中海国家。这两个地区 1700 年的城市化率为 12%～13%，而在 1800 年，这两个地区的城市化率上升到了 15%以上。在诸如法国以及德国这样的中部地区，这一比例低于 10%[④]，而在东部地区，

① 我们在此提出的 1800 年世界范围内的城市数量超出了 de Vries（1984）中提出的数字。不过，本章中的数字是基于附录图表中涉及的欧洲范围内的数字提出的，而附录图表中欧洲的数字高于 de Vries 所提出的。

② 中东地区包括埃及、叙利亚、伊拉克以及土耳其。在表 10.1 中，城市化率的地区差异依赖于我们选择的地区所涉及的地理范围。中东地区的城市化率较高是因为它包含了七大城市（这七个城市总共包括 100 万的居民）（de Vries，1984，p. 350）。如果我们排除东欧的一些地区，那么欧洲的城市化率将会出现明显的上升并且将会超过日本以及中东的水平。

③ 参见图 10.4 中四个欧洲区域中包括的国家。

④ 就德国来说，我们采用了德意志共和国的统计数据（1877 年）。

这一比例低于5%。[1]

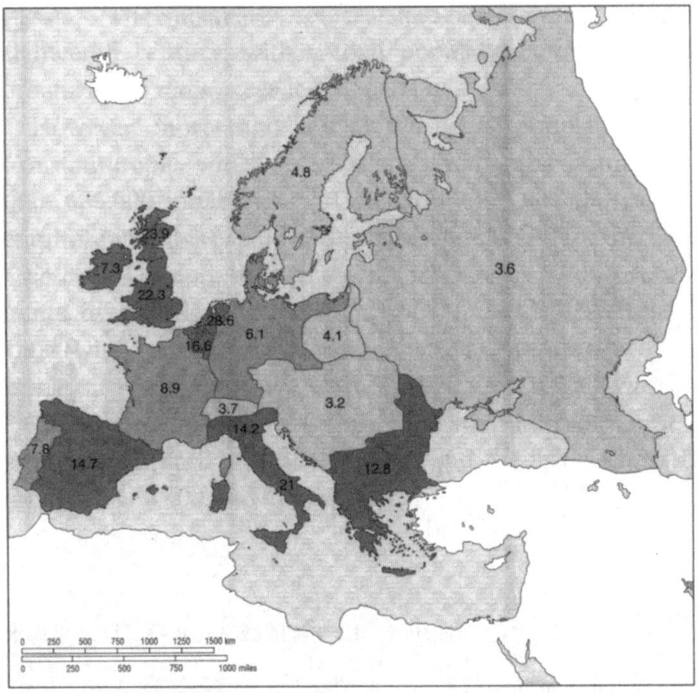

图 10.1　1800 年欧洲的城市化水平（%）

欧洲城市化的核心

从国家的角度来看，在18世纪中期，从地理上可以看出，具有最高的城市化率的地区出现在从英国南部到低地国家、法国北部以及意大利（图10.2中的虚线以上的部分）的这一沿线上。在这一沿线以西的地区，除了西班牙的城市化率较高外，其他地区的城市化率基本上都低于10%。

从总体上来看，与中世纪晚期（10世纪至14世纪）的城市化模式相比，这一时期欧洲的城市化模式并没有很大的差别。唯一的差别体现在佛兰德斯北部地区城市的兴起，特别是其中荷兰以及英国的城市的兴起。[2]

相比之下，无论是就城市化的相对水平而言，还是就其绝对水平而言，意大利和西班牙的城市化率都下降了。不过这两个国家的城市化率的数据都带有误导性，因为在这两个国家的南部地区，城市居民中有很多都为农民。在1800年，如果用居民人数达到或超过10 000来作为定义城市的标准的话，那么西班牙的城市化率为14%左右，但是如果使用居民人数达到或超过5 000来作为定义城市的标准的话，那么西班牙的城市化率为24%。如果剔除农民家庭，那么

---

① 东部地区不包括巴尔干半岛国家，见下文。

② DeLong 和 Shleifer（1993）尝试将城市化模式的这一变化与北欧和南欧所具有的不同制度类型联系起来进行研究。

这些数字将相应地下降到11%和14%。[①]

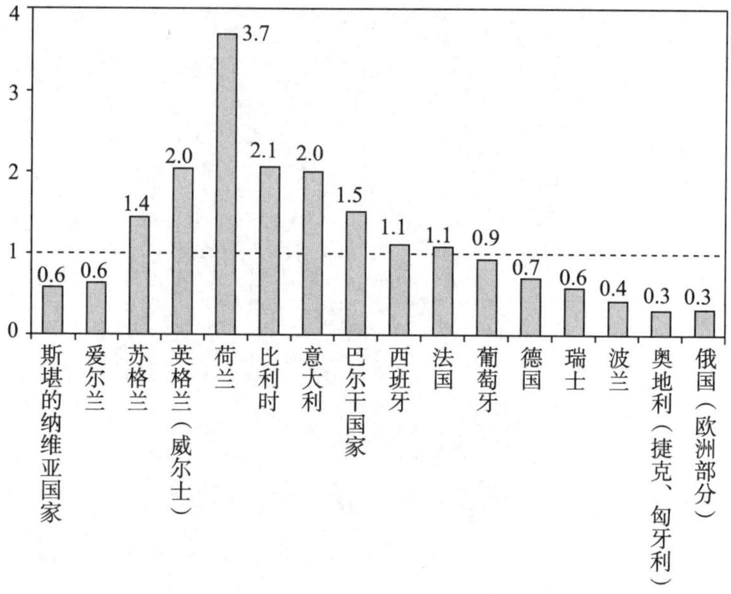

图 10.2　1750 年的城市化水平（欧洲平均水平=1）

而在意大利南部，农业城镇的存在自古就是其地区特征（Malanima，1998，2002，2005）。考虑拥有超过 5 000 位居民这一城市标准，西西里亚在 1800 年的城市化率将会达到 66%，这也许是世界上最高的城市化率。如果城市化率的高低代表着财富的多寡以及进步的程度，那么西西里亚是世界上最为发达的地区，因为它高于英国，英国在同一年的城市化率仅为 30%。从这一意义上来说，我们需要更为谨慎地使用关于城市化率的相关数据，从而避免过分简化以及错误。

欧洲城市的外围

在西欧的周围地区，城市化率相对较低。在斯堪的纳维亚半岛，大城市十分罕见[②]，而且城市人口在全部人口中仅占大约 5%的比例。东欧的城市化率甚至更低，这些地区包括奥地利、波希米亚、斯洛伐克、匈牙利[③]、波兰以及俄国。[④]

相比较而言，巴尔干半岛具有相对较高的城市化率。在 18 世纪，巴尔干半

① 然而，Llopis Agelán 和 Gonzáles Mascal（2006）提出的数字高于本章附录中的数字，同样也高于 Álvarez-Nogel 和 Pradas de la Escosura（2007）提出的数字［该数字引自 Bairoch、Batou 和 Chèvre（1988）］。西班牙城市化率的一个较好的参照标准是由 Carreras 和 Tafunell（2005）提出的，本章参考了他们的研究。

② 斯堪的纳维亚半岛的数据是来自作者对 Galletti（1882）进行的修订。

③ 为了挑选出奥地利君主国统治下的东欧城市，我们采用了 Sommer（1839）的研究。

④ 参见 Kappeler（2002）专门针对俄国的研究。

岛地区的人口总数为850万～1 200万，其城市化率则超过了12%。[1]

然而，这一地区的城市人口中有一半多生活在君士坦丁堡（在1700年，它是欧洲最大的城市中心，拥有超过685 000位居民）。[2] 君士坦丁堡是一个巨大的亚洲帝国的首都，如果将它从巴尔干半岛地区剔除出去，那么巴尔干半岛的城市化率将下降到仅6%。伦敦则是欧洲第二大城市，当时拥有575 000位居民，它的人口数量在1750年左右才超过君士坦丁堡。在1800年，伦敦成为最大的城市（拥有的居民数量为865 000），巴黎则为第二大城市（拥有的居民数量为581 000），而君士坦丁堡则下降到第三位（居民数量为560 000）。余下的特大城市依次为那不勒斯（居民数量为320 000）、莫斯科（居民数量为300 000）、维也纳（居民数量为231 000）、圣彼得堡以及阿姆斯特丹（这两者的居民数量大约都为220 000），并且还包括马德里、里斯本、都柏林以及柏林（这几个城市的居民数量均为150 000～200 000）。

城市的地理结构

欧洲的城市分布具有什么样的特征？地理学家和人口统计学家现在已经证明，在某些地区城市的分布遵循等级规模法则[3]，这一法则可以用以下方程来表示：

$$S_r = S_1 / r$$

此处S_r是某一具体城市的规模（人口规模），S_1则是指这一地区中最大的城市，而r则是指城市排名（为1～n的自然数）。根据这一法则，排名第二位的城市的人口数量将会是排名第一位的城市人口数量的一半，排名第三位的城市的人口数量则是排名第一位的城市的人口数量的1/3，依此类推。在过去的农业社会中，如果在一给定地区内其城市的空间分布遵循这一法则，那么，我们仅需要知道排名第一位的城市的人口规模就可以对其他城市的人口数量进行估计。我们简单地使用上述公式并且增加级数，直到S_r的人口数量达到10 000或者5 000（根据设定的标准是人口数量达到5 000还是达到10 000可被称为城市）。此后我们就可以对所有城市中的人口数量进行加总从而也就得到了城市居民的总体数量。

等级规模法则已经被一些现代城市地区所证实（尽管也包含着很多例外）。[4] 不过无论在哪个地区，排名第五位到第十位的城市的分布并没有严格地遵循这一等级规模法则。并且，居民人数在2 000以下的城市并不遵循任何统

① 巴尔干半岛地区的数据来自Carter（1977）、McGowan（1981）、Palairet（1997）以及Todorov（1983）。十分感谢S. Pamuk在巴尔干半岛地区的人口以及城市化率研究方面提供的建议。

② 这是其欧洲部分的居民数量，不管怎么说，这一数量大大超过其在亚洲部分的数量。君士坦丁堡的城市人口中有15%～20%的比例居住在伊斯坦布尔的亚洲部分。

③ 规模法则也是很多争论的主题所在。学者们在当代世界的城市分布模式上并未达成一致意见。de Vries（1984）对与这一主题相关的讨论进行了回顾。

④ 在过去几年，规模分布方面的文献不断增加。在很多关于规模分布的文献中，Nitsch（2005）对近来的研究进行了较具价值的总结。也可参见Soo（2003）以及Gabaix和Ioannides（2004）。

计法则。相反，中间城市，即那些处在第五大城市与拥有 2 000 位居民的城市之间的城市的分布却遵循一种较为独特的模式，这一模式可以通过内插曲线的双刻度的对数化图形加以描述。① 内插曲线的斜率越大则表明城市分布模式越有可能是层级式的——也就是说，在很多大型城市附近围绕着规模更小的城市。这一曲线的斜率越小，城市的层级模式就越不显著，而且城市模式更趋向于多中心式的。无论如何，就现代化之前阶段的欧洲来说，对不同的地区范围内的城市的模式分布进行统一的估计将会遭遇检验上的巨大困难。研究的结果会受到我们选取的地区范围的影响：范围越小通常意味着斜率越大。

城市的分散化程度及其层级依赖于城市本身所具有的功能以及在开发这些城市功能时个体所面临的地理以及交通成本。尽管集聚效应通常会推动层级化结构的形成，但是交通成本意味着很多不同的城市所具有的功能较为分散。19 世纪的交通革命在推动欧洲城市体系不断迈向层级化结构方面扮演着关键的角色。②

两个案例研究

现代化之前欧洲的城市图景一方面由层级结构组成，另一方面则由大城市的类聚模式组成。1800 年的英国与意大利分别属于这两种模式中较为极端的例子（见图 10.3）。从中世纪后期开始，英国已经形成了由一些中等规模的城市以及一个巨大的首都（或者说首领城市）伦敦所构成的城市分布格局。③ 在 1700 年，尽管英国与意大利拥有同样的城市化率（大约为 13%），但不同的是，英国的第二大城市是诺威奇，仅拥有 29 000 位居民（其人口数量是伦敦的 1/20），仅有 11 个居民人数超过 10 000 的城镇；而意大利有 66 个城市的居民人数超过了 10 000——其中包含很多大型城市，但是没有任何一个城市真正具有主导地位。④

在随后的几个世纪里，这一分布并未出现太大的变化。就 1800 年的英国来说，内插曲线的斜率为 0.84。⑤ 就意大利来说，1800 年的城市体系的斜率是欧洲最低的，仅为 0.66。德国的这一数值十分接近意大利（0.67）；法国以及西班牙处在中等水平（分别为 0.77 与 0.79）；奥匈帝国（0.81）、巴尔干半岛（0.86）、波兰（0.86）、荷兰（0.87）以及俄国（0.88）更接近于英国。

① 关于规模法则及其在本章中的应用，可以参见附录。

② 参见下文所述的欧洲现代城市化过程中第一个阶段所呈现出来的不同形式。

③ 对伦敦与英国经济之间的关系的探讨，参见 Wrigley (1967)。

④ 英国的人口数量不超过意大利人口数量的一半（参见附录）。

⑤ 如图 10.2 所示，这是对任一时刻包含伦敦的数据进行回归的结果。如果从回归中排除伦敦，那么斜率将会下降到 0.65，当然这些相关系数总是负的（参见附录）。

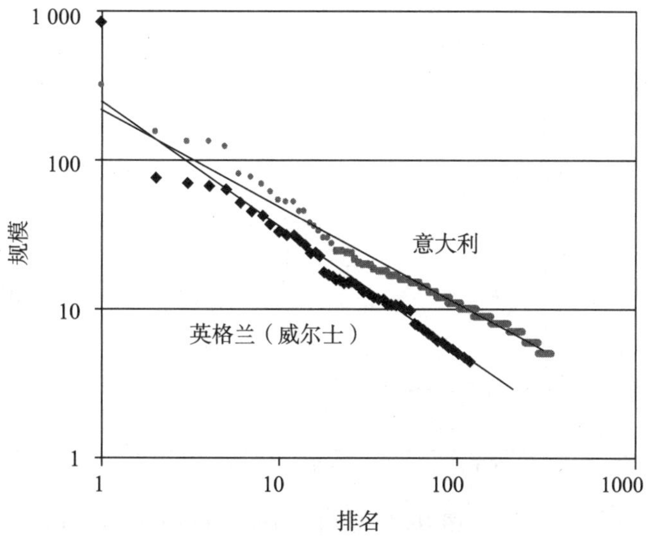

图 10.3　1800 年英国（威尔士）和意大利的城市的规模分布
（拥有 5 000 位及以上居民的城市）

城市化的年表

长期趋势

我们知道，在中世纪的鼎盛时期，欧洲的城市化发展取得了进步。欧洲居住在人口数量超过 5 000 的城市中心地区的人口所占的比例从 10 世纪的 6%～8%上升到了 13 世纪的 10%（Bairoch，1988，p. 118，137）。[①] 相比乡村地区，城市人口在 1348 年至 1350 年受黑死病的打击更为严重（特别是在地中海地区），结果就导致了城市化率的下降。城市化进程的恢复出现在 1400 年至 1600 年之间。在其后的两个世纪中，城市化水平出现了缓慢的上升。

在 19 世纪，城市化进程加速了。从 1800 年至 1870 年，就那些拥有 10 000 位或以上居民的城市而言，居住在城市地区的人口几乎翻了一番，而就那些拥有 5 000位或以上居民的城市来说，这一比例上升了 60%（见图 10.4）。[②]

① 中世纪晚期的情况，可参见 Russell（1972）。

② 图 10.4 以及下文中表的资料来源在附录中给出。在表 10.2 以及附录 1 中，为了突出英国城市化与欧洲城市化整体水平之间的差别，一些数据中已经剔除了英国。

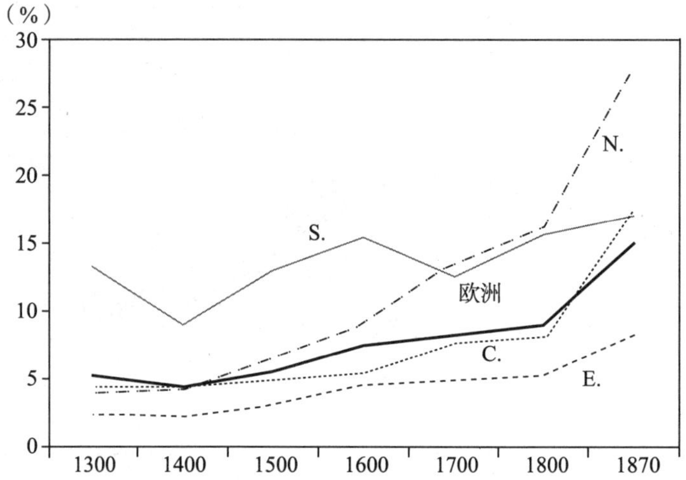

图 10.4 欧洲的城市化（1300—1870 年）

注：图中较粗的实线代表整个欧洲的情况。北部（N.）包括斯堪的纳维亚国家、英格兰及威尔士、苏格兰、爱尔兰、荷兰、比利时；中部（C.）包括德国、法国、瑞士；南部（S.）包括意大利、西班牙、葡萄牙；东部（E.）包括奥地利、波希米亚、匈牙利、波兰、巴尔干半岛国家、俄国。

欧洲城市化的长期趋势从而可以分成三个不同的阶段：中世纪鼎盛时期的增长阶段（公元 900 年至 1300 年）、相对稳定的阶段（1300 年至 1800 年）、现代化增长阶段（1800 年之后的时期）。

20 世纪后期城市化率的增长率似乎并不会被未来城市化率的增长率所超越，尽管未来的增长率也有可能上升——相比 2000 年的 70%的城市化率，但预计到 2030 年，城市化率也只会有小幅上升。一旦城市化率达到一定的水平，城市化的步伐将不可避免地慢下来，最终将会止步不前。

而 1700 年至 1870 年的这一时期又可以分为两个阶段（见表 10.2）：现代化之前的稳定阶段的最后一段时间（从 1700 年至 1800 年）①、现代城市化转型的开始阶段（从 1800 年至 1870 年）。

表 10.2 1700 年至 1870 年欧洲的城市化
（人口超过 10 000 和人口超过 5 000 的城市以及相关指数）

	欧洲（>10 000 人）	指数（>10 000 人）	除英格兰外的欧洲（>10 000 人）	除英格兰外的指数（>10 000 人）	欧洲（>5 000 人）	指数（>5 000 人）
1700	8.2	1.00	7.9	1.00	11.4	1.00
1750	8.0	0.97	7.6	0.96	11.7	1.03
1800	9.0	1.10	8.3	1.05	12.4	1.09
1870	15.2	1.85	13.0	1.64	19.7	1.73

① 参见 Wrigley（2004b）。

两个纪元

在第一个阶段（1700 年至 1870 年），如果我们剔除掉居住在西班牙南部和意大利南部地区的大型中心城市的农业人口的数量增加的部分，那么城市化率的增长率将会更低。此外，我们也知道在 18 世纪以及 19 世纪，原始工业在乡村地区获得了发展①，而且 1700 年至 1800 年城市化的缓慢发展也反映了工业在城市以外的地区的发展。②

18 世纪的城市化率并没有大幅上升（或者说适度上升）并不是欧洲独有的现象。在这一个世纪，世界的城市化率大约下降了 10%。相比 1800 年，中国和印度在 1700 年的城市化率更高。只有在北美地区，城市化率上升了 7%～8%。

而在 1800 年至 1870 年的第二个阶段，情形发生了很大变化。在 19 世纪，欧洲的城市人口增加了 2 700 万（其中在 1800 年至 1870 年间增加了 2 250 万）（Bairoch，1988，p. 291），并且居民人数超过 5 000 的城市的数量从 1800 年的 1 600 个增加到 1870 年的 3 419 个。从总体上来看，今天的发达地区在 19 世纪其城市化率上升至原来的 3 倍，从 10% 提高到了 30%（Bairoch，1988，p. 495）。这也是人类历史上前所未见的增长幅度（见图 10.5）。

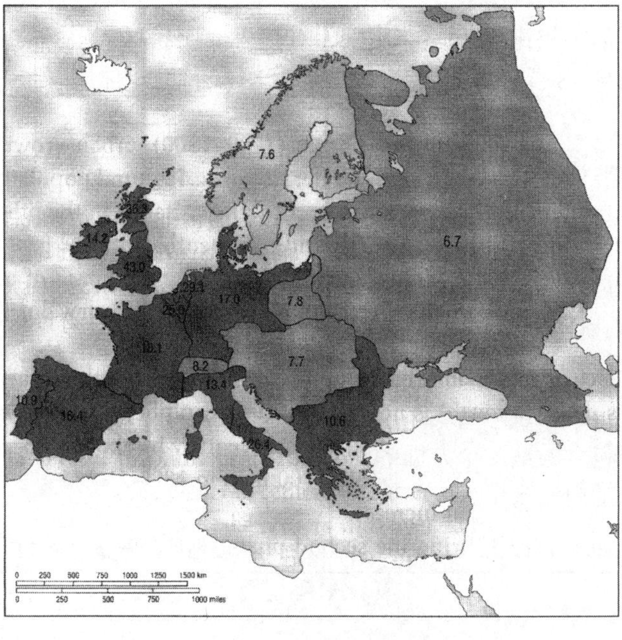

图 10.5　1870 年欧洲的城市化水平（%）

虽然 18 世纪城市化率上升的幅度甚小，不过重要的是，在这一时期，城市在欧洲所具有的重要性越发凸显，此后城市还将产生更大的影响。在欧洲大陆

---

① 参见 Cerman 和 Ogilvie（1994）的一般性评论。

② 也可参见 de Vries（1994）。

地区，城市的数量迅速增加，即使其城市化率出现下降或保持稳定（见表10.3）。

表 10.3　1700 年至 1870 年欧洲城市的数量及其人口
（居民人数超过 10 000 的城市的数量及其指数）

	数量（个）	指数	居民人数（人）	指数
1700	287	1.00	9 375	1.00
1750	361	1.26	11 492	1.23
1800	585	2.04	16 936	1.81
1870	1 299	4.53	47 259	5.04

相比 1700 年，1800 年那些居民人数超过 5 000 的中心地区的数量增长了 86%，而到 1870 年，这一数字又增长了四倍。

1700 年至 1800 年，居民数量在 10 000 以上的中心地区的数量翻了一番。不过，如果我们着重审视城市人口与其空间的比率而非城市化率的话，那么我们就会发现增长是存在的。城市居民数量的变化可以作为人力资本形成的一个较为恰当的近似。在城市中心，人际交往最多，知识交换也最为密集。[①] 从当今欧洲的版图来看，相比 1300 年，1800 年其城市人口居住的密集程度上升了三倍。相比 1700 年，任何一个欧洲城市的居民与城市文化的联系都更为紧密，而到 1870 年，居民与城市文化之间的联系得以进一步加强。

城市人口与城市中心

将城市发展过程划分为两个组成部分有助于我们分析 18 世纪城市化的稳定发展以及随后 19 世纪出现的增长，这两部分是：现有城市人口数量的增加、城市数量的增加。在某些时期，城市人口的扩张十分显著，然而城市的数量却几乎保持在原有水平，而在其他一些时期，现有城市的人口数量保持稳定，然而城市的数量却出现了上升。表 10.4 中列出了在我们研究的时期城市化发展进程中包含的这两个方面的变化，并且我们将居民人数达到 10 000 作为整个欧洲城市的门槛水平。

表 10.4　欧洲居民数在 10 000 以上的中心地区的数量以及 147 个样本城市的城市化率

	数量（个）	城市化率（%）
1700	287	6.2
1800	585	4.6
1870	1 299	5.8

注：计算城市化率时包括的城市均为居民数在 10 000 以上的城市。

① 关于城市增长导致人力资本形成的数量增加的可能性的研究可参见 Lucas（1988）。

我们进而可以将表中数据总结如下：在1700年至1800年之间，城市化率的下降被城市数量的上升抵消掉了，而在1800年至1870年，城市化率以及城市的数量都出现了上升。然而，城市化率的上升主要依赖于城市数量上的增加，而不是现有城市中心的人口数量的增长。在1700年，居民数量超过5 000的城市的数量为862个，在1750年，这一数字为1 170个，而到1800年，这一数字为1 600个，1870年的城市数量为3 419个。

四个地区

将欧洲大陆划分为四个地区有助于我们更清晰地得出这两个阶段在欧洲城市化进程中的表现（见表10.5）。

表10.5　1700年至1870年按地区衡量的欧洲城市化率
（居民数在10 000以上的城市）
（%）

	1700	1750	1800	1870
北部	13.3	13.2	15.8	29.7
中部	7.3	7.3	7.5	17.2
南部	12.3	12.8	15.5	16.8
东部	4.6	4.4	5.0	7.8
欧洲	8.2	8.0	9.0	15.2

注：欧洲北部、南部、中部及东部分别包括的国家详见图10.4。

从其相对水平来看，中欧地区在欧洲19世纪（1800年至1870年）的城市化发展进程中城市化率的增幅相对较大（129%），这主要是因为其起点较低，北欧的城市化率的增幅也相对较大（75%）。东欧的城市化率的增幅较小（56%），而南欧地区的城市化率的增幅甚至更小（仅为8%）。19世纪是欧洲城市化在地理上重新分布的最后一个阶段，这一重新分布发轫于中世纪晚期。1300年，欧洲南部地区的城市居民占据欧洲城市居民51%的比例，在1400年这一比例为41%，而在1500年以及1600年，这一比例则为42%。1700年至1751年间，这一比例仅为30%~31%，1800年这一比例则为29%，在1870年，这一比例为17.2%。从城市化的视角来看，曾经以地中海地区为中心的欧洲大陆越来越去地中海化了（见表10.6）。

表10.6　1700年至1870年欧洲各地区的城市人口所占的比例
（居民数在10 000以上的城市）
（%）

	1700	1750	1800	1870
北部	21.8	21.2	24.6	31.7
中部	28.6	27.7	24.5	29.8
南部	30.1	30.5	28.8	17.2
东部	19.5	20.5	22.1	21.3

注：欧洲北部、南部、中部及东部分别包括的国家详见图10.4。

对平均水平的偏离

从地理范围来看，我们可以区分出一些明显偏离欧洲平均水平的地区。

这些出现偏离的地区还包括一些过去属于重要的经济中心的地区，但是，在我们集中研究的这一时间段，它们的城市化率却有所下降。除了南部半岛的城市化率的上升主要依赖于很多农业城镇的发展之外，意大利在 1700 年至 1870 年间的城市化率稳定在 13%～14%。如果我们回溯到中世纪晚期，那么这一城市化率实际上出现了下降，因为其在中世纪晚期的城市化率为 18%。[①] 荷兰的城市化率在 1700 年至 1750 年间也出现了下降，但是此后一直到 1870 年，其城市化率都相对稳定。相比其在 16 世纪的城市化率，西班牙也出现了下降，但是在 1750 年至 1870 年间其城市化率有所恢复。

相比 1600 年的 11.4%，葡萄牙的城市化率在 18 世纪出现了下降，在 19 世纪也只稍稍上升了一点。[②] 在巴尔干半岛，城市化率在 1700 年至 1870 年也呈下降态势。奥地利君主国的城市化率从 4%这一非常低的水平开始增长，从其增长速度来看，它并不逊色于英国，不过即使如此，在 1870 年，奥地利的城市化率也仍然只为欧洲平均水平的一半。虽然斯堪的纳维亚半岛的人口增加了，但是在 1800 年至 1870 年间，其城市化率并未出现上升。

英国、苏格兰、爱尔兰、比利时、德国以及法国的城市化率的上升大大超过欧洲城市化率增长的平均幅度。这一阶段城市化率增长的地理分布与欧洲工业革命的发展浪潮的地理分布一致。在 1800 年至 1870 年间，英国、苏格兰以及爱尔兰为欧洲的城市化率增长贡献了 26%。

城市的层级

人们通常认为城市转型导致了在每一个国家以及每一个地区的城市的分布出现更明显的层级。新的交通技术的出现促进了人口的流动，结果越是大型的城市集中的功能就越多，并且通常这些大型城市都为一国的首都。推动城市聚集的力量要大于促使城市分散的力量。这一趋势经常被针对 19 世纪专门地区的研究所证实。不过，在现代城市化进程中的第一个阶段，情形却并不如此。1700 年至 1870 年间，在一些欧洲地区，城市分布的斜率正处在下降的过程中，这就意味着城市分布趋向于分散而不是趋向于集中。从城市化的角度来看，这些地区在这 170 年中都处于静止状态，未得到发展，所以我们并不会对城市分布斜率的下降感到诧异。这些地区包括意大利（0.71，0.67）、西班牙（0.81，0.74）、巴尔干半岛国家（1.12，0.80）、俄国（1.08，0.79），甚至还包括比

---

① 此处仅涉及意大利北部和中部地区（为了避免南部农业城镇的数量上的增长对城市化率造成的影响，作者剔除了意大利南部地区）。

② 葡萄牙城市的数据引自 Valerio（2001）。

利时（0.92，0.82）。[①] 然而，这一下降同样也对英国（1.42，1.03）产生了影响。[②] 只有荷兰（0.84，0.91）、法国（0.73，0.88）、德国（0.66，0.75）以及波兰（0.67，0.96）呈现出城市规模分布日益层级化的趋势。如表 10.4 所示，主要的原因是在现代城市化的第一个阶段，很多小城市的人口数量已经超过了 5 000～10 000 人这一门槛。这一结果就扩大了欧洲地区绝大多数城市的金字塔结构的基石。

城市转型

结构变化与城市转型

城市转型是现代增长这样的重大变革中的一个重要的组成部分，它同时也是结构变化中的一个重要的组成部分，而这一变化是伴随着现代经济体中生产力的强劲发展而出现的。[③] 即使在过去的农业经济社会，我们也可以发现城市转型以及向城市移民的例子（比如在中世纪），但是在 19 世纪以及 20 世纪，城市转型这一现象却以前所未有的高频率出现。欧洲的城市人口在过去仅占总人口中一个十分不起眼的比例，但是在 1800 年至 1900 年间，城市人口所占的比例从不到 10%上升到了 25%～30%（de Vries，1984，pp. 45-48），而到 2000 年，这一比例变为了 60%～80%。欧洲之外的发展中国家在 19 世纪后期迎头赶上，并且在 20 世纪下半叶达到类似的比例。从世界范围来说，在 1800 年，城市化率大约为 5%，1900 年则为 15%～20%，而到 2000 年，城市化率则为 40%（Bairoch，1988，p. 405；也可参见更为综合的数据，Bairoch，1992）。

城市化是国内移民的一个独特情形。在我们已经探讨过的年代里，城市的死亡率之所以高于农村地区是因为城市恶劣的卫生条件。城市人口的绝对数量以及相对比例的上升是因为人口从乡村流动到城镇。在过去的社会，人口从乡村移民到城市是城市化的直接原因。在 19 世纪以及 20 世纪，如图 10.6 所示，移民以及城市化率的增长遵循着一定的模式。移民的增长遵循着抛物线或者说倒“U”形曲线，而城市化率则可以用一条逻辑斯蒂曲线来描述，刚开始的时候，城市比例从现代化之前的较低水平大幅上升到现代城市增长第一阶段的持续增长水平，在 20 世纪最后的几十年中，城市化率又处在稳态水平（de Vries，1990，p. 54）。

---

① 括号中的第一个数值是 1700 年城市分布的斜率，第二个数值则是 1870 年城市分布的斜率。所有的数值都是根据附录中的回归方程计算得出的。

② 在回归的协相关系数中包括伦敦，尽管我们附录中的数据剔除了伦敦。将伦敦纳入回归方程意味着协方差系数将会发生很大的变化。

③ Hohenberg 和 Lees（1985）出色地重构了欧洲的城市转型。

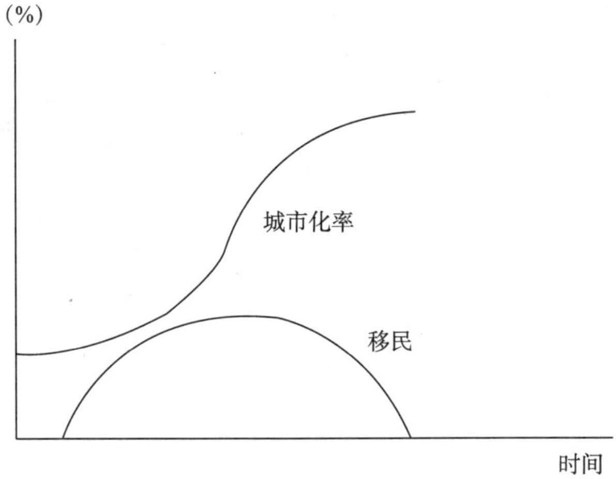

图 10.6　城市转型

直到 19 世纪末期，城市卫生条件出现了足够大的改善，城市人口才出现自然增加并且最终超过了乡村地区的人口增加。结果，外来移民促进了城市人口的增加。

二元体系

当我们探讨为什么会出现从乡村到城市的迁移这一问题时，我们可以把这种迁移视为劳动力在经济中现存的两个部门之间的流入和流出。

我们的出发点是二元经济，诸如现代化之前的经济就可以视为二元经济，这种经济包括以下两个主要方面：

(1) 乡村生产食物以及原材料，而城市从事工业以及服务业。当然，现实情况更为复杂：工业生产以及服务业并不仅仅属于城市，同时农业生产者中也有很多是住在城里。然而，当我们研究过去社会的时候，这样的二元经济通常也是一个合理的近似。

(2) 乡村生产的初级商品具有较低的收入弹性，而加工商品的生产以及服务业具有较高的收入弹性。因此，人均收入的持续上升将会导致对初级商品的相对需求减少，而且整个经济体也会将发展重点转向加工商品的生产以及服务业。

城市增长的决定因素

我们假设创新观念的传播首先可以提升工业生产率，随后又会提升农业生产率。而这实际上也是在 19 世纪初期工业革命中出现过的事实。在这一假设下，工业的边际生产率曲线向上移动并且工资水平也会同方向移动。相比之前，更大比例的工人被城市活动所吸引，并且这一过程将会持续，最终导致初级部门的就业比例出现进一步的下降。

然而，农业生产力也必定会提高，但是由于初级商品对收入增长缺乏弹性，所以农业部门生产率的提高同样也会导致对初级商品的相对需求的下降，其后则会出现乡村就业比例的下降。鉴于此，迁移人群首先出现在乡村，之后他们不断地涌入城市。结果经济的重心逐渐从农业部门转移到工业部门。

工资反映了城市劳动生产率的上升，这也会导致农村与城市的劳动力工资之间的差距不断扩大。最具创新能力的部门对劳动力的需求将出现上升，移民也涌入了这些部门，此后的移民则会进一步加入与这些部门相关的生产活动中。通过就业的乘数效应，一个或是一些城市部门中出现的增长会扩散开来并且会使一些新的生产活动（建筑、服务以及管理活动等）加入到这一过程中来。乡村地区的农村工人被城市生产活动吸引则是城市经济所具有的内在活力以及对劳动的需求不断增长所导致的。外部冲击对城市经济整体的影响可以通过下式来表示：

$$\Delta T=\frac{T}{B}\cdot\Delta B$$

此处 ΔT 是就业总量的变化，ΔB 是创新部门中就业量的变化，T/B 则是就业乘数。[①] 19 世纪的城市化意味着城市环境的巨大变迁：大量房屋被修建起来，以容纳迅速增加的人口；新的城市基础设施得以建设；下水道被拓宽以及城市供水得到改善；等等。在城市增长中起作用的几个不同因素之间所具有的内在联系可以被称为“比例效应法则”：城市越大就越可能吸引更多的移民，原因是这些城市的新的生产活动会产生乘数效应，可以容纳更多的人口（Hohenberg and Lees，1985，ch. 7）。

农业、工业与城市转型

如果农业的生产率跟不上工业前进的步伐，那么工业生产本身的进步也很难持续，除非能够进口足够多的食物。一旦农业工人不能保障日益增加的城市需求，那么农产品价格将上升。农业边际劳动生产率的上升是由食品价格的上升所导致的，食品价格的上升同样也会引起农村劳动力工资的提高，此时向城市的迁移就会停止并且人们也更愿意留在农村。

在过去，很多去城市化的事例是由农业产出的弹性跟不上更为发达的以及更具创新性的城市部门的生产率的上升所引发的。在欧洲经济现代化的第一个阶段，我们已经见证过一些欧洲地区并没有迅速跟上北欧经济体的前进步伐。这部分是由初级部门的稳定状态所导致的。从 19 世纪最初的几十年开始，经济增长所具有的新奇特征实际上就是初级部门生产率的上升与工业部门和服务业部门的增长齐头并进。相反，在过去的农业经济中，尽管创新在城市并不少

① 参见 O'Sullivan（2003，p. 119）的富有价值的分析。

见，但是农业在很长的历史时期中都维持稳态，结果就从整体上阻碍了结构性变革以及经济的发展。① 而从19世纪开始，这一情形得以迅速改变，城市化成为整体经济扩张所产生的一个主要影响。

在19世纪，英格兰和威尔士出现了迅猛的工业化，在这一过程中，工资的上升与工业生产率的上升相伴随。② 不过，农业生产率也提高了。相比农业工人，建筑业工人的工资有所提高。对城镇与乡村之间的实际工资差别进行的估计的结果表明，这一差别大约为30%。从1820年开始，从乡村向城市工业移民的人数出现了大幅上升：每年增长0.9%～1.6%（然而，就1960年至1980年的第三世界而言，它们从乡村向城市移民的人数的年均增长率从未超过1.2%）（Williamson，1987c，p. 50；1991，ch. 2；也可参见Clark提供的有关工业和农业工资的数据，Clark，2005，2007b）。相反，意大利则代表了出现下滑的经济体，相对于16世纪来说，其城市对农村的工资比率下降了（Malanima，2005）。③ 这一下滑趋势与19世纪80年代之前城市在总体经济中所具有的重要性的下降相关联（Malanima，2005；Federico and Malanima，2004）。

城市化与结构变化

所以说，城市化是与经济增长有关的一个动态过程。经济增长先导致农业生产的重要性下降，后使得结构发生变化。然而，从另一方面来说，我们同样也可以更改这一联系的先后次序，并且认为经济增长是建立在人类交往的基础之上的有用的知识不断发展的结果，而这一发展也只可能在城市出现。然而，对经济增长与城市化之间的因果关系进行评价甚为困难。实际上，在19世纪末期之前，结构变化方面的数据尤为缺乏或是不足为信④，针对1800年至1870年的产出所做的估计仅能表明结构变化的趋势和在国家之间存在的一些更为重要的差异。此外，尽管现有的城市化数据的质量也许还过得去，但是，城市化本身的数据还远谈不上完善。

就这一时期来说，我们感到较为棘手的是，必须分辨出人口增长与那些可以解释城市化率的变量之间的任何有意义的联系。⑤ 然而，人口密度可能与城市化率之间存在长期的协相关关系，尽管这一长期协相关关系在现代增长的第一个阶段并不存在。正如我们已经观察到的，在18世纪以及19世纪，虽然欧洲每一个地区的人口都增加了，但是其城市化却在程度以及方向上都不尽相同。⑥

尽管对过去城市化的决定因素进行探讨的相关尝试已经揭露出诸如谷物进

① Bairoch（1992）着重指出了这一问题。

② 英国的城市居民数据引自英国人口普查办公室（1968）。

③ 剔除意大利南部地区。

④ 无论如何，可以参见van Zanden（2005b）在这一方面所做的尝试。

⑤ 例如Boserup（1965）提出的一些变量。

⑥ 如果在下文的回归方程中包含人口数量的变化，那么结果并不显著。

口、交通条件的改善、工业化以及进口这样一些能够解释城市扩张的变量，但城市化最主要的决定因素还是劳动生产率（Bairoch and Goertz，1986；Bairoch，1990）。因为人均产出是经济增长过程的一个综合指数，所以考察人均产出与城市化率之间的协相关性是可行的。我们仅就 1800 年至 1870 年间增长与城市化率之间的协相关性进行分析，一旦我们在决定因素中考虑 1800 年的城市化率，协相关性就会变得更强。虽然我们发现在城市化率与增长之间存在正相关关系，但是在 18 世纪初期，城市化率与增长之间则是负相关的：城市化率越高，增长率就越低，这也意味着两者间的趋同。[①]

城市化率的不均等

尽管在欧洲传统农业经济的最后一个纪元，城市化率处于稳态水平，但是现代经济增长还是导致了城市化率的迅速变化。这些变化首先在欧洲出现，而后则出现在世界上的其他地区。正如很多其他的经济变量一样，城市化率的不均等程度在全世界范围内都有所上升（见表 10.7）。

在 1800 年，欧洲的城市化率仅略高于世界平均水平，然而到 1900 年，欧洲的城市化率则是世界平均水平的两倍。欧洲与美洲处在相同的水平，然而，亚洲与非洲的城市化率分别不到欧洲的 1/3 和 1/6。

表 10.7　　1800—1980 年欧洲大陆的城市化率以及世界的城市化率
（居民人数在 5 000 以上的城市）

	1800	1900	1950	1980
欧洲	12	30	43	64
美洲	12	29	48	64
非洲	4	5	12	25
亚洲	9	9	15	26
世界	9	16	26	38

资料来源：Bairoch（1988，p. 495）（略有改动）。

需要着重指出的是，在此之后，城市化率的不均等程度下降，至少就大陆内部的城市化率来说是如此。

我们知道，在经济现代化进程中的第一个阶段，个人以及地区间的不平等加剧了。相比之下，就城市化率来说，情况却大为不同。在本章中，我们将欧洲大陆划分为 4 个区域（北欧、南欧、中欧以及东欧）以及 17 个地区，值得注意的是，从中世纪后期开始，地区之间城市化率的不均等程度就已经下降了（见表 10.8）。

① 对以下方程进行回归：$\ln u=\alpha+\beta_1\ln y+\beta_2\ln U_{t1}+\varepsilon$，此处 u、y、U_{t1} 分别为城市化率的年增长率、1800 年至 1870 年的人均产出以及城市化率。并且我们对初始年份（1800 年）的城市化率感兴趣。意大利的数据是使用人均 GDP 进行估计得到的（Malanima，2006b），其他国家的数据来自 Maddison（1820—1870）。回归结果为 $\ln u=1.28+0.84\ln y-0.81\ln U_{t1}$，$R^2$ 为 0.8，$\ln y$ 和 $\ln U_{t1}$ 的 P 值分别为 0.000 028 和 0.027。

表 10.8　1300 年至 1870 年欧洲城市化率的不均等程度（居民人数在 5 000 以上的城市）

	17 个地区	4 个区域
1300	0.95	0.77
1400	0.90	0.56
1500	0.86	0.66
1600	0.80	0.57
1700	0.71	0.42
1750	0.68	0.45
1800	0.69	0.53
1870	0.67	0.48

资料来源：关于计算城市化率的不均等程度的方法，参见附录。

在中世纪后期，欧洲—地中海世界的南部地区相当发达。此时的南部地区拥有发达的文明以及繁华的城市，而欧洲的北部地区则较为落后，城市也十分少。到 1300 年情况仍是这样。在阿尔卑斯山脉和比利牛斯山脉之外的地区，城市十分罕见，并且即使存在城市，其规模也十分有限。欧洲大陆内部的城市化率的差异十分显著，城市在地理分布上的不均等也意味着经济发展水平的不均等。在现代化早期阶段，城市化率开始出现趋同，原有的明显的差距逐渐缩小以至消失。本章针对传统农业经济的最后一个阶段以及新经济的开始阶段的城市化发展进行了阐述。

大约在 1700 年，欧洲北部地区的城市化率已经超过了南部。19 世纪，欧洲北部以及中欧地区的城市化取得了更大的进步。结果是，相比五个世纪之前，地区之间城市化率的差异大大缩小了。

结论

我们可以简洁地将 18 世纪以及 19 世纪欧洲的城市化发展进程归纳如下：从稳态到增长，从不均等到趋同。在 1800 年，欧洲城市的地理分布及其发展水平仍然十分近似于中世纪后期，在现代化早期阶段，主要的变化体现在英格兰和苏格兰的兴起，以及佛兰德斯的发展和荷兰的发展。也正是由于这一原因，北欧与南欧之间的不均等程度逐渐下降。

相反，到 1870 年，城市的发展水平及其地理分布都呈现出显著的不同。西北欧国家对地中海地区显而易见的主导地位以及城市化率的快速上升这两个方面是与过去的重要差别所在。在现代经济增长的第一个阶段，城市化率的上升是在欧洲经济转型这一背景之下发生的。因为现代经济增长主要发生在城市中，并且基于将有用的知识应用于经济活动这一条件，而自古以来有用知识都是在城市中心地区获得发展的，我们从而就可以推断出结构变化以及城市发展是否是不断前行的经济变革的结果，又或者城市文明是否可以被视为现代经济增长的决定性因素。此研究与其他很多研究一样，对这一因果关系的方向的判定也并不是简单且明确的。

附录

在此附录中所展示的对城市化的研究结果都是最新完成的。这些研究结果依据的是修正过的城市居民相关数据和欧洲每个国家的人口数据（见表 10.9），同时它们也包含了欧洲的所有国家（在当今欧洲大陆边界以内的国家）。城市人口数据所依据的原始资料来源于 Bairoch、Batou 和 Chevre（1988）以及 de Vries（1984）。随后最近有关城市化的文献及著作对新的数据库进行了检验。建立一个新的关于 1700—1870 年城市化率的数据库的必要性主要源于这样一个事实：原有的数据库都并未包括所有欧洲国家的数据并且也没有包括 19 世纪的数据。

1 欧洲的人口

表 10.9 欧洲每个国家或地区的人口以及每平方公里的人口分布情况

		平方公里	1700	1750	1800	1870
			千人			
1	斯堪的纳维亚国家	1 198	2 900	3 600	5 250	9 540
2	英格兰（威尔士）	151	5 450	6 300	9 250	23 000
3	苏格兰	79	1 200	1 260	1 630	3 420
4	爱尔兰	84	1 900	3 120	5 200	5 800
5	荷兰	33	1 950	1 950	2 100	3 650
6	比利时	30	1 900	2 300	2 900	4 900
7	法国	544	21 500	24 600	29 000	38 000
8	意大利	301	13 500	15 500	18 100	28 000
9	西班牙	505	7 400	9 300	10 500	16 200
10	葡萄牙	92	2 000	2 600	2 900	4 300
11	瑞士	41	1 200	1 300	1 700	2 700
12	奥地利（匈牙利）	626	15 500	18 300	24 300	35 700
13	德国	543	14 100	17 500	24 500	41 000
14	波兰	240	2 800	3 700	4 300	7 400
15	巴尔干半岛国家	516	8 550	9 900	1 200	23 700

续前表

		平方公里	1700	1750	1800	1870
			千人			
16	俄国（欧洲部分）	5 400	20 000	22 000	35 000	63 000
	欧洲	10 383	121 850	143 230	188 630	310 316
	欧洲（除俄国外）	4 983	101 850	121 230	153 630	247 316

注：上表中的数据为1700—1870年各国政治边界内的欧洲人口情况。各国或地区每平方公里的人口分布情况为表中第一栏数字。波兰记录的为15世纪划定的边界内的人口情况。斯堪的纳维亚国家包括芬兰、瑞典、挪威和丹麦。奥地利包括匈牙利、波希米亚、克罗地亚、斯拉沃尼亚和特兰西瓦尼亚。巴尔干半岛国家包括希腊、塞尔维亚、黑山、波黑、罗马尼亚、保加利亚、克里特岛和土耳其地处欧洲的部分。冰岛、马耳他和一些小岛不包含在上表中。

资料来源：在以下列出的文献中，只有Urianis提供的数据覆盖了我们所研究的全部时期以及全部国家。Reinhard、Armengaud和Dipaquier（1968）（几个国家的数据）；Urianis（1941，p. 414）；Willson和Park（1977）（一些国家在现代初期的数据）；de Vries（1984，pp. 36-37）（西欧）；Wrigley和Schofield（1989）（英格兰，1700—1870年）；Beloch（1937—1961）（意大利，1700—1800年）；Bardet和Dupaquier（1997）（几个国家的数据）；de Vries和van der Woude（1997）（荷兰）；Valerio（2001）（葡萄牙）；McEvedy和Jones（1978）（一些国家）；Glass和Grebenik（1965）（一些国家）；Woods（1989）（现代初期英国的数据）；Carreras和Tafunell（2005）（西班牙）；Palairet（1997）（巴尔干半岛国家）。

2 对欧洲城市化率的不同评估（1700—1870年）

观察表10.10和图10.7可知，总的来看，三个结果的差异还是相对较小的（至少从我们在本章中研究的年代来看是如此，不过从中世纪后期的角度来看并非如此）。差异更为显著的是按照地区划分的人口与城市化率数据。此外，这三个结果的覆盖面也不相同。在最新的结果中，整个欧洲大陆的情况都在研究范围之列，Bairoch的结果是将欧洲作为一个整体，但并没有考虑在欧洲大陆上的土耳其的部分地区的情况，且Bairoch、Batou和Chevre（1988）也没有详细研究欧洲19世纪的数据。欧洲19世纪的城市化率数据是由Bairoch（1988）提供的。De Vries（1984）提供了1500—1800年有关西欧（包括波兰）的情况的数据库。关于1800年之后城市居民的数据并不在此数据库之中，虽然与其有关的简要结果在本书中也有列出。

表10.10　对1700—1850年（或1870年）欧洲的城市化水平的三个估计结果（居民人数超过5 000的城市以及居民人数超过10 000的城市）

	Bairoch（>5 000）	指数	Bairoch（>10 000）	指数
1700	11.4	1.00	7.8	1.00
1750	12.0	1.05	8.1	1.04
1800	11.9	1.04	8.1	1.04

续前表

	Bairoch（>5 000）	指数	Bairoch（>10 000）	指数
1850	18.9	1.66		
	De Vries（>5 000）	指数	De Vries（>10 000）	指数
1700	11.9	1.00	9.2	1.00
1750	12.4	1.04	9.5	1.03
1800	13.0	1.04	10.0	1.09
1850		16.7	1.81	
	New（>5 000）	指数	New（>10 000）	指数
1700	11.4	1.00	8.2	1.00
1750	11.7	1.03	8.2	0.97
1800	12.4	1.09	9.0	1.10
1870	19.7	1.7	15.2	1.85

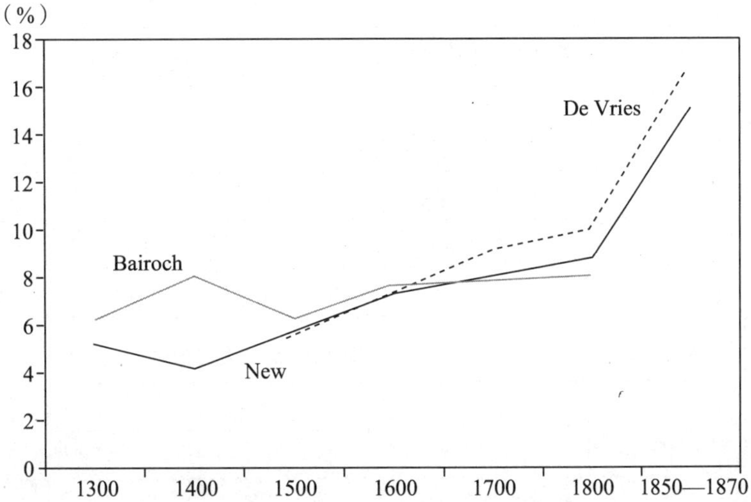

图 10.7　关于 1300—1870 年城市化率的三个观点（居民人数超过 10 000）

3　城市数量、城市居民人数以及城市化率（人口数量大于 10 000 及以上）

表 10.11、表 10.12、表 10.13 都依据原始数据编制，1870 年的数据主要取自 Predari（1871）编著的地理词典，同时包括从当代一些数据来源得到的信息。以下文献被用来检查及改进研究结果：Marmocchi（1854—1862）、Metzger（1888）、Muzzi（1854）、Vivien de Saint-Martin（1879—1895）。

表 10.11　　城市数量（人口超过 10 000）

		1700	1750	1800	1870
1	斯堪的纳维亚国家	3	3	7	21
2	英格兰（威尔士）	11	22	57	147
3	苏格兰	3	7	14	23
4	爱尔兰	3	3	8	15
5	荷兰	20	18	19	29
6	比利时	13	14	20	45
7	法国	62	63	88	161
8a	意大利 CN	34	40	51	66
8b	意大利 SI	32	49	75	136
9	西班牙	25	20	60	107
10	葡萄牙	2	4	3	14
11	瑞士	3	4	4	11
12	奥地利（匈牙利）	10	18	31	98
13	德国	34	38	64	222
14	波兰	4	5	5	18
15	巴尔干半岛国家	20	24	43	65
16	俄国（欧洲部分）	8	19	36	121
	欧洲	287	361	585	1 299

表 10.12　　城市居民数量（人口超过 10 000）

		1700	1750	1800	1870
		千人			
1	斯堪的纳维亚国家	125	167	251	727
2	英格兰（威尔士）	718	1 031	2 065	9 891
3	苏格兰	64	145	390	1 242
4	爱尔兰	96	159	382	822
5	荷兰	634	577	600	1 061
6	比利时	404	363	482	1 225
7	法国	1 877	2 136	2 592	6 881
8a	意大利 CN	1 043	1 264	1 447	2 131
8b	意大利 SI	873	1 203	1 658	2 893
9	西班牙	714	846	1 542	2 649

续前表

		1700	1750	1800	1870
		千人			
10	葡萄牙	190	196	225	470
11	瑞士	39	60	63	222
12	奥地利（匈牙利）	263	473	770	2 753
13	德国	767	992	1 489	6 965
14	波兰	106	124	176	580
15	巴尔干半岛国家	1 195	1 214	1 536	2 519
16	俄国（欧洲部分）	267	542	1 268	4 228
	欧洲	9 375	11 492	16 936	47 259

表 10.13　　城市化率（人口超过 10 000）

		1700	1750	1800	1870
		千人			
1	斯堪的纳维亚国家	4.3	4.6	4.8	9.1
2	英格兰（威尔士）	13.2	16.4	22.3	43.0
3	苏格兰	5.3	11.5	23.9	36.3
4	爱尔兰	5.1	5.1	7.3	14.2
5	荷兰	32.5	29.6	28.6	29.1
6	比利时	20.3	15.8	16.6	25.0
7	法国	8.7	8.7	8.9	18.1
8a	意大利 CN	13.0	13.6	14.2	13.4
8b	意大利 SI	16.1	19.4	21.0	26.4
9	西班牙	9.6	9.1	14.7	16.4
10	葡萄牙	9.5	7.5	7.8	10.9
11	瑞士	3.3	4.6	3.7	8.2
12	奥地利（匈牙利）	1.7	2.6	3.2	7.7
13	德国	5.4	5.7	6.1	17.0
14	波兰	3.8	3.4	4.1	7.8
15	巴尔干半岛国家	14.0	12.3	12.8	10.6
16	俄国（欧洲部分）	2.1	2.5	3.6	6.7
	欧洲	8.2	8.0	9.0	15.2
	欧洲（除英格兰外）	7.9	7.6	8.3	13.0

4 城市的数量、城市的居民人数以及城市化率（人口数量超过 5 000）

为了在欧洲人口超过 10 000 的城市的直接数据的基础上计算人口数量超过 5 000 的欧洲城市的城市化率，我们先从以下这个等式开始计算：

$$S_r=\frac{S_1}{r^u}$$

将等式转换成以下形式进行估计：

$$S_r=S_1r^{-u}$$

其中，u 代表曲线斜率。常数项 S_1 和系数 u 都可以通过以下回归方程计算：

$$\log S_r=\log S_1-u\log r$$

此回归方程被用来计算居民人数超过 5 000 的城市的人口。为了计算出 1700 年、1750 年、1800 年和 1870 年的数据，S_1 使用了直接数据（见表 10.14、表 10.15、表 10.16），并且用居民人数超过10 000的城市的直接数据计算出了每个国家的 u 值。接着，根据回归方程的结果，使用计算出的居民人数超过10 000及5 000的城市的人口数量就可以得出研究结果。对于所有的回归来说，R^2 均大于 0.90，并且在 1%的显著性水平下回归结果都是显著的。当对英格兰的数据进行回归时，伦敦由于情况特殊不在计算范围之内。如果我们计算时包括了伦敦的数据，则回归系数（斜率）会过高，并且会导致人口数量为5 000～10 000的城市的人口数量过少。只有葡萄牙使用了居民人数为5 000～10 000的城市的直接数据，因为葡萄牙的城市数量本身较少，且回归得出的结果并不可靠。

表 10.14　　城市数量（人口超过 5 000）

		1700	1750	1800	1870
1	斯堪的纳维亚国家	7	8	12	44
2	英格兰（威尔士）	26	84	174	374
3	苏格兰	5	15	45	43
4	爱尔兰	7	8	17	28
5	荷兰	57	48	49	74
6	比利时	35	49	55	103
7	法国	185	205	251	371
8a	意大利 CN	84	93	102	138
8b	意大利 SI	130	184	238	378
9	西班牙	74	99	140	287
10	葡萄牙	5	22	28	35

续前表

		1700	1750	1800	1870
11	瑞士	21	19	11	41
12	奥地利（匈牙利）	17	37	63	270
13	德国	123	173	205	637
14	波兰	29	29	25	39
15	巴尔干半岛国家	40	51	96	195
16	俄国（欧洲部分）	17	46	89	362
	欧洲	862	1 170	1 600	3 419

表 10.15　　城市居民数量（人口超过 5 000）

		1700	1750	1800	1870
		千人			
1	斯堪的纳维亚国家	150	204	266	872
2	英格兰（威尔士）	793	1 407	2 767	11 407
3	苏格兰	76	193	597	1 370
4	爱尔兰	121	212	444	904
5	荷兰	884	771	791	1 357
6	比利时	551	596	702	1 576
7	法国	2 653	3 067	3 613	8 190
8a	意大利 CN	1 363	1 576	1 788	2 590
8b	意大利 SI	1 520	2 138	2 756	4 489
9	西班牙	1 034	1 302	2 025	3 995
10	葡萄牙	221	324	416	620
11	瑞士	147	152	105	413
12	奥地利（匈牙利）	303	586	950	3 803
13	德国	1 333	1 894	2 369	9 596
14	波兰	288	292	330	711
15	巴尔干半岛国家	1 324	1 388	1 834	3 366
16	俄国（欧洲部分）	325	712	1 607	5 799
	欧洲	13 087	16 813	23 362	61 058

表 10.16　　城市化率（人口超过 5 000）

		1700	1750	1800	1870
		%			
1	斯堪的纳维亚国家	5.2	5.7	5.1	9.1

续前表

		1700	1750	1800	1870
		%			
2	英格兰（威尔士）	14.6	22.3	29.9	49.6
3	苏格兰	6.3	15.3	36.6	40.1
4	爱尔兰	6.4	6.8	8.5	15.6
5	荷兰	45.3	39.5	37.7	37.2
6	比利时	29.0	25.9	24.2	32.2
7	法国	12.3	12.5	12.5	21.6
8a	意大利 CN	13.0	13.6	14.2	13.4
8b	意大利 SI	16.1	19.4	21.0	26.4
9	西班牙	14.0	14.0	19.3	24.7
10	葡萄牙	11.1	12.5	14.3	14.4
11	瑞士	12.3	11.7	6.2	15.3
12	奥地利（匈牙利）	2.0	3.2	3.9	10.7
13	德国	9.5	10.5	9.7	23.4
14	波兰	10.3	7.9	7.7	9.6
15	巴尔干半岛国家	15.5	14.0	15.3	14.2
16	俄国（欧洲部分）	2.5	3.2	4.6	9.2
	欧洲	11.4	11.7	12.4	19.7
	欧洲（除英格兰外）	11.2	11.3	11.5	17.3

5　城市化的不均等

城市化率之间的差异通过以下方程计算：

$$D=\sqrt{\sum_{i=1}^{n}\left(\frac{U_i}{U_a}-1\right)^2\cdot\frac{p_i}{p_w}}$$

其中：

D 指城市化水平的差异；

U_i 指某特定地区或区域的城市化水平；

U_a 指欧洲的平均城市化水平；

p_i 指此特定地区或区域的人口数量；

p_w 指欧洲总人口数量。

第 11 章 亚洲镜像中的欧洲：大分流

比什纳普利亚·古普塔（Bishnupriya Gupta）
马德斌（Debin Ma）

欧洲是亚洲的半岛。

——费尔南·布罗代尔（Fernand Braudel）

为什么可持续的工业化进程以及现代化经济增长首先发轫于西欧而不是世界的其他地区？很多学者为了解释这一历史性难题写就了大量关于“欧洲例外论”的文献。该理论认为，远早于其近代经济大发展，欧洲（特别是西北欧）就已经具备出众的（并且在某些情况下是其所特有的）经济条件和社会制度。这一广为流行且常常富有争议的观点近来受到 Ken Pomeranz、王国斌（Bin Wong）以及 Prasannan Parthasarathi 等专注于亚洲研究的历史学者和专家的质疑。他们的研究表明，在 18 世纪，中国和印度的某些发达地区的生活水平与西北欧国家持平。持修正主义观点的学者们同样提出了多种假设来重新诠释“西方的崛起与世界其他地区的衰落”这一史实，他们通常就要素、资源禀赋、西方殖民的影响以及（最为重要的）历史的路径依赖展开论述。

本章对关于印中两国与西欧国家的经济表现的历史比较的假说和证据进行了广泛且有选择性的调查。我们首先回顾近来对于欧亚大陆各国实际工资的比较研究。这些研究显示，按照实际工资衡量，中国、日本、印度三国的发达地区的生活水平更为接近欧洲经济发展滞后的地区，即南欧和中欧，而非西北欧，这符合修正主义的观点。我们随后则对当前诸如人体测量指标、识字率、消费模式以及城市化一类的补充证据进行了比较调查。

为了阐明工业革命之前的欧亚大陆各国的生活水平及发展水平的差异，本章初步研究了商品和要素市场所依赖的近代早期的经济、政治、社会制度和组织形式，回顾了新近出现的针对粮食市场整合效率的比较研究以及欧洲和亚洲商业组织和贸易网络呈现出的不同形式。本章最后对西方帝国主义对印度和中国产生的不同影响进行了对比，由于近代日本在西方主导下成功实现了向现代经济增长的转型，我们也把西方帝国主义对印中两国产生的影响同其对近代日本产生的影响进行了比较。

不可否认，进行如此大规模的比较研究有好高骛远之嫌，况且我们的概括也过于宽泛，但是正如 Braudel 所言，印中两国自身庞大的规模通常意味着两国国内的差异或两国之间的差异也许和它们与欧洲之间的差异一样大。

因此，我们以下的调查研究是颇具选择性的，有时是具有争议的甚至是基于推测得出的。

欧亚大陆的生活水平

白银工资以及粮食工资

Broadberry 和 Gupta（2006）对基于工资信息的生活水平之间的系统性比较研究进行了总结，他们通过各种渠道将印度不同地区的白银工资水平合并。这些数据包括 1595 年至 1874 年间多个时间点上工匠、莫卧儿王朝雇员以及欧洲公司雇员的收入。为了方便同欧洲比较，研究人员对数据进行了分组，同时也按地区对这些数据进行了分类。表 11.1 列出了非熟练工人以及熟练工人的日工资水平，并且给出了工资的含银量和工资实际可购买到的粮食数量。A 部分的数据分别以阿格拉和苏拉特作为印度北部和西部的代表，并利用 Habib（1982）和 Chaudhuri（1978）提供的信息，将以卢比衡量的工资换算为白银的克数。B 部分使用印度南部不同地区的工资数据，得出了该地区的趋势，即白银工资增加，熟练工人的工资约为非熟练工人的两倍。

表 11.2 将印度的工资水平与英国的工资水平进行了对比。在 16 世纪末期，印度非熟练工人的白银工资仅比英国同行的 1/5 稍多一点，在 18 世纪，其工资下降至仅比英国同行的 1/7 略多一点。表 11.3 列出了中国的工资水平，其同英国工资水平的比较和印度与英国之间的比较呈现出相同的基本模式。到明朝晚期，中国的白银工资水平已经远低于英国。

首先，我们利用粮食价格将货币工资换算为粮食工资。在进行这一换算时，我们谨慎地使用了粮食的平均价格而避免使用高于或低于这一水平的价格。粮食价格在不同年份以及不同地区通常会出现很大的变化。使用饥荒时期的粮食价格会使粮食工资变得非常低，而使用较低的价格又会导致相反的偏差。

表 11.1　　　　1595 年至 1874 年间印度的白银工资和粮食工资

A. 印度北部和西部

	白银工资		小麦工资		稻米工资	
	非熟练工人	熟练工人	非熟练工人	熟练工人	非熟练工人	熟练工人
	日工资（克）		日工资（千克）		日工资（千克）	
1596	0.67	1.62	5.2	12.6	3.1	7.5
1616	0.86		3.0		2.4	
1623	2.08	2.37	3.8	8.3	2.9	6.5
1640	1.29		4.5		3.5	
1690	1.40		4.3			
1874	1.79	5.27	2.5	7.5		

B. 印度南部

	白银工资		稻米工资	
	非熟练工人	熟练工人	非熟练工人	熟练工人
	日工资（克）		日工资（千克）	
1610—1613	1.15		5.7	
1600—1650	1.15		3.2	
1680	1.44	2.44	3.9	6.9
1741—1750	1.49		2.1	
1750	(3.02)	(7.56)	(4.2)	(10.5)
1779	0.86		1.1	
1790	1.44		1.8	

注：按稻米千克数计量的工资已调整为与小麦千克数等价的水平，后同。

表 11.1 表明，相对白银工资上涨这一趋势，印度北部和西部的粮食工资呈下降趋势，因为货币工资的上涨速度不及粮食价格的上涨速度，这一趋势在 17 世纪早期尤为显著。Brennig（1986）认为，每个六口之家为维持生存每天最低需消耗 3.1 千克大米。我们继而使用 Parthasarathi（1998）的小麦/水稻的热量换算比率，得出六口之家为维持生存每天最低需消耗 4.7 千克小麦。根据以上数据可知，熟练工人的粮食工资总是处在维持生存的最低消费水平之上，但是，在 17 世纪的早期，非熟练工人的粮食工资已经下降到最低消耗水平之下了。

通过表 11.2，我们可以直接对印度和英国的非熟练工人的粮食工资水平进行比较。在 17 世纪之前，印度非熟练工人的粮食工资保持在较高的水平，比英国同行的工资的80%略高，但是到了18世纪晚期，印度非熟练工人的粮食工资水平下降到英国同行的工资的1/3左右。尽管表11.3相较而言并不详细，但是其同样表明中国有相似的趋势，在明朝中期之后，中国的粮食工资水平远远落后于其他国家。

表11.2　　1550年至1849年印度与英国非熟练工人日工资水平的比较

A. 白银工资

时间	英格兰南部	印度	印度工资占英国工资的比例（%）
	日工资（白银克数）		
1550—1599	3.4	0.7	21
1600—1649	4.1	1.1	27
1650—1699	5.6	1.4	25
1700—1749	7.0	1.5	21
1750—1799	8.3	1.2	14
1800—1849	14.6	1.8	12

B. 粮食工资

时间	英格兰	印度		印度工资占英格兰工资的比例（%）
	日工资（小麦千克数）	日工资（小麦千克数）	日工资（稻米千克数）	
1550—1599	6.3	5.2		83
1600—1649	4.0	3.8		95
1650—1699	5.4	4.3		80
1700—1749	8.0		3.2	40
1750—1799	7.0		3.2	40
1800—1849	8.6	2.5		

白银工资数据清楚地显示，早在16世纪，大分流就已经出现了。Broadberry和Gupta（2006）证明了，与当今工业化国家的情况类似，彼时高货币工资水平同样反映了较高的经济发展水平。尽管一直到17世纪末期，亚洲的粮食工资仍然很接近英国的水平，但是在18世纪期间，两地的数据却呈现出巨大的差异。这一差异部分是英国粮食工资的上涨所导致的，但是同样也部分是由印度粮食工资的下降所导致的。就白银工资和粮食工资而言，自16世纪以来，印度和中国更像欧洲的落后地区，而不像欧洲最为发达的地区，因为高粮食工资水平反映出粮食产出上的丰裕，而低白银工资水平则反映出整体发展的低水平。

表 11.3　　1550 年至 1849 年英国与中国非熟练工人日工资水平的比较

A. 白银工资

时间	英格兰南部	长江三角洲	中国工资占英国工资的比例（%）
	日工资（白银克数）		
1550—1649	3.8	1.5	39
1750—1849	11.5	1.7	15

B. 粮食工资

时间	英格兰	长江三角洲		中国工资占英国工资的比例（%）
	小麦	日工资(小麦千克数)	日工资(稻米千克数)	
1550—1649	5.2	3.0	4.5	87
1750—1849	7.8	2.0	3.0	38

粮食工资与农业劳动生产率

对于粮食工资较高的一种解释是粮食的价格较低。Parthasarathi（2001，pp. 43-53）称印度南部地区农业的高生产率并非源自地理因素和水稻的高产量，而是受益于 17—18 世纪的高水平的投资。然而 Parthasarathi 对于印度南部农业投资是如何发展起来的以及这一投资如何同时导致了高水平经济发展和低白银工资的解释存在诸多逻辑矛盾。农业上的投资是统治者之间为吸引并留住流动劳动力而展开竞争的结果。让人困惑的是，为什么对劳动力的争夺并没有导致出现更高的白银工资。在这一解释中，对土地的投资造成了高粮食产出及低粮食价格，而不是导致了劳动力从农业部门向其他部门的流动。尽管 Desai（1972）认为，1595 年的农业劳动生产率是 1961 年的两倍，但 Moosvi（1973）还是按比例缩小了数据，其结果是，粮食作物的生产率下降到原先的 29%，而农业经济体的生产率下降为原先的 45%。

Habib（1969）在其关于莫卧儿王朝时期印度资本主义发展潜力的著作中认为，尽管相比包括西欧国家在内的其他国家，印度的土地生产率并不逊色，但是考虑到高税收，其农业生产盈余实际上很少。而且，根据外国旅行者的描述，印度的农业生产技术十分原始。Pelsaert 的阐述准确地捕捉到了劳动生产率在这一经济中所具有的潜在含义："在荷兰仅需要一个人就可以干的活，在印度需要经四人之手才能最终完成。"因此，印度的农业工资水平低，劳动力投入密集度高，但是也拥有相对较高的土地生产率（Habib，1969，p. 60）。

我们发现，印度农业具有较高的劳动生产率这一观点不仅在现代经济增长及结构转变的理论框架层面违反直觉，而且与其他的历史证据也存在冲突。对于西北欧的发展中国家来说，农业投资的确拉高了农业劳动生产率，然而，这一更高的农业劳动生产率并未造成高粮食产出和低粮食价格，这是因为农业劳动力离开农业部门进入了工业以及服务业部门。生活水平的提高源于对更为廉价的工业产品的消费增加以及食品消费的相对固定。类似的逻辑同样可应用于针对中国以及东亚的农业的分析。在水稻耕作方面，通过采用传统技术，这些地方可能已经达到了世界上最高的土地生产率水平。然而，尽管土地生产率高，但相比高度商业化的英国和荷兰的农业，这些地区的劳动生产率却相对较低。

非熟练工人的实际工资

由于缺乏更为全面的关于消费篮子的信息，我们只得使用粮食工资数据，但这一做法过于简化，会引起诸多的偏差。同时期的历史记录表明，印度人的饮食通常包括稻米、小米、豆类，沿海地区居民还食用鱼类，小麦并不常见。印度的住房条件被认为是十分差的。同时期的作者还对印度人原始的穿着多有评论（Moreland，1923，pp. 270-278）。当对跨时期的生活水平进行比较时，同样需要考虑相对价格的变化。Moosvi（1973）认为，在 1595 年与 1874 年，尽管谷物的购买力是相同的，且莫卧儿王朝时期牛奶、黄油以及肉类等食品更为便宜，但这一时期的糖却更贵。Desai（1972）发现，相比 1874 年，在 1595 年工业制品的价格更高，且布和金属制品的平均消费量较小。当然，在进行跨国比较时，如何处理气候因素以及文化偏好上的差别是一个尤为艰巨的问题。

近来有一系列的研究（Bassino and Ma，2005；Allen et al.，2010）基于更为系统的价格数据以及消费篮子信息尝试对亚洲和欧洲非熟练工人的实际工资的购买力进行更为严格的比较。与粮食工资不同，这些比较研究立足于相当全面的消费篮子信息，囊括了代表性的商品和服务，不再局限于主要粮食作物，而是包含了诸如肉类、蔬菜、衣着以及燃料这样的消费项目。这些数据同样仅局限于主要城市中心的非熟练工人。Allen 等（2010）详细地讨论了工资和价格数据及方法论上存在的一些问题。

表 11.4 呈现了为在中国与欧洲之间进行比较而构建的消费篮子样本。下一步则是编制欧亚大陆的主要城镇中心的非熟练工人的名义工资数据。Allen 等（2010）的研究集中讨论了 18—20 世纪中国的三个主要地区——北京、苏州/上

表 11.4　　1750 年的消费篮子成本比较

	基础消费篮子		包含丰富商品的消费篮子		伦敦物价	北京物价
	欧洲	中国北部	欧洲	中国北部	白银（克）	
燕麦/高粱(千克)	155	179			0.76	0.48
面包（千克）			182	182	1.28	0.95
大豆（千克）			40	40	0.5	0.84
肉/鱼（千克）	5	3	26	31	3.19	2.04
奶酪（千克）			5.2		2.07	
蛋（个）			52	52	0.37	0.074

续前表

	基础消费篮子		包含丰富商品的消费篮子		伦敦物价	北京物价
	欧洲	中国北部	欧洲	中国北部	白银克数	
黄油（千克）	3		5.2		6.45	
油/食用油(千克)		3		5.2		4
啤酒/米酒（升）			182	49	0.39	1.98
肥皂（千克）	1.3	1.3	2.6	2.6	6.36	1.65
亚麻/棉（米）	3	3	5	5	4.87	6.14
蜡烛（千克）	1.3	1.3	2.6	2.6	5.4	3.3
灯油（千克）	1.3	1.3	2.6	2.6	2.8	3.3
燃料（M BTU）	3	3	5	5	5.59	11.2
消费篮子成本总计（白银克数）	213	182.6	558.6	499.3		
欧洲/北京					几何平均数	
	基础消费篮子		包含丰富商品的消费篮子			
	1.17		1.12		1.14	

海（长江下游地区）以及广州，并与欧洲主要城市进行了比较。他们研究了大量的名义工资样本并且选择了一个平均数据，这一数据最有可能反映出中国主要城市中非熟练工人名义工资的上游水平。根据消费篮子成本调低后的名义工资如图 11.1 和图 11.2 所示。

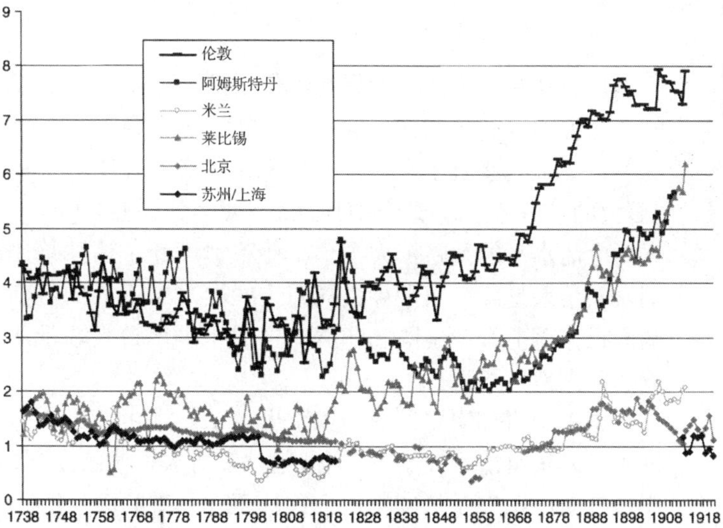

图 11.1　欧洲与中国的实际工资

资料来源：Allen 等（2010）。

这一数据概括性地证实了粮食工资比较的结果。我们总结如下。首先，长江三角洲被认为是中国所有省份中经济最为发达的地区，但是该地区的实际工资却并不显著地高于北京或广州。从整体上来看，中国的城市与意大利的城市并列垫底，意大利城市的生活水平在欧洲范围内最低。中国的实际工资远远落后于伦敦或阿姆斯特丹（以购买力衡量），中国的收入水平仅为后两者的30%～40%。其次，尽管在18世纪的多数时间内，中国和日本主要城市的非熟练工人非常贫困，但其生活水平与中欧和南欧的非熟练工人基本持平。

如图11.2所示，在18世纪，日本和印度的生活水平十分类似于中国主要的城市中心的生活水平，并且这一生活水平接近于大部分未进行工业化的地区的非熟练工人维持生存所需的最低消费水平。

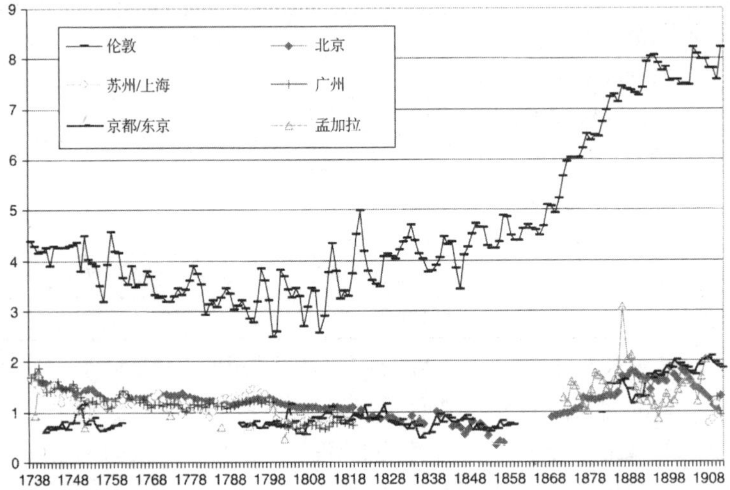

图11.2　欧洲与亚洲的实际工资

资料来源：Allen等（2010）。

这对那些认为西方世界在近代早期就已经完全超越世界其他地区的大量鼓吹“西方的崛起”的文献的有效性提出了质疑。

最后，这些对于实际工资的研究证实了在工业革命的起步阶段存在又一次“更大的”分流。19世纪中期之后，西北欧的城市与中国的城市之间非熟练工人的生活水平的差距扩大了。工业革命席卷了诸如德国这样的之前落后的欧洲国家，结果是第一次世界大战前这些国家的工人的生活水平相较于北京和上海的同行显著上升。中国和印度的生活水平维持在较低水平，与未受工业革命影响的欧洲地区相近。

未来的研究需要进一步识别出生活水平上第一次分流出现的时间点。对印度来说，很可能早在16—17世纪，生活水平就已经开始下降了。未来的研究也应该针对中国以及印度构建远远长于现有时间序列的实际工资数据。

身高与人力资本

对诸如身高——欧洲经济史研究中常用的工具——这类人体测量数据的运用至今仍处于极为初始的阶段，但是这些数据在对别的地区的生活水平的长期变化的量化研究方面已经作出了开拓性的贡献，前景光明。由于传统中国缺乏准确的身高测量数据，近年来 Morgen（2006）及 Baten 和 Hira（2008）的研究收集了移民到澳大利亚以及东南亚地区的中国人的身高数据。这些研究使得我们得以重构 19 世纪中国移民的身高的时间序列数据，在这一时期，我们极度缺乏其他方面的系统的量化指标。他们初步的研究成果证实，在 19 世纪期间，尽管包含着一些短期波动，但绝大多数中国南部地区居民的身高并无增长。他们也指出，在受到太平天国运动带来的巨大破坏之后的 19 世纪中叶，平均身高甚至出现了下降。Margen（2004）针对铁路工人的身高进行的另一项研究表明，在 1900 年至 1930 年期间，身高出现了略微上升的趋势（每十年增加 0.07 厘米），但是地区之间差异很大。

Baten（2006）对关于印度人身高的研究进行了概括整理，似乎在 19 世纪中叶之后才有相关的研究，且数据变化很不明显。Guntupalli 和 Baten（2006）提供了 1915 年至 1944 年间更为详尽的印度人身高的数据，这些数据并未呈现明确的上升趋势，并且地区间同样存在巨大的差异。这些研究明确地证实了实际工资研究中反映出来的发生于工业革命初始阶段的第二次大分流的存在，导致中印两国的生活水平与快速工业化的西欧国家的生活水平之间的差距拉大。

人体测量研究中一个极为激动人心且前景光明的领域是对识字率和识数率的测算。Joerg Baten 及其同事使用惠普尔指数（Whipple Index）进行了此项研究，这本质上是一种对年龄积算（age heaping）的测算。他们的研究表明，在世界范围内，年龄积算的发生率与识字率和识数率指标之间存在强烈的负相关关系。通过研究中国 17—18 世纪的档案记载和 20 世纪 50 年代的人口普查数据，他们揭示了极低的年龄积算比率会导致相应较高的识字率。在 17 世纪末期以及 18 世纪初期的数据中，中国的年龄积算处于较低水平，但是绝大多数欧洲国家一直到 18 世纪后期才达到中国的这一水平。就 19 世纪的日本来说，利用年龄积算进行测算的结果也证实其识字率较高（Baten et al.，2010）。Crayen 和 Baten（2008）对识数率的全球化趋势的初步测算结果表明，从 19 世纪早期开始，东亚国家与绝大多数西欧的工业化国家具有同样高的识数率。与此同时，年龄积算在南亚地区相当普遍，这就意味着印度的平均识数率较低（Crayen and Baten，2008）。

将这些初步的估计与中国识字率的传统历史记录进行对比很有意思。Evelyn Rawski 的开创性研究分别对 18 世纪中国男性和女性的识字率进行了估计，其结果较为乐观：中国男性和女性的识字率分别为 30%～45%以及 2%～10%。这些估计结果与针对日本的估计结果十分接近（如 R. P. Dore 和 Akira Hayami 的估计结果）。此外，针对日本的估计也表明，43%的日本男性以及 19%的日本女性都接受了一定程度的学校教育。这也被认为是近代早期阶段世界上最高的识字率之一。Rawski 的乐观估计以及 Li Bozhong 最近的研究（2003）都表明，除了以科举考试为导向的教育之外，在传统中国，特别是长江下游地区，大众教育有所普及。他们将这归因于活版印刷和图书出租服务的兴起，并且通过文献证明了算盘和藏书在商人和家庭中都得到了推广。Baten 等（2010）调查了更为可靠的证据，其结果表明，在20世纪30年代的中国，40%的人接受了一定程度的学校教育，识字率则为30%。这似乎进一步证实了针对中国18世纪的研究结果，不过其前提假设是18世纪至20世纪中国的识字率并没有出现增长。

印度的历史记录显示，在17世纪末期之前该国的识字率极低。读写能力局限于高种姓人群，并且几乎完全局限于男性，还多数局限于特定的职业。正如Roy（2006）所述，印度19世纪30年代的数据表明："教学在僧侣、地主以及商人阶层较为普遍，但劳动阶层和女性基本对此一无所知。"Roy（2008）引用的一项估计认为，在1835年至1838年的孟加拉，男性的识字率为11%，而女性的识字率为1%，这与1901年的估计差别不大，但比中国识字率的估计结果要低。在近代早期，中国乃至东亚似乎拥有一种独特的模式，即相对较高的人力资本与低人均收入相结合。这一发现所具有的潜在含义仍然有待探索，这也许是此后日本以及之后整个东亚地区实现迅速赶超的战略性因素之一。然而，这有待我们通过更系统的研究来对各国进行估计和比较。

超越生活水平：城市化

除了生活水平上的不同外，到近代早期，中印两国之间以及它们与西北欧之间在经济结构上也已经出现了重大的差别。在西北欧（特别是英国）农业所占比重很早就开始下降，而在印度和中国农业仍然占据压倒性地位。

城市化是衡量经济发展水平的另一个指标。在17世纪的印度，城市活动似乎遍及北部的大型城镇、南部科罗曼德海沿岸的诸多贸易中心以及古吉拉特和西部的海滨城镇。1600年，莫卧儿帝国有32个棉布及手工制造业城市中心。对莫卧儿王朝时期印度的城市人口的估计是基于资源从农村流入城市这一观点，多数直接证据来自同时期的旅行者的记载。尽管印度存在这些城市，但是绝大多数人口居住在农村地区。Habib（1999）估计，1600年，印度城市人口的比例为15%。在18—19世纪，这一比例下滑，直到20世纪才开始恢复。

关于中国城镇化模式的新近研究令人很感兴趣。Li Bozhong（2000）因系统阐述了1550年至1850年长江下游地区棉纺织业、食品加工业、服装业、烟草业、造纸业、印刷业、工具制造业、建筑业以及造船业的增长而引起了人们的关注。但是他认为长江下游地区的这些产业所具有的规模小、技术密集以及多属于手工业的特点并没有促进大城市的出现，而是导致沿着密集且错综复杂的水路网形成了大量的、成群的集镇，这些集镇的特征有：农业和手工业产品的生产和销售在地理上高度专门化；城镇与农村的边界难以辨别；农业、商业及工业活动紧密联系。因此，历史上适用于西方的城市化标准分类方法并不足以描述中国的城市化，而且可能严重低估了中国的城市化水平。然而，即使是长江下游最为发达的地区新近修正过的城市化水平的总体估算结果，仍然落后于英国和荷兰，1800年，后述两国有20%～30%的人口居住在人口规模超过10 000的城市中。

理解大分流：市场与制度

我们认为制度及其历史路径依赖对于解释亚洲与欧洲的大分流是至关重要的。然而，在研究中国经济史的修正主义文献中，对制度的着墨却相对较少。[①] 在此，我们有选择性地调查利用一些与此类文献相关的特定主题。

市场

我们能否以欧亚大陆各地区的市场效率的高低来解释两者之间的生活水平的差距？近来基于各地粮食价格的市场整合研究使得我们可以罕见地了解到18—19世纪中国、印度和欧洲各地区间贸易的动态及相对效率。由于有政府详尽的粮食报告体系，基于各地粮食价格统计的相关性的市场整合研究可以延伸到很久之前（Wang，1992；L. Li，2000；Shiue，2002；Shiue and Keller，2007）。特别应该指出的是，Shiue 和 Keller（2007）基于粮食价格的统计相关性强度直接比较了中国和欧洲的市场整合的程度。他们发现，在18世纪后期，中国与西欧在市场整合上并没有巨大差别。然而，他们也确实发现，相比西欧其他地区或中国高度商业化的长江三角洲地区，英国的市场整合程度更高。

Roman Studer（2008）近期的研究认为，18世纪印度部分地区的市场整合程度远低于中国和西欧，尤其是在远距离贸易方面。类似地，如表11.5所示，印度的粮食价格随时间出现的波动也更大。证据表明，其粮食套利性弱，因而粮食价格随时间和地域出现的变动也很大。供给冲击影响了粮食价格，较小的地区之间的价格差异较大。在19世纪的最后25年里，随着铁路的发展，市场整合程度进一步提高，这一阶段印度各区域的价格的相关性也显著增强。

表 11.5　小麦价格和稻米价格的变异系数

	1764—1794	1870—1910
小麦价格		
普纳	0.34	0.19
加尔各答	0.79	0.14
德里	0.77	0.18
巴黎	0.16	0.14
伦敦	0.16	0.14

① 参见 Pomeranz（2000）关于传统中国要素市场的灵活性的论述。

续前表

	1764—1794	1870—1910
柏林	0.19	0.14
米兰	0.15	0.15
阿姆斯特丹	0.17	0.16
稻米价格		
加尔各答	0.38	0.18
普纳	0.29	0.12
长江流域	0.19	0.18
大阪	0.20	0.17

资料来源：Studer (2008)。

在解释基于粮食价格相关性的市场整合层级结构（即英国领先于欧洲和中国，印度居末位）时需要更为谨慎。粮食价格相关性能否准确地反映出市场本身的效率或其他信息？地理、技术或制度因素对这一相关性有多大的贡献？就中国而言，粮食价格相对较强的相关性似乎与其历史记录并不协调，因为后者强调极为不统一的货币市场。事实上，这些粮食价格方面的研究鲜有讨论近代早期中国货币存在的复杂问题的。这并不奇怪，因为所有粮食价格数据都是从政府的粮食报告体系中收集的，而政府关注的是价格稳定并且会使用其认可的统一货币单位——银两，而人们在实际的市场交易中却很少使用这一货币单位。

远距离贸易

中国和印度的历史记录证实其存在巨大、繁荣的商业网络和健全、完善的粮食贸易渠道。印度和中国的农民将粮食拿到市场，而粮食商人则组织粮食的运输。制成品的贸易网络同样健全、完善。一些手工业者直接为贵族或政府工作，其他一些手工业者则将商品出售给那些从事远距离贸易的商人。本土的借贷银行体系非常发达。印度出现的“Hundis”以及中国出现的多种形式的汇票也被广泛使用。当地的货币兑换商人从事票据贴现业务并且有时还从事存款等银行业务（Raychaudhuri，1982；Martin，2008）。

社会网络对这一商业化的世界是至关重要的。在中国，历史学家们认为，按照籍贯分类，至少存在10个迥异的商人集团。最为著名的是来自安徽省徽州市附近的徽商以及中国北部山西省的晋商（原文为山西银行家）。尽管徽商的大部分贸易活动集中在长江沿岸，特别是长江下游，但是他们的业务范围扩大到了全国，甚至在20世纪早期，徽商还远赴日本从事商业活动。徽商主要是通过周密复杂的宗族制度来构建他们的商业网络的，正如近来有研究指出的，徽商的商业网络具有“公司”这一组织形式的某些特征，比如说任何个体成员过世之后，其财产所有权仍得以存续。晋商可能早于徽商闻名商界，其商业网络更是使他们变得众所周知，从19世纪早期开始，通过这一网络他们逐渐建立起了全国范围内的汇款业务体系。到20世纪初，他们的商业网络扩张到了日本和朝鲜。晋商形成了一套与众不同的组织制度，他们外聘经理人及职员，商号所有者几乎不会干预这些外聘人员的工作，晋商还发展出了一套利润分享机制，该机制将雇员的利益与商号的长期利益挂钩。但是，晋商最为显著的特征还是他们的学徒体系，他们从当地招募员工（包括那些派往外省分支机构的员工），进行严格的背景审查，由这些员工的家庭成员或其他可信赖的第三方作为担保人。雇员一旦被发现有欺诈行为而遭到解雇之后，便再也不会得到任何晋商的录用（Ma，2004）。

类似地，社会网络对于定义印度商人所处的领域起着重要作用。在远距离贸易方面，Moreland提到有三个商人群体控制了国内贸易以及国际贸易：海外的穆斯林商人、古吉拉特印度教派的“巴尼亚人”（baniyas）以及科罗曼德海岸的彻第人（Chettis）。Ashin Das Gupta详细地描述了印度商人的贸易活动。

印度与中国的商人们都从事远距离国际贸易。印度商船将商品运到亚历山大、巴士拉和巴格达。商船向东到达了苏门答腊，由于不够坚固，这些船不能在中国诸海域航行，于是这一任务将由中国商人来完成（Das Gupta，2001）。1663年，苏拉特商人拥有50艘商船（Habib，1969）。交易的商品不仅包括稻米、豆类、糖及生丝这类初级产品，而且也包括纺织品这类制成品。这种贸易不同于此后欧洲的纺织品贸易，前者涉及的主要是质地粗糙的几种产品，后者涉及的则更多地是质地精良的产品。中国和印度都从国外进口金银，从东南亚地区进口香料，从西亚进口马匹，从东非进口象牙。印度洋海岸和中国南海的贸易的繁荣程度与欧洲不相上下。

就印度来说，我们还拥有诸如保险费率这样的量化证据，这也表明地区间贸易十分普遍。保险费率是贸易风险及其安全程度的很好的衡量指标。如表11.6所示，早在17世纪中期，印度国内的远距离贸易的保险费率就已相当适中。18世纪费率的上升反映了这一时期的政治动乱。然而，这一费率在19世纪早期却基本保持不变。保险费率数据反映出地区间贸易的普遍性，并且这一数据也反映出几个世纪以来贸易条件并未出现太大的变化。

制度

一种关于为何特定的社会团体都会分工专门从事不同的社会活动的解释认为，社团间的联系可以克服信息约束的问题。

表 11.6　地区间贸易的保险费率

年份	投保货物类别	路线	保险费率（%）
1646	珠宝	达曼—苏拉特	1
1647	商品	艾哈迈达巴德—塔达	0.5
1655	现金	Masulitatnam—苏拉特	1
1795	鸦片、布匹	印多尔—艾哈迈达巴德	2
1795	铸币、金银块	印多尔—艾哈迈达巴德	1.25
1795	货币、金银块	浦那—马尔瓦	2.00～2.50
1795	布匹	曼尼普尔—马尔瓦	0.5～0.63
1795	布匹	Jaulnah—印多尔	2.00
1795	布匹	Mirzapur—印多尔	1.50～2.0
1820	鸦片、布匹	印多尔—艾哈迈达巴德	1.00～1.5
1820	铸币、金银块	印多尔—艾哈迈达巴德	1.00
1820	货币、金银块	浦那—马尔瓦	2.5
1820	布匹	曼尼普尔—马尔瓦	1.0～1.5
1820	布匹	Jaulnah—印多尔	1.25～1.5
1820	布匹	Mirzapur—印多尔	1.75

资料来源：17 世纪的数据来自 Habib（1969），18—19 世纪的数据来自 Moosvi（2001）。

这一解释类似于 Avner Greif 所做的关于中世纪后期地中海贸易中马格里布商人的颇具影响的研究。不过，马格里布商人是在没有正规的法律制度或行为规则的约束下从事商业活动的，而中国和印度的商人们则要遵守一系列并非明文规定但大家都心知肚明的规则，这些规则包括家规、家族姻亲纽带以及行会管理规则，或种姓制度等，而且通过集体机制，这些非正式规则得到了极大的加强，这就有助于缓解现代化交通出现之前的时期中普遍存在的信息传递不便及承诺力度不强的问题。

Greif 提出的私人非正式规则与正式的公共制度之间的差异引发了更多的问题。就中国而言，一项有趣但颇具争议的研究表明，实际上中国并不缺乏正式的法律条文及执法机构。中国的行政法，即近似于西方的公法的法律，在早期的现代社会也许是世界上最为详尽明确的法律体系之一。而关键的差异在于，中国的司法机构一直是行政系统的一个组成部分，从乡、镇、县一直到皇帝，在这种等级划分十分明确的统治制度下，行政当局就是刑事案件最终的裁决者。比如，因详尽清晰以及包罗甚广而闻名于世的中国明、清两朝的刑事法典，其本质就是专为各级官员所设计的方便他们按罪量刑的决策规则。类似地，只有通过这一管理阶级中的多重层级才可以对法律进行修订或变更。而且，当事人或任何独立的第三方团体不能议论或是自行解读法例法规及其附属条例。

近来的研究已经推翻了现代化之前的中国完全不存在民法或商法这一传统观点。县一级的地方官对大量的民事以及商业案件进行了判决。然而，正如法学家 Shuzo Shiga 所指出的，县官的决定并非西方司法程序中的法律“裁定”。相反，县官通常会引入伦理准则、社会或法律规范作为他们进行判决的基础，却并不涉及对法律条文或正式与非正式的惯例的引用。从这一意义上来说，县官的判决更近似于调解。需要注意的是，商业以及民事案例中缺乏正式私法条例并不是由缺乏惯例规范或规则所导致的，在中国，这些规范准则都是极为常见的。相反，正是由于在国家的集权统治下，统治阶级最为重要的利益所在是维护基本上以农业为根基的财政基础以及社会稳定，所以习惯性规则才无法演变成国家认可的正式法律。

类似地，在殖民化开始前的印度，团体法则监管了贸易及商业体系，每一个开展贸易活动的团体都遵守其自身的道德规范。当时印度缺乏一个具有普遍性的法律体系，当外国商人与本地商人在交易活动中出现冲突时，与海外贸易公司签订的协议实际上就成为可以援用的法律（Moreland，1923）。

相对基于规则的经济体制，基于社会群体的经济体制意味着怎样的经济效率？Greif 以及其他一些学者提出的一个观点是，在一个基于关系以及基于社会团体的经济体制中，当这一团体本身及其贸易范围开始扩展时，交易广度以及运行规模也许会受到急剧上升的信息以及协作成本的制约。相比之下，包含一系列成文法典以及明确订立的标准和规则的具有强制力的法律体系，受制于独立第三方对其的解读和议论。尽管刚开始确立这一法律体系时成本更高，但是与此同时它也将显现出较强的规模经济效应，因为这一法律体系将会使得更大规模的交易成为可能，从而也许将有利于实现大规模的非人情式交易（Greif，2006）。

规模经济问题对于大分流中涉及的历史路径依赖现象有很大的启发意义。一个有趣的出发点是对欧亚大陆的资本密集型以及合约密集型的金融和商业工具进行检验，这些工具包括纸币、交易票据、提货单、股票或者保险合约以及远期市场或期货市场等。几乎所有这样的工具都以各种不同的形式同样存在于亚洲。某些工具就起源于中国，纸币就是其中一例。不过在亚洲，这些工具中的绝大多数的应用一直十分有限，而且它们的发展也停滞不前。然而在西方，我们则发现这些工具不断大规模地演变并变得更为规范，而且它们的非人情式交易通常能够获得来自正式的执法机构以及公共组织的支持。

通过制度探寻出的历史路径的不同所造成的一个可能后果就是欧亚大陆之间利率水平的差异。可以确信的是，在近代早期阶段，印中两国的利率远高于欧洲（尤其是西北欧洲）。即使是最保守的估计，在 1659 年，印度苏拉特的年均利率也为 7.5%～9%，是同期英国利率水平的两倍。在 17 世纪中期之前，印度的利率水平甚至更高（Habib，1982；Moosvi，2001）。就中国来说，近来一项开创性的基于数千个数据的研究表明，17—19 世纪商业贷款的年均利率水平至少为 12%，各区域在各年的利率水平差异也很大（Peng et al.，2006）。

我们仍然没有深入研究并且也没有充分理解利率上的这一差距所具有的重

要意义。这里需要提出一个更大的问题，即欧亚之间要素禀赋的差异——欧洲更高的资本—劳动比率以及因此造成的中印两国（相对于劳动来说）更为低廉的资本价格——并非外生的，而是西欧有组织的金融中介不断兴起而导致的内生结果。这个结果也许可以清晰地阐明所谓的劳动密集型这一亚洲发展模式，或者引起人们对这一模式的质疑。亚洲的这一发展模式实际上是长期应对资本相对稀缺的结果，而资本相对稀缺又是由公共机构的不足或者无法得到保障的财产权所导致的。[①] 很多学者已经指出了欧洲金融工具和金融中介的发展与公共机构支付以及现代欧洲国家财力增强之间存在的联系（North and Weingast，1989）。以这些重要的联系为基础，在近代早期阶段的欧洲，大量的核心制度（诸如公司化实体的兴起、代议制政府以及向法律制度的转型）都得以发展起来（North，1981；Rosenberg and Birdzell，1986）。

殖民统治与大分流

殖民化是否导致了欧洲与亚洲分流的命运？就印度而言，从18世纪中期开始，其在政治上服从于东印度公司的统治，随后则服从于英国王室对其的控制，这就意味着资源从殖民地流入英帝国，其经济政策的制定以及制度结构的变化都取决于英帝国的利益需要。这些变化为殖民地带来的发展利得则源自新制度的引入，比如建立了基于个人财产权的土地租佃体系，获准进入帝国领先的资本市场，通过全球化的贸易联系实现专门化，并且还建设了铁路网络和灌溉体系。依赖学派把帝国与殖民地的关系视为剥削性的，他们认为通过贸易实现的专门化是导致欧洲与亚洲之间的经济发展差距不断扩大的原因（Frank，1975）。其他文献则发现，在不断融入世界经济的过程中，印度实际上通过生产经济作物促进了经济发展（Roy，2006）。1870—1900年的人均国民收入的估计结果显示，印度的人均国民收入在此期间呈现出轻微的上升趋势，而这一阶段正是印度进行专门化农业生产的时期（Heston，1977）。对印度经济全球化的批评源自去工业化产生的不利影响，印度棉纺织业面临着来自英国工业化经济的竞争时，去工业化将会导致对其经济发展的巨大的不利影响（Thorner，1962）。

不考虑关于这些议题的争论本身存在的优点，在20世纪的上半叶，经济增长的实证证据表明欧洲与印度之间的差距在不断扩大，当欧洲的人均GDP大幅增长时，印度的经济增长却仍呈现出相反的趋势，直到殖民统治时期结束（Sivasubramonian，2000）。印度经济的停滞不前可以归结于印度农业部门的停滞以及在印度人口增长加快时殖民国家没能有效地防止生态危机的出现。在进行反事实检验时，我们将会遭遇更多的难题——如果不存在殖民者对其的剥

① 参见 Sugihara（2003）对劳动密集型发展路径的阐述。

夺，那么印度的经济发展路径将会是什么样的？答案是：由于针对农业的投资十分有限而且灌溉体系也并未出现明显的改良，所以农业劳动生产率并不会提高。在缺乏独立的关税政策的情况下，工业发展将遭遇极为不利的影响，因为在这一时期，后发的工业国家开始针对其幼稚产业实行贸易保护政策。

关于英国从殖民统治中获取到的收益的文献认为，殖民统治产生的经济收益相对较低。这些经济方面的收益包括帝国与殖民地之间贸易的收益、对殖民地进行投资的收益，以及殖民地治理的成本和印度资源的净流失（O'Brien，1988b；Davis and Huttenback，1988）。尽管殖民统治也许扩大了东方与西方之间的差距，不过，本章其他方面的证据则表明，经济上出现大分流的根源可以追溯到17世纪。

无论是从规模还是从持续的时间来看，与印度相比，西方殖民者对中国的影响都更为有限。在18世纪中期，当东印度公司大举进攻使得印度次大陆处在其完全的殖民统治之下时，在甚有作为的乾隆皇帝的治理之下，清朝的国家实力以及经济发展水平达到了顶峰。直到19世纪40年代，英国的炮艇才抵达了中国海岸并且强迫中国以及东亚打开自由贸易的大门。而即便在那时，西方帝国主义者也从未在中国实现完全殖民，但是西方帝国主义者通过特别贸易权、主权租借以及在通商口岸拥有治外法权或划分势力范围等彰显其相对中国的压倒性优势地位。然而，受特权保护的来自西方的投资和现代化企业也许挤垮或打败了本土化商业或中国企业，不过，与此同时，它们也成为技术转移和外商直接投资的中介。类似地，尽管西方势力控制了诸如海关和清帝国邮政局这样的关键机构，但这些机构的收入也可以用来满足清朝的以及后来的共和政府的财政需求，或者为诸如20世纪早期的铁路这样的基础设施建设提供财政援助。

也许西方帝国主义对中国最为深远的影响是它引发了动摇清帝国根基的政治革命的浪潮，这一革命浪潮随着1911年清帝国的垮台而达到顶点，随后出现的军阀混战也是西方帝国主义对中国造成的深远影响。但是，即使就当时而言，西方帝国主义对中国造成的影响也并非全为负面。正如马（2008a，2008b）所论证的，诸如上海、天津以及武汉这样的通商口岸成为20世纪前30年中经济增长的关键。一个重要的因素是，通商口岸中所谓的殖民者“特权”不仅被西方商人加以利用，而且那些定居在通商口岸的中国商人也正式地或非正式地利用了这一“特权”。需要着重指出的是，有些“特权”碰巧与出现经济增长的某些方面的必要条件相一致，诸如维护治安和公共秩序、产权和合约实施的安全性，以及使商人远离被随意征税和官方勒索的危险。如此看来，我们就不会对随后在20世纪初以及20世纪20年代所出现的所谓的经济增长的黄金时期感到过分惊讶了，因为经济增长出现的一些必要条件已经存在很多年。正是在这一时期，由西方控制的上海几乎争取到了政治以及经济上的完全的自治权。

西方制度所产生的一个更为重要的影响（即使很难对其进行估计）是西方制度所展现的成就激发了中国人进行长期的经济变革。一个可用做比较基准的例子是明治维新时期的日本。在1872年之后，日本在吸收西方的经济和政治制度方面采取了更为进取的态度。日本最终成为第一个实现工业化的非西方国家，不过它随后在东亚地区又走上了殖民主义道路。显而易见的是，对西方制度的吸收和采纳还远不足以解释日本在19世纪以及20世纪在经济上取得的巨大成功，很多其他方面的因素，比如地理或一些历史事件都在其中扮演了关键角色。但是，如果在德川明治时期日本没有重大的制度变革，那么我们很难想象日本能够步西方帝国主义的后尘，走上对亚洲其他一些国家进行殖民统治的道路。

结论

相对于修正主义者的观点，本章所展示的研究使得我们的观点更接近有关欧洲各国相对生活水平的传统立场。我们已经发现的证据表明，在近代早期阶段，亚洲与西北欧地区之间在生活水平上的差距已经显现出来，而且在工业革命初始阶段，这一差距才进一步扩大。亚洲的发达地区——中国和印度——与欧洲的那些落后地区更为相似，而不是与较为发达的西北欧地区更相似。在17世纪，大分流正在如火如荼地进行。

参考文献

Abel, W. 1980. *Agricultural Fluctuations in Europe*. New York: St. Martins Press.

Abū'l-Fazl 1927 [1595]. *The Ā'īn-i-Akbarī*. Delhi: Low Price Publications.

Accominotti, O., and M. Flandreau. 2008. Bilateral Treaties and the Most-Favored-Nation Clause. The Myth of Trade Liberalization in the Nineteenth Century. *World Politics* 60: 147-88.

Acemoglu, D. and S. Johnson. 2005. Unbundling Institutions. *Journal of Political Economy* 113: 949-95.

Acemoglu, D. and J. A. Robinson. 2000. Why Did the West Extend the Franchise? *Quarterly Journal of Economics* 115: 1167-99.

2005. *Economic Origins of Dictatorship and Democracy*. Cambridge University Press.

2006. Persistence of Power Elites and Institutions. *American Economic Review* 98: 267-93.

Acemoglu, D., and F. Zilibotti. 1997. Was Prometheus Unbound by Chance? Risk, Diversification, and Growth. *Journal of Political Economy* 105: 709-51.

Acemoglu, D., S. Johnson, and J. A. Robinson. 2001. The Colonial Origins of Comparative Development: An Empirical Investigation. *American Economic Review* 91: 1369-401.

2005. The Rise of Europe: Atlantic Trade, Institutional Change and Economic Growth. *American Economic Review* 95: 546-79.

Acemoglu, D., D. Cantoni, S. Johnson, and J. A. Robinson. 2008. The Consequences of Radical Reform: The Economic Consequences of the French Revolution, mimeo.

Agren, M., ed. 1998. *Iron-Making Societies: Early Industrial Development in Sweden and Russia, 1600—1900*. Oxford: Berghahn.

A'Hearn, B., J. Baten, and D. Crayen. 2009. Quantifying Quantitative Literacy: Age Heaping and the History of Human Capital. *Journal of Economic History* 69: 783-808.

Alesina, A., S. Ozler, N. Roubini, and P. Swagel. 1996. Political Instability and Economic Growth. *Journal of Economic Growth* 2: 189-213.

Allen R. C. 1981. Entrepreneurship and Technical Progress in the Northeast Coast Pig Iron Industry, 1850—1913. *Research in Economic History* 6: 35-71.

1992. *Enclosure and the Yeoman*. Oxford: Clarendon Press.

1994. Agriculture during the Industrial Revolution. In R. Floud and D. N. McCloskey, eds. , *The New Economic History of Britain*, Vol. I: 1700—1860, 2nd edn. Cambridge University Press.

2000. Economic Structure and Agricultural Productivity in Europe, 1300—1800. *European Review of Economic History* 4: 1-26.

2001. The Great Divergence in European Wages and Prices from the Middle Ages to the First World War. *Explorations in Economic History* 38: 411-47.

2003. Progress and Poverty in Early Modern Europe. *Economic History Review* 56: 403-43.

2004. Agriculture During the Industrial Revolution, 1700—1850. In *The Cambridge Economic History of Modern Britain*, ed. R. Floud and P. Johnson. Cambridge University Press.

2006. The British Industrial Revolution in Global Perspective: How Commerce Created the Industrial Revolution and Modern Economic Growth, mimeo, University of Oxford.

2007. The Industrial Revolution in Miniature: The Spinning Jenny in Britain, France and India, mimeo, University of Oxford.

Allen, R. C. , J. -P. Bassino, D. Ma, C. Moll-Murata, and J. L. van Zanden. 2010, forthcoming. Wages, Prices, and Living Standards in China, Japan, and Europe, 1738—1925. *Economic History Review*.

Alter, G. 1992. Theories of Fertility Decline: A Nonspecialist's Guide to the Current Debate. In J. R. Gillis, L. A. Tilly and D. Levine, eds. , *The European Experience of Declining Fertility, 1850—1970*. Cambridge, MA: Blackwell.

Álvarez-Nogal, C. , and L. Prados de la Escosura, 2007. The Decline of Spain (1500—1850): Conjectural Estimates. *European Review of Economic History* 11: 319-66.

Arasaratnam, S. 1980. Weavers, Merchants and Company: The Handloom Industry in Southeastern India 1750—1790. *Indian Economic and Social History Review* 17: 257-81.

1980. *Merchants, Companies and Commerce on the Coromandel Coast, 1650—1740*. Delhi: Oxford University Press.

Ariès, P. 1960. Interpretation pour une histoire des mentalités. In H. Bergues, ed. , *Laprévention des naissances dans la famille: ses origines dans les temps modernes*. Paris: Presses Universitaires de France.

Arnould, A. M. 1791. *De la balance du commerce et des relations commerciales extérieures de la France dans toutes les parties du globe particulièrement à la findu règne de Louis XIV et au moment de la Révolution*. Paris: Buisson.

Ashton, T. S. 1955. *An Economic History of England: The Eighteenth Century*. London: Methuen.

1959. *Economic Fluctuations in England, 1700—1800.* Oxford: Clarendon Press.

Babbage, C. 1830. Reflexions on the Decline of Science in Britain and on Some of Its Causes. *Quarterly Review* 43: 307-42.

Bairoch, P. 1976. *Commerce extérieur et développement économique de l'Europe au XIXe siecle*. Paris: Mouton.

1982. International Industrialization Levels from 1750 to 1980. *Journal of European Economic History* 11: 269-333.

1988. *Cities and Economic Development from the Dawn of History to the Present*. University of Chicago Press.

1989. European Trade Policy, 1815—1914. In P. Mathias and S. Pollard, eds., *The Cambridge Economic History of Europe, Volume VIII, The Industrial Economies: The Development of Economic and Social Policies*. Cambridge University Press.

1990. The Impact of Crop Yields, Agricultural Productivity, and Transport Costs on Urban Growth between 1800 and 1910. In A. Van der Woude, A. Hayami, and J. de Vries, eds., *Urbanization in History. A Process of Dynamic Interactions*. Oxford: Clarendon Press.

1992. *Storia delle citta. Dalla proto-urbanizzazione all'esplosione urbana del terzo mondo*. Milan: Jaca Book.

1997. Une nouvelle distribution des populations: rilles et campagnes. In J.-P. Bardet and J. Dupaquier, eds., *Histoire des populations de l'Europe*. Paris: Fayard.

Bairoch P., and G. Goertz. 1986. Factors of Urbanization in the Nineteenth Century Developed Countries: A Descriptive and Econometric Analysis. *Urban Studies* 23: 285-305.

Bairoch P., J. Batou, and P. Chèvre. 1988. *La population des villes europeennes de 800 à 1850*. Geneva: Droz.

Banerjee, A., and L. Iyer. 2005. History, Institutions, and Economic Performance: The Legacy of Colonial Land Tenure Systems in India. *American Economic Review* 95: 1190-213.

Banken, R. 2005. The Diffusion of Coke Smelting and Puddling in Germany, 1796—1860. In C. Evans and G. Rydén, eds., *The Industrial Revolution in Iron: The Impact of British Coal Technology in Nineteenth-Century Europe*. Aldershot: Ashgate.

Basu, S., and A. M. Taylor. 1999. Business Cycles in International Historical Perspective. *Journal of Economic Perspectives*. 13: 45-68.

Bardet J.-P., and J. Dupâquier, eds. 1997. *Histoire des populations de l'Europe*. Paris: Fayard.

Bassino, J. P., and D. Ma. 2005. Wages and Living Standards of Japanese Unskilled Laborers in 1720—1913: An International Comparison. *Research in Economic History* 23: 229-48.

Baten, J. 2000. Heights and Real Wages in the 18th and 19th Centuries. *Jahrbuch für Wirtschaftsgeschichte* 2000 1: 61-77.

2006. Global Height Trends in Industrial and Developing Countries, 1810—1984: An Overview, mimeo, Tübingen.

Baten, J. and S. Hira. 2008. Anthropometric Trends in Southern China, 1830—1864. *Aus-*

tralian Economic History Review 48：209-26.

Baten，J. and Ş. Pamuk. 2007. Inequality in Standards of Living across Europe，1820—2000，A Preliminary Look. Presented at workshop on Human Capital，Inequality and Living Standards，Measuring Divergence and Convergence in a Globalising Europe，Lund.

Baten，J. and J. L. van Zanden. 2008. Book Production and the Onset of Modern Economic Growth. *Journal of Economic Growth*，13：217-35.

Baten，J.，D. Ma，S. Morgan and Q. Wang. 2010，forthcoming. Evolution of Living Standards and Human Capital in China in the 18-20th Centuries：Evidences from Real Wages，Age-Heaping，and Anthropometrics. *Explorations in Economic History*.

Beck，L. 1897. *Die Geschichte des Eisens：Dritte Abteilung. Das XVIII. Jahrhundert.* Braunschweig：Friedrich Vieweg.

Becker，G. S. 1960. An Economic Analysis of Fertility. In UNBCFE Research，ed.，*Demographic and Economic Change in Developed Countries*. Princeton University Press.

1965. A Theory of the Allocation of Time. *Economic Journal*，75：493-517.

Becker，G. S.，and R. J. Barro. 1988. A Reformulation of the Economic Theory of Fertility. *Quarterly Journal of Economics* 103：1-25.

Becker，G. S.，Murphy，K.，and Tamura，R. 1990. Human Capital，Fertility，and Economic Growth. *Journal of Political Economy* 98：S12-S37.

Beik，W. 2005. Review Article：The Absolutism of Louis XIV as Social Collaboration. *Past and Present* 188：195-224.

Beloch J. 1937—61. *Bevölkerungsgeschichte Italiens*. Berlin and Leipzig：De Gruyter.

Bengtsson，T.，and D. S. Reher. 1998. Short-and Medium-Term Relations between Population and Economy. In C. E. Núñes，ed.，*Debates and Controversies in Economic History*. Madrid：Fundación Ramón Areces.

Berelowitch，W.，J. Dupâquier，and I. Gieysztor. 1997. L'Europe orientale. In J.-P. Bardet and J. Dupaquier，eds.，*Histoire des populations de l'Europe*. Paris：Fayard.

Berg，M. 2007. The Genesis of Useful Knowledge. *History of Science* 45：123-34.

Beylen，J. Van. 1977. Scheepstypen. In L. M. Akveld，S. Hart，and W. J. Van Hoboken eds.，*Maritieme Geschiedenis der Nederlanden*，II. Bussum：De Boer Maritiem.

Bielenberg，A. 1998. The Irish Brewing Industry and the Rise of Guinness，1790—1914. In R. G. Wilson and T. R. Gourvish，eds.，*The Dynamics of the International Brewing Industry since 1800*. London：Routledge.

Blum，A.，and I. Troitskaja. 1996. Mortality in Russia during the Eighteenth and Nineteenth Centuries：Local Assessments Based on the Revizii. *Population* 51：303-28.

Blum，J. 1978. *The End of the Old Order in Rural Europe*. Princeton University Press.

Bogart，D. 2005a. Did Turnpike Trusts Increase Transportation Investment in Eighteenth-Century England? *Journal of Economic History* 65：439-68.

2005b. Turnpike Trusts and the Transportation Revolution in Eighteenth-Century Eng-

land. Explorations in Economic History 42: 479-508.
2008. Nationalizations and the Development of Transport Systems: Cross-Country Evidence From Railroad Networks, mimeo, Department of Economics, UC Irvine.
Bogart, D. 2009. Nationalizations and the Development of Transport Systems: Cross-Country Evidence from Railroad Networks, 1860—1912. *Journal of Economic History* 69: 202-37.
Bonney, R. 1995. Revenues. In R. Bonney, ed., *Economic Systems and State Finance*. Oxford: Clarendon Press.
1999. France, 1494—1815. In R. Bonney, ed., *The Rise of the Fiscal State in Europe, 1200—1815.* Oxford University Press.
Boonstra, O. W. A. 1993. *De waardij van eene vroege opleiding*. Wageningen: Landbouwuniversiteit.
Boot, H. M. 1995. How Skilled Were Lancashire Cotton Factory Workers in 1833? *Economic History Review* 48: 283-303.
1999. Real Incomes of the British Middle Class, 1760—1850. *Economic History Review* 52: 638-68.
Bordo, M. D., and E. N. White. 1991. A Tale of Two Currencies: British and French Finance during the Napoleonic Wars. *Journal of Economic History* 51: 303-16.
Boserup, E. 1965. *The Conditions of Agricultural Growth: The Economics of Agrarian Change Under Population Pressure*. London: G. Allen & Unwin.
Boucekkine, R., D. de la Croix, and D. Peeters. 2007. Early Literacy Achievements, Population Density and the Transition to Modern Growth. *Journal of the European Economic Association* 5: 183-226.
Bourdelais, P. 2006. *Epidemics Laid Low: a History of What Happened in Rich Countries*. Baltimore: Johns Hopkins University Press.
Bowler, P. J., and I. R. Morus. 2005. *Making Modern Science*. University of Chicago Press.
Boyd, R. and P. J. Richerson. 1985. *Culture and the Evolutionary Process*. University of Chicago Press.
2005. *Not by Genes Alone: How Culture Transformed Human Evolution*. University of Chicago Press.
Brändström, A. 1997. Infant Mortality in Sweden, 1750—1950: Past and Present Research into Its Decline. In C. A. Corsini and P. P. Viazzo, eds., *The Decline of Infant and Child Mortality: The European Experience, 1750—1990*. The Hague and Cambridge, MA: Martinus Nijhoff Publishers/Kluwer Law International.
Brautaset, C., and R. Grafe. 2004. A Long Distance Affair. Shipping and Global Integration in the 19th Century. In Peter Vikström, ed., *Studying Economic Growth. New Tools and Perspectives*. Umeå University Press.
Brennig, J. J. 1986. Textile Producers and Production in Late Seventeenth-Century Coro-

mandel. *Indian Economic and Social History Review* 23: 333-56.
Brewer, J. 1989. *The Sinews of Power: War, Money and the English State*. London: Unwin Hyman.
Briggs, C. 2006. Manor Court Procedures, Debt Litigation Levels, and Rural Credit Provision in England, c. 1290-c. 1380. *Law and History Review* 24: 519-58.
Broadberry, S. N. 1997. *The Productivity Race: British Manufacturing in International Perspective, 1850—1990*. Cambridge University Press.
2007. Recent Developments in the Theory of Very Long Run Growth: A Historical Appraisal, Warwick Economics Research Paper 818, available at www2. warwick. ac. uk/fac/soc/economics/research/workingpapers/publications/twerp _ 818. pdf.
Broadberry, S. N., and B. Gupta. 2006. The Early Modern Great Divergence: Wages, Prices and Economic Development in Europe and Asia, 1500—1800. *Economic History Review* 59: 2-31.
2008. Lancashire, India and Shifting Competitive Advantage in Cotton Textiles, 1700—1850: The Neglected Role of Factor Prices. *Economic History Review* 62: 279-305.
Broadberry, S. N. and A. Klein. 2008. Aggregate and per Capita GDP in Europe, 1870—2000: Continental, Regional and National Data with Changing Boundaries, mimeo, University of Warwick.
Brown, J. C., and T. W. Guinnane. 2002. Fertility Transition in a Rural Catholic Population: Bavaria 1880—1910. *Population Studies* 56: 35-50.
2007. Regions and Time in the European Fertility Transition: Problems in the Princeton Project's Statistical Methodology. *Economic History Review* 60: 574-95.
Brunner O. 1968 [1953]. Stadt und Bürgertum in der europäischen Geschichte. In O. Brunner, *Neue Wege der Verfassungs-und Sozialgeschichte*. Göttingen: Vandenhoeck & Ruprecht.
Brunt, L. 2003. Mechanical Innovation in the Industrial Revolution: The Case of Plough Design. *Economic History Review* 56: 444-77.
Brunt, L., and E. Cannon. 2007. Do Banks Generate Financial Market Integration? mimeo, University of Lausanne.
Brunt, L., and A. Fidalgo. 2008. Why Europe and Not Asia? Agricultural Productivity and Industrial Revolution around the World before 1870, mimeo, University of Lausanne.
Brunt, L., J. Lerner, and T. Nicholas. 2008. Inducement Prizes and Innovation, mimeo, Harvard Business School.
Buenstorf, G. 2001. Sequential Production, Dynamic Complementarities and Endogenous Decomposability: A Note on the Microdynamics of Technological Change, mimeo, Max Planck Institute for Research into Economic Systems, Jena.
Bulbeck, D., A. Reid, L. C. Tan, and Y. Wu. 1998. *Southeast Asian Exports since the 14th Century: Cloves, Pepper, Coffee and Sugar*. Leiden: KITLV Press.
Burnette, J. 2006. How Skilled were English Agricultural Labourers in the Early Nine-

teenth Century? *Economic History Review* 59: 688-716.

Bush, M. L., ed. 1996. *Serfdom and Slavery; Studies in Legal Bondage*. London: Longman.

Butel, P. 1999. *The Atlantic*. London and New York: Routledge.

Butel, P., and F. Crouzet. 1998. Empire and Economic Growth: The Case of 18th Century France. *Revista de Historia Económica* 16: 177-93.

Cameron, R. E., ed. 1967. *Banking in the Early Stages of Industrialization*. New York: Oxford University Press.

Capella Martínez, M., and A. Matilla Tascon. 1957. *Los Cinco Gremios Mayores De Madrid. Estudio Critico-Histórico*. Madrid: Cámara Oficial de Comercio e Industria.

Capie, F. 1999. Banking in Europe in the Nineteenth Century: The Role of the Central Bank. In R. Sylla, R. Tilly, and G. Tortella, eds., *The State, the Financial System, and Economic Modernization*. Cambridge University Press.

Capra, C. 1995. The Eighteenth Century. I. The Finances of the Austrian Monarchy and the Italian States. In R. Bonney, ed., *Economic Systems and State Finance*. Oxford University Press.

Carreras, A., and X. Tafunell, eds. 2005. *Estadísticas históricas de España (siglos XIXXX)*. Bilbao: Fundación BBVA.

Carter, F. W. 1977. Urban Development in the Western Balkans 1200—1800. In F. Carter, ed., *An Historical Geography of the Balkans*. London: Academic Press.

Cerman M., and S. C. Ogilvie, eds. 1994. *Protoindustrialisierung in Europa. Industrielle Produktion vor dem Fabrikzeitalter*. Vienna: Verlag für Gesellschaffskritik.

Cervellati, M., and U. Sunde. 2005. Human Capital Formation, Life Expectancy, and the Process of Economic Development. *American Economic Review* 95: 153-67.

Chandler, A. 1977. *The Visible Hand: The Managerial Revolution in American Business*. Cambridge, MA: Belknap Press.

Chapman, S. 1984. *The Rise of Merchant Banking*. London: Unwin Hyman.

Chassagne, S. 1991. *Le Coton et ses Patrons: France, 1760—1840*. Paris: EHESS.

2003. Calico Printing in Europe before 1780. In D. T. Jenkins, ed., *The Cambridge History of Western Textiles*. Cambridge University Press.

Chaudhuri, K. N. 1978. *The Trading World of Asia and the English East India Company, 1660—1760*. Cambridge University Press.

1985. *Trade and Civilisation in the Indian Ocean: An Economic History from the Rise of Islam to 1750*. Cambridge University Press.

Chesnais, J.-C. 1992. *The Demographic Transition*. Oxford University Press.

Cipolla, C. M. 1972. The So-Called "Price Revolution": Reflections on the Italian Situation. In P. Burke, ed., *Economy and Society in Early Modern Europe*. New York: Harper & Row.

Clapham, J. 1944a. *The Bank of England: A History. Volume I 1694—1796*. Cambridge

University Press.

1944b. *The Bank of England: A History. Volume 2 1797—1914*. Cambridge University Press.

Clark, G. 1987. Productivity Growth without Technical Change in European Agriculture before 1850. *Journal of Economic History* 47: 419-32.

1988. The Cost of Capital and Medieval Agricultural Technique. *Explorations in Economic History* 25: 265-94.

1994. Factory Discipline. *Journal of Economic History* 54: 128-63.

2005. The Condition of the Working Class in England, 1209—2004. *Journal of Political Economy* 113: 1307—40.

2007a. *A Farewell to Alms*. Princeton University Press.

2007b. The Long March of History: Farm Wages, Population, and Economic Growth, England 1209—1869. *Economic History Review* 60: 97-135.

Clark, G., and G. Hamilton, 2006. Survival of the Richest: The Malthusian Mechanism in Pre-industrial England. *Journal of Economic History* 66: 707-36.

Clark, P. 2000. *British Clubs and Societies, 1580—1800: The Origins of an Associational World*. Oxford: Clarendon Press.

Clarkson, L. A. 1985. *Proto-industrialization: The First Phase of Industrialization?* Basingstoke: Macmillan.

2003. The Linen Industry in Early Modem Europe. In D. T. Jenkins, ed., *The Cambridge History of Western Textiles*. Cambridge University Press.

Cleland, J., and C. Wilson. 1987. Demand Theories of the Fertility Transition: An Iconoclastic View. *Population Studies* 41: 5-30.

Coale, A. J. 1973. *The Demographic Transition Reconsidered. International Population Conference*. Liege: International Union for the Scientific Study of Population.

Coale, A., and S. C. Watkins, eds. 1986. *The Decline of Fertility in Europe*. Princeton University Press.

Cole, A. H., and R. Crandall. 1964. The International Scientific Committee on Price History. *Journal of Economic History* 24: 381-88.

Coleman, A. 1999. Storage, Arbitrage and the Law of One Price: New Theory of an Old Problem, mimeo, Princeton University.

Collins, E. J. L. 1969. Labour Supply and Demand in European Agriculture, 1800—1880. In E. L. Jones and S. J. Woolf, eds., *Agrarian Change and Economic Development: The Historical Problems*. London: Methuen.

Collins, M. 1988. *Money and Banking in the UK: a History*. London: Croom Helm.

Condillac, Abbé de. 1776. *Commerce et le gouvernement considéré l'un à l'autre*. Paris: Jombert & Cellot.

Coppens, H. 1992. De financien van de centrale regering van de Zuidelijke Nederlanden aan her einde van het Spaanse en onder Oostenrijks bewind (*ca. 1680—1788*). Vol. 54/142,

Verhandelingen van de Koninklijke Academie voor Wetenschappen, *Letteren en Schone Kunsten van België. Klasse der Letteren*. Brussels: Paleis der Academiën.

Cottrell, P. L., and L. Newton. 1998. Joint-Stock Banking in the English Provinces 1826—1857: To Branch or Not to Branch? *Business and Economic History* 27: 115-28.

1999. Banking Liberalization in England and Wales 1826—1844. In R. Sylla, R. Tilly and G. Tortella, eds., *The State, the Financial System, and Economic Modernization*. Cambridge University Press.

Crafts, N. F. R. 1977. The Industrial Revolution in England and France: Some Thoughts on the Question, Why Was England First? *Economic History Review* 30: 429-41.

1985a. *British Economic Growth During the Industrial Revolution*. Oxford University Press.

1985b. English Workers' Real Wages during the Industrial Revolution: Some Remaining Problems. *Journal of Economic History* 45: 139-44.

1987. British Economic Growth, 1700—1850, Some Difficulties of Interpretation. *Explorations in Economic History* 24: 245-68.

1995. Exogenous or Endogenous Growth? The Industrial Revolution Reconsidered. *Journal of Economic History* 55: 745-72.

1997a. Some Dimensions of the Quality of Life during the Industrial Revolution. *Economic History Review* 50: 617-39.

1997b. The Human Development Index and Changes in Standards of Living: Some Historical Comparisons. *European Review of Economic History* 1: 299-322.

1998. Forging Ahead and Falling Behind: The Rise and Relative Decline of the First Industrial Nation. *Journal of Economic Perspectives* 12: 193-210.

2002. The Human Development Index, 1870—1999: Some Revised Estimates. *European Review of Economic History* 6: 395-405.

2004. Steam as a General Purpose Technology: A Growth Accounting Perspective. *Economic Journal* 114: 338-51.

Crafts, N. F. R., and C. K. Harley. 1992. Output Growth and the British Industrial Revolution: A Restatement of the Crafts-Harley View. *Economic History Review* 45: 703-30.

Crafts, N. F. R., and T. Mills. 2009. From Malthus to Solow: How the Malthusian. Economy Really Evolved. *Journal of Macroeconomics* 31: 68-93.

Craig, L. A., and D. Fisher. 1997. *The Integration of the European Economy, 1850—1913*. London: Macmillan.

2000. *The European Macroeconomy: Growth, Integration and Cycles 1500—1913*. North Hampton: Edward Elgar.

Craig, L. A., D. Fisher, and T. Spencer. 1995. Inflation and Money Growth under the International Gold Standard, 1850—1913. *Journal of Macroeconomics* 17: 207-26.

Crayen, D., and J. Baten. 2008. Global Trends in Numeracy 1820—1949 and Its Implications for Long-Run Growth, CESifo Working Paper Series No. 2218.

Crouzet, F. 1964. Wars, Blockade, and Economic Change in Europe, 1792—1815. *Journal of Economic History* 24: 567-88.

Cuberes, D., and M. Jerzmanowski. 2007. Growth Cycles and Democracy, mimeo, Clemson University.

Cuenca Esteban, J. 1989. The Markets of Latin American Exports, 1790—1820: A Comparative Analysis of International Prices. In L. L. Johnson and E. Tandeter, eds., *Growth and Integration in the Atlantic Economy*. Albuquerque: University of New Mexico Press.

1997. The Rising Share of British Industrial Exports in Industrial Output, 1700—1851. *Journal of Economic History* 57: 879-906.

Cullen, L. M. 1993. History, Economic Crises, and Revolution: Understanding Eighteenth-Century France. *Economic History Review* 46: 635-57.

Czap, P., Jr. 1978. Marriage and the Peasant Joint Family in the Era of Serfdom. In D. L. Ransel, ed., *The Family in Imperial Russia: New Lines of Historical Research*. Urbana: University of Illinois Press.

Dam, K. W. 2005. *The Law-Growth Nexus: The Rule of Law and Economic Development*. Washington: Brookings Institution Press.

Das Gupta, A. 2001. *The World of the Indian Ocean Merchant*. New Delhi: Oxford University Press.

Das Gupta A., and M. N. Pearson. 1987. *India and the Indian Ocean*. New Delhi: Oxford University Press.

Dasgupta, P., and P. A. David. 1994. Toward a New Economics of Science. *Research Policy* 23: 487-521.

Daudin, G. 2004. Profitability of Slave and Long Distance Trading in Context: The Case of 18th Century France. *Journal of Economic History* 64: 144-71.

2005. *Commerce et prospérité: la France au XVIIIe siècle*. Paris: PUPS.

2006. Do Frontiers Give or Do Frontiers Take? The Case of Intercontinental Trade in France at the end of the Ancien Regime. In O. Pétré-Grenouilleau, P. Emmer, and J. Roitman, eds., *A Deus Ex Machina Revisited. Atlantic Colonial Activities and European Economic Development*. Leiden: Brill.

2007. Traders, Intercontinental Trade, and Growth before the Industrial Revolution, mimeo.

Daunton, M. J. 1995. *Progress and Poverty: An Economic and Social History of Britain, 1700—1850*. Oxford and New York: Oxford University Press.

Davis, L. E., and R. A. S. Huttenback. 1988. *Mammon and the Pursuit of the Empire*. Cambridge University Press.

Davis, R. 1962. English Foreign Trade 1700—1774. *Economic History Review* 15: 285-303.

1969. English Foreign Trade (1700—1774) . In W. E. Minchinton, ed. , *The Growth of English Overseas Trade in the Seventeenth and Eighteenth Centuries*. London: Methuen.
1978. Maritime History: Progress and Problems. In S. Marriner, ed. , *Business and Businessmen: Studies in Business, Economic and Accounting History*. Liverpool University Press.
1979. *The Industrial Revolution and British Overseas Trade*. Leicester University Press.
Deane, P. , and W. A. Cole. 1962. *British Economic Growth 1688—1959: Trends and Structure*. Cambridge University Press.
1969. *British Economic Growth, 1688—1959: Trends and structure*, 2nd edn. Cambridge University Press.
De la Croix, D. 2008. Adult Longevity and Economic Take-off: From Malthus to Ben-Porath, mimeo.
DeLong, J. B. 1999. Introduction to the Symposium on Business Cycles. *Journal of Economic Perspectives* 13: 19-22.
DeLong, J. B. , and A. Shleifer. 1993. Princes and Merchants: European City Growth before the Industrial Revolution. *Journal of Law and Economics* 36: 671-702.
Dennison, T. K. 2006. Did Serfdom Matter? Russian Rural Society 1750—1860. *Historical Research* 79: 74-89.
Dennison, T. K. , and S. Ogilvie, 2007. Serfdom and Social Capital in Bohemia and Russia. *Economic History Review* 60: 513-44.
Dérouet, B. 1980. Une démographie sociale differentielle: clés pour un système auto régulateur des populations rurales d'Ancien Régime. *Annales: Economies, Sociétés, Civilisations* 35: 3-41.
Desai, A. V. 1972. Population and Standards of Living in Akbar's Time. *Indian Economic and Social History Review* 9: 43-62.
1978. Population and Standards of Living in Akbar's Time-A Second Look. *Indian Economic and Social History Review* 15: 53-79.
Desmet, K. , and S. L. Parente. 2006. Bigger Is Better: Market Size, Demand Elasticity and Resistance to Technology Adoption, CEPR Discussion Paper 5825.
Dickmann, N. 2003. *Fertility and Family Income on the Move: An International Comparison over Twenty Years*. Syracuse: Maxwell School, Syracuse University.
Dickson, P. G. M. 1967. *The Financial Revolution in England: A Study in the Development of Public Credit, 1688—1756*. London: Macmillan.
1987. *Finance and Government under Maria Theresa 1740—1780*. Oxford University Press.
Dincecco, M. 2006. A Quantitative Analysis of Fiscal Fragmentation and Centralization in Europe, 1700—1871, mimeo, IMT Lucca Institute for Advanced Studies.
2009. Fiscal Centralization, Limited Government, and Public Revenues in Europe, 1650—1913. *Journal of Economic History* 69: 48-103.
Dion, R. 1977. *Histoire de la Vigne et du Vin au France*. Paris: Flammarion.

Doepke, M. 2004. Accounting for Fertility Decline during the Transition to Growth. *Journal of Economic Growth* 9: 347-83.

Doepke, M., and F. Zilibotti. 2005. The Macroeconomics of Child Labor Regulation. *American Economic Review* 95: 1492—524.

2008. Occupational Choice and the Spirit of Capitalism. *Quarterly Journal of Economics* 123: 747-93.

Dormans, E. H. M. 1991. *Het Tekort. Staatsschuld in de tijd der Republiek, NEHA Series III*. Amsterdam: NEHA.

Doveri, A. 2000. Land, Fertility, and Family: A Selected Review of the Literature in Historical Demography. *Genus* 56: 19-59.

Drelichman, M. 2005. The Curse of Moctezuma: American Silver and the Dutch Disease. *Explorations in Economic History* 42: 349-80.

Drelichman, M., and H.-J. Voth. 2008. Debt Sustainability in Historical Perspective: The Role of Fiscal Repression. *Journal of the European Economic Association* 6: 657-67.

Duffy, I. P. H. 1982. The Discount Policy of the Bank of England during the Suspension of Cash Payments, 1797—1821. *Economic History Review* 35: 67-82.

1985. *Bankruptcy and Insolvency in London during the Industrial Revolution*. New York: Garland.

Duranton, G., and D. Puga. 2004. Micro-foundations of Urban Agglomeration Economies. In V. Henderson and J.-F. Thisse, eds., *Handbook of Regional and Urban Economics*, IV. Amsterdam: North-Holland.

Dutton, H. 1984. *The Patent System and Inventive Activity during the Industrial Revolution 1750—1852*. Manchester University Press.

Easterlin, R. A. 1981. Why Isn't the Whole World Developed? *Journal of Economic History* 41: 1-19.

Edwards, M. M. 1967. *The Growth of the British Cotton Trade*, 1780—1815. Manchester University Press.

Ellickson, R. C. 1991. *Order without Law: How Neighbors Settle Disputes*. Cambridge, MA: Harvard University Press.

Elliott, J. H. 1990. The Seizure of Overseas Territories by European Powers. In H. Pohl, ed., *The European Discovery of the World and its Economic Effects on Pre-Industrial Society, 1500—1800, Vierteljahrschrift für Sozial-und Wirstchaftsgeschichte* 89: 43-61.

Engels, F. 1892. *The Condition of the Working Class in England in 1844*. London: Allen & Unwin.

Engerman, S. L. 1972. The Slave Trade and British Capital Formation in the Eighteenth Century: A Comment on the Williams Thesis. *Business History Review* 46: 430-43.

1998. British Imperialism in a Mercantilist Age, 1492—1849: Conceptual Issues and Empirical Problems. *Revista de Historia Económica* 16: 195-233.

Engerman, S., and K. L. Sokoloff. 1997. Factor Endowments: Institutions, and Differential Paths of Growth among New World Economies: A View from Economic Historians of the United States. In S. Haber, ed., *How Latin America Fell Behind: Essays on the Economic Histories of Brazil and Mexico, 1800—1914*. Stanford University Press.

Epstein, S. R. 2000. *Freedom and Growth: Markets and States in Pre-modern Europe*. New York: Routledge.

Ertman, T. 1997. *Birth of the Leviathan: Building States and Regimes in Mediaeval and Early Modern Europe*. Cambridge University Press.

Evans, R. J. 2005. *Death in Hamburg: Society and Politics in the Cholera Years 1830—1910*. New York: Penguin Books.

Fairchilds, C. 1993. The Production and Marketing of Populuxe Goods in Eighteenth-Century Paris. In J. Brewer and R. Porter, eds., *Consumption and the World of Goods*. London and New York: Routledge.

Farnie, D. A. 2003. Cotton, 1780—1914. In D. T. Jenkins, ed., *The Cambridge History of Western Textiles*. Cambridge University Press.

2004. The Role of Merchants as the Prime Movers in the Expansion of the Cotton Industry, 1760—1990. In D. A. Farnie and D. J. Jeremy, eds., *The Fibre that Changed the World: The Cotton Industry in International Perspective, 1600—1990s*. Oxford University Press.

Federico, G. 1997. *An Economic History of the Silk Industry, 1830—1930*. Cambridge University Press.

2003. A Capital Intensive Innovation in a Capital Scarce World: Steam Threshing in 19th-Century Italy. *Advances in Agricultural Economic History* 2: 75-114.

Federico G., and P. Malanima. 2004. Progress, Decline, Growth: Product and Productivity in Italian Agriculture, 1000—2000. *Economic History Review* 57: 437-64.

Federico, G., and K. G. Persson. 2007. Market Integration and Convergence in the World Wheat Market, 1800—2000. In T. J. Hatton, K. H. O'Rourke, and A. M. Taylor, eds., *The New Comparative Economic History: Essays in Honor of Jeffrey G. Williamson*. Cambridge, MA: MIT Press.

Feinstein, C. H. 1972. *National Income, Expenditure and Output of the United Kingdom, 1855—1965*. Cambridge University Press.

1978. Capital Formation in Great Britain. In P. Mathias and M. M. Postan, eds., *The Cambridge Economic History of Europe Vol. 8, Pt. 1, The Industrial Economies: Capital Labour and Enterprise*. Cambridge University Press.

1988. Review: The Rise and Fall of the Williamson Curve. *Journal of Economic History* 48: 699-729.

1998. Pessimism Perpetuated: Real Wages and the Standard of Living in Britain during and after the Industrial Revolution. *Journal of Economic History* 58: 625-58.

Feldbauer P., M. Mitterauer, and W. Schwentker, eds. 2002. *Die vormoderne Stadt*.

Asien und Europa irn Vergleich. Vienna: Verlag für Geschichte und Politik.
Fenoaltea, S. 2003. Peeking Backward: Regional Aspects of Industrial Growth in Post-unification Italy. *Journal of Economic History* 63: 1059-102.
Ferguson, N. 1998. *The House of Rothschild: Money's Prophets, 1798—1848*. London: Penguin.
Filipczak-Kocur, A. 1999. Poland-Lithuania before Partition. In R. Bonney, ed., *The Rise of the Fiscal State in Europe, 1200—1815*. Oxford University Press.
Finer, S. E. 1997. *The History of Government from the Earliest Times*. Oxford University Press.
Findlay, R. 1990. *The Triangular Trade and the Atlantic Economy of the Eighteenth Century: A Simple General Equilibrium Model*. Essays in International Finance 177. Princeton University Press.
Findlay, R., and K. H. O'Rourke. 2007. *Power and Plenty: Trade, War, and the World Economy in the Second Millennium*. Princeton University Press.
Fink, K. 1991. The Beginnings of Railways in Russia, available at www. fink. com/papers/russia. html.
Fisher, D. 1989. The Price Revolution: A Monetary Interpretation. *Journal of Economic History* 49: 883-902.
Flandreau, M., C. Galimard, C. Jobst, and P. Nogués Marco. 2008. The Bell Jar: Commercial Interest Rates between Two Revolutions, 1688—1789. In J. Atack and L. Neal, eds., *The Origin and Development of Financial Institutions and Markets*. Cambridge University Press.
2009. Monetary Geography before the Industrial Revolution. *Cambridge Journal of Regions, Economy and Society*, 2: 149-71.
Flinn, M. W. 1974. Trends in Real Wages, 1750—1850. *Economic History Review*, 27: 395-413.
1985. *The European Demographic System, 1500—1820*. Baltimore: Johns Hopkins.
Flora, P. 1983. *State, Economy and Society in Western Europe, 1815—1975: A Data Handbook*. Frankfurt, London, and Chicago: Macmillan, St. James Press.
Flora, P., F. Kraus, and W. Pfenning. 1983. *State, Economy and Society in Western Europe 1815—1975*, I. Chicago: St. James Press.
Florén, A. 1998. Iron-Making Societies: The Development of the Iron Industry in Sweden and Russia, 1600—1900. In M. Agren, ed., *Iron-Making Societies, Early Industrial Development in Sweden and Russia, 1600—1900*. Oxford: Berghahn.
Floud, R., and D. N. McCloskey. 1981. *The Economic History of Britain since 1700*. Cambridge University Press.
Floud, R., and P. Johnson, eds. 2004. *The Cambridge Economic History of Modern Britain, Vol. 1, Industrialisation, 1700—1870*. Cambridge University Press.
Fontana, J. 1991. La crisis colonial en la crisis del Antiguo Régimen español. In H. Bonilla,

ed., *El sistema colonial en la AmErica española*. Barcelona: Ariel.

Foreman-Peck, J. 2006. Review of Brinley Thomas's *Migration and Economic Growth: A Study of Great Britain and the Atlantic Economy*, EH. Net.

Forsyth, P. J., and S. J. Nicholas. 1983. The Decline of Spanish Industry and the Price Revolution: A Neoclassical Analysis. *Journal of European Economic History* 12: 601-10.

Francis, N., and V. Ramey. 2005. Is the Technology-Driven Real Business Cycle Hypothesis Dead? *Journal of Monetary Economics* 52: 1379-99.

Frank, A. G. 1975. *On Capitalist Underdevelopment*. New York: Oxford University Press.

Freedeman, C. E. 1979. *Joint-Stock Enterprise in France, 1807—1867: From Privileged Company to Modern Corporation*. Chapel Hill: University of North Carolina Press.

Fregert, K., and R. Gustafsson. 2005. Fiscal Statistics for Sweden, 1719—2003, Working Paper No. 40, Department of Economics, Lund University.

Fremdling, R. 1986. *Technologischer Wandel und internationaler Handel im* 18. *und* 19. *Jahrhundert, Die Eisenindustrien in Großbritannien, Belgien, Frankreich und Deutschland*. Berlin: Duncker & Humblot.

1989. British Coal on Continental Markets, 1850—1913. In C. -L. Holtfrerich, ed., *Interactions in the World Economy*. New York: Harvester Wheatsheaf.

1996. Anglo-German Rivalry in Coal Markets in France, the Netherlands and Germany 1850—1913. *Journal of European Economic History* 25: 599-646.

2000. Transfer Patterns of British Technology to the Continent: The Case of the Iron Industry. *European Review of Economic History* 4: 195-222.

2004. Continental Response to British Innovations in the Iron Industry during the Eighteenth and Early Nineteenth Centuries. In L. Prados de la Escosura, ed., *Exceptionalism and Industrialisation: Britain and its European Rivals, 1688—1815*. Cambridge University Press.

2005. Foreign Trade-Transfer-Adaptation: British Iron Making Technology on the Continent (Belgium and France). In C. Evans and G. Ryden, eds., *The Industrial Revolution in Iron: The Impact of British Coal Technology in Nineteenth-Century Europe*. Aldershot: Ashgate.

Fremdling, R., and B. P. A. Gales. 1994. Iron Masters and Iron Production During the Belgian Industrial Revolution: The "Enquete" of 1828. In P. Klep and E. van Cauwenberghe, eds., *Entrepreneurship and the Transformation of the Economy*. Leuven University Press.

French, C. J. 1987. Productivity in the Atlantic Shipping Industry: A Quantitative Study. *Journal of Interdisciplinary History* 17: 613-38.

Fritschy, W. 1988. *De patriotten en de financiën van de Bataafse Republiek. HoUands krediet en de smalle marges voor een nieuw beleid (1795—1811)*. The Hague: Stichting Hollandse Historische Reeks.

Fritschy, W. 2003. A "Financial Revolution" Revisited: Public Finance in Holland during the Dutch Revolt, 1568—1648. *Economic History Review* 56: 57-89.

Fritschy, W., and R. Liesker. 2004. *Gewestelijke financiën ten tijde van de Republiek der Verenigde Nederlanden. Deel IV Holland (1572—1795)*. The Hague: Instituut voor Nederlandse Geschiedenis.

Gabaix X., and Y. Ioannides. 2004. The Evolution of City Size Distributions. In V. Enderson and J. F. Thisse, eds., *Handbook of Urban and Regional Economics*. Amsterdam: North-Holland Publishing Company.

Galletti, J. G. A. 1822. *Allgemeines geographische Wörterbuch. Oder alphabetische Darstellung aller Länder, Städte, Flecken, Dörfer, Ortschaften, Meere, Flüsse u. s. w. Mit genauer Angabe ihrer Grösse, Bevölkerung, Producte, Manufacturen, Fabriken, ihres Gewerbes, Handels u. s. w.*, I. Pesth: Hartleben.

Galloway, P. R. 1988. Basic Patterns in Annual Variations in Fertility, Nuptiality, Mortality, and Prices in Pre-industrial Europe. *Population Studies* 42: 275-302.

Galor, O. 2005. From Stagnation to Growth: Unified Growth Theory. In P. Aghion and S. N. Durlauf, eds., *Handbook of Economic Growth Vol. lA*. Amsterdam: North Holland Press.

Galor, O., and O. Moav. 2002. Natural Selection and the Origins of Economic Growth. *Quarterly Journal of Economics* 117: 1133-91.

2006. Das Human Kapital: A Theory of the Demise of the Class Structure. *Review of Economic Studies 73*: 85-117.

Galor, O., and D. N. Weil. 1996. The Gender Gap, Fertility, and Growth. *American Economic Review* 86: 374-87.

1999. From Malthusian Stagnation to Modern Economic Growth. *American Economic Review* 89: 150-54.

2000. Population, Technology, and Growth: From Malthusian Stagnation to the Demographic Transition and Beyond. *American Economic Review* 90: 806-28.

Garcia-Iglesias, C., and J. K. Kilponen. 2004. Trends, Cycles and Economic Growth in the Nordic Countries during the Classical Gold Standard Period, mimeo, World Congress of Cliometrics.

Garðarsdóttir, O. 2002. *Saving the Child: Regional, Cultural and Social Aspects of the Infant Mortality Decline in Iceland, 1770—1920*. Umeå: Demographic Data Base, Umeå University.

Geiger, R. 1994. *Planning the French Canals: Bureaucracy, Politics, and Enterprise under the Restoration*. Newark: Delaware University Press.

Gerhold, D. 1996. Productivity Change in Road Transport before and after Turnpiking, 1690—1840. *Economic History Review* 49: 491-515.

Gerschenkron, A. 1962. *Economic Backwardness in Historical Perspective*. Cambridge, MA: Harvard University Press.

Gervaise, Isaac. 1720. *The System or Theory of the Trade of the World*. London. Available at http://socserv.mcmaster.ca/econ/ugcm/3ii3/gervaise/trade.

Gijsbers, W. M. 1999. *Kapitale ossen: de internationale handel in slachtvee in Noordwest-Europa (1300—1750)*. Hilversum: Verloren.

Gillard, L. 2004. *La Banque d'Amsterdam et le. florin européen au temps de la Réepublique Néerlandaise (1610—1820)*. Paris: EHESS.

Gillispie, C. C. 1980. *Science and Polity in France at the end of the Old Regime*. Princeton University Press.

Glaeser, E., R. La Porta, F. Lopez-de-Silanes, and A. Shleifer. 2004. Do Institutions Cause Growth? *Journal of Economic Growth* 9: 271-303.

Glass, D. V., and E. Grebenik. 1965. World Population, 1800—1950. In H. J. Habakkuk and M. Postan, eds., *The Cambridge Economic History of Europe, Vol. VI, The Industrial Revolution and After: Incomes, Population and Technological Change, Part I*. Cambridge University Press.

Glete, J. 1993. *Navies and Nations: Warships, Navies and State Building in Europe and America, 1500—1860*. 2 vols. Stockholm: Almqvist and Wiksell International.

Gonzalez de Lara, Y., A. Greif, and S. Jah. 2008. The Administrative Foundations of Self-Enforcing Constitutions. *American Economic Review* 98: 105-09.

Goodman, J. 1993. *Tobacco in History: The Cultures of Dependence*. London: Routledge.

Granger, C. W. J., and C. M. Elliot. 1967. A Fresh Look at Wheat Prices and Markets in the Eighteenth Century. *Economic History Review* 20: 257-65.

Greif, A. 2005. Commitment, Coercion, and Markets: The Nature and Dynamics of Institutions Supporting Exchange. In C. Menard and M. M. Shirley, eds., *Handbook for New Institutional Economics*. Norwell, MA: Kluwer Academic Publishers.

2006. *Institutions and the Path to the Modern Economy: Lessons from Medieval Trade*. Cambridge University Press.

Grigg, D. 1992. *The Transformation of Agriculture in the West*. Oxford: Blackwell.

Grytten, O. H. 2007. Norwegian Wages, 1726—2006. In Ø. Eitrheim, J. T. Klovland and J. F. Qvigstad, eds., Historical Monetary Statistics for Norway, part II, Norges Banks skriftserie/occasional papers 38.

Guinnane, T., R. Harris, N. R. Lamoreaux, and J.-L. Rosenthal. 2007. Putting the Corporation in its Place. *Enterprise and Society* 8: 687-729.

Guiso, L., P. Sapienza, and L. Zingales. 2006. Does Culture affect Economic Outcomes? NBER Working Paper 11999.

Guntupalli, A. M., and J. Baten. 2006. The Development and Inequality of Heights in North, West and East India 1915—44. *Explorations in Economic History* 43: 578-608.

Guy, K. M. 2003 *When Champagne Became French: Wine and the Making of a National Identity*. Baltimore: Johns Hopkins University Press.

Habakkuk, H. J. 1962. *American and British Technology in the Nineteenth Centu-*

ry. Cambridge University Press.

Habib, I. 1969. Potentialities of Capitalist Development in the Economy of Mughal India. *Journal of Economic History* 29: 32-78.

1982. Monetary System and Prices. In T. Raychaudhuri and I. Habib, eds., *The Cambridge Economic History of India, Volume 1: c. 1200—c. 1750*. Cambridge University Press.

1999. *The Agrarian System of Mughal India*. Delhi: Oxford University Press.

Hagen, W. 2002. *Ordinary Prussians: Brandenburg Junkers and Villagers, 1580—1840*. Cambridge University Press

Hajnal, J. 1965. European Marriage Pattern in Historical Perspective. In D. V. Glass and D. E. C. Eversley, eds., *Population in History*. London: Arnold.

Hall, R. A. 1974. What Did the Industrial Revolution in Britain Owe to Science? In N. McKendrick, ed., *Historical Perspectives: Studies in English Thought and Society*. London: Europa Publications.

Hall, R. E., and C. I. Jones. 1999. Why Do Some Countries Produce So Much More Output per Worker than Others? *Quarterly Journal of Economics* 114: 83-116.

Hambly, G. R. G., and B. Stein. 1978. Towns and Cities. In T. Raychaudhuri and I. Habib, eds., *The Cambridge Economic History of India, Volume I: c. 1200-c. 1750*. Cambridge University Press.

Hamilton, E. J. 1934. *American Treasure and the Price Revolution in Spain, 1501—1650*. Cambridge, MA: Harvard University Press.

Hansen, G. D., and E. C. Prescott. 2002. Malthus to Solow. *American Economic Review* 92: 1205-17.

Hansen, J. 2003. Financial Cycles and Bankruptcies in the Nordic Countries. *Sveriges Riksbank Working Paper Series* 149.

Hansen, S. A. 1970. *Early Industrialisation in Denmark*. Copenhagen: G. E. C. Gads Forlag.

Hansson, G., and O. Olsson. 2006. Country Size and the Rule of Law: Resuscitating Montesquieu, mimeo, Göteborg University.

Harley, C. K. 1971. The Shift from Sailing Ships to Steamships, 1850—1890: A Study in Technological Change and Its Diffusion. In D. N. McCloskey, ed., *Essays on a Mature Economy: Britain after 1840*. Princeton University Press.

1982. British Industrialization before 1841: Evidence of Slower Growth during the Industrial Revolution. *Journal of Economic History* 42: 267-89.

1988. Ocean Freight Rates and Productivity, 1740—1914: The Primacy of Mechanical Invention Reaffirmed. *Journal of Economic History* 48: 851-76.

1999. Reassessing the Industrial Revolution: A Macro View. In J. Mokyr, ed., *The British Industrial Revolution: An Economic Perspective*, 2nd edn. Boulder: Westview Press.

Harris, G. R., and M. P. Todaro. 1970. Migration, Unemployment and Development: A Two-Sector Analysis. *American Economic Review* 60: 126-42.

Harris, R. 2000. *Industrializing English Law Entrepreneurship and Business Organization, 1720—1844*. Cambridge University Press.

Hartmann, P. C. 1979. *Das Steuersystem der Europaischen Staaten am Ende des Ancien Regime. Eine offizielle französische Enquete (1763—1768). Dokumente, Analyse und Auswertung England und die Staaten Nord-und Mitteleuropas*. Zurich and Munich: Artemis Verlag.

Hawke, G. R. 1970. *Railways and Economic Growth in England and Wales, 1840—1870*. Oxford: Clarendon.

Heckman, J. J., and Y. Rubinstein. 2001. The Importance of Noncognitive Skills: Lessons from the GED Testing Program. *American Economic Review* 91: 145-49.

Hecksher, E. 1954. *An Economic History of Sweden*. Cambridge, MA: Harvard University Press.

Henry, L. 1956. *Anciennes familles genevoises; étude démographique: XVIe-XXe siècle*. Paris: Presses universitaires de France.

Herlihy, D. 1997. *The Black Death and the Transformation of the West*. Cambridge, MA: Harvard University Press.

Herranz-Loncan, A. 2007. Infrastructure Investment and Spanish Economic Growth, 1850—1935. *Explorations in Economic History* 44: 452-68.

Heston, A. W. 1977. The Standard of Living in Akbar's Time: A Comment. *Indian Economic and Social History Review* 14: 391-96.

Hicks, J. 1969. *A Theory of Economic History*. Oxford: Clarendon.

Hilaire, J. 1986. Introduction, *Historique au droit commercial*. Paris: Presses Universitaires de France.

Hildebrand, K. -G. 1992. *Swedish Iron in the Seventeenth and Eighteenth Centuries: Export Industry before the Industrialization*. Stockholm: Jernkontoret.

Hjerppe, R. 1989. *The Finnish Economy, 1869—1985*. Helsinki: Government Printing Centre.

Hobsbawm, E., and G. Rudé. 1968. *Captain Swing*. Harmondsworth: Penguin.

Hoch, S. L. 1982. Serfs in Imperial Russia-Demographic Insights. *Journal of Interdisciplinary History* 13: 221-46.

Hoffman, P. 1994. Early Modern France, 1450—1700. In P. Hoffman and K. Norberg, eds., *Fiscal Crises, Liberty, and Representative Government*. Stanford: Stanford University Press.

Hoffman, P. 1996. *Growth in a Traditional Society: The French Countryside 1450—1815*. Princeton University Press.

Hoffman, P. T., and J. -L. Rosenthal. 1997. The Political Economy of Warfare and Taxation in Early Modern Europe: Historical Lessons for Economic Development. In

J. N. Drobak and J. V. C. Nye, eds., *The Frontiers of the New Institutional Economics*. San Diego: Academic Press.

Hoffman, P. T., G. Postel-Vinay and J.-L. Rosenthal. 2000. *Priceless Markets: The Political Economy of Credit in Paris, 1662—1869*. University of Chicago Press.

Hoffman, P. T., D. S. Jacks, P. Levin, and P. H. Lindert. 2002. Real Inequality in Europe since 1500. *Journal of Economic History* 62: 381-413.

Hoffmann, W. G. 1955. *British Industry 1700—1950*. Oxford: Blackwell.

1965. *Das Wachstum der deutschen Wirtschafi seit der Mitte des 19. Jahrhunderts*. Berlin: Springer.

Hohenberg, P. M., and L. H. Lees. 1985. *The Making of Urban Europe 1000—1950*. Cambridge, MA: Harvard University Press.

Holtfrerich, C.-L. 1973. *Quantitative Wirtschaftsgeschichte des Ruhrkohlenbergbaus im 19. Jahrhundert*. Dortmund: Gesellschaft für Westfälische Wirtschaftsgeschichte.

Homer, S., and R. Sylla. 1991. *A History of Interest Rates*. New Brunswick: Rutgers University Press.

Hoppit, J. 1986. Financial Crises in Eighteenth-Century England, *Economic History Review* 39: 39-58.

1987. *Risk and Failure in English Business, 1700—1800*. Cambridge University Press.

Horrell, S., and J. Humphries 1995. Women's Labour Force Participation and the Transition to the Male-Breadwinner Family, 1790—1865. *Economic History Review* 48: 89-117.

Huck, P. 1995. Infant Mortality and Living Standards of English Workers during the Industrial Revolution. *Journal of Economic History* 55: 528-50.

Humphries, J. 2003. English Apprenticeships: A Neglected Factor in the First Industrial Revolution. In P. A. David and M. Thomas, eds., *The Economic Future in Historical Perspective*. Oxford University Press.

2007. 'Because They Are too Menny...' Children, Mothers and Fertility Decline-The Evidence from Working-Class Autobiographies of the Eighteenth and Nineteenth Centuries. In A. Janssens, ed., *Gendering the Fertility Decline in the Western World*. Bern, New York: Peter Lang.

Hurd, J. 1975. Railways and the Expansion of Markets in India, 1861—1921. *Explorations in Economic History* 12: 263-88.

Hyde, C. K. 1977. *Technological Change and the British Iron Industry, 1700—1870*. Princeton University Press.

Irigoin, M. I., and R. Grafe. 2006. Bargaining for Absolutism: A Spanish Path to Nation State and Empire Building, University of Oxford Discussion Papers in Economic and Social History.

Jacks, D. S. 2004. Market Integration in the North and Baltic Seas, 1500—1800. *Journal of European Economic History* 33: 285-329.

2005. Intra-and International Commodity Market Integration in the Atlantic Economy, 1800—1913. *Explorations in Economic History* 42: 381-413.

2006. What Drove 19th Century Commodity Market Integration? *Explorations in Economic History* 43: 383-412.

Jacob, M. C. 1997. *Scientific Culture and the Making of the Industrial West*, 2nd edn. New York: Oxford University Press.

Jenkins, D. T. 2003. The Western Wool Textile Industry in the Nineteenth Century. In D. T. Jenkins, ed., *The Cambridge History of Western Textiles*. Cambridge University Press.

Jenkins, D. T., and K. G. Ponting 1982. *The British Wool Textile Industry, 1770—1914*. London: Heinemann.

Jeremy, D. J. 1981. *Transatlantic Industrial Revolution*. Oxford: Basil Blackwell.

Jones, C. I. 2001. Was the Industrial Revolution Inevitable? Economic Growth over the Very Long Run. *Advances in Macroeconomics* 1: 1-42.

Jones, E. L. 1981. *The European Miracle*. Cambridge University Press.

2006. *Cultures Merging*. Princeton University Press.

Jonker, J. 1996. *Merchants, Bankers, Middlemen: The Amsterdam Money Market during the First Half of the 19th Century*. Amsterdam: NEHA.

Joslin, D. M. 1954. London Private Bankers, 1720—85. *Economic History Review* 7: 167-86.

Juglar, C. 1967 [1889]. *Des crises commerciales et leur retour periodique en France, en Angleterre, et aux Etats-Unis*. New York: A. M. Kelley.

Justice, Alexander. 1707. *A General Treatise of Monies and Exchanges*. London.

Kahan, A. 1985. *The Plow, the Hammer and the Knout*. University of Chicago Press.

Kanefsky, J. W. 1979. The Diffusion of Power Technology in British Industry. Ph. D. dissertation, University of Exeter.

Kappeler, A. 2002. Stadluft macht nicht frei! Die russische Stadt in der Vormoderne. In P. Feldbauer, M. Mitterauer, and W. Schwentker, eds., *Die vormoderne Stadt. Asien und Europa im Vergleich*. Vienna: Verlag for Geschichte und Politik.

Kaukiainen, Y. 2001. Shrinking the World: Improvements in the Speed of Information Transmission, c. 1820—1870. *European Review of Economic History* 5: 1-28.

Keefer, P. 1996. Protection against a Capricious State: French Investment and Spanish Railroads, 1845—1875. *Journal of Economic History* 56: 170-92.

Kelly, M. 1997. The Dynamics of Smithian Growth. *Quarterly Journal of Economics* 112: 939-64.

2005. Climate and Pre-Industrial Growth, mimeo, University College Dublin.

Kelly, P. 1821. *The Universal Cambist, and Commercial Instructor*, 2nd edn. London.

Keynes, J. M. 1930. Economic Possibilities for Our Grandchildren. *Nation and Atheneum*.

Khan, B. Z., and K. L. Sokoloff. 1998. Patent Institutions, Industrial Organization, and

Early Technological Change: Britain and the United States, 1790—1850. In M. Berg and K. Bruland, eds., *Technological Revolutions in Europe*. Cheltenham: Edward Elgar.

Kindleberger, C. P. 1989. *Manias, Panics, and Crashes: A History of Financial Crises*. New York: Basic Books.

1993. *A Financial History of Western Europe*, 2nd edn. Oxford University Press.

King, P. 2005. The Production and Consumption of Bar Iron in Early Modern England and Wales. *Economic History Review* 58: 1-33.

2006. Errata. *Economic History Review* 59: 264.

King, W. T. C. 1936. *The History of the London Discount Market*. London: Routledge.

Kirby, P. 1999. The Historic Viability of Child Labor and the Mines Act of 1842. In M. Lavalette, ed., *A Thing of the Past? Child Labour in Britain in the Nineteenth and Twentieth Centuries*. Liverpool University Press.

Komlos, J. 1983. *The Habsburg Monarchy as a Customs Union*. Princeton University Press.

1998. Shrinking in a Growing Economy? The Mystery of Physical Stature during the Industrial Revolution. *Journal of Economic History* 58: 779-802.

Kremer, M. 1993. Population Growth and Technological Change: One Million B.C. to 1990. *Quarterly Journal of Economics* 108: 681-716.

Kriedte, P., H. Medick., and J. Schlumbohm. 1981. *Industrialization Before Industrialization: Rural Industry in the Genesis of Capitalism*. Cambridge University Press.

Kuznets, S. 1955. Economic Growth and Income Inequality. *American Economic Review* 45: 1-28.

1974. *Population, Capital and Economic Growth: Selected Essays*. London: Heinemann, 165-84.

Lains, P. 2003. *Os Progressos do Atraso. Urea Nova Historia Economica de Portugal, 1842—1992*. Lisbon: Imprensa de Ciencias Sociais.

2006. Growth in a Protected Environment: Portugal, 1850—1950. *Research in Economic History* 24: 121-63.

Lamoreaux, N. R., and J.-L. Rosenthal. 2005. Legal Regime and Business's Organizational Choice: A Comparison of France and the United States during the Mid-Nineteenth Century. *American Law and Economic Review* 7: 28-61.

Landes, D. 1969. *The Unbound Prometheus: Technological Change and Industrial Development in Western Europe from 1750 to the Present*. Cambridge University Press.

Lane, F. C., and R. C. Mueller. 1985. *Money and Banking in Medieval and Renaissance Venice*. Baltimore: Johns Hopkins University Press.

Lang, A. W. 1968. *Seekarten der Südlichen Nord-und Ostsee*. Hamburg: Deutsches Hydrographisches Institut.

La Porta, R., F. Lopez de Silanez, A. Shleifer, and R. Vishny. 1997. Legal Determinants of External Finance. *Journal of Finance*: 52: 1131-50.

Laslett, P. 1977. *Family Life and Illicit Love in Earlier Generations: Essays in Historical Sociology*. Cambridge University Press.

Laslett, P., and R. Wall. 1974. *Household and Family in Past Time: Comparative Studies in the Size and Structure of the Domestic Group over the Last Three Centuries in England, France, Serbia, Japan and Colonial North America, with Further Materials from Western Europe*. Cambridge University Press.

Leasure, J. W. 1963. Factors Involved in the Decline of Fertility in Spain 1900—1950. *Population Studies* 16: 71-285.

Lee, J. Z., and C. Campbell. 1997. *Fate and Fortune in Rural China: Social Organisation and Population Behaviour in Liaoning, 1774—1873*. Cambridge University Press.

Lee, J., and F. Wang. 1999. *One Quarter of Humanity, Malthusian Mythology and Chinese Realities, 1700—2000*. Cambridge, MA: Harvard University Press.

Lee, R. D. 1981. Short-term Variation: Vital Rates, Prices, and Weather. In E. A. Wrigley and R. S. Schofield, eds., *The Population History of England, 1541—1871: A Reconstruction*. London: Edward Arnold.

1987. Population Dynamics of Humans and Other Animals. *Demography* 24: 443-65.

2003. The Demographic Transition. Three Centuries of Fundamental Change. *Journal of Economic Perspectives* 17: 167-90.

Lee, R. D., and M. Anderson. 2002. Malthus in State Space: Macroeconomic-Demographic Relations in English History, 1540 to 1870. *Journal of Population Economics* 15: 195-220.

Lee, R. W., and P. Marschalck 2002. Infant Mortality in Bremen in the 19th Century. *History of the Family* 7: 557-83.

Lenoir, T. 1998. Revolution from Above: The Role of the State in Creating the German Research System, 1810—1910. *American Economic Review* 88: 22-27.

Lerner, J., and J. Tirole. 2004. The Economics of Technology Sharing: Open Source and Beyond, NBER Working Paper 10956.

Lescoeur, C. 1877. *Essai historique et critique sur la legislation des societes commerciales en France et à l'etranger*. Paris: A. Marescq ainé.

Lesthaeghe, R. J. 1977. *The Decline of Belgian Fertility, 1800—1970*. Princeton University Press.

1991. Moral Control, Secularization and Reproduction in Belgium (1600—1900). In Société Beige de Demographie, ed., *Historiens Et Populations: Liber Amicorum Etienne Hélin*. Louvain-la-Neuve: Academia.

1992. Beyond Economic Reductionism: The Transformation of the Reproductive Regimes in France and Belgium in the 18th and 19th Centuries. In C. Goldscheider, ed., *Fertility Transitions, Family Structure, and Population Policy*. Boulder: Westview Press.

Lesthaeghe, R. J., and C. Wilson. 1986. Modes of Production, Secularization, and the

Pace of the Fertility Decline in Western Europe, 1870—1930. In A. J. Coale and S. Watkins, eds., *The Decline of Fertility in Europe*. Princeton University Press.

Leunig, T. 2001. Piece Rates and Learning: Understanding Work and Production in the New England Textile Industry a Century Ago, mimeo, London School of Economics.

2006. Time is Money: A Reassessment of the Passenger Social Savings from Victorian British Railways. *Journal of Economic History* 66: 635-73.

Levere, T. H., and G. L' E. Turner. 2002. *Discussing Chemistry and Steam: The Minutes of a Coffee House Philosophical Society 1780—1787*. Oxford University Press.

Levy-Leboyer, M. 1968. La croissance economique en France au XIXe siecle. *Annales* 23: 788-807.

Levy-Leboyer, M., and F. Bourguignon. 1990. *The French Economy in the Nineteenth Century*. Cambridge University Press.

Li, B. 1998. *Agricultural Development in Jiangnan, 1620—1850*. New York: St. Martin's Press.

2000. *Jiangnan de Zaoqi Gongyehua 1550—1850* (Early Industrialization in Jiangnan, 1550—1850). Beijing: Publishing Press of Social Science Materials.

2002. *Lilun, Fangfa, Fazhan Qushi* (*Theory, Methodology and Developmental Trends*). Beijing: Tsinghau University Press, 2002.

2003. Bagu zhi wai: Ming Qing Jingnan de jiaoyu ji qi dui jingji de yingxiang (Beyond the Eight-Legged Essay: Education and its impact on Jiangnan Economy in Ming and Qing). *Qing shi yanjiu* (Research in Qing History), 4.

Li, L. 2000. Integration and Disintegration in North China's Grain Markets, 1738—1911. *Journal of Economic History* 60: 665-99.

Lin, J. Y. 1995. The Needham Puzzle: Why the Industrial Revolution Did Not Originate in China. *Economic Development and Cultural Change* 43: 269-92.

Lindert, P. H. 1986. Unequal English Wealth since 1670. *Journal of Political Economy* 94: 1127-62.

2004. *Growing Public: Social Spending and Economic Growth since the 18th Century*. Cambridge University Press.

Lindert, P. H., and J. G. Williamson 1983. English Workers' Living Standards during the Industrial Revolution: A New Look. *Economic History Review* 36: 1-25.

Lipsey, R. G., K. I. Carlaw, and C. T. Bekar, 2005. *Economic Transformations: General Purpose Technologies and Long-Term Economic Growth*. Oxford University Press.

Livi Bacci, M. 1991. *Population and Nutrition: An Essay on European Demographici History*. Cambridge University Press.

2000. *The Population of Europe: A History*. Malden, MA: Blackwell Publishers.

Llopis Agelan E., and M. Gonzales Mariscal. 2006. La Tasa de Urbanizaci6n de Espanai a Finales del Siglo XVIII: el Problema de las Agrociudades, Documento de Trabajo de la Asociatión Espanola de Historia Economica DT-AEHE 0601.

Llopis Agelán, E., and M. Jerez Méndez. 2001. El Mercado De Trigo En Castilla y Leon, 1691—1788: Arbitraje Espacial E Intervencion. *Historia Agraria* 25: 13-68.

Long, J. 2006. The Socioeconomic Return to Primary Schooling in Victorian England. *Journal of Economic History* 66: 1026-53.

Long, J. B., Jr., and C. I. Plosser. 1983. Real Business Cycles. *Journal of Political Economy* 91: 39-69.

Lucas, R. E. 1988. On the Mechanics of Economic Development. *Journal of Monetary Economics* 22: 3-42.

2002. The Industrial Revolution: Past and Future. In R. E. Lucas, *Lectures on Economic Growth*. Cambridge, MA: Harvard University Press.

Lucassen, J., and R. Unger. 2000. Labour Productivity in Ocean Shipping, 1500—1850. *International Journal of Maritime History* 12: 127-41.

Ma, D. 2004. Growth, Institutions and Knowledge: A Review and Reflection on the Historiography of 18th-20th Century China. *Australian Economic History Review* 44: 259-77.

2006. Law and Commerce in Traditional China, an Institutional Perspective on the "Great Divergence." *Keizai-Shirin* 73.

2007. Law and Economic Growth: The Case of Traditional China-a Review with some Preliminary Hypotheses, mimeo.

2008a. Economic Growth in the Lower Yangzi Region of China in 1911—1937: A Quantitative and Historical Perspective. *Journal of Economic History* 68: 385-92.

2008b. Shanghai-based Industrialization in the Early 20th Century: A Quantitative and Institutional Analysis, mimeo.

Maddison, A. 2001. *The World Economy: A Millenial Perspective*. Paris: OECD.

2003a. *The Worm Economy: Historical Statistics*. Paris: OECD.

2003b. Growth Accounts, Technological Change, and the Role of Energy in Western Growth. In S. Cavaciocchi, ed., *Economia e Energia Secc. XIII-XVIII: Atti della Trentaquattresima Settimana di Studi 15-19 aprile 2002*. Prato: Le Monnier.

2007. *Chinese Economic Performance in the Long Run*. Paris: OECD.

Mak, J., and G. M. Walton. 1972. Steamboats and the Great Productivity Surge in River Transportation. *Journal of Economic History* 32: 619-40.

Malanima, P. 1998. Italian Cities 1300—1800. A Quantitative Approach. *Rivista di Storia Economica* 14: 91-126.

2002. *L'economia italiana. DaUa crescita medievale alla crescita contemporanea*. Bologna: Il Mulino.

2005. Urbanisation and the Italian Economy during the last Millennium. *European Review of Economic History* 9: 97-122.

2006a. Pre-modern Equality: Income Distribution in the Kingdom of Naples (1811), presented at "A Global History of Income Distribution in the Long 20th century," XIV In-

ternational Congress of Economic History, Helsinki.
2006b. An Age of Decline. Product and Income in Eighteenth-Nineteenth-Century Italy. *Rivista di Storia Economica* 21: 91-133.
Malthus, T. R. 1970 [1798] . *An Essay on the Principle of Population as it Affects the Future Improvement of Society with Remarks on the Speculations of Mr Godwin, M. Condorcet, and Other Writers*. London: Penguin.
Mankiw, N. G. 1989. Real Business Cycles: A New Keynesian Perspective. *Journal of Economic Perspectives* 3: 79-90.
Marczewski, J. 1961. Some Aspects of the Economic Growth of France, 1660—1958. *Economic Development and Cultural Change* 9: 369-86.
Marmocchi, F. C. 1854—62. *Dizionario Geografico Universale*. Turin: Sebastiano.
Marshall, J. 1833. *A Digest of All Accounts*. London.
Martin, M. 2008. Hundi/Hawala: The Problem of Definition. *Modern Asian Studies* 43: 909-37.
Mathias, P. 1979. *The Transformation of England*. New York: Columbia University Press.
Mathias, P., and P. K. O' Brien. 1976. Taxation in Britain and France, 1715—1810. *Journal of European Economic History* 5: 601-50.
Marx, K. 1967 [1867] . *Das Kapital*. English translation, *Capital*, by S. Moore and E. Aveling, 2 vols. New York: International Publishers.
Maynes, M. J. 2002. Class Cultures and Images of Proper Family Life. In D. I. Kertzer and M. Barbagli, eds., *Family Life in the Long Nineteenth Century 1780—1913*. New Haven: Yale University Press.
McArdle, F. 1978. *Altopascio: A Study in Tuscan Rural Society 1587—1784*. Cambridge University Press.
McCallum, B. 1989. Real Business Cycle Models. In R. J. Barro, ed., *Modern Business Cycle Theory*. Cambridge, MA: Harvard University Press.
McCloskey, D. N. 1981. The Industrial Revolution, 1780—1860: A Survey. In R. Floud and D. McCloskey, eds., *The Economic History of Britain since 1700, Volume 1: 1700—1860*. Cambridge University Press.
McCusker, J. J. 1978. *Money and Exchange in Europe and America, 1650—1775: A Handbook*. Chapel Hill: University of North Carolina Press.
McEvedy, C., and R. Jones. 1978. *Atlas of World Population History*. New York: Viking Penguin.
Macfarlane, A. 1979. *The Origins of English Individualism: The Family, Property, and Social Transition*. Cambridge University Press.
1987. *The Culture of Capitalism*. Oxford: Blackwell.
McGowan, B. 1981. *Economic Life in Ottoman Europe, Trade and the Struggle for Land, 1600—1800*. Cambridge University Press.

McKeown, T. 1976. The *Modern Rise of Population*. New York: Academic Press.
McKeown, T., and R. G. Record. 1962. Reasons for the Decline of Mortality in England and Wales during the Nineteenth Century. *Population Studies* 16: 94-122.
MacLeod, C. 1988. *Inventing the Industrial Revolution: The English Patent System, 1660—1800*. Cambridge University Press.
MacLeod, C., and A. Nuvolari. 2007. Inventive Activities, Patents, and Early Industrialization: A Synthesis of Research Issues, mimeo.
Menard, R. R. 1991. Transport Costs and Long-Range Trade, 1300—1800: Was There a European Transport Revolution in the Early Modern Era? In J. D. Tracy, ed., *The Political Economy of Merchant Empires*. Cambridge University Press.
Mendels, F. F. 1972. Proto-Industrialization: The First Phase of the Industrialization Process. *Journal of Economic History* 32: 241-61.
Mercer, A. 1990. *Disease, Mortality, and Population in Transition*. Leicester University Press.
Metzger, E. 1888. *Geographisch-statistisches Welt-Lexikon*. Stuttgart: Krais. *Meyers Konversations-Lexikon. Eine Encyklopädie des allgemeinen Wissens* (1885—90), 4., gänzlich umgearbeitete Auflage. Leipzig: Bibliographisches Institut.
Michie, R. C. 1999. *The London Stock Exchange: A History*. Oxford University Press. 2000. *The Development of London as a Financial Centre*. London: Tauris.
Milward, A. S., and S. B. Saul. 1973. *The Economic Development of Continental Europe 1780—1870*. Totowa, NJ: Rowman & Littlefield.
Millward, R. 2005. *Private and Public Enterprise in Europe: Energy Telecommunications and Transport, 1830—1990*. Cambridge University Press.
Mingay, G. E., ed. 1989. *The Agrarian History of England and Wales, Volume VI, 1750—1850*. Cambridge University Press.
Mironov, B. N. 2004. Real Wages in St. Petersburg for Three Centuries, 1703—2003, presented at "Towards a Global History of Prices and Wages," Utrecht.
Mironov, B. N., and B. Eklof. 2000. *A Social History of Imperial Russia, 1700—1917* Boulder: Westview Press.
Mitch, D. F. 1984. Underinvestment in Literacy: The Potential Contribution of Government Involvement in Elementary Education to Economic Growth in 19th-Century England. *Journal of Economic History* 44: 557-66.
1991. *The Rise of Popular Literacy in Victorian England: The Influence of Private Choice and Public Policy*. Philadelphia: University of Pennsylvania Press.
1993. The Role of Human Capital in the First Industrial Revolution. In J. Mokyr, ed., *The British Industrial Revolution: An Economic Perspective*. Boulder: Westview.
1999. The Role of Education and Skill in the First Industrial Revolution. In J. Mokyr, ed., *The British Industrial Revolution: An Economic Perspective*. Boulder: Westview.
2004. Education and the Skill of the British Labour Force. In R. Floud and P. Johnson,

eds., *The Cambridge Economic History of Modern Britain, Volume 1: Industrialisation, 1700—1860*. Cambridge University Press.

Mitchell, B. R. 1975. *European Historical Statistics, 1750—1970*. London: Macmillan.

1978. *European Historical Statistics, 1750—1970*. New York: Columbia University Press.

1988. *British Historical Statistics*. Cambridge University Press.

1992. *International Historical Statistics: Europe, 1759—1988*. New York: Stockton Press

2003. *International Historical Statistics. Europe 1750—2000*. Basingstoke and New York: Palgrave Macmillan.

Moav, O. 2005. Cheap Children and the Persistence of Poverty. *Economic Journal* 115: 88-110.

Moch, L. P. 1992. *Moving Europeans: Migrations in Western Europe since 1650*. Bloomington and Indianapolis: Indiana University Press.

Moehling, C. M. 1999. State Child Labor Laws and the Decline of Child Labor. *Explorations in Economic History* 36: 72-106.

Mokyr, J. 1977. Demand vs. Supply in the Industrial Revolution. *Journal of Economic History* 37: 981-1008.

1985. *Why Ireland Starved*, rev. edn. London: Allen and Unwin.

1987. Has the Industrial Revolution Been Crowded Out? *Explorations in Economic History* 24: 293-319.

1990. *The Lever of Riches: Technological Creativity and Economic Progress*. New York: Oxford University Press.

1993. Editor's Introduction: The New Economic History and the Industrial Revolution. In J. Mokyr, ed., *The British Industrial Revolution: An Economic Perspective*. Boulder: Westview.

1994. Technological Change, 1700-1830. In R. Floud and D. McCloskey, eds., *The Economic History of Britain Since 1700, Second Edition, Volume 1: 1700—1860*, Cambridge University Press.

2002. *The Gifts of Athena: Historical Origins of the Knowledge Economy*. Princeton University Press.

2006. The Great Synergy: The European Enlightenment as a Factor in Modern Economic Growth. In W. Dolfsma and L. Soete, eds., *Understanding the Dynamics of a Knowledge Economy*. Cheltenham: Edward Elgar.

2008. The Institutional Origins of the Industrial Revolution. In E. Helpman, ed., *Institutions and Economic Performance*. Cambridge, MA: Harvard University Press.

Mokyr, 1., and J. Nye. 2007. Distributional Coalitions, the Industrial Revolution, and the Origins of Economic Growth in Britain. *Southern Economic Journal* 74: 50-70.

Moon, D. 1999. *The Russian Peasantry 1600—1930: The World the Peasants Made*. Lon-

don and New York: Longman.
Moor, M. de, L. Shaw-Taylor, and P. Warde, eds. 2002. *The Management of Common Land in North West Europe, c. 1500—1850*. Turnout: Brepols.
Moosvi, S. 1973. Production, Consumption and Population in Akbar's Time. *Indian Economic and Social History Review* 10: 181-95.
1977. Note on Professor Heston's "Standard of Living in Akbar's Time" —A Comment. *Indian Economic and Social History Review* 14: 397-401.
1987. *The Economy of the Mughal Empire c. 1595*. Delhi: Oxford University Press.
Moosvi, S. 2001. The Indian Economic Experience 1600—1900: A Quantitative Study. In K. N. Panikkar, T. J. Byres, and U. Patnaik, eds., *The Making of History: Essays Presented to Irfan Habib*. New Delhi: Tulika.
Moreland, W. H. 1923. *From Akbar to Aurangzeb: A Study in Indian Economic History*. London: Macmillan.
Morgan, S. 2004. Economic Growth and the Biological Standard of Living in China, 1880—1930. *Economic and Human Biology* 2: 197-218.
2006. The Biological Standard of Living in South China during the 19th Century: Estimates Using Data from Australian Immigration and Prison Records, Asia-Pacific Economic and Business History Conference, Queensland University of Technology, Brisbane, 16-18 February, available at www. uow. edu. au/commerce/ econ/ehsanz/pdfs/Morgan 1. pdf.
2008. The Biological Standard of Living in South China during the 19th century: Estimates Using Data from Australian Immigration and Prison Records. *Explorations in Economic History* 16: 363-80.
Moser, P. 2005. How Do Patent Laws Influence Innovation? Evidence from Nineteenth-Century World's Fairs. *American Economic Review* 95: 1214-36.
Mousnier, R. 1974. *Les institutions de la France sous la monarchie absolue: 1598—1789*. Paris: Presses Universitaires de France.
1970. French Institutions and Society, 1610—1661. In J. P. Cooper, ed., *The New Cambridge Modern History, Volume 4: The Decline of Spain and the Thirty Year's War*. Cambridge University Press.
Muhleman, M. L. 1896. *Monetary Systems of the World*. New York: Charles H. Nicoll.
Murphy, K. M., A. Shleifer, and R. Vishny. 1989. Industrialization and the Big Push. *Journal of Political Economy* 97: 1003-26.
Musson, A. E., and E. Robinson. 1960. The Origins of Engineering in Lancashire. *Journal of Economic History* 20: 209-33.
1969. *Science and Technology in the Industrial Revolution*. Manchester University Press.
Murphy, A. E. 1986. *Richard Cantillon: Entrepreneur and Economist*. Oxford: Clarendon Press.
1997. *John Law: Economic Theorist and Policy-Maker*. Oxford: Clarendon Press.
Muzzi, S. 1854. *Dizionario Geografico Universale*. Bologna: Monti.

Nardinelli, C. 1980. Child Labor and the Factory Acts. *Journal of Economic History* 40: 739-55.

Neal, L. 1990. *The Rise of Financial Capitalism: International Capital Markets in the Age of Reuson*. New York: Cambridge University Press.

1991. A Tale of Two Revolutions: International Capital Flows 1789—1819. *Bulletin of Economic Research* 43: 57-92.

1994. The Finance of Business during the Industrial Revolution. In R. Floud and D. McCloskey, eds., *The Economic History of Britain Since 1700, Second Edition, Volume* 1: *1700—1860*. Cambridge University Press.

1998. The Financial Crisis of 1825 and the Restructuring of the British Financial System. *Federal Reserve Bank of St. Louis Review* 80: 53-76.

2000. How It All Began: The Monetary and Financial Architecture of Europe from 1648 to 1815. *Financial History Review* 7: 117-40.

Ngai, L. R. 2004. Barriers and the Transition to Modern Growth. *Journal of Monetary Economics* 51: 1353-83.

Nicolini, E. 2007. Was Malthus Right? A VAR Analysis of Economic and Demographic Interactions in Pre-industrial England. *European Review of Economic History* 11: 99-121.

Nitsch, V. 2005. Zipf Zipped. *Journal of Urban Economics* 57: 86-100.

Norberg, K. 1994. The French Fiscal Crisis of 1788 and the Financial Origins of the Revolution of 1789. In K. Norberg and P. Hoffman, eds., *Fiscal Crises, Liberty, and Representative Government*. Stanford University Press.

Nordhaus, W. D. 2004. Schumpeterian Profits in the American Economy: Theory and Measurement, Cowles Foundation Discussion Paper 1457.

North, D. C. 1981. *Structure and Change in Economic History*. New York: Norton.

2005. *Understanding the Process of Economic Change*. Princeton University Press.

North, D. C., and B. Weingast. 1989. Constitutions and Commitment: The Evolution of Institutions Governing Public Choice in Seventeenth-Century England. *Journal of Economic History* 49: 803-32.

Nugent, J. B., and N. Sanchez. 1989. The Efficiency of the Mesta Reconsidered: A Parable. *Explorations in Economic History* 26: 261-84.

O'Brien, P. K. 1982. European Economic Development: The Contribution of the Periphery. *Economic History Review* 35: 1-18.

1988a. The Political Economy of British Taxation, 1660—1815. *Economic History Review* 41: 1-32.

1988b. The costs and Benefits of British Imperialism, 1846—1914. *Past and Present* 120: 163-200.

2001. Fiscal Exceptionalism: Great Britain and its European Rivals. From Civil War to Triumph at Trafalgar and Waterloo, mimeo, London School of Economics.

O'Brien, P. K., and S. L. Engerman. 1991. Exports and Growth of the British Economy from the Glorious Revolution to the Peace of Amiens. In B. L. Solow, ed., *Slavery and the Rise of the Atlantic System*. Cambridge University Press.

O'Brien, P. K., and C. Keyder. 1978. *Economic Growth in Britain and France 1780—1914: Two Paths to the Twentieth Century*. London: Allen & Unwin.

O'Brien, P. K., and L. Prados de la Escosura. 1998. The Costs and Benefits for Europeans from their Empires Overseas. *Revista de Historia Económica* 16: 29-89.

1992. Agricultural Productivity and European Industrialization, 1890—1980. *Economic History Review* 45: 514-36.

O'Brien, P. K., T. Griffiths, and P. Hunt 1991. Political Components of the Industrial Revolution: Parliament and the English Cotton Textile Industry, 1660—1774. *Economic History Review* 44: 395-423.

Officer, L. H. 2001. Comparing the Purchasing Power of Money in Great Britain from 1264 to Any Other Year Including the Present, available at www. eh. net/hmit/ ppowerbp/.

Ogilvie, S. 1997. *State Corporatism and Proto-Industry: The Wiirttemberg Black Forest, 1580—1797*. Cambridge University Press.

2001. The Economic World of the Bohemian Serf: Economic Concepts, Preferences and Constraints on the Estate of Friedland 1583—1692. *Economic History Review* 54: 430-53.

2005. Communities and the "Second Serfdom" in Early Modern Bohemia. *Past and Present* 187: 69-119.

Ogilvie, S., and K. Cerman. 1996. The Theories of Proto-Industrialization. In S. Ogilvie and M. Cerman, eds. *European Proto-Industrialization*. Cambridge University Press.

Ogilvie, S., and J. Edwards. 2000. Women and the "Second Serfdom": Evidence from Bohemia. *Journal of Economic History* 60: 961-94.

O Grada, C.. 1988. *Ireland before and after the Famine*. Manchester University Press.

2007. Making Famine History. *Journal of Economic Literature* 45: 5-38.

Oliner, S. D., and D. E. Sichel. 2000. The Resurgence of Growth in the Late 1990s: Is Information Technology the Story? *Journal of Economic Perspectives* 14: 3-22.

O'Rourke, K. H. 1997. The European Grain Invasion, 1870—1913. *Journal of Economic History* 57: 775-801.

2006. The Worldwide Economic Impact of the French Revolutionary and Napoleonic Wars, 1793—1815. *Journal of Global History* 1: 123-49.

O'Rourke, K. H., and J. G. Williamson. 1999. *Globalization and History: The Evolution of a Nineteenth-Century Atlantic Economy*. Cambridge, MA: MIT Press.

2002a. After Columbus: Explaining the Global Trade Boom 1500—1800. *Journal of Economic History* 62: 417-56.

2002b. When did Globalization Begin? *European Review of Economic History* 6: 23-50.

2005. From Malthus to Ohlin: Trade, Industrialisation and Distribution since 1500. *Jour-*

nal of Economic Growth 10: 5-34.

O'Rourke, K. H., A. Rahman, and A. M. Taylor. 2008. Luddites and the Demographic Transition, mimeo.

O'Sullivan, A. 2003. *Urban Economics*. Irwin: McGraw-Hill.

Owen, T. 1991. *The Corporation under Russian Law; A Study in Tsarist Economic Policy*. Cambridge University Press.

Ozmucur, S., and Ş. Pamuk 2002. Real Wages and Standards of Living in the Ottoman Empire, 1489—1914. *Journal of Economic History* 62: 292-321.

Palairet, M. 1997. *The Balkan Economies c. 1800—1914. Evolution Without Development*. Cambridge University Press.

Pamuk, Ş. 2006. Estimating Economic Growth in the Middle East since 1820. *Journal of Economic History* 66: 809-28.

Parry, J. H. 1971. *Trade and Dominion: The European Oversea Empires in the Eighteenth Century*. London: Weidenfeld & Nicolson.

Parthasarathi, P. 1998. Rethinking Wages and Competitiveness in the Eighteenth Century: Britain and South India. *Past and Present* 158: 79-109.

2001. *The Transition to a Colonial Economy: Weavers, Merchants and Kings in South India, 1720—1800*. Cambridge University Press.

Paulinyi, A. 2005. Good Ore but no Coal, or Coal but Bad Ore: Responses to the British Challenge in the Habsburg Monarchy. In C. Evans and G. Ryden, eds., *The Industrial Revolution in Iron: The Impact of British Coal Technology in Nineteenth-Century Europe*. Aldershot: Ashgate.

Pearson, R., and D. Richardson. 2001. Business Networking in the Industrial Revolution. *Economic History Review* 54: 657-79.

Pedreira, J. M. 1993. La economia portuguesa y el fin del imperio luso-brasilefio. In L. Prados de la Escosura and S. Amaral, eds., *La independencia americana: consecuencias económicas*. Madrid: Alianza.

Peng, K., et al. 2006. A Research Report: Chinese Interest Rates in the Early and Modern Eras, mimeo.

Perkins, D. H. 1969. *Agricultural Development in China, 1368—1968*. Chicago: Aldine Publishing Co.

Persson, K. G. 1999. *Grain Markets in Europe*, 1500-1900: *Integration and Deregulation*. Cambridge University Press.

Piketty, T., G. Postel-Vinay, and J.-L. Rosenthal. 2006. Wealth Concentration in a Developing Economy: Paris and France, 1807—1994. *American Economic Review* 96: 236-56.

Pinto, Isaac De. 1771. *Traite de la circulation et du credit. Contenant une analyse raisonné des fonds d'Angleterre, & de ce qu'on appelle commerce ou jeu d'actions*. Amsterdam: Chez Marc Michel Rey.

Plosser, C. I. 1989. Understanding Real Business Cycles. *Journal of Economic Perspectives* 3: 51-77.

Poell, T. 2008. Local Particularism Challenged (1795—1813). In O. Gelderblom, ed., *The Political Economy of the Dutch Republic*. Aldershot: Ashgate.

Pollard, S. 1964. Fixed Capital in the Industrial Revolution in Britain. *Journal of Economic History* 24: 299-314.

1965. *The Genesis of Modern Management*. London: Penguin.

1981. *Peaceful Conquest: The Industrialization of Europe, 1760—1970*. Oxford University Press.

Pomeranz, K. 2000. *The Great Divergence: Europe, China, and the Making of the Modern World Economy*. Princeton University Press.

Posner, E. A. 2000. *Law and Social Norms*. Cambridge, MA: Harvard University Press.

Post, J. D. 1988. The Mortality Crises of the Early 1770s and European Demographic Trends. *Journal of Interdisciplinary History*. 21: 29-62.

Pounds, N. J. G. 1990. *An Historical Geography of Europe*. Cambridge University Press.

Poussou, J.-P. 1997. Migrations et mobilité de la population en Europeà I' époque de la révolution industrielle. In J.-P. Bardet and J. Dupfiquier, eds., *Histoire des pop-ulations de l' Europe*. Paris: Fayard.

Prados de la Escosura, L. 1988. *De imperio a nación: Crecimiento y astraso económico en España (1780—1930)*. Madrid: Alianza.

1993. La pérdida del imperio y sus consecuencias econ6micas. In L. Prados de la Escosura and S. Amaral, eds., *La independencia americana: consecuencias económicas*, Madrid: Alianza.

1994. Terms of Trade between Spain and Britain, 1714—1913: Testing the Prebisch Hypothesis during the Industrial Revolution, working paper in economic history, Universidad Carlos III.

2000. International Comparisons of Real Product, 1820—1990: An Alternative Dataset. *Explorations in Economic History*, 37: 1-41.

2003. *El progreso económico de Espana, 1850—2000*. Madrid: Fundación BBVA.

Prak, M., and J. L. van Zanden. 2006. Towards an Economic Interpretation of Citizenship: The Dutch Republic between Mediaeval Communes and Modern Nation-States. *European Review of Economic History* 10: 111-46.

Predari, F. 1871. *Dizionario di Geografia Antica e Moderna*. Milan: M. Guigoni.

Pressnell, L. 1956. *Country Banking in the Industrial Revolution*. Oxford: Clarendon Press.

Price, J. M. 1980. *Capital and Credit in British Overseas Trade: The View from the Chesapeake, 1770—1776*. Cambridge, MA: Harvard University Press.

Price, R. 1983. *The Modernization of Rural France: Communication Networks and Agricultural Market Structures in Nineteenth-Century France*. New Yorlc St. Martin's Press.

Quinn, S. 2004. Money, Finance and Capital Markets. In R. Floud and P. Johnson, eds., *The Cambridge Economic History of Modern Britain*. Cambridge University Press.

Ramaswamy, V. 1985. *Textile Weavers in Medieval South India*. Delhi: Oxford University Press.

Ramirez, F. O., and J. Boli. 1987. The Political Construction of Mass Schooling-European Origins and Worldwide Institutionalization. *Sociology of Education* 60: 2-17.

Ransel, D. L. 2000. *Village Mothers: Three Generations of Change in Russia and Tataria*. Bloomington: Indiana University Press.

Rao, D. D. P. 1993. Intercountry Comparisons of Agricultural Output and Productivity, Food and Agriculture Organization Economic Development Paper 12, Rome.

Rawski, T. G., and L. M. Li, eds. 1992. *Chinese History in Economic Perspective*. Berkeley: University of California Press.

Raychandhuri, T. 1982. The State and the Economy: The Mughal Empire. In T. Raychaudhuri and I. Habib, eds., *The Cambridge Economic History of India, Volume 1, c. 1200-c. 1750*. Cambridge University Press.

Redish, A. 1990. The Evolution of the Gold Standard in England. *Journal of Economic History* 50: 789-805.

Reinhard, M., A. Armengaud, and J. Dupatquier. 1968. *Histoire générale de la population mondiale*. Paris: Montchrestien.

Reis, J. 2005. Economic Growth, Human Capital Formation and Consumption in Western Europe before 1800. In R. C. Allen, T. Bengtsson, and M. Dribe, eds., *Living Standards in the Past: New Perspectives on Well-being in Asia and Europe*. Oxford University Press.

Reuss, C., E. Koutny, and L. Tychon. 1960. *Le progres economique en siderurgie, Belgique, Luxembourg, Pays-Bas 1830—1955*. Louvain: Nauwelaerts.

Riley, J. C. 1986a. Insects and the European Mortality Decline. *American Historical Review* 91: 833-58.

1986b. *The Seven Years War and the Old Regime in France: The Economic and Financial Toll*. Princeton University Press.

2001. *Rising Life Expectancy: A Global History*. Cambridge University Press.

2005. Estimates of Regional and Global Life Expectancy, 1800—2001. *Population and Development Review* 31: 537-43.

Ringrose, D. R. 1996. *Spain, Europe, and The "Spanish Miracle," 1700—1900*. Cambridge University Press.

Roche, D. 2000. *A History of Everyday Things: The Birth of Consumption in France, 1600—1800*. Cambridge University Press.

Rodrik, D., A. Subramanian, and F. Trebbi. 2004. Institutions Rule: The Primacy of Institutions over Geography and Integration in Economic Development. *Journal of Economic Growth* 9: 131-65.

Rogers, J. 1995. *The Early History of the Law of Bills and Notes*. Cambridge University Press.

Romano, R. 1962. Per una valutazione della flotta mercantile europea alia fine del secolo XVIII. In A. Giuffé, ed., *Studi in onore di Amintore Fanfari*. Milan: A. Giuffrè.

Romer, Christina D. 1999. Changes in Business Cycles: Evidence and Explanations. Journal of Economic Perspectives 13: 23-44.

Rosenberg, M. 1972. Factors Affecting the Diffusion of Technology. *Explorations in Economic History* 10: 3-34.

Rosenberg, N., and L. E. Birdzell. 1986. *How the West Grew Rich*. London: I. B. Tauris.

Rosenberg, N., and M. Trajtenberg. 2004. A General-Purpose Technology at Work: The Corliss Steam Engine in the Late-Nineteenth-Century United States. *Journal of Economic History* 64: 61-99.

Rosenthal, J.-L. 1992. *The Fruits of Revolution, Property Rights, Litigation and French Agriculture (1700—1860)*. New York: Cambridge University Press.

Roses, J. R., K. H. O'Rourke, and J. G. Williamson. 2007. Globalization, Growth and Distribution in Spain 1500—1913, NBER Working Paper 13055.

Roseveare, H. 1991. *The Financial Revolution 1660—1760*. London: Longman.

Rostow, W. W. 1975. *How It All Began: Origins of the Modern Economy*. New York: McGraw-Hill.

Rothenbacher, F. 2002. *The European Population, 1850—1945. The Societies of Europe*. Houndmills and New York: Palgrave Macmillan.

Roy, T. 2006. *The Economic History of India 1857—1947*, 2nd edn. Oxford University Press.

2008. Knowledge and Divergence from the Perspective of Early Modern India. *Journal of Global History* 3: 361-87.

Russell, J. C. 1972. *Medieval Regions and their Markets*. Newton Abbot: David & Charles.

Ryden, G. 2005. Responses to Coal Technology without Coal: Swedish Iron Making in the Nineteenth Century. In C. Evans and G. Ryden, eds., *The Industrial Revolution in Iron: The Impact of British Coal Technology in Nineteenth-Century Europe*. Aldershot: Ashgate.

Sandberg, L. G. 1979. Case of the Impoverished Sophisticate-Human Capital and Swedish Economic Growth before World War I. *Journal of Economic History* 39: 225-41.

Sanderson, W. C. 1976. On Two Schools of the Economics of Fertility. *Population and Development Review* 2: 469-77.

Sargent, T. J., and F. R. Velde 1995. Macroeconomic Features of the French Revolution. *Journal of Political Economy* 103: 474-518.

Sauerbeck, A. 1878. *Production and Consumption of Wool*. London: J. J. Metcalfe.

Schofield, R. 1973. Dimensions of Illiteracy, 1750—1850. *Explorations in Economic Histo-*

ry 10：437-54.

Schön, L. 1988. *Historiska Nationalräkenskaper för Sverige: Industri och Hantverk 1800—1980*. Lund: Ekonomisk-historiska föreningen.

Schulze, M. S. 2000. Patterns of Growth and Stagnation in the Late Nineteenth Century Habsburg Economy. *European Review of Economic History* 4: 311-40.

Schumpeter, J. A. 1939. *Business Cycles: A Theoretical, Historical, and Statistical Analysis of the Capitalist Process*. New York: McGraw-Hill.

Sen, A. K. 1981 *Poverty and Famines*. Oxford University Press.

Serruys, M. W. 2008. Urban Networks on the Move. The Austrian Netherlands' Transit Policy and the Influence on the Commercial Flows between the Southern Netherlands and the Dutch Republic (1713—1789), paper given at the Seventh European Social Science History Conference.

Sewell, W. H., Jr. 1988. Uneven Development, the Autonomy of Politics, and the Dockworkers of Nineteenth-Century Marseille. *American Historical Review* 93: 604-37.

Shaw-Taylor, L., and E. A. Wrigley. 2008. *The Occupational Structure of England, c. 1750—1851: A Preliminary Report*, mimeo, University of Cambridge.

Shepherd, J. F., and G. M. Walton. 1972. *Shipping, Maritime Trade, and the Economic Development of Colonial North America*. Cambridge University Press.

Shepherd, J. F., and G. M. Walton. 1976. Economic Change after the American Revolution. *Explorations in Economic History* 13: 397-422.

Shiue, C. 2002. Transport Costs and the Geography of Arbitrage in Eighteenth-Century China. *American Economic Review* 92: 1406-19.

2005. From Political Fragmentation towards Customs Union: Border Effects of the German Zollverein, 1815—1855. *European Review of Economic History* 9: 129-62.

Shiue, C., and W. Keller. 2007. Markets in China and Europe on the Eve of the Industrial Revolution. *American Economic Review* 97: 1189-216.

Simpson, J. 1995. *Spanish Agriculture: The Long Siesta, 1765—1965*. Cambridge University Press.

Sivasubramonian, S. 2000. *The National Income of India in the Twentieth Century*. New Delhi: Oxford University Press.

Skinner, G. W. 1997. Family Systems and Demographic Processes. In D. I. Kertzer and T. E. Fricke, eds., *Anthropological Demography: Toward a New Synthesis*. University of Chicago Press.

Smets, F., and R. Wouters. 2007. Shocks and Frictions in US Business Cycles. *American Economic Review* 97: 586-606.

Smith, A. 1966 [1776]. *The Wealth of Nations*. New York: Augustus M. Kelley. 1976. *The Wealth of Nations*. University of Chicago Press.

Smith, B. G. 1981. *Ladies of the Leisure Class: The Bourgeoises of Northern France in the 19th Century*. Princeton University Press.

Smith, T. C., R. Y. Eng, and R. T. Lundy. 1977. *Nakahara: Family Farming and Population in a Japanese Village, 1717—1830*. Stanford University Press.

Smits, J.-P., E. Horlings and J. L. van Zanden. 2000. Dutch GDP and its Components, 1800-1913, Groningen Growth and Development Centre, available at http: // www.ggdc.net/index-dseries.html#top.

Solar, P. M. 1990. The Irish Linen Trade, 1820—1852. Textile History 21: 54-85.

2003. The Linen Industry in the Nineteenth Century. In D. T. Jenkins, ed., *The Cambridge History of Western Textiles*. Cambridge University Press.

Sombart, W. 1928. *Der moderne Kapitalismus*, XXII. Munich: Duncker & Humblot.

Sommer, J. G. 1839. *Das Kaiserthum Oesterreich, geographisch-statistisch dargestellt*. Prague: J. G. Calve'sche Buchhandlung.

Soo, K. T. 2003. *Zipf's Law for Cities: A Cross-Country Investigation*, mimeo, Centre for Economic Performance, London School of Economics.

Soysal, Y. N., and D. Strang. 1989. Construction of the First Mass Education Systems in 19th-Century Europe. *Sociology of Education* 62: 277-88.

Sperling, J. 1962. The International Payments Mechanism in the Seventeenth and Eighteenth Centuries. *Economic History Review* 14: 446-68.

Stabel, P., B. Blondéé and A. Greve, eds. 2000. *International Trade in the Low Countries (14th-16th Centuries): Merchants, Organisation, Infrastructure, Studies in Urban, Social, Economic, and Political History of the Medieval and Early Modern Low Countries* (Marc Boone, general editor), no. 10. Leuven: Apeldoom.

Statistik des Deutschen Reichs. 1969 [1877]. *A. F. Band 25, zweiter Teil: Monatshefte zur Statistik des Deutschen Reichs fuer das Jahr, Repr.* Osnabrueck: Otto Zeller.

Stern, W. M. 1960. *The Porters of London*. London: Longman.

Studer, R. 2008. India and the Great Divergence: Assessing the Efficiency of Grain Markets in Eighteenth-and Nineteenth-Century India. *Journal of Economic History* 68: 393-437.

Sugihara, K. 2003. The East Asian Path of Economic Development: A Long-Term Perspective. In G. Arrighi, T. Hamashita, and M. Selden, eds., *The Resurgence of East Asia: 500-, 150-and 50-Year Perspectives*. London: Routledge.

Sullivan, R. J. 1989. England's "Age of Invention": The Acceleration of Patents and Patentable Invention during the Industrial Revolution. *Explorations in Economic History* 26: 424-52.

Sundbärg, A. G. 1968. *Aperçus statistiques internationaux*. New York: Gordon & Breach Science Pub.

Sylla, R., R. Tilly, and G. Tortella, eds. 1999. *The State, the Financial System, and Economic Modernization*. Cambridge University Press.

Szreter, S. 1988. The Importance of Social Intervention in Britain's Mortality Decline c. 1850-1914: A Re-interpretation of the Role of Public Health. *Social History of Medi-*

cine 1: 1-37.
1996. *Fertility, Class and Gender in Britain, 1860—1940*. Cambridge University Press.
1997 Economic Growth, Disruption, Deprivation, Disease, and Death: On the Importance of the Politics of Public Health for Development. *Population and Development Review* 23: 693-728.
Tabellini, G. 2006. Culture and Institutions: Economic Development in the Regions of Europe, mimeo, Bocconi.
Tarkka, J. 1993. *Raha ja rahapolitiikka*. Jyväskylä: Gaudeamus.
Temin, P. 1997. Is it Kosher to Talk about Culture? *Journal of Economic History 57*: 267-87.
Temin, P., and H.-J. Voth. 2008. Interest Rate Restrictions in a Natural Experiment: Loan Allocation and the Change in the Usury Laws in 1714. *Economic Journal* 118: 743-58.
t'Hart, M., J. Jonker, and J. L. van Zanden, eds. 1997. *A Financial History of the Netherlands*. Cambridge University Press.
Thomas, B. 1973. *Migration and Economic Growth: A Study of Great Britain and the Atlantic Economy*. Cambridge University Press.
Thomas, R. P., and D. N. McCloskey. 1981. Overseas Trade and Empire, 1700-1860. In R. Floud and D. McCloskey, eds., *The Economic History of Britain since 1700, Volume 1: 1700—1860*. Cambridge University Press.
Thompson, E. P. 1967. Time, Work-Discipline, and Industrial Capitalism. *Past and Present* 38: 56-97.
Thorner, D., and A. Thorner. 1962. *Land and Labour in India*. Bombay: Asia Publishing House.
Tielhof, M. van. 2002. The *"Mother of All Trades." The Baltic Grain Trade in Amsterdam from the Late 16th to the Early 19th Century*. Leiden: Brill.
Tilly, C. 1992. *Coercion, Capital, and European States, ad 1990—1992*. Oxford: Blackwell.
Tinbergen, J. 1975. *Income Distribution: Analysis and Policies*. Amsterdam: North-Holland.
Todorov, N. 1983. *The Balkan City, 1400—1900*. Seattle and London: University of Washington Press.
Tortella, G., and F. Comín. 2001. Fiscal and Monetary Institutions in Spain (1600—1900). In M. D. Bordo and R. Cortés Conde, eds., *Transferring Wealth and Power from the Old to the New World. Monetary and Fiscal Institutions in the 17th through the 19th Centuries*. Cambridge University Press.
Toutain, J.-C. 1987. Le Produit interieur brut de la France de 1789 à 1982. *Économies et Sociétés* 15: 1-237.
Tracy, J. D., ed. 1990. *The Rise of the Merchant Empires. Long-Distance Trade in the*

Early Modern World, 1350—1750. Cambridge University Press.
1991. *The Political Economy of Merchant Empires*. Cambridge University Press.
Trebilcock, C. 1981. *The Industrialization of the Continental Powers 1780—1914*. New York: Longman.
Tunzelmann, G. N. von. 1978. *Steam Power and British Industrialization to 1860*. Oxford University Press.
1981. Technical Progress during the Industrial Revolution. In R. Floud and D. McCloskey, eds., *The Economic History of Britain since 1700, Volume 1: 1700—1860*. Cambridge University Press.
Unger, R. W. 1992. The Tonnage of Europe's Merchant Fleets 1300—1800. *The American Neptune* 52: 247-61.
2006a. Investment and Risk: Ship Design and Investment in Port Infrastructure, 1200—1800. In S. Cavaciocchi, ed., *Ricchezza del mare. Ricchezza dal mare. Secc. XIII-XVII-Atti delle "Settimane di Studi" 11-15 aprile 2005*. Prato: Le Monnier.
2006b. Warships, Cargo Ships and Adam Smith: Trade and Government in the 18th Century. *The Mariner's Mirror* 92: 41-59.
United Kingdom Board of Trade. Various years. *Abstract of Foreign Statistics*.
United Kingdom House of Commons. 1968 [1831]. *Population: Comparative Account of the Population of Great Britain in the Years 1801, 1811, 1821, and 1831*. Shannon: Irish University Press.
United Kingdom Parliamentary Papers. 1841. *Report on Roads* 27: 79.
Urlanis, B. T. 1941. *Rost Naselenie v Europe*. Moscow: Ogiz.
Valerio, N., ed. 2001. *Portuguese Historical Statistics*. Lisbon: Instituto Nacional de Estatistica.
Van Bavel, J. 2004. Diffusion Effects in the European Fertility Transition: Historical Evidence from within a Belgian Town (1846—1910). *European Journal of Population/Revue europeenne de demographie* 20: 63-85.
Vandenbroeke, C. 1985. *Sociale Geschiedenis van het Vlaamse Volk*. Leuven: Kritak.
Veenendaal, A. J. 1995. State versus Private Enterprise in Railway Building in the Netherlands, 1838—1938. *Business and Economic History* 24: 186-93.
Velde, F. R. 2003. Government Equity and Money: John Law's System in 1720 France, Federal Reserve Bank of Chicago working paper.
Vial, J. 1967. *L'industrialisation de la sidérurgie Française 1814—1864*. Paris: Mouton.
Ville, S. 1986. Total Factor Productivity in the English Shipping Industry: The North-East Coal Trade, 1700—1850. *Economic History Review* 39: 355-70.
1990. *Transport and the Development of the European Economy, 1750—1918*. Basingstoke: Macmillan.
Viner, J. 1948. Power versus Plenty as Objectives of Foreign Policy in the Seventeenth and Eighteenth Centuries. *World Politics* 1: 1-29.

Vivien de Saint-Martin，M. 1879—95. *Nouveau dictionnaire de géographie universelle*. Paris：Hachette.

Voigtländer，N.，and H.-J. Voth. 2006. Why England? Demographic Factors，Structural Change and Physical Capital Accumulation during the Industrial Revolution. *Journal of Economic Growth* 11：319-61.

2008. The Horsemen of Growth：Plague，War and Urbanization in Early Modern Europe，mimeo，Pompeu Fabra.

Voth，H.-J. 1998. Time and Work in Eighteenth-Century London. *Journal of Economic History* 58：29-58.

2001a. *Time and Work in England 1750—1830*. Oxford University Press.

2001b. The Longest Years：New Estimates of Labor Input in England，1760—1830. *Journal of Economic History* 61：1065-82.

2003. Living Standards during the Industrial Revolution：An Economist's Guide. *American Economic Review* 93：221-26.

2004. Living Standards and the Urban Environment. In R. Floud and P. Johnson，eds.，*The Cambridge Economic History of Modern Britain*，*Volume 1*，*Industrialisation*，*1700—1860*. Cambridge University Press.

Vries，J. de. 1978. *Barges and Capitalism*：*Passenger Transportation in the Dutch Economy 1632—1839*. Wageningen：A. A. G. Bijdragen.

1981. *Barges and Capitalism*：*Passenger Transportation in the Dutch Economy*，*1632—1839*，2nd edn. Utrecht：HES.

1984 *European Urbanization 1500—1800*. Cambridge，MA：Harvard University Press.

1990. Problems in the Measurement，Description，and Analysis of Historical Urbanization. In A. Van der Woude，A. Hayami，and J. De Vries，eds.，*Urbanization in History. A Process of Dynamic Interactions*. Oxford：Clarendon Press.

1994. The Industrial Revolution and the Industrious Revolution. *Journal of Economic History* 54：249-70.

2001. Economic Growth before and after the Industrial Revolution：A Modest Proposal. In M. Prak，ed.，*Early Modern Capitalism*：*Economic and Social Change in Europe*，*1400—1800*. London：Routledge.

2003. Connecting Europe and Asia：A Quantitative Analysis of the Cape-Route Trade，1497—1795. In D. O. Flynn，A. Giráldez and R. Von Glahn，eds.，*Global Connections and Monetary History*，*1470—1800*. Aldershot：Ashgate.

2008. *The Industrious Revolution*. Cambridge University Press.

Vries，J. de，and A. van der Woude. 1997. *The First Modern Economy*：*Success*，*Failure*，*and Perseverance of the Dutch Economy*，*1500—1815*. Cambridge University Press.

Wall，R.，J. Robin，and P. Laslett. 1982. *Family Forms in Historic Europe*. Cambridge University Press.

Wang，Y.-C. 1992. Secular Trends of Rice Prices in the Yangzi Delta，1638—1935. In

T. Rawski and L. Li, eds., *Chinese History in Economic Perspective*. Berkeley: University of California Press.
Warde, P. 2006. *Ecology, Economy and State Formation in Early Modern Germany*. Cambridge University Press.
Waterways Association. 1913. *Digest of the Report and Recommendations of the Royal Commission on Canals*. Birmingham.
Watkins, S., and J. Menken. 1985. Famines in Historical Perspective. *Population and Development Review* 11: 647-75.
Watkins, S., and E. van de Walle. 1985. Nutrition, Mortality, and Population Size: Malthus' Court of Last Resort. In R. I. Rotberg and T. K. Rabb, eds., *Hunger and History*. Cambridge University Press.
Weber, M. 1921. *Wirtschaft und Gesellschaft*. Tübingen: Mohr.
Wee, H. van der. 1977. Monetary, Credit and Banking Systems. In E. E. Rich and C. H. Wilson, eds., *The Cambridge Economic History of Europe, Volume V, The Economic Organization of Early Modern Europe*. Cambridge University Press.
2003. The Western European Woollen Industries, 1500—1750. In D. T. Jenkins, ed., *The Cambridge History of Western Textiles*. Cambridge University Press.
Weir, R. B. 1977. The Patent Still Distillers and the Role of Competition. In L. M. Cullen and T. C. Smout, eds., *Comparative Aspects of Scottish and Irish Economic and Social History 1600—1900*. Edinburgh: Donald.
Wells, H. G. 2005 [1905]. *A Modern Utopia*. New York: Penguin.
Wertime, T. A. 1962. *The Coming of the Age of Steel*. University of Chicago Press.
White, E. N. 1989. Was There a Solution to the *Ancien Régime's Financial Dilemma*? *Journal of Economic History* 49: 545-68.
1995. The French Revolution and the Politics of Government Finance, 1770—1815. *Journal of Economic History* 55: 227-55.
2001. France and the Failure to Modernize Macroeconomic Institutions. In M. D. Bordo and R. Cortés Conde, eds., *Transferring Wealth and Power from the Old to the New World. Monetary and Fiscal Institutions in the 17th through the 19th Centuries*. Cambridge University Press.
Willan, T. S. 1964. *River Navigation in England, 1600—1750*. Cambridge University Press.
Willcox, W. F. 1929. *International Migrations*. New York: National Bureau of Economic Research.
Williams, E. E. 1966. *Capitalism and Slavery*. New York: Capricorn.
Williamson, J. G. 1982. The Structure of Pay in Britain, 1710—1911. *Research in Economic History* 7: 1-45.
1985. *Did British Capitalism Breed Inequality*? London: Allen and Unwin.
1987a. Has Crowding Out Really Been Given a Fair Test? A Comment. *Journal of Econom-*

ic History 47：214-16.

1987b. Debating the Industrial Revolution. *Explorations in Economic History* 24：269-92.

1987c. Did English Factor Markets Fail During the Industrial Revolution? *Oxford Economic Papers* 39：641-48.

1991. *Inequality, Poverty and History*. Cambridge, MA：Blackwell.

2006. *Globalization and the Poor Periphery before 1950*. Cambridge, MA：MIT Press.

Wilson, C., and G. Parker G., eds. 1977. *An Introduction to the Sources of European Economic History 1500—1800, 1, Western Europe*. London：Weidenfeld & Nicolson.

Wirth, L. 1938. Urbanism as a Way of Life. *American Journal of Sociology* 44：1-24.

Woloch, I. 1994. *The New Regime：Transformations of the French Civic Order, 1789—1820s*. New York：Norton.

Woodford, M. 2003. *Interest and Prices：Foundations of a Theory of Monetary Policy*. Princeton University Press.

Woods, R. 1989. Population Growth and Economic Change in the Eighteenth and Nineteenth Centuries. In P. Mathias and J. A. Davis, eds., *The First Industrial Revolutions*. Oxford：Blackwell.

2000. *The Demography of Victorian England and Wales*. New York：Cambridge University Press.

2003. Urban-Rural Mortality Differentials：An Unresolved Debate. *Population and Development Review* 29：29-46.

Wrigley, E. A. 1967. A Simple Model of London's Importance in Changing English Society and Economy 1650—1750. *Past and Present* 37：44-70.

1983. The Growth of Population in Eighteenth-Century Britain：A Conundrum Resolved. *Past and Present* 98：121-50.

1991. Energy Availability and Agricultural Productivity. In B. M. S. Campbell and M. Overton, eds., *Land, Labour and Livestock*. Manchester University Press.

2004a. British Population during the "Long" Eighteenth Century, 1680—1840. In R. Floud and P. Johnson, eds., *The Cambridge Economic History of Modern Britain*. Cambridge University Press.

2004b. *Poverty, Progress, and Population*. Cambridge University Press.

2006. The Transition to an Advanced Organic Economy：Half a Millennium of English Agriculture. *Economic History Review* 59：435-80.

Wrigley, E. A., and R. S. Schofield. 1989. *The Population History of England 1541—1871：A Reconstruction*, 2nd edn. Cambridge University Press.

Wrigley, E. A., R. S. Davies, J. E. Oeppen, and R. S. Schofield. 1997. *English Population History from Family Reconstitution, 1580—1837*. Cambridge University Press.

Zanden, J. L. van. 1995. Tracing the Beginning of the Kuznets Curve：Western Europe during the Early Modern Period. *Economic History Review* 48：643-64.

2001. Early Modern Economic Growth：A Survey of the European Economy, 1500-1800. In

M. Prak, ed., *Early Modern Capitalism Economic and Social Change in Europe, 1400—1800*. London and New York: Routledge.
2005a. Cobb-Douglas in Pre-modern Europe: Simulating Early Modern Growth, IISH working paper.
2005b. Una estimacion del crecimiento económico en la edad moderna. *Investigaciones de Historia Economica* 1: 9-38.
2009. *The Road to the Industrial Revolution: Institutions and Human Capital Formation in Europe in Global Perspective, 1000—1800*. Leiden: Brill.
Zanden, J. L. van, and T. de Moor. 2010. Girl Power: The European Marriage Pattern and Labour Markets in the North Sea Region in the Late Medieval and Early Modern Period. *Economic History Review* 63: 1-33.
Zanden, J. L. van, and A. van Riel. 2004. *The Strictures of Inheritance: The Dutch Economy in the Nineteenth Century*. Princeton University Press.
Zarnowitz, V. 1999. Theory and History behind Business Cycles: Are the 1990s the Onset of a Golden Age? *Journal of Economic Perspectives* 13: 69-90.

The Cambridge Economic History of Modern Europe, *Volume 1*: *1700—1870*, 1st edition, 9780521708388 by Stephen Broadberry, Kevin H. O'Rourke, first published by Cambridge University Press 2010.

图书在版编目（CIP）数据

剑桥现代欧洲经济史：1700—1870/布劳德伯利等编著；何富彩等译. —北京：中国人民大学出版社，2015.4
ISBN 978-7-300-21034-6

Ⅰ.①剑… Ⅱ.①布… ②何… Ⅲ.①欧洲经济-经济史-1700～1870 Ⅳ.①F150.9

中国版本图书馆 CIP 数据核字（2015）第 065698 号

"十一五"国家重点图书出版规划项目
经济科学译丛
剑桥现代欧洲经济史：1700—1870
斯蒂芬·布劳德伯利
凯文·H·奥罗克 编著
何富彩 钟红英 译
王 珏 胡思捷 校
Jianqiao Xiandai Ouzhou Jingjishi：1700—1870

出版发行	中国人民大学出版社		
社　址	北京中关村大街 31 号	**邮政编码**	100080
电　话	010－62511242（总编室）		010－62511770（质管部）
	010－82501766（邮购部）		010－62514148（门市部）
	010－62515159（发行公司）		010－62515275（盗版举报）
网　址	http：//www. crup. com. cn		
	http：//www. ttrnet. com（人大教研网）		
经　销	新华书店		
印　刷	涿州市星河印刷有限公司		
规　格	185mm×260mm 16 开本	**版　次**	2015 年 4 月第 1 版
印　张	18.75　插页 2	**印　次**	2015 年 4 月第 1 次印刷
字　数	377 000	**定　价**	68.00 元